銀行経営変革

経営計画達成に導く
「数値検証による統制能力評価」

アビームコンサルティング株式会社
浜田陽二［著］

一般社団法人**金融財政事情研究会**

はじめに

　前書『リスクアペタイト・フレームワーク——銀行の業務計画精緻化アプローチ』の出版から約２年経過しました。日本国内としては、金融行政の方法が変わろうとしていくなか、金融情勢としてはマイナス金利政策が継続され、国内金融機関の資金利鞘の縮小が続いていることで、国内株価は順調に上昇してきたものの、伝統的な銀行業務に関しては黄色信号から赤信号に変わろうとしている状況ではないかと思います。

　社会人生活が銀行員からスタートしているという立場としては、入行してから30年目を迎えるということで、伝統的銀行業務に関してすっかり洗練された内容になっている期待がありつつも、現実的には「昨年度はこうだったから今年度もこうした」という継続性の観点が強く残り、斬新さを加えた高度な伝統的銀行業務というイメージにはまだ到達していないのではないかという疑問が感じられます。前書において疑似的時価会計による貸出部門評価の話をしましたが、もちろんその内容を導入することが全面的に正しいという気もないものの、出版後の反応として貸出部門評価に関して聞かれたことは皆無でした。理論的におかしいということなのか、現状をふまえるとあまりに現実的ではないということなのか、興味がないということなのか、筆者としては正解の予想すらできない状況となってしまいました。

　一方でRAFという言葉そのものに関しては、一定の浸透度合いをみせているような印象はありますが、国内において定義が統一化されているわけではありません。導入を検討する場合において四苦八苦しているような話を耳にし、その間も厳しい収益環境と追加的な規制の見直し等の波が押し寄せることで、どこから手をつけてよいかがわからない状況です。

　前書出版後、AIやIoT、RPAといった言葉を何度目にしたかわかりません。間違いなく生活のなかにおいてロボットや人工知能というものが入り込む度合いが大きくなってきていて、いまではビッグデータという言葉でも古

はじめに　1

い印象すらあります。そのようななかで人間の知恵が結集してきたであろう伝統的銀行業務がまったく影響を受けないことはないはずですが、もし何も進化していないということであれば、それはそれで驚きであると同時に、まだ人間の知恵で戦える部分なのかもしれません。

　そうした先進的な世界にまで手を出さなくても、もう少し意識改革的なものをもたらすことがあるとすれば何なのか、こうした筆者自身の疑問において1つの解決策として考え出したものが「数値を使って自己評価を行う方法を考える」ということでした。本書において目標とする点はただ1つ、「業務計画の計画値に近い実績値を計上するためにはどうすればよいか」です。この点については前書のテーマと共通であり、コーポレートガバナンスとしても重要なポイントであると考えています。業務計画の計画値に近い実績を残すということは、計画内容の妥当性が担保され、自行としての統制能力やオペレーション能力も見抜いたうえでの経営戦略を考え、それを実行に移すということがセットになります。アプローチ方法の1つとしてRAFの概念を使うということは十分考えられますが、RAFにこだわる必要もないという気持ちもあり、本書においてはRAFに限定せず、ガバナンス高度化という考え方にしています。

　第三者が金融機関の財務分析を行う際、具体的な数値検証を行うためのデータは、公開情報から取得するしかありません。銀行を例にすれば、決算短信や付属する決算説明資料、会社説明会資料、ディスクロージャー誌等が該当します。開示データを外部から購入するという手段がありますが、いざ筆者なりの判断で比較をしようとすると、容易に入手できるデータは意外と少なく、結局は自らの目視による確認をしつつ手入力をするということになってしまいました。本書で2017年3月期のデータを使っていろいろ分析を行っていますが、単独のマンパワーで実施するには半年以上の時間が必要であるということも身に染みて理解できました。計画策定プロセスを新たに考えるような作業が大変であるため、担当者としては変えたくはない気持ちになりやすいということも、実際にやってみてあらためてよく理解できた気が

しています。

本書における集計・分析作業内容の一つひとつはきわめて初歩的な内容であると思いますが、発想しにくい着眼点での集計項目での作業や、使い方および組合せ方という点で工夫したつもりです。本書の内容よりもはるかに高度な分析手法は多々あると思いますが、計画策定という全体バランスを考えるうえで必要以上に高度なものを使っても社内で浸透しません。一定のスピード感が必要であり、社内外において共通認識できるレベル感にすること等を勘案し、約1年かけて中期経営計画を策定する銀行の時間軸にあわせて「自分がもし銀行経営者だったら」という観点で整理してみたというのが本書の内容になっています。

インターネットやSNSを通じ、思わぬかたちで反響を呼んでしまうことが増えてきているなか、企業のCSRという点にもリスクが潜むようになりました。これまでと同じことをしているだけでも、なんらかのきっかけで攻撃される可能性も考えなくてはならない時代の到来です。収益が芳しくない、資金繰りがきついというような昔ながらの噂だけでなく、二酸化炭素を大量に発生させる企業と取引をしている銀行というレッテルを貼られることで危機に陥るかもしれません。そうした時代を生き抜く方法としては「経営の軸がしっかりしている」ということではないでしょうか。

本書では経営方針や経営目標という軸を明確にすることを意識しつつ、適切な自己評価に基づいた経営戦略策定やガバナンス構築の方法を模索してみました。本文中においてさまざまな集計・分析結果が出てきますが、悪い部分を見つけて攻撃するような意図はありません。どのような銀行にも、武器となるよい指標も落とし穴になるような悪い指標もあるということを示すことで、何を重視してどのような戦略にするのかを考えるヒントとしてとらえてほしいと願っております。かなりカバー範囲が広い内容になってしまいましたが、今後の経営戦略策定やオペレーション統制等においてなんらかの高度化に役立つものになれば幸いです。

はじめに　3

目　次

第1部　経営管理の課題認識と数値検証の必要性

第1章　自己分析・自己評価の重要性

第1節　業績開示の目的 ………………………………………………… 4

(1) 開示する側と資料をみる側の認識ギャップ ………………………… 4

(2) 相対評価と絶対評価 ………………………………………………… 6

(3) 集計作業をするとみえてくるもの ………………………………… 7

(4) 業績開示の目的 ……………………………………………………… 8

第2節　金融仲介機能のベンチマーク ……………………………… 10

(1) 金融仲介機能のベンチマークとは何か …………………………… 10

(2) ベンチマークの集計結果 …………………………………………… 18

(3) ベンチマーク開示に関する懸念等 ………………………………… 26

第3節　公表データと未公表データ ………………………………… 29

(1) ガバナンス高度化と必要なデータ ………………………………… 29

(2) 外部データと内部データの融合による検証 ……………………… 33

第4節　データガバナンスの現状 …………………………………… 35

(1) リスクデータ集計とガバナンス …………………………………… 35

(2) データ整備コストをどのように捻出するか ……………………… 37

(3) 証券会社における資金管理会計 …………………………………… 40

(4) 地域金融機関のデータ整備の方向性 ……………………………… 41

第2章 第三者目線による評価と対応

第1節　一般的な金融機関分析と評価 ………………………………………… 44

  (1)　世間一般における銀行の伝統的指標と近年の傾向 ………………… 44

  (2)　業界ランキング調査 ……………………………………………………… 46

  (3)　財務分析において銀行は特殊な業界か …………………………… 48

第2節　上場会社表彰制度 ……………………………………………………… 51

  (1)　東京証券取引所の上場会社表彰制度 ……………………………… 51

    ①　表彰制度の概要 …………………………………………………… 52

    ②　選定条件 ……………………………………………………………… 52

  (2)　表彰制度と表彰された企業から何を読み取るか …………………… 54

第3節　投資家目線での重要指標 ……………………………………………… 55

  (1)　個人投資家目線 ………………………………………………………… 55

  (2)　機関投資家目線とモニタリング指標 ………………………………… 57

  (3)　簡易的な EVA の検討 ………………………………………………… 58

    ①　ROE と想定した簡易 EVA の定義 ………………………………… 58

    ②　β 値の算出 ……………………………………………………… 59

    ③　非上場銀行の評価 ………………………………………………… 60

    ④　資本コスト …………………………………………………………… 61

    ⑤　簡易 EVA の算出 …………………………………………………… 63

    ⑥　ROE に関する補足 ………………………………………………… 64

  (4)　集計・比較結果について …………………………………………… 64

    ①　持株会社グループにおける集計・比較 ………………………… 65

    ②　第一地銀、第二地銀における集計・比較 ……………………… 67

    ③　持株会社グループにおける参考比較 …………………………… 69

第4節　第三者目線として求められるもの …………………………………… 70

  (1)　開示スタンスに関する第三者目線 ………………………………… 70

  (2)　第三者目線・第三者評価での落とし穴 …………………………… 72

第3章 経営戦略策定での課題

第1節　規制強化とリスク管理高度化 ……………………………… 76

　(1)　規制強化がもたらしたもの …………………………………… 76

　(2)　規制強化や制度対応をどうとらえるか ……………………… 78

第2節　収益管理との融合 …………………………………………… 80

　(1)　収益管理の置かれている位置 ………………………………… 80

　(2)　リスク管理と収益管理の融合は可能か ……………………… 82

　　①　融合させる目的について …………………………………… 83

　　②　融合時における担当部門について ………………………… 85

　　③　リスク管理と収益の融合に関する補足 …………………… 86

第3節　中期経営計画の位置づけ …………………………………… 88

　(1)　中期経営計画とガバナンス …………………………………… 88

　(2)　中期経営計画と単年度業務計画 ……………………………… 90

　(3)　企業の方向性に関する推進力を創出するもの ……………… 91

第4節　中期経営計画における重要な経営指標 …………………… 92

　(1)　重要な経営指標の集計方法 …………………………………… 92

　(2)　重要指標の集計結果 …………………………………………… 95

　　①　重要指標（新規・既往合計、上位10項目）………………… 95

　　②　重要指標（新規、上位5項目）……………………………… 96

　　③　重要指標（既往、上位5項目）……………………………… 97

　　④　内訳項目（上位10項目）…………………………………… 97

　　⑤　除外項目（上位10項目）…………………………………… 100

　　⑥　連結項目（上位5項目）…………………………………… 101

　(3)　集計結果から何を考えるか …………………………………… 102

第5節　業務計画策定プロセス上の課題 …………………………… 105

　(1)　課題認識 ………………………………………………………… 105

　(2)　資本配賦に関する補足 ………………………………………… 108

① 資本配賦プロセス上の課題整理 ……………………… 108

② 課題解決と期待効果 …………………………………… 111

(3) プロセス改善に向けた施策 ……………………………… 112

第2部　各業務運営に関する数値検証

第4章　貸出・預金業務

第1節　金融仲介機能のベンチマークと有効性 ……………………… 118

(1) 金融仲介機能のベンチマークの現状での位置づけ ……………… 118

(2) 財務インパクトや業務関連性の整理 ……………………………… 120

① 共通ベンチマーク …………………………………… 120

② 選択ベンチマーク（その1） ……………………… 122

③ 選択ベンチマーク（その2） ……………………… 124

④ 選択ベンチマーク（その3） ……………………… 127

⑤ 選択ベンチマーク（その4） ……………………… 130

⑥ 選択ベンチマーク（その5） ……………………… 134

第2節　営業能力の把握と検証 ………………………………………… 135

(1) 営業能力評価の問題点 …………………………………………… 135

(2) 預金と貸出を使った営業力評価 ………………………………… 136

(3) 集計結果 …………………………………………………………… 139

① 持株会社 ……………………………………………… 140

② 第一地銀 ……………………………………………… 141

③ 第二地銀 ……………………………………………… 143

④ 預金・貸出における営業統制能力分析に関する補足 ……… 143

(4) 地域貢献と預金・貸出業務 ……………………………………… 145

第3節　P/L の観点による預金・貸出評価（収益力評価）…………… 147

(1) 預金獲得は収益寄与するのか …………………………………… 147

目　次　7

① 預金取引から経営戦略と経営上の課題を模索する ……………… 147

　　② 前提条件から考えられる経営戦略策定のポイント ……………… 152

　(2) 貸出の時価評価 ……………………………………………………… 155

　　① 持株会社 ……………………………………………………………… 157

　　② 第一地銀 ……………………………………………………………… 158

　　③ 第二地銀 ……………………………………………………………… 158

　　④ 自己分析の重要性 …………………………………………………… 159

第4節　預金・貸出に関する留意事項 ………………………………… 160

　(1) 外貨業務に関する留意点 …………………………………………… 160

　(2) 外貨預金に関する問題 ……………………………………………… 164

　(3) クレジットスプレッドに関する問題 ……………………………… 166

第5章　市場関連業務

第1節　その他有価証券運用に関する課題 …………………………… 170

　(1) 運用力強化とは何か ………………………………………………… 170

　(2) その他有価証券運用の役割 ………………………………………… 172

　(3) 運用手法高度化への施策 …………………………………………… 173

　　① 運用高度化とは何かをあらためて整理する …………………… 174

　　② 担当部門に求められる資質 ……………………………………… 175

第2節　運用能力評価に関する検証 …………………………………… 177

　(1) 業務計画における目標設定上の課題 ……………………………… 177

　(2) 運用部門能力評価とその意義 ……………………………………… 178

　(3) 集計結果 ……………………………………………………………… 180

① 持株会社 ……………………………………………………………… 180

② 第一地銀 ……………………………………………………………… 182

③ 第二地銀 ……………………………………………………………… 183

④ 運用能力評価の有効性 …………………………………………… 185

第3節　運用能力向上のための分析例 ……………………………… 186

(1)　時間軸の明確化 ………………………………………………… 186

(2)　運用商品の検討 ………………………………………………… 188

① 国債先物オプションの商品性 …………………………………… 188

② 国債先物オプションの会計効果 ………………………………… 191

③ 国債先物オプションのパフォーマンス ………………………… 192

④ 検証結果をどのように活かすのか ……………………………… 195

第4節　シナリオに基づいたオペレーションの実践 ……………… 197

(1)　シナリオ共有の重要性 ………………………………………… 197

(2)　想定シナリオの策定の事前準備 ……………………………… 199

(3)　想定シナリオや想定レンジの検討 …………………………… 201

① 事前準備 …………………………………………………………… 201

② 具体的なイールドカーブの算出と共有化 ……………………… 203

第 6 章　ALM 運営・流動性リスク管理関連業務

第1節　ポートフォリオ構築に向けた課題 ………………………… 208

(1)　本支店レート制度における課題認識 ………………………… 208

(2)　全社コストの配分の検討 ……………………………………… 212

(3)　ポートフォリオ構築の留意点 ………………………………… 214

目　次　9

① 貸出関連ポートフォリオについて …………………………… 215

② 市場関連ポートフォリオについて …………………………… 216

③ リスク管理・規制関連での視点 ……………………………… 217

④ 企画部門による要対応事項 …………………………………… 220

第2節　外貨ALMと外貨流動性強化に関する課題 ……………… 221

(1)　外貨ALM構築のむずかしさ ………………………………… 221

(2)　外貨流動性リスクの勘案 …………………………………… 223

(3)　円貨ALMとのバランス ……………………………………… 224

(4)　国内基準行における外貨建てポートフォリオ …………… 225

(5)　円預金から外貨預金への営業推進 ………………………… 227

第3節　長短ギャップ運営と金利感応度 ………………………… 230

(1)　デュレーション長期化のリスク …………………………… 230

(2)　負債側デュレーション ……………………………………… 233

(3)　時価評価ベースでみた長短ギャップ運営（参考）……… 234

(4)　地域銀行におけるポートフォリオ状況 …………………… 236

第4節　資金コストと資本コスト ………………………………… 239

(1)　資金コストをどのようにとらえるか ……………………… 239

(2)　コスト転嫁の方法 …………………………………………… 241

(3)　コスト対象となる資本の考え方 …………………………… 244

(4)　資本コスト配分 ……………………………………………… 246

(5)　資本稼働率の状況 …………………………………………… 247

① 持株会社 ………………………………………………………… 248

② 第一地銀 ………………………………………………………… 249

③ 第二地銀 ………………………………………………………… 250

第5節　証券会社のALMと財務分析 …………………………… 251

(1)　証券会社の基本的構造 ……………………………………… 251

① 証券の基本的なビジネスモデル ……………………………………… 252

　　② 証券会社の資金繰り ……………………………………………………… 253

　　③ 証券会社の資金計画 ……………………………………………………… 255

　　④ 証券会社における長期の資金調達手段 ……………………………… 256

　　⑤ 資金調達と管理会計 ……………………………………………………… 257

　(2) 証券会社の財務分析 ………………………………………………………… 259

　　① 証券会社の貸借対照表 ………………………………………………… 259

　　② 証券会社の財務分析（P/L） …………………………………………… 265

第7章　その他指標の比較と総合評価

第1節　各業務における分析結果の集計 ……………………………………… 272

　(1) これまでの集計結果 ………………………………………………………… 272

　(2) OHR ……………………………………………………………………………… 274

　　① 持株会社 …………………………………………………………………… 275

　　② 第一地銀 …………………………………………………………………… 276

　　③ 第二地銀 …………………………………………………………………… 277

　　④ 効率性を検討するうえでの留意点等 ………………………………… 278

　(3) BPR 関連指標 ………………………………………………………………… 278

　(4) 当期純利益 …………………………………………………………………… 280

　　① 持株会社 …………………………………………………………………… 280

　　② 第一地銀 …………………………………………………………………… 282

　　③ 第二地銀 …………………………………………………………………… 283

　　④ 当期純利益に関する留意事項等 ……………………………………… 283

　(5) 不良債権割合 ………………………………………………………………… 283

目　次　11

① 持株会社	285
② 第一地銀	287
③ 第二地銀	288
④ 不良債権割合に関する留意事項等	289

(6) 預り資産関連（補足） …………………………………………… 290

① 持株会社	291
② 第一地銀	292
③ 第二地銀	292
④ 預り資産・役務収益関連での留意事項	293

(7) ガバナンス関連項目（追加分） ……………………………… 295

① 業績予想乖離率	295
② 包括利益割合	296
③ 集計結果	298

第2節　総合評価 …………………………………………………… 299

(1) 総合評価から何を読み取るか …………………………………… 299

(2) 集計結果 ……………………………………………………………… 302

第3節　経営戦略とリスクアペタイト選定方法の検討 …………… 303

(1) RAF態勢構築へのアプローチ ………………………………… 303

| ① RAF態勢への2つのアプローチ | 303 |
| ② 2つのアプローチ方法の相違点 | 306 |

(2) RAF原則に即した態勢構築 …………………………………… 308

| ① RAFのカバー範囲の検討 | 308 |
| ② KPIやKRIの検討 | 310 |

(3) 業務計画達成に重点を置いた態勢構築 ……………………… 311

| ① RAFのカバー範囲の検討 | 311 |
| ② KPIやKRIの検討 | 314 |

(4) アプローチ方法の違いについて ……………………………… 315

① ツリーによるアプローチ方法の比較 ································· 315

② RAF 態勢構築上の留意点 ·· 319

第 3 部 仮想銀行によるシミュレーション結果と 具体的な経営戦略

第 8 章 仮想銀行における経営戦略の策定

第 1 節　経営戦略策定準備 ··· 324

(1) 経営理念と従業員の意識づけ ··································· 324

(2) 中期経営計画の理念と重要性 ··································· 326

(3) 期待収益と先行投資 ··· 328

(4) シナリオの共有 ··· 329

(5) 周辺環境と IR 戦略 ··· 330

第 2 節　仮想銀行による経営戦略策定 ································· 332

(1) 仮想銀行における B/S、P/L 状況 ······························ 332

(2) 仮想銀行に関する基本データの補足 ··························· 334

(3) 経営方針ならびに重要な経営指標の検討 ······················ 335

(4) 全社コストと運用利回り想定 ··································· 338

(5) シナリオの検討 ··· 340

(6) シナリオの確定 ··· 342

(7) 有価証券ポートフォリオ ·· 345

(8) 貸出ポートフォリオ ··· 351

(9) その他関連施策 ··· 354

目　次　13

① 人事関連 ……………………………………………………………… 355

② 役務収益獲得 ……………………………………………………… 359

③ クレジットスプレッドの適正化 ………………………………… 362

第3節　リスクアペタイトの選定とオペレーション戦略 ……………… 363

(1)　制約条件 ……………………………………………………………… 364

(2)　有価証券関連 ……………………………………………………… 366

(3)　貸出関連 …………………………………………………………… 369

(4)　想定ポートフォリオ ……………………………………………… 371

(5)　その他財務・非財務リスク関連 ……………………………… 375

第4節　リスクカルチャーの重要性 ……………………………………… 377

(1)　リスクカルチャーを何と定義するのか ……………………… 377

(2)　リスクカルチャーの実務的な定義 …………………………… 378

(3)　リスクカルチャーの重要性 …………………………………… 379

(4)　リスクカルチャーの醸成がもたらすもの ………………… 381

第9章　開示に関する課題認識と今後の対応

第1節　決算開示状況に関する集計結果 ………………………………… 384

(1)　集計内容 …………………………………………………………… 384

(2)　集計結果 …………………………………………………………… 392

① 開示に関する集計結果 ………………………………………… 392

② 集計結果の主なポイント ……………………………………… 393

③ 重要指標設定と開示に関する留意事項 …………………… 395

第2節　重要な経営指標に関する開示上の整合性 …………………… 397

(1)　中期経営計画の開示姿勢 ……………………………………… 397

(2)　開示姿勢に関する事前チェック ……………………………… 398

第3節　重要な経営指標と内部管理指標の整合性 …………………… 399

(1)　財務面における統制要素 ……………………………………… 399

(2) 内部 KPI の具体例 ……………………………………………… 401

　① 自己資本比率 …………………………………………………… 402

　② 本支店レート制度におけるポートフォリオ構築の統制 ……… 406

　③ 地域内預貸率 …………………………………………………… 408

　④ 内部データに基づく各種 KPI ………………………………… 410

(3) 重要指標と内部 KPI との整合性 ……………………………… 411

第4節　経営者に関する開示 …………………………………………… 413

(1) 経営者責任とは何か …………………………………………… 413

(2) 経営者としての開示項目と開示姿勢 ………………………… 414

第10章　ガバナンス高度化に向けた応用と可能性

第1節　ガバナンス能力に関する補足 ………………………………… 418

(1) ガバナンス能力評価に関する再考 …………………………… 418

(2) 目指すべき水準設定の必要性 ………………………………… 420

第2節　包括利益統制と管理会計制度見直し ………………………… 422

(1) 包括利益統制 …………………………………………………… 422

(2) 管理会計制度見直し …………………………………………… 424

第3節　レピュテーショナルリスク管理への応用 …………………… 427

(1) 開示対応からレピュテーショナルリスク対応へ …………… 427

(2) レピュテーショナルリスク対応チェックシート …………… 428

　① 総論ならびに基本方針、経営戦略関連 ……………………… 428

　② コンプライアンス、リーガル関連 …………………………… 431

　③ 営業業務・市場業務関連 ……………………………………… 431

　④ 広報関連、人事関連、当局対応等 …………………………… 434

　⑤ その他 …………………………………………………………… 434

(3) レピュテーショナルリスク管理の方向性 …………………… 437

目　次　15

第4節　海外業務展開時に必要な対応 ……………………………………… 438

　⑴　言葉の壁とルールの壁 ……………………………………………… 438

　⑵　国際統一基準行を目指すべきか …………………………………… 440

第5節　経営統合・経営分離 …………………………………………………… 441

【巻末資料】今回使用した指標一覧 ……………………………………… 444

おわりに ………………………………………………………………………… 450

事項索引 ………………………………………………………………………… 452

第1部

経営管理の課題認識と
数値検証の必要性

第**1**章

自己分析・自己評価の重要性

金融機関は貸出業務において与信可能かどうかの判断をするべく、債務者の財務状況について情報収集し分析しています。これは与信判断を行ううえでごく当たり前のこととして実施しています。しかし一方で自行も財務データを公表しながら、必ずしも自行の財務分析を入念に行っているとは限りません。与信行為において債務者の信用力を評価するのであれば、受信行為において自行の能力を客観的に把握することも重要と考えるべきです。

第1節　業績開示の目的

(1)　開示する側と資料をみる側の認識ギャップ

　国内金融機関の多くは株式会社の形態をとっています。そのなかでも上場会社ということであれば、一定の配当を実施することや、株価を維持・上昇させることを目指すという株主に対する責任があります。「会社はいったいだれのものか」という議論を時々耳にしますが、だれのものという前に、債権債務関係ではない資金を供与してもらっている以上、資金提供者に対してなんらかのメリットを享受させる必要があり、それが上場会社の業務継続を実現する前提条件でもあります。銀行の場合は、仮に上場会社ではなくても、信用創造を前提とするビジネスモデルであり、高い公共性を維持する必要がある業態です。

　決算短信や有価証券報告書、ディスクロージャー誌といった会社の状況を示し、会社説明会等で内容説明をするという行為は、（銀行法等のルール上定められているかどうかにかかわらず）資金を供与している側の論理で考えればきわめて当然です。これは逆の立場として考えればわかる話で、銀行の貸出業務において、貸出先に対して決算資料の提出を求めたものの、なかなか提出してこない事態が起これば、最悪の場合には当該貸出のデフォルトまでを覚悟することもあるでしょう。決算における不正行為が行われているのでは

4　第1部　経営管理の課題認識と数値検証の必要性

ないか、業況不振で対外的に隠したい理由があるのではないか、といったさまざまな憶測や疑問が生じ、信頼関係が崩れていく可能性が高くなります。

　長い歴史のなかで、金融機関決算ではよく「お化粧をする」とか、「核心がわからないようにする」といったことがいわれてきました。不良債権処理問題がクローズアップされた1990年代後半においても、なかなか銀行の財務内容に関する実態がわからないという意見が多く聞かれました。その後の規制強化等によって開示内容も飛躍的に増加してきたものの、「情報量が増えることと透明性が増すことは正比例とはいえないのでは？」と考える投資家も多く存在するのではないかと推測されます。金融機関側の論理とすれば、会計制度変更や新規制導入等に対応しつつ、開示資料につながる膨大なデータを集計・加工し、報告期限も遵守しながら決算報告を行っているので問題ないと考えがちです。しかし、開示資料をみる側として、「知りたいことが的確に書いてあるのか、どこに書いてあるのかがわからない」ということでは、開示している意味がないということになります。では、こうした開示する側とみる側の認識ギャップが存在するとすれば、いったいどうして生じるのでしょうか。

　近年の銀行のディスクロージャーは、前述のとおり、飛躍的に情報量が増加しました。情報量が増加したということと、企業を理解してもらえる情報が増えたということは必ずしもイコールではありません。みる側としては、知りたい情報がどこにあり、どの程度詳しく記載されているのかが重要なので、銀行側が開示資料をみる側の意識を無視する姿勢ではかなり問題ありです。開示する行為が、自行の魅力をアピールすることや、より深く理解してもらうということではなく、「ルールは遵守しているから、後は勝手に解釈してください」ということになります。悪く考えれば「何か都合が悪いことがあって、何もいいたくはないという姿勢だ」と解釈されてもかまわないという拡大解釈もできます。最悪なケースとしては、「「あなたに寄り添う銀行でありたい」といっておきながら、でたらめだ」といわれかねません。つまり決算報告のような開示情報は、企業としてのレピュテーショナルリスクに

第1章　自己分析・自己評価の重要性　5

直結する行為であり、リスク管理の観点においてとても重要な位置づけであるという認識が必要です。

(2) 相対評価と絶対評価

決算短信を例にすると、銀行は所定フォーマットに従ってB/SやP/L、注記事項等を記載する一方、決算説明資料を別途作成し、本業の状況を把握するうえでは重要とされる業務純益等を説明しています。連結情報や単体情報に関して、規模等の違いによって取扱商品等に差が生じるために、個別行レベルでは開示内容の違いは多少認められますが、業態として考えると基本的な開示項目には大きな違いはありません。海外の会計基準に従うかたちになればもちろん大きな変化は出てくると考えられますが、現時点では大半の金融機関が国内会計基準に基づいた開示を行っているため、同業態のなかでの比較・分析を行うことが可能です。

会社の財務分析にしろ、組織内の人事評価にしろ、比較・分析を行ううえで必ず出てくる問題として「相対評価と絶対評価」があります。相対評価に関しては同業他社と比較をすることによって自行の相対的地位や能力を把握するということであり、たとえば地方銀行協会会員行64行の財務分析を実施して比較をするのは、相対評価としての能力を把握するということになります。一方で絶対評価を実施するとなると、自ら設定した目標に対する実績をみるようなかたちになりますが、どのような着眼点でどのような分析・比較を行うのかは簡単にいえません。一般的には多くの銀行で開示されている、もしくは簡単に計算できる項目（たとえば、自己資本比率や貸出の前年対比増減率等）に対して目標設定し、達成率をみていくような評価方法となると考えられます。

こうした相対評価や絶対評価を駆使して自己分析を行っていくにあたり、一定以上の信頼性を保持しようとするのであれば、やはり自行だけではなく他行のデータも含めて集計・分析することが重要です。「うちの銀行は絶対評価だけで頑張る」といったところで、常識的に考えてありえない目標設定

6　第1部　経営管理の課題認識と数値検証の必要性

では意味がありません。「努力次第で実現できるかもしれない」という水準設定が必要であり、妥当性がある水準を知るうえでは相対評価をある程度行わないと無理ということになるでしょう。特に銀行業務に関しては、その業務内容や手法に劇的な違いが生じにくいと考えられるので、組織戦略的な面が大きく影響すると考えられます。わかりやすくいえば、「商品の品揃えには大きな違いはないが、商品提供に付随するサービスに差が出やすいため、販売手法に差が出る」ということです。この考え方を貸出業務に置き換えて考えれば、金融仲介機能のベンチマークの意義も理解できるでしょう。「販路拡大のターゲット先を紹介してくれる期待がある」「事業承継に関するアドバイスが期待できる」といった付随サービスがある与信条件と、担保条件を加味した金利条件のみの与信条件では、債務者の銀行に対する期待も違いが出てきて、結果的に自行の業績に跳ね返ってくる可能性があります。

(3) 集計作業をするとみえてくるもの

アカデミックな世界でもそうですが、思っていることと実際の数値結果には乖離が生じる可能性があります。たとえば経済学という大きな範疇でも、理論経済学と計量経済学のように、理屈で考える世界と数値で実証する世界があり、ある経済理論を具体的なモデル等を使って検証しようとする人たちが存在します。数値検証の目的は、思っていることと実際の認識ギャップを知り、それを是正することにありますが、筆者個人の感覚としては、国内銀行において自行の開示資料等を積極的に検証している従業員が少ないのではないかと考えています。業務純益や貸出伸び率、自己資本比率のような恒久的な指標はみている人もいるとは思いますが、集計や分析が通常作業というよりも個人的趣味に近い業務外作業という位置づけであり、業界団体（全国銀行協会や地方銀行協会等）が公表しているものや、同業他社と計数交換しているような、データの入手が容易なものに限られている印象です。別に比較や分析の重要性が理解されていないということではなく、手が回らないというのが実情でしょう。やれるものならやりたいと考えている人は相応にいる

第1章　自己分析・自己評価の重要性　7

はずです。

　今回地域金融機関等の財務データを入手し集計してみましたが、やってみてはじめてみえてきたものが多々ありました。たとえば同じような業務を行って定型的な開示をしているはずなのに、分析したいデータが意外とそろわないということです。共通の軸をもって各行のデータを集めようとすると、開示されているデータの算出定義が不明であるケースや、データそのものが（開示されていると思っていても）実際には開示されていないということが散見されました。もちろん規制要件や法的要件に基づいた開示内容に関しては問題ないのでしょうが、少し手を加えようとするとそろわないということが起こります。

　こうしたことは裏を返せば開示に関する自己評価にもつながります。詳細については第9章第1節で触れますが、ROEのような一般化しつつある指標であっても、算出定義がそろわないだけでなく、そもそも算出定義が記載されていないケースがとても多いのです。つまり「自行の相対的能力を評価しようとしたら、自行の開示上の課題がみえてきた」というおまけがついてくる可能性があり、適切に是正できればコーポレートガバナンス高度化にも寄与することでしょう。決算分析の本来目的はもちろん財務的視点での自己評価分析と検証ではありますが、データ集計が面倒だから諦めるという前に、自行の内部統制能力把握を目的とするくらいの気構えで、実際に一度はやってみる価値はあると思われます。

(4)　業績開示の目的

　「業績開示をすることが社会ルール化されているから」というレベルではなく、「せっかくやるのだから会社にとって有意義なものにしよう」というのが開示姿勢の理想です。銀行を中心とした国内金融機関は度重なる規制強化のなかで開示内容も拡充してきた経緯があるため、まずは規制・制度対応として問題のないレベルの開示を実現することに注力してきたことで疲弊感も感じられます。しかし「だれのために／何のために開示をするのか、そし

8　第1部　経営管理の課題認識と数値検証の必要性

て仮に不十分な開示を行った場合にどのような影響が出るのか」と考えていけば、決算発表や経営戦略の開示といった年に数回しかない限られたチャンスでのミスは許されないという感覚も生じてくるはずです。

　仮に世界全体での資金のうち、株式購入に充当できる量に制限がある世界を想像してみましょう。自行株式を保有する投資家が自行から手を引くと伝えてくる可能性を考えれば、経営方針もより投資家ニーズに合致する内容に近づくでしょうし、配当政策や株価維持政策、開示内容等で最大限の配慮が必要になります。投資家の資金がほかへ行くということは、最悪の場合、自行は倒産するという危機を招くからです。株価が０円に向かうこととなり、信用不安が噂されるようになるので、資本を維持するためには、既往のプライマリーとして調達した資本量が維持されている間に徹底的に収益をあげる以外に生き残る方法はなくなり、損失を発生させて資本が毀損すると倒産リスクが一気に高まります。

　現実の世界ではプライマリー・セカンダリーを含め、株式に向かうことができる、まだ眠っている資金が大量にある（はず）という理解でしょうから、気持ち的にも大なり小なり余裕はあるかもしれませんが、世界全体あるいは国内での予算制約がみえてくると必要な対応の切迫度は急上昇するはずです。ということは、仮想の世界とは異なるとはいえ、万一に備えた適切な開示というものを考えておく必要はあるでしょう。

　決算発表後に行われる会社説明会をイメージして、何を開示し、どのようなアピールを行うべきかを考えてみましょう。もちろんルールに基づいた最低限の開示は当然ながら、直近の経営戦略を交えて説明するのが一般的です。地域金融機関の開示資料をみた場合、たとえば2017年３月期決算内容を把握しようとすると、決算短信＋決算説明資料に始まり、会社説明会資料、ディスクロージャー誌や有価証券報告書と、次から次へとみるべき資料が出てきます。ディスクロージャー誌だけでなく、会社説明会資料も年々厚みを増し、飛躍的に情報量が増えています。国内メガバンクでは会社説明会も幅広に行うようになってきたことで、開示情報が増えるという理想は実現して

います。総論的には開示に関するさまざまな配慮がみられ、開示姿勢そのものも第三者側に近づいてきているという企業努力が感じ取れます。しかし個別金融機関のある状況に関して的確に情報をつかむという点での難易度が上がってきているかもしれません。長年の継続性の観点も含め、それぞれに記載されている項目に差異があり、結局「経営戦略を理解しようとすると複数の資料を読む必要がある」という事態になっている現実があります。

　フォーマットが定型化していて、ルールに基づいて開示する項目に関しては勝手なことはできませんが、開示する情報全体としては自己判断でどうにでもできる部分も多々あります。より的確に経営方針を伝えたいのであれば、どの開示資料に何が記載されているのかという整理よりも、伝えたい事項はすべての開示資料に記載するという判断があってもよい気がします。決算開示資料作成プロセスとしてさまざまな業務分担が行われてきたと思いますが、作業分担しているがゆえにできあがった開示資料作成プロセスを見直すのが面倒という問題もあるでしょう。しかし、もし現状の開示姿勢や開示内容に課題があると感じているのであれば、資料そのものの内容見直しだけでなく、作成プロセスも含めて課題整理するべきでしょう。開示をする目的と目指すべき水準というのは、なかなか多忙な毎日のなかで議論できるものではないと思いますが、他行も含めた集計作業を一度行うだけでも自行における課題はいくつか出てくると思われます。第三者目線を理解しようとする際に、自分が第三者になってみることは重要です。

第2節　金融仲介機能のベンチマーク

(1)　金融仲介機能のベンチマークとは何か

　2016年9月、金融庁は「金融仲介機能のベンチマーク」を公表しました。このベンチマークは共通ベンチマークとして5項目、選択ベンチマークとし

て50項目の合計55項目で構成されており、「金融機関が、自身の経営理念や事業戦略等にも掲げている金融仲介の質をいっそう高めていくためには、自身の取組みの進捗状況や課題等について客観的に自己評価することが重要である」と考え、ベンチマークを利用して自己評価を行い、業務運営に活かすことが広く普及することを目指しています。当該ベンチマークには「～ 自己点検・評価、開示、対話のツールとして ～」とサブタイトルをつけており、以下のような項目が掲げられています。

表1　金融仲介機能のベンチマークについて

１．共通ベンチマーク

項　目		共通ベンチマーク
(1)	取引先企業の経営改善や成長力の強化	1. 金融機関がメインバンク（融資残高１位）として取引を行っている企業のうち、経営指標（売上げ・営業利益率・労働生産性等）の改善や就業者数の増加がみられた先数（先数はグループベース。以下断りがなければ同じ）、および、同先に対する融資額の推移
(2)	取引先企業の抜本的事業再生等による生産性の向上	2. 金融機関が貸付条件の変更を行っている中小企業の経営改善計画の進捗状況
		3. 金融機関が関与した創業、第二創業の件数
		4. ライフステージ別の与信先数、および、融資額（先数単体ベース）
(3)	担保・保証依存の融資姿勢からの転換	5. 金融機関が事業性評価に基づく融資を行っている与信先数および融資額、および、全与信先数および融資額に占める割合（先数単体ベース）

第1章　自己分析・自己評価の重要性　11

２．選択ベンチマーク

項　目	選択ベンチマーク	
(1) 地域へのコミットメント・地域企業とのリレーション	1.	全取引先数と地域の取引先数の推移、および、地域の企業数との比較（先数単体ベース）
	2.	メイン取引（融資残高１位）先数の推移、および、全取引先数に占める割合（先数単体ベース）
	3.	法人担当者１人当りの取引先数
	4.	取引先への平均接触頻度、面談時間
(2) 事業性評価に基づく融資等、担保・保証に過度に依存しない融資	5.	事業性評価の結果やローカルベンチマークを提示して対話を行っている取引先数、および、左記のうち、労働生産性向上のための対話を行っている取引先数
	6.	事業性評価に基づく融資を行っている与信先の融資金利と全融資金利との差
	7.	地元の中小企業与信先のうち、無担保与信先数、および、無担保融資額の割合（先数単体ベース）
	8.	地元の中小企業与信先のうち、根抵当権を設定していない与信先の割合（先数単体ベース）
	9.	地元の中小企業与信先のうち、無保証のメイン取引先の割合（先数単体ベース）
	10.	中小企業向け融資のうち、信用保証協会保証付融資額の割合、および、100％保証付融資額の割合
	11.	経営者保証に関するガイドラインの活用先数、および、全与信先数に占める割合（先数単体ベース）

(3)	本業（企業価値の向上）支援・企業のライフステージに応じたソリューションの提供	12.	本業（企業価値の向上）支援先数、および、全取引先数に占める割合
		13.	本業支援先のうち、経営改善がみられた先数
		14.	ソリューション提案先数および融資額、および、全取引先数および融資額に占める割合
		15.	メイン取引先のうち、経営改善提案を行っている先の割合
		16.	創業支援先数（支援内容別）
		17.	地元への企業誘致支援件数
		18.	販路開拓支援を行った先数（地元・地元外・海外別）
		19.	M&A 支援先数
		20.	ファンド（創業・事業再生・地域活性化等）の活用件数
		21.	事業承継支援先数
		22.	転廃業支援先数
		23.	事業再生支援先における実抜計画策定先数、および、同計画策定先のうち、未達成先の割合
		24.	事業再生支援先における DES・DDS・債権放棄を行った先数、および、実施金額
		25.	破綻懸念先の平均滞留年数
		26.	事業清算に伴う債権放棄先数、および、債権放棄額
		27.	リスク管理債権額（地域別）
(4)	経営人材支援	28.	中小企業に対する経営人材・経営サポート人材・専門人材の紹介数（人数ベース）
		29.	28の支援先に占める経営改善先の割合

第1章　自己分析・自己評価の重要性　13

(5)	迅速なサービスの提供等顧客ニーズに基づいたサービスの提供	30.	金融機関の本業支援等の評価に関する顧客へのアンケートに対する有効回答数
		31.	融資申込みから実行までの平均日数（債務者区分別、資金使途別）
		32.	全与信先に占める金融商品の販売を行っている先の割合、および、行っていない先の割合（先数単体ベース）
		33.	運転資金に占める短期融資の割合
(6)	業務推進体制	34.	中小企業向け融資や本業支援を主に担当している支店従業員数、および、全支店従業員数に占める割合
		35.	中小企業向け融資や本業支援を主に担当している本部従業員数、および、全本部従業員数に占める割合
(7)	支店の業績評価	36.	取引先の本業支援に関連する評価について、支店の業績評価に占める割合
(8)	個人の業績評価	37.	取引先の本業支援に関連する評価について、個人の業績評価に占める割合
		38.	取引先の本業支援に基づき行われる個人表彰者数、および、全個人表彰者数に占める割合
(9)	人材育成	39.	取引先の本業支援に関連する研修等の実施数、研修等への参加者数、資格取得者数
(10)	外部専門家の活用	40.	外部専門家を活用して本業支援を行った取引先数
		41.	取引先の本業支援に関連する外部人材の登用数、および、出向者受入数（経営陣も含めた役職別）
(11)	他の金融機関および中小企業支援策との連携	42.	地域経済活性化支援機構（REVIC）、中小企業再生支援協議会の活用先数
		43.	取引先の本業支援に関連する中小企業支援策の活用を支援した先数

		44.	取引先の本業支援に関連する他の金融機関、政府系金融機関との提携・連携先数
⑿	収益管理態勢	45.	事業性評価に基づく融資・本業支援に関する収益の実績、および、中期的な見込み
⒀	事業戦略における位置づけ	46.	事業計画に記載されている取引先の本業支援に関連する施策の内容
		47.	地元への融資に係る信用リスク量と全体の信用リスク量との比較
⒁	ガバナンスの発揮	48.	取引先の本業支援に関連する施策の達成状況や取組みの改善に関する取締役会における検討頻度
		49.	取引先の本業支援に関連する施策の達成状況や取組みの改善に関連する社外役員への説明頻度
		50.	経営陣における企画業務と法人営業業務の経験年数（総和の比較）

(出所)　「金融仲介機能のベンチマークについて」(2016年9月金融庁HP)　より筆者作成

　2017年3月期決算発表前より地域金融機関が順次開示を始めており、金融仲介機能のベンチマークと明記していなくても、類似した内容を記載するケースもみられます。自己評価に使うことを前提としているために現状対外的な開示義務はありませんが、継続的に開示していく姿勢を示している地域金融機関もあり、ベンチマークも独自のものを取り入れる先も多々あります。

　金融庁が示した内容を精査していくと、直接的・間接的に財務データに影響を及ぼしやすいもの、従業員のモチベーションに影響を与えやすいもの、銀行側の立場として考えた場合に集計しやすいもの／しにくいもの等、幅広い視点でまとめられているため、使い方や開示する際の説明に工夫が必要でしょう。内部管理の高度化と戦略策定の材料としてとらえていると、開示することが主たる目的ではないため、使い方を誤ると逆に経営方針がわかりに

第1章　自己分析・自己評価の重要性　15

くくなる可能性があります。例を示してみましょう。

【わかりやすい例】

　A銀行は地域貢献を意識した中期経営計画を策定、地元企業向け融資およびその関連業務に注力するため、選択ベンチマーク1を選択し、内外ともにモニタリング結果を示すこととした。

　→地域企業が占める割合の変化を数値的に示すことで、地域への注力度合いを示すため、第三者にもわかりやすい。

【わかりにくい例】

　B銀行は担保に依存しない姿勢を明確に示すため、選択ベンチマーク33を応用し、短期運転資金に関する無担保割合をモニタリングし、内外に示すこととした。

　→貸出金利や貸出期間、対象先の債務者格付等、一概に無担保重視とは判断できない材料があるため、説明に工夫が必要。

　開示をするリスクとしては、本意ではない解釈をされてねらいとは逆効果となったということであり、B銀行の例においても、「ねらいどおり無担保割合が増加した」という結果が数値上出ていたとしても、悪意をもって解釈をすると「一定格付以下は対象外としているのでは？」という推測が出てくる可能性もあります。仮に「現実は無担保融資に積極的ではないが、高格付先であれば（無担保かどうかよりも）融資残高を増やしたいというニーズが勝り、案件対応しているので、結果的に無担保割合が増えているから対外アピールに使う」ということであれば、ビジネスジャッジとして十分起こりうる話でしょう。

　しかし実態はともかく、「開示をしてうちの会社をよくみてもらおう」という期待があるということであれば、少なくとも正解ではないことをよくみせるのは骨が折れる作業です。正直な経営姿勢を示す内容であれば問題なく評価結果を開示できると思いますが、「見方次第ではよくみえるから、よく

みえるように説明してしまおう」という対応をすると、次回以降の開示での整合性を維持することがむずかしくなります。

　後ほど示す「どのようなベンチマークが選択されているのか」の集計作業において筆者自身として感じた印象ですが、単に何を示し、どのような説明を加えるのかだけが重要ではないと考えます。説明のしやすさを考慮してそうなったのかもしれませんが、内部統制的色彩が強いベンチマークが先に示されると、顧客重視目線はどうなったのかと疑問を感じる可能性があります。たとえば、取引先との密着度合いをより濃密にすることを目的として、以下のようなベンチマークを選択し、下記順序で説明を加えていった場合です。

【選択したベンチマークの開示の説明順序例】
　選択ベンチマーク４→選択ベンチマーク34〜38→選択ベンチマーク16〜20→……

　近年フィデューシャリー・デューティーという顧客目線での業務運営が求められていますが、せっかく積極的にベンチマークを活用して内部統制高度化を目指そうとしていても、開示の順番を意識しなかったために、肯定的な印象にならない場合があります。社内事情を示すベンチマークが最初に飛び込んでくると、読み手としてはだれのために頑張っているのかわからないという疑問が生じやすくなります。自行への影響よりも顧客側にメリットがあると思われる指標（たとえば、選択ベンチマーク18）を順次示したうえで、最終的な内部管理には選択ベンチマーク４を使いますという論法であれば、読み手としても納得感が得やすいと思います。しかし先に顧客側にとってメリットを感じにくい指標を持ち出し、後から「お客様もこれだけよくなっています」といわれても、悪意をもって解釈すると自分本位といわれかねません。銀行の事情を理解してもらうことは、それはそれで重要ではありますが、対外説明をするという観点では細心の注意が必要です。ベンチマークが自己評価として考えられたものであるため、銀行としては「開示義務がない

第１章　自己分析・自己評価の重要性　17

ものでもわざわざ開示した」というサービス精神的行為であっても、読み手が好感するかどうかは別問題です。相手側がどう受け取るのかを考えて開示する方法に工夫をする姿勢がフィデューシャリー・デューティー対応につながると考えられます。

(2) ベンチマークの集計結果

　2017年9月末までに確認されたベンチマークの開示内容（ベンチマークとして明記されていないケースを含む）について、地方銀行協会会員行（以下、第一地銀）と第二地方銀行協会会員行（以下、第二地銀）（それぞれの持株会社を含む）を対象に集計を行い、なんらかの傾向等がみられるかどうかの確認を行ってみました。

表2　金融仲介機能のベンチマークの集計結果

1．共通ベンチマーク

項　目		共通ベンチマーク		合計	持株会社	第一地銀	第二地銀
(1)	取引先企業の経営改善や成長力の強化	1.	金融機関がメインバンク（融資残高1位）として取引を行っている企業のうち、経営指標（売上げ・営業利益率・労働生産性等）の改善や就業者数の増加がみられた先数（先数はグループベース。以下断りがなければ同じ）、および、同先に対する融資額の推移	103	13	57	33
(2)	取引先企業の抜本的事業再生等による生産性の向上	2.	金融機関が貸付条件の変更を行っている中小企業の経営改善計画の進捗状況	108	15	61	32
		3.	金融機関が関与した創業、第二創業の件数	103	14	56	33

18　第1部　経営管理の課題認識と数値検証の必要性

			選択ベンチマーク	合計	持株会社	第一地銀	第二地銀
		4.	ライフステージ別の与信先数、および、融資額（先数単体ベース）	101	13	57	31
(3)	担保・保証依存の融資姿勢からの転換	5.	金融機関が事業性評価に基づく融資を行っている与信先数および融資額、および、全与信先数および融資額に占める割合（先数単体ベース）	109	13	60	36

2．選択ベンチマーク

	項　目		選択ベンチマーク	合計	持株会社	第一地銀	第二地銀
(1)	地域へのコミットメント・地域企業とのリレーション	1.	全取引先数と地域の取引先数の推移、および、地域の企業数との比較（先数単体ベース）	60	7	33	20
		2.	メイン取引（融資残高1位）先数の推移、および、全取引先数に占める割合（先数単体ベース）	53	4	34	15
		3.	法人担当者1人当りの取引先数	2	0	0	2
		4.	取引先への平均接触頻度、面談時間	5	0	4	1
(2)	事業性評価に基づく融資等、担保・保証に過度に依存しない融資	5.	事業性評価の結果やローカルベンチマークを提示して対話を行っている取引先数、および、左記のうち、労働生産性向上のための対話を行っている取引先数	41	5	23	13
		6.	事業性評価に基づく融資を行っている与信先の融資金利と全融資金利との差	3	0	1	2

第1章　自己分析・自己評価の重要性　19

		7.	地元の中小企業与信先のうち、無担保与信先数、および、無担保融資額の割合（先数単体ベース）	43	7	27	9
		8.	地元の中小企業与信先のうち、根抵当権を設定していない与信先の割合（先数単体ベース）	21	5	11	5
		9.	地元の中小企業与信先のうち、無保証のメイン取引先の割合（先数単体ベース）	19	2	13	4
		10.	中小企業向け融資のうち、信用保証協会保証付融資額の割合、および、100％保証付融資額の割合	10	0	4	6
		11.	経営者保証に関するガイドラインの活用先数、および、全与信先数に占める割合（先数単体ベース）	91	13	51	27
(3)	本業（企業価値の向上）支援・企業のライフステージに応じたソリューションの提供	12.	本業（企業価値の向上）支援先数、および、全取引先数に占める割合	40	8	27	5
		13.	本業支援先のうち、経営改善がみられた先数	25	4	16	5
		14.	ソリューション提案先数および融資額、および、全取引先数および融資額に占める割合	61	10	35	16
		15.	メイン取引先のうち、経営改善提案を行っている先の割合	25	4	12	9
		16.	創業支援先数（支援内容別）	74	10	46	18
		17.	地元への企業誘致支援件数	18	3	14	1

		18.	販路開拓支援を行った先数（地元・地元外・海外別）	85	11	49	25
		19.	M&A支援先数	91	12	56	23
		20.	ファンド（創業・事業再生・地域活性化等）の活用件数	37	5	26	6
		21.	事業承継支援先数	96	12	57	27
		22.	転廃業支援先数	21	2	14	5
		23.	事業再生支援先における実抜計画策定先数、および、同計画策定先のうち、未達成先の割合	40	5	25	10
		24.	事業再生支援先におけるDES・DDS・債権放棄を行った先数、および、実施金額	17	1	13	3
		25.	破綻懸念先の平均滞留年数	1	0	0	1
		26.	事業清算に伴う債権放棄先数、および、債権放棄額	5	0	4	1
		27.	リスク管理債権額（地域別）	2	0	1	1
(4)	経営人材支援	28.	中小企業に対する経営人材・経営サポート人材・専門人材の紹介数（人数ベース）	8	0	6	2
		29.	28の支援先に占める経営改善先の割合	1	0	0	1
(5)	迅速なサービスの提供等顧客ニーズに基づいたサービスの提供	30.	金融機関の本業支援等の評価に関する顧客へのアンケートに対する有効回答数	5	0	3	2

		31.	融資申込みから実行までの平均日数（債務者区分別、資金使途別）	1	0	0	1
		32.	全与信先に占める金融商品の販売を行っている先の割合、および、行っていない先の割合（先数単体ベース）	1	0	0	1
		33.	運転資金に占める短期融資の割合	13	0	8	5
(6)	業務推進体制	34.	中小企業向け融資や本業支援を主に担当している支店従業員数、および、全支店従業員数に占める割合	11	0	7	4
		35.	中小企業向け融資や本業支援を主に担当している本部従業員数、および、全本部従業員数に占める割合	13	1	10	2
(7)	支店の業績評価	36.	取引先の本業支援に関連する評価について、支店の業績評価に占める割合	13	3	6	4
(8)	個人の業績評価	37.	取引先の本業支援に関連する評価について、個人の業績評価に占める割合	8	2	4	2
		38.	取引先の本業支援に基づき行われる個人表彰者数、および、全個人表彰者数に占める割合	4	0	3	1
(9)	人材育成	39.	取引先の本業支援に関連する研修等の実施数、研修等への参加者数、資格取得者数	61	9	36	16
(10)	外部専門家の活用	40.	外部専門家を活用して本業支援を行った取引先数	29	4	18	7

		41.	取引先の本業支援に関連する外部人材の登用数、および、出向者受入数（経営陣も含めた役職別）	9	0	4	5
(11)	他の金融機関および中小企業支援策との連携	42.	地域経済活性化支援機構（REVIC）、中小企業再生支援協議会の活用先数	52	6	35	11
		43.	取引先の本業支援に関連する中小企業支援策の活用を支援した先数	44	8	25	11
		44.	取引先の本業支援に関連する他の金融機関、政府系金融機関との提携・連携先数	11	2	5	4
(12)	収益管理態勢	45.	事業性評価に基づく融資・本業支援に関する収益の実績、および、中期的な見込み	1	0	0	1
(13)	事業戦略における位置づけ	46.	事業計画に記載されている取引先の本業支援に関連する施策の内容	3	0	2	1
		47.	地元への融資に係る信用リスク量と全体の信用リスク量との比較	2	0	0	2
(14)	ガバナンスの発揮	48.	取引先の本業支援に関連する施策の達成状況や取組みの改善に関する取締役会における検討頻度	5	0	2	3
		49.	取引先の本業支援に関連する施策の達成状況や取組みの改善に関連する社外役員への説明頻度	1	0	0	1

第1章　自己分析・自己評価の重要性　23

	50.	経営陣における企画業務と法人営業業務の経験年数（総和の比較）	2	0	0	2
共通・選択ベンチマーク合計			1,808	233	1,061	514
独自ベンチマーク（合計）			212	42	91	79

（注1）　▨▨▨業界内で20％未満。

（注2）　集計における対象先数：118
　　　　持株会社13（※）、第一地銀64（地方銀行協会会員行）、第二地銀41（第二地方銀行協会会員行）
　　　　（※）　ほくほく、じもと、フィデア、めぶき、東京TY、コンコルディア、りそな、池田泉州、トモニ、山口、ふくおか、西日本、九州

（注3）　持株会社がグループ共通として開示している場合と傘下銀行が単体で開示している場合があり、集計ルールは以下のとおりとした。
　　　　・持株会社がグループ共通として開示……傘下銀行は持株会社と同じベンチマークとして集計。
　　　　・傘下銀行が単独で開示（持株会社は非開示）……傘下銀行のすべてのベンチマークを持株会社ベンチマークとして集計。
　　　　・傘下銀行が単独で開示（持株会社は別途開示）……持株会社、銀行単体それぞれについて集計。

（出所）　「金融仲介機能のベンチマークについて」（2016年9月金融庁HP）に基づき筆者作成

　共通ベンチマーク5項目に関しては幅広く使われている一方、選択ベンチマークに関しては多くが採用している項目とほとんど採用されない項目があることがわかります。もともと金融機関の独自性をもって選択する話なので、集計結果として分散されることは当然ではありますが、周辺環境や内部事情に鑑みると、仮に集計できても開示しにくいと考えるものがあるのも事実でしょう。前項でお話ししたことにもつながりますが、たとえば選択ベンチマーク⑭のガバナンスの発揮（項目48〜50）では、本来の趣旨から推測すると、ベンチマークを使った業務運営体制を構築しガバナンス高度化を目指すことであって、高度化を目指す姿勢は重要ながら、わざわざそれを対外的に示すようなものでもないと考えた金融機関が多かったと思われます。

24　第1部　経営管理の課題認識と数値検証の必要性

一方で、ベンチマークの話とは少々異なりますが、近年話題になっている
ESG（※1）（環境・社会・ガバナンス）について、国内企業は社会やガバナ
ンスが弱いという話も耳にします。ガバナンスが弱いというのが事実かどう
かは別として、日本人は対外アピールの仕方がおとなしくてアグレッシブで
はないという部分が出ているのかもしれません。積極的にアピールしない日
本人の美徳意識が色濃く残っているとすれば、ガバナンスの発揮に関するベ
ンチマークを選択し開示した数少ない銀行は、ある意味では斬新という考え
方もあるでしょう。単なる選択結果だけではなく、重要なこととして「内外
において首尾一貫性をもって経営高度化を目指し実現していくこと」ができ
ればガバナンス高度化策として理解できます。

（※1） ESGとは、環境（Environment）、社会（Social）、ガバナンス（Govern-
ance）の略で、CSRに関連して、発行体としての企業を評価するバロメー
ターとしてESG指標を示す動きが出ています。

　集計作業過程での印象で、集計結果や内容をみれば理解できる話ですが、
選択ベンチマークの19と21をセットで開示しているケースがきわめて多く、
地域企業の後継者問題等が背景にあると考えられます。総じてライフステー
ジに応じた顧客分析や提案活動は相応に進んでおり、顧客分類ができていれ
ばステージ別提案メニューをある程度パッケージ化できることから、営業戦
略・営業統制という面でもアプローチは十分可能であり、その効果が開示さ
れるようになったといえるでしょう。

　別途第3章第4節で触れる中期経営計画における重要指標の集計において
もみられることですが、預り資産関連業務強化の一環からFP資格取得者数
を開示する金融機関もあり、こうした動きが選択ベンチマーク39の結果に結
びついています。いまでは地域行政や関係機関等とのセミナーや社内研修も
当然の話として一般化しており、ディスクロージャー誌や広報誌で積極的に
開催していることを紹介するようになっています。

　積極的にベンチマークを開示している金融機関は、2016年度中に一度2016
年3月末時点の状況を開示し、2017年3月期の決算発表時点で二度目の開示

をしています。開示義務がないので、「内部統制用に使用するのみであって、開示は別問題」としてとらえていれば、継続的に開示する必要もないと考えるケースもあるでしょう。実際に集計作業を行い結果もみた立場であっても、ベンチマークの集計だけではその先がみえにくいため、経営戦略とどのように関連づけをし、どのように財務データに出てくるようにするかを整理する必要があると感じます。全体的には地域貢献 KPI 的なイメージでとらえているのではないかと推測できる開示内容となっており、財務データや経営戦略との関連性を説明しようと努力している先が増えてきていますが、まだ完全には有効活用できるところまで整理しきれていない銀行が多いように感じられます。

(3) ベンチマーク開示に関する懸念等

選択されているベンチマークを集計することで傾向をとらえることは実現できたかもしれませんが、分析を進めるという観点では、残念ながら「これだけでは判断不能」といわざるをえません。傾向把握という観点では、実際に開示を行っている個別の金融機関側としては、集計結果と自行が選択した項目との比較ができるので、自行として選択したものがメジャーなものなのか珍しいものなのかの判別ができ、さらに選択したベンチマーク数が平均よりも多いのか少ないのかの判断もできます。ベンチマークを選択する際の社内議論や経緯等をふまえて考えれば、他行と比べて無理をしていない選択数なのか、かなり無理をしている選択数なのかも判断できるでしょう。

仮にベンチマーク全55項目をすべて集計しようとすると、おそらく相当なマンパワーが必要になると考えられます。国内金融機関の経営課題として管理会計の遅れがよく指摘されますが、現状もっているデータの識別項目の不足によって集計が困難という課題が露呈され、「開示したいと考えても現状不可能」という項目があることでしょう。

ベンチマークの社内位置づけとしては、KPI や KRI のようなかたちでモニタリングされるものということでしょうが、KPI や KRI の本来の位置づ

表3　ベンチマークの選択数から推測される事項（例）

選択項目が20項目の場合	選択項目が3項目の場合
・業務運営や経営面は、全方位的な落とし穴回避戦略でアプローチをしているのか ・20項目のうち、重要度や優先度を示す度合いはどうなっているのか ・集計作業にどの程度マンパワーを必要としているのか ・ベンチマークや関連する重要指標間の整合性は維持できるのか　etc.	・特定分野での資源配分を主たる戦略として特色を出そうとしているのか ・集計作業よりも戦略策定に時間を活用しているのか、集計能力面で課題が多いのか ・年度ごとで戦略にあわせて見直しをするのか、恒久的な発想で選択しているのか ・内部統制能力が他行よりも低くはないか　etc.

けを考えると、なんらかの重要な関連指標があって、その指標を一定水準以上に保持できるようにするアラーム的機能といえます。つまりリスク管理や経営戦略遂行等にあたって直接的／間接的に影響を及ぼしうるものであるということなので、何の関連性ももたない開示のための集計ということであれば無意味です。まだ整理ができていないというだけであればともかく、自行が掲げる重要指標や重要方針との関連性は考慮しない場合、ベンチマークの開示は前向きなアピール材料ではなく、むしろダウンサイドの材料になりうるからです。

　たとえば、選択して開示したベンチマークが20項目の金融機関と3項目の金融機関について考えてみましょう。もちろんどのような選択項目とするかの問題はありますが、まずは単純に項目数だけで比較すると、読み手側からすれはさまざまな推測が浮かんできます。

　読み手は自由な発想で勝手な解釈をすることが可能なので、必ずしも開示する側にとって肯定的にとらえてくれるとは限りません。好印象を万人に与えるような完璧な開示は無理でも、最大公約数的発想での対処が必要と考えれば、表3の内容のようなさまざまな推測への対応は補足説明等で情報を補充する必要があります。

第1章　自己分析・自己評価の重要性　27

選択する項目数が多いということは、少なくとも集計する能力があるというアピールはできます。しかしベンチマークを使って業務運営に活かすというレベルになると、「営業担当者が多くの目標設定を理解し達成できるのか」という疑問につながり、結局は内部統制能力との関連性につながりやすくなります。高い内部統制能力が自慢であれば、後はネガティブな印象にならない記載内容によって誤解発生を回避するということになりますが、経営戦略の主軸がぶれないようにする工夫は必要です。

　選択する項目数が少ない場合は、重点項目がはっきりするので、戦略がわかりにくいという懸念はなくなります。重要指標との整合性も維持できるので、注力する分野が営業担当者にも取引先にも伝わりやすいというメリットがあり、その意味での内部統制は行いやすいはずです。しかし外部からみる限りでは、戦略・方針がクリアなので項目数が少ないのか、集計能力に問題があって少ないのかがそれだけでは判断できないので、その点を補完する説明が必要になります。

　選択する項目数と内部統制の関連性以外にも、ベンチマークの利用・開示において懸念材料は存在します。恒久性の問題です。ベンチマークを随時見直すのか、少なくとも一定期間は不変とするかはむずかしい問題です。中期経営計画で掲げる重要指標は、通常中期経営計画が3年程度で見直されているため、同期間においては不変であるべきと考えられます。ただし中期経営計画における重要指標は財務的な指標が多いため、目標水準を変更するという方法も可能です。現状ベンチマークに関しては、一部の金融機関で重要指標化しているケースもありますが、全体としては目標水準を設定するケースがまだ少ないことや、水準設定すること自体がむずかしい項目もあるため、経営理念や経営方針と照らし合わせながら恒久性に関する結論を出していくしかないでしょう。開示義務に関しても今後変化が出てくるかどうかわかりませんが、義務ではないという現状ルールを踏襲すると、「業務運営において自己分析・自己評価をするのは当然だ」という文化が浸透していけば、ベンチマークの開示も自然消滅させていくという可能性も考えられます。

28　第1部　経営管理の課題認識と数値検証の必要性

第3節 公表データと未公表データ

(1) ガバナンス高度化と必要なデータ

　銀行に限らず、実際に情報開示のために使うデータと、外部に発信されないデータがあります。ビッグデータという言葉もいまでは十分浸透し、有効活用をすることを目指しているのが一般的という状況になってきていますが、銀行における外には出てこないさまざまな情報やデータについていったん整理してみましょう。

　規制要件等の一般にルール化された開示に関して使われるデータは、集計ルールも確立しているので、データの有効活用を考えるというよりも、データ管理や集計の迅速化といった観点に意識が向かいがちです。G-SIBs やD-SIBs といったシステム上重要な金融機関として認定された大手金融機関の場合、2013年1月に公表された「実効的なリスクデータ集計とリスク報告に関する諸原則」（以下、リスクデータ諸原則）にのっとり、銀行のリスクデータ集計能力や内部のリスク報告義務を強化する目的でデータ整備を行ってきました。リスクデータ諸原則では重要なリスクデータの定義づけに始まり、データ取得やデータ加工のフローに関するフローチャートや業務記述書の策定も行っています。データ管理に関する責任者も設置し、まさにデータに関する統制能力強化の実現を目指す内容となっています（※2）。

（※2）　リスクデータ諸原則に関する詳細については、『リスクアペタイト・フレームワーク―銀行の業務計画精緻化アプローチ』（2016年8月、金融財政事情研究会）の第1章第3節参照。

　内部統制能力向上のためのデータ整備を実施することはもちろん有意義な話ではありますが、データ整備面に関する現状把握に関しては次節で触れることとし、ここではデータ整備ではなくデータの使い方を考えます。せっかく存在しているデータを眠らせるのではなく、開示用であれ内部用であれ、

第1章　自己分析・自己評価の重要性　29

表4 「実効的なリスクデータ集計とリスク報告に関する諸原則」（概要）

項 目	内 容
原則1 ガバナンス	銀行のリスクデータ集計能力とリスク報告実務は、バーゼル委員会より示された（関係する）他の諸原則やガイダンスとの整合性を維持しつつ、強力なガバナンスのもとに置かれるべきである。
原則2 データ構造とITインフラ	銀行は平常時だけではなくストレス時や危機時においても他の諸原則を充足し、リスクデータ集計とリスク報告実務を十分にサポートするデータ構造とITインフラをデザイン・構築・維持しなければならない。
原則3 正確性と統合性	銀行は平常時やストレス時、危機時における報告の正確性に関する必要条件を満たすため、正確で信頼性の高いリスクデータを生成できなければならない。エラーの確率を最小限にするため、データは大部分が自動化された基盤によって集計されなければならない。
原則4 完全性	銀行は、グループ全体でのすべての重要なリスクデータを捕捉し、統合されるべきである。データは問題となっているリスクに応じて、ビジネスライン、リーガルエンティティ、アセットタイプ、業種、地域といった区分別でのリスク・エクスポージャー、取引集中、エマージングリスクを特定できるようなグルーピングにて入手できるようにしなければならない。
原則5 適時性	銀行は正確性、統合性、完全性、適合性の諸原則を満たしつつ、リスクデータの合計と現在までの集計をタイムリーに生成することを可能にするべきである。具体的なタイミングは、計測されるリスクの性質や潜在的なボラティリティ、銀行の全体リスクプロファイルに対する重大性次第で決定される。また、具体的なタイミングはストレス時もしくは危機時において、銀行の性質と全体的なリスクプロファイルに基づいて決められた、銀行固有のリスク管理報告の頻度要件にも依存する。

30 第1部 経営管理の課題認識と数値検証の必要性

原則6 適合性	銀行は幅広い範囲のリスク管理報告の一時的な要請に応じて、リスクデータ集計を生成できなければならない。それらの要請には、ストレス時もしくは危機時の状況のものや、内部的なニーズ変化によるもの、当局からの問合せに対応するもの、が含まれる。
原則7 正確性	リスク管理報告は正確かつ詳細に統合リスクデータを伝達し、正確にリスクを反映していなければならない。レポートはリコンサイルおよび検証されなければならない。
原則8 包括性	リスク管理報告は組織内のすべての重要なリスク領域を網羅しなくてはならない。報告の詳細さや対象範囲は、それを受け取る側の要請のみならず、銀行の業務の規模や複雑さ、リスクプロファイルと整合的でなければならない。
原則9 明瞭性と有益性	リスク管理報告は明瞭かつ端的に情報を伝達するものでなければならない。報告は内容を容易に理解できるものである一方で、十分な情報に基づいた経営判断を促すべく、十分に包括的でなければならない。報告は受領者のニーズに即して、有益な情報を含まなければならない。
原則10 頻度	取締役会と上級管理職（もしくは他の受領者）はリスク管理報告を生成し、提出する頻度を設定しなければならない。頻度要件は、健全なリスク管理と銀行全体の効果的かつ効率的な経営判断に資するうえでの当該報告の重要性とともに、受領者のニーズ、報告されるリスクの性質、リスクが変化するスピードを反映しなくてはならない。報告頻度はストレス時ないしは危機時には追加されるべきである。
原則11 提出	リスク管理報告は守秘義務を遵守しつつ、関連する当事者に提出されなければならない。
原則12 レビュー	監督当局は銀行の上記1～11の原則の遵守状況を定期的にレビューし、評価しなければならない。

第1章　自己分析・自己評価の重要性　31

原則13 是正措置と監督手法	監督当局は、銀行がリスクデータ集計能力とリスク報告実務における不備に取り組む場合、効果的かつタイムリーな是正措置の要求を可能にする適切な手法とリソースをもち、使用すべきである。監督当局は第二の柱を含む一定範囲のツールを使える能力をもつべきである。
原則14 監督当局間の協力	監督当局は諸原則の監督とレビュー、是正措置の実施に関して、関連する他の法域の監督当局と協力するべきである。

(出所)「Principles for effective risk data aggregation and risk reporting」(バーゼル銀行監督委員会) について、筆者が和訳および加筆・修正したもの

ガバナンス高度化に寄与するデータの使い方を模索する必要があります。

　一言でデータといっても、直接的に何かに使われるデータもあれば、なんらかの外部データの存在によって重要性が増すデータもあります。地域金融機関のケースでいえば、たとえばオペレーショナルリスク管理において、自行の損失データは内部損失データという位置づけになりますが、いくつかの金融機関でデータの合算・共有化が実現すれば、外部損失データとして利用する道が広がります。前節のベンチマーク集計もそうですが、自行で扱っている限りでは営業統制KPI的な位置づけになるものの、集計結果を含めた利用方法としては広報IRのKPI化という発想も広がってきます。つまり自行がもつ開示データ、開示には使用していないさまざまな内部データ、各行データが集計された外部データ等を使って、どのような集計・分析を行い、どのようにガバナンスに活かしていくかがここでの重要なテーマになります。

　ガバナンス高度化という観点で、これまで頻繁に出てくる内部統制能力というものを自己評価する方法を考えてみましょう。アプローチ方法はいろいろあるとは思いますが、おそらく1種類のデータによって万能なものはなく、何種類ものデータを駆使して、業務種類別のようないくつかのアプローチでそれぞれ適合するようなものを創造し、全体的なバランス等を考慮する

方法になると推測されます。その前提で考えれば、たとえば営業力評価において、営業能力を数値的に把握しようとする場合、シンプルに考えれば、まずは目標設定に対する達成度合いという絶対評価的な指標があります。しかし営業担当者の頑張り度合いをみるうえでは、実現した結果に対してどれくらいの人員や時間をかけたのか、目標設定水準の難易度がどれくらいなのかといった検証作業を補完する数値が把握できていないと、営業力評価という点においては不確実なものになります。

(2) 外部データと内部データの融合による検証

　営業力評価の確実性を高めるには目標達成度合い以外のデータを収集する必要があります。たとえば、原価計算のデータによって自行の資源投入度合いをみることが考えられますし、目標達成難易度に関しては他行との比較ということが想定されます。他行が開示しているデータで比較可能なものを収集し、目標設定水準の妥当性評価（実績値の水準評価）を行うことで、より現実的な営業力を把握することが可能になってきます。

　分析結果の精度を上げるためには、こうした内部データと外部データを適切に組み合わせて活用していくのが有効であり必要です。どちらか一方のみであれば盲点に陥るリスクが高まる可能性があります。分析を行う目的によっては一方ですむ場合もあると考えられますが、せっかくデータを利用して分析を行うのであれば、単一的な分析だけでなく、裏付け検証も行いたいところです。

　とはいえ、分析作業を行うマンパワーやシステムが無尽蔵にあるわけではなく、収集可能なデータも行う分析作業に的確に当てはまっているとは限りません。時には諦めることも必要になるでしょう。営業力評価の例においても、他行は自行と同じ業務において営業力を駆使しているとは限りません。地域性も異なれば、従業員数も商品ラインナップも違うので、他行比較はあくまで参考値としての理解にとどまります。それでなくても外部データに関しては、取得する際にデータの前提条件（特に加工されたデータ）が明確に

第1章　自己分析・自己評価の重要性　33

なっているとは限らず、紙ベースでのみの取得であれば集計までの膨大な時間が必要となります。

　そこで考えられる１つの均衡点としては、ほぼ同一の条件で算出していると考えられる数値を使った検証となります。たとえば、規制値や決算短信等の決算データのような数値を使った分析ということです。一義的には内部データに基づいた分析で基本的な経営戦略を考え、その経営戦略の妥当性を検証するうえで他行の開示データを使うようなイメージです。具体的に事例を考えてみましょう。

【例：内部データに基づく営業戦略策定と外部データに基づく検証】

　　［内部データに基づく情報］

・内部データに基づき、預金取引を行っている個人のうち、1,000万円以上は全顧客の20％。

・1,000万円以上の顧客のうち、投資信託や保険取引がある顧客は15％（全体に対しては３％）。

　　→経営戦略として、預り資産関連取引拡大のため、全体の３％から10％に引き上げる目標を検討。

　　［外部データに基づく情報］

・近隣の地域金融機関の預り資産残高の変化率を外部データとして収集。

・2015年度、2016年度のデータを基に、近隣金融機関の預り資産に関する期待増加率は４％。

・近隣金融機関の預り資産割合（対預金）は18％、自行は４％。

・同一県における他行の補足事項として、直近の経営計画で預り資産増強を目指しており、現状の預り資産割合は25％、前年度増加率は６％。

　　→地域経済状況や自行の営業力次第で、決して不可能とはいえない目標水準（ただし単年度での目標達成は困難）。

34　第１部　経営管理の課題認識と数値検証の必要性

この目標設定水準例に関して妥当性があると考えるべきかどうかはさておき、１ついえることは、内部データのみに基づく計画策定では、設定する目標が現実的な水準かどうかがまったくわからないということであり、外部データの情報を付加することによって目標の達成困難度もある程度想像することができるようになったということです。金融仲介機能のベンチマークは、この例に当てはめるとまさに内部データの情報ということになり、自行の戦略や統制面において基準を示すものになりますが、他行の集計を行うことや他行との比較を行うことで一段と効果が出てくる可能性が広がることも考えられます。

　現時点では、内部データを十分使いこなせないことや集計作業のマンパワー不足といった問題から、眠ったままになっているデータや情報は多々あると思われます。特に管理会計に関連するようなデータに関しては、収益管理高度化や決算開示資料（セグメント情報等）にも関連してくる話であり、整備しておいて損はないデータであると考えられます。ROEを重要指標化する金融機関が増えているなかで、「重要指標化しておきながら、実は管理会計高度化は念頭にない」というような、外部からみればありえないようなことが起こることのないよう、有効なデータ活用術を検討していくことが理想です。

第4節　データガバナンスの現状

(1)　リスクデータ集計とガバナンス

　前節で触れたリスクデータ諸原則に基づくデータ整備および態勢構築に関しては、規制対応に準じた要対応事項として大手金融機関が対処したため、データの取得元や取得タイミング、加工プロセス、管理責任者に至るまで一定の水準に到達したといえるでしょう。しかしながら「リスクデータ」とい

第1章　自己分析・自己評価の重要性　35

うのがポイントであり、金融当局報告を含むリスク管理業務に関連するデータであるということです。これまでの国内金融機関の傾向として「既存業務の改善に関するコストはかけない」という考え方があり、たとえば、デリバティブのような新たな収益獲得手段のためのITコストというと比較的決裁されやすいのですが、継続的に行われているバンキング勘定の債券投資に係るシステムのリニューアルの場合、「現状で我慢しなさい」という意見が出やすい傾向があります。

2009年のリーマン・ショック以降は金融規制が一気に強化され、規制値のクリアだけでは銀行の業務継続において不十分であるという考え方から、リスクデータ諸原則のような規制値算出とは異なるルール化が掲げられたことによって、コスト捻出のための社内決裁もやむなしとなったのが、リスクデータに関して整備が進んだ背景です。

一般的な銀行の業務分掌においては、リスク管理関連業務はリスク管理部門が担当し、収益管理に関しては企画部門や営業推進部門等が司っています。それぞれの部門がそれぞれ必要なデータしか取得しないため、リスクデータ諸原則に従ってリスクデータは整備されても収益管理のデータが整備されるわけではないという状況に陥ります。経営情報システム（MIS）の構築が必要であるという考え方はあっても、だれが主導するのか、どのようにデータを融合するのか、といった課題をクリアする必要コストの捻出は困難です。経営判断をするためのデータベース構築の話なので、経営者自身の問題意識が高く、コストを捻出するだけの説得材料や財務的余裕がない限り、経営者としても強力に推進できません。結果として、経営情報システムの構築による各種報告の迅速化、管理会計高度化、KPIモニタリング等においてさまざまな制限事項がある前提で、現状は改善スピードが停滞気味になっている印象です。

地域金融機関に関しては、G-SIBsやD-SIBsに選定されないということで、強力にリスクデータを整備する推進力もなく、できる範囲で必要に応じて整備するというのが通常のスタンスです。しかし2016年2月のマイナス金

36　第1部　経営管理の課題認識と数値検証の必要性

利政策等による資金利鞘の縮小傾向は大きな打撃を与えており、いまさらシステム開発費用を捻出するにもできない状況であることは、周辺環境から考えても議論の余地なしといったところでしょう。

⑵　データ整備コストをどのように捻出するか

　正直なところ、新たに内部統制のためのデータ整備コストを捻出することは、直近の国内金融情勢においてステークホルダーを納得させるだけの材料はないでしょう。もちろん財務面やマンパワー面での余裕次第ではあるものの、経営者が自発的に経営情報システム構築の必要性と構築後の期待効果を明快に示すことがむずかしく、それ以上に推進に関する経営責任を負うリスクが大き過ぎるというプレッシャーもかなりあると推測されます。

　2013年11月18日、FSB（金融安定理事会）から「Principles for An Effective Risk Appetite Framework」（「実効的なリスクアペタイト枠組みに係る原則（最終報告書）」：以下、RAF原則）が公表されました。金融庁の金融行政方針にもRAF（リスクアペタイト・フレームワーク）という言葉が当初盛り込まれていたことで、G-SIBs級の大手金融機関はRAF態勢構築を意識したものの、いまだ収益管理とリスク管理のデータ融合という観点では実現できていません。RAFに関しては国内において明確に定義されたものがないので、個別金融機関の独自判断で定義されています。RAF原則対応も規制値のようなものではないので、ガバナンス面を意識した態勢整備の色彩が強く、経営戦略の策定や運営に十分機能しているとはいえないレベルでしょう。筆者としては、現状に甘んじている状況の背景として、リスク管理の発達経緯を含めた文化的な理由もあるとは思いますが、報酬制度も含めた収益管理に関する考え方が欧米とは異なり、結果として収益管理とリスク管理の融合も進みにくく、部門間の業務分掌問題もクリアしにくいことがあると考えています。

　このように環境認識としては絶望的な状況かもしれませんが、それでも経営高度化のためのデータ融合を見据える場合、以下のようなアイデアが考え

第1章　自己分析・自己評価の重要性　37

られます。

【例：収益管理とリスク管理を融合するデータ整備構想について】

1．業務分掌の見直し

・収益管理に係る集計業務に関し、企画部門からリスク管理部門へ移
管する。

・企画部門は軽減される作業負荷分を、FTP（※3）を含めた管理会
計高度化に配分する。

2．理由・背景等

・リスク管理部門は牽制機能を重視するべき部門である。

・収益が計画どおりに計上できないことも企業運営上のリスクであ
る。

・収益獲得とリスクテイクは同義であり、各種リミット等の制約事項
とあわせてモニタリングするべきである。

（※3）　FTPとはファンド・トランスファー・プライシングの略で、移転価格操
作を示すもの。海外の金融機関では競争力があるプライシングを目指すた
め、FTP日次化対応が進んでいる。

　国内周辺環境に鑑みると、マイナス金利政策の影響ももちろんですが、人
口動態の問題もあるので、特に地域金融機関は地域の経済規模の縮小可能性
について、より長期的なビジョンを想定すればするほど業務の縮小均衡を意
識せざるをえない部分があると考えられます。簡単にいえば問題の先送りを
しても解決のメドは立たなくなる可能性がより高まるということであり、必
要に迫られている事項に関しては早めに実施するという選択肢以外はないで
しょう。

　収益管理とリスク管理のデータ融合に関しては、例示した記述内容だけで
は実は不十分で、リスク管理部門の業務負担増加という反対意見で潰される
可能性があります。つまりさらにもう一段進んだガバナンス態勢を想定する

必要があり、そのことによるリスク管理業務負担軽減を実現させるという担保が必要になるということです。もちろん会社組織の危機ととらえればやむなしと応諾する可能性もありますが、その場合は強力な経営者の推進が必要であり、だれにメリットがあるのか、だれが責任をとるのかといった問題が再浮上します。

　例示したアイデアは、銀行の各部門の業務分掌をあらためて考え直し、忠実に原則に従うという点を意識しています。データガバナンスについても業務分掌に合致したかたちで管理・利用することが、組織体制上の矛盾がないと考えられ、結局はコーポレートガバナンス全体に影響を及ぼしうるものと考えます。そのため数値の集計やモニタリング機能についていったん牽制機能をもつ部門に集約し、企画部門は企画に特化するほうが合理的です。経営戦略を策定し、10年後の会社イメージも創造するべき部門とすれば、計画策定だけではなく、実績も計画値に近づけるという理想像を追求するべきであり、適切な収益を確保するには適切なコスト算出も重要なミッションです。

　データ整備が進む前提では、資本を含めた所要コストと期待収益との関係性を理解した資本配賦につながることになり、期待収益獲得の前提条件が絞れるはずです。前提条件が把握できるということは、早い話がオペレーション統制を実施しているということでもありますが、どのような環境でどのようなリスクテイクが行われるのかが把握できるので、リスク計測においては少なくともポジション量に関して重点項目が絞られることになり、ストレステストの負荷が軽減される可能性が高くなると考えられます。

　経営者としては、ステークホルダーに対して、計画に近い実績を残すためのツールという考え方で統制コストを捻出するということになります。つまり計画と実績のぶれを小さくするコーポレートガバナンスを目指すために取り組む組織改編やデータ整備であり、想定に近い実績を積み上げることで経営の安定化を図ることになるのですが、問題は想定するガバナンスレベルの実現に時間を要するため、猶予期間をどのように乗り越えていくのかが、データ整備を推進するうえでの最大の難関になると思われます。

第1章　自己分析・自己評価の重要性　39

⑶ 証券会社における資金管理会計

　金融機関のコーポレートガバナンス高度化について語る場合、往々にして自分の業界内で問題解決を図るケースが多いのですが、国内金融機関の管理会計に関しては銀行よりも証券会社のほうが進んでいるという考え方もできます。ビジネスモデルの違いからやむをえない部分もあり、一概に進んでいる／遅れているというのもナンセンスかもしれませんが、証券会社の構造について簡単に触れておきましょう（詳細は第6章第5節参照）。

　証券会社には預金による資金調達という手段がないので、株式による資本調達、劣後負債による資本性資金調達、社債（短期社債やMTN）といった手段と、短期金融市場による市場性調達（コール取引やレポ取引）というかたちで調達しています。大手証券会社ではおおむね無担保資金調達と有担保資金調達というかたちで担当部門が分かれており、無担保調達は財務部門、有担保調達は市場部門というのが一般的です。

　証券会社の場合、背景となる会計処理が原則として時価会計なので、財管一致を念頭に置いた管理会計を意識しており、収益部門は特にコスト意識がとても高いので、資金調達コストに対しても厳しくチェックされます。このため収益部門に転嫁するべきコストとは何か、どのようにすればそのコストが精緻に算出されるのか、といった悩みに常時立ち向かっている状況です。

　銀行とのレベル感の違いについては、賞与への反映度合いが大きいために従業員全体がシビアになりがちであるという点もありますが、コスト算出やコスト配分する役割の部門では、さまざまな部門のシビアな要望に対応可能かどうかに神経をとがらせています。たとえば収益部門とすれば、「会社にとって資金調達となるようなスキームである場合、ファンディングコストのマイナス計上を認めるべきだ」というような意見が飛んできて、順次調整やルール化を行うという対応を行っています。銀行の場合は財務企画部門が本支店レートをベースとして仕切っているので、資金フローの逆サイドに関する意識があまりなく、黙っていても底だまり預金があることもまたコスト精

緻化を遅らせている要因かもしれません。

　証券会社の場合は、基本的にはこうして資金や資本を使う／使わない、使うとすればどれくらいの期間なのか、といったことで配分するコストを決定する考え方であり、管理会計全体で考えれば別途人件費やシステムコスト等は本当に勘案されているのか、適正に配分されているのかという問題はあるにせよ、コストをまかなう収益確保の考え方が根底に浸透しているといえるでしょう。しかし一方では、長い歴史のなかで銀行の勘定系システムのようなしっかりしたIT統制をしてきたわけではないので、ほしいデータを取得することには意外と苦労する場合があります。今後については最初からほしいデータを取得することにも配慮し、システムの追加や見直し後に苦労することは減っていくと思われますが、規制対応やガバナンス高度化過程で、従来収集していなかったデータを新たに収集することに苦労したのが近年の動きだったといえるでしょう。

(4)　地域金融機関のデータ整備の方向性

　第一地銀や第二地銀に関しては再編も進んでおり、すでに結成されているグループ内の銀行の合併も進み始めました。統合を進めている金融機関は、当面無事統合作業を終えることに注力せざるをえませんが、ではそれ以外の金融機関としてはデータ整備に関してどう対処するべきでしょうか。

　本節第1項で「いまさらシステム開発費用を捻出するにもできない状況であることは、周辺環境から考えても議論の余地なし」と説明したものの、何もできないし何もしなくてよいということではありません。結局は体力との相談かもしれませんが、お金を使えないのであれば知恵を使うしかなく、時間の有効活用と分析内容の精度向上という要素を考慮しつつ、どこに限られたIT費用を投入し、どこでマンパワーを使うのかの最適化を考え、データ整備スケジュールはその最適化内容に依存するということになります。

　幸か不幸か、G-SIBsやD-SIBsにならなかった金融機関は、リスクデータ整備に関して直接的に開発コストを投入することや、データ管理のための

第1章　自己分析・自己評価の重要性　41

業務記述書作成といった膨大な作業時間を費やすことを強く求められてきていません。スポット的なオフサイトモニタリング対応に耐えきれるIT能力もしくはマンパワーがあれば、基本的には資源配分に関する自由度はあるはずです。大半の地域銀行で始まったベンチマークの開示においてどれくらいの資源が使われているか定かではありませんが、各行の会社説明資料等をみる限りでは、店舗や人員に関する効率化推進の効果が出てきて、「○○人分の再配分が可能になった」といった内容で効率性向上によるマンパワーの創出を説明しているので、それが事実であればデータ整備に関する最適化を考える人員確保は可能であると考えられます。

　最近の状況を考慮すると、少額と考えられるIT開発費用は、新たな収益機会確保のための導入もしくは規制・制度対応上必要なものに優先されるべきでしょう。もし営業範囲が国内だけでは無理と判断して海外進出することがあれば、国際統一基準行化のためのリスク管理高度化費用も必要になります。収益環境を勘案して、これら以外でIT開発費用を捻出できるとすれば、明らかにコスト投入以上の期待効果が得られるものに限定されるはずです。

　このように整理すると、管理会計高度化のような費用は出てこず、マンパワー対応と考えるのが妥当です。つまり知恵を使って本支店レート制度の欠陥を是正することや、コミュニケーション能力を高めることでリスク事象に迅速に対応する工夫をするということになります。収益が安定化し余力が出てきた段階でマンパワーに依存しないIT開発とデータ整備を行っていくのが現実的な今後の方向性と思われます。

第 2 章

第三者目線による評価と対応

金融機関がステークホルダーやその他第三者からどのようにみられている
のかはとても気になりがちですが、第三者評価というものは日々の業務のな
かで得ているものと、なんらかの事態が起こった際のものが同一とは限ら
ず、すべてが一変してしまう可能性があります。したがって何かを公表する
ような場合、それまでに恒常的に行ってきた開示等での評判から類推するこ
とになりますが、公表前に想定した反応とはギャップが生じる場合がありま
す。

　本章では決算発表に関連する開示に焦点を当て、世間一般でよく金融機関
を比較する際に使ってきた指標等を取り上げつつ、近年金融機関が重要指標
として取り上げる指標との違いや方向性、独自指標導入の有効性や導入時の
留意点等を考えていきます。

第1節　一般的な金融機関分析と評価

⑴　世間一般における銀行の伝統的指標と近年の傾向

　金融機関の決算発表が一通り出揃うと、雑誌等ではよく業界順位を算出す
る集計結果が公表されます。1990年代後半では不良債権問題がよく取り上げ
られ、「生き残る銀行はここだ」というような趣旨で人の目を引き付けるよ
うなこともありました。人の不幸は蜜の味なのか、日常のニュースにおいて
もネガティブな材料のほうが読者層の反響が大きく、ポジティブなテーマで
株価上昇材料となるようなものは、気がつく前に買って儲けたい心理も加わ
るのか、大々的には取り上げられにくいのではないかというのが筆者の印象
です。

　金融機関に関するすべてのレポートやコメント等をみているわけではない
ので総論的ではありますが、一般的な銀行に関する業界順位分析において
は、預金残高や貸出残高、それぞれの増加率、収益増加率、自己資本比率と

44　第1部　経営管理の課題認識と数値検証の必要性

いった伝統的なものが使われており、特にマイナス金利政策開始以降は収益面での着眼点による集計結果が増えているようにみえます。一般向け雑誌ではあまり複雑な集計や分析を行っても理解されにくいと考えているのか伝統的なものが使われがちですが、銀行アナリストや格付機関、監査法人等のプロであれば、伝統的な指標だけではなく、周辺環境変化に対応した追加的指標も使って分析していると考えるべきでしょう。

　だれが言い出したのか、「これからはROAではなくROEの時代だ」ということを聞いたことがありますが、たしかに近年はROEが頻繁に出てくるようになったものの、ではROEを精緻に比較してみようということになると意外と困難であることがわかります。第一地銀や第二地銀の開示情報をみているとROEを開示している銀行は年々増えているのは事実ですが、残念ながら開示しているROEをそのまま比較用に使うことはできません。これは自行だけでの開示ではわからず、他行分も集計してみて理解できるのですが、連結ベース／単体ベース、分母・分子の定義がまったく統一されていないのです。決算短信に付随する決算説明資料でもROEの数値を示していますが、算出定義を示していない銀行もかなりあります。つまりROEという指標は、ROEという言葉そのものは一般化して、「Return on Equityだから収益／資本だ」という理解があっても、収益とは何を使うのか、資本とは何を使うのかが確立しておらず、都合よく使っている部分があるという認識が必要です（※4）。

（※4）　株式関連のアナリスト等は、分析対象が金融機関とは限定されていないため、ROEに関しては、分子項目は親会社株主に帰属する当期純利益、分母項目は純資産や株主資本合計を使うことが一般的のようです。

　まずROEの定義問題があるという事実を把握したので、次は自行としてはどういう状況かを確認しましょう。定義まで記載していた、実は明記していなかった、明記しているつもりでも分子が不明瞭だった、開示していなかった、さまざまなケースがあるでしょう。定義について明記していればまずクリアですが、開示しているのに定義していないということであれば、定

義を明記するかどうかの判断が必要になります。もし理由があって明記していないということであれば、では何のために開示しているのかが問題になります。見栄えを気にした結果なのか、定義を変更して前年度との整合性を説明しないケースもあったため、集計・分析をする立場にとってはものすごく迷惑な話になります。よくみせたい、よく思われたいということを願って開示するのであれば、指標の性質や具体的数値の変化等にも配慮することが理想です。

マイナス金利政策導入以降、銀行は基本的に預金を多く獲得しても仕方がないという風潮になっており、中期経営計画や決算発表に関する資料をみていても、預金から預り資産関連業務へシフトしたいという姿勢がひしひしと伝わってくるものが増えています。本来はマイナス金利政策導入以前から続いている話でもありますが、役務収益の拡大が強く意識されている状況といえます。雑誌等で利鞘縮小に関する耐久性を示す情報が出てきており、業界順位に関しても預り資産関連で集計されたものもみられるようになったことから、残高ベースやP/Lベースでモニタリングするケースや、関連証券会社とのタイアップによるシナジー効果をモニタリングする銀行が出てきています。

(2) 業界ランキング調査

インターネットで「銀行　業界ランキング」というワードで検索してみると、いろいろな銀行業界のランキングが出てきます。売上高（経常収益）、純資産、平均年収等、さまざまなものが出てきますが、検索上位で出てくるものは基本的に年度決算時における代表的指標であり、収益関連指標では経常収益、経常利益、当期純利益が一般的で、資産規模面では預金残高や総資産、貸出残高等が代表的指標となっています。前項でも少し触れましたが、こうしたランキング調査に関してはおおむね手軽に把握できるものになりがちなので、複雑な計算を行うような指標はまず出てきません。

一個人というレベルで考えれば、普段銀行取引をするうえでむずかしい取

引をすることはないため、店舗やATMが近くにあることや、インターネットバンキングが使えるという点が重要であると考えられます。利便性の比較という観点で店舗数を比較するケースがありますが、顧客的立場で考えれば自分の活動範囲に店舗やATMがあれば十分なので、店舗数に関する取引銀行のランキング順位が低くても気にしない人が多いのではないかと推察されます。住宅ローン借入れや資産運用等をはじめとする何か大きな取引をする際に、金利条件や付帯サービスがどうかという点でランキングを意識すると思われますが、借入金利条件をよくするために給与振込口座を変更することはあっても、利便性がよい銀行口座をわざわざ解約するようなことはないと考えられます。

　法人取引の観点では、外国為替手数料（あるいは外国為替取引時のオファー・ビッド）や残高証明発行手数料等が仮に掲載されていたとしても影響度は小さいと考えられます。1通1,500円程度の残高証明に関して無料にしましたといっても、それが法人取引拡大に大きな影響が出るとは思えません。むしろ銀行と取引をしている企業側からすると、銀行へ発行依頼をしたときに「うちの銀行は無料です」と聞いて「そうですか、ありがとう」といって完結してしまいそうな印象です。外国為替取引のオファー・ビッドに関しては、悪過ぎるプライスであれば他の銀行と競争させるでしょうし、それ以上に的確な相場見通し等を教えてくれるほうが喜ばれることでしょう。

　こうして複雑な計算式が入るものや、あまり興味がないような事項に関するランキングは出てこないため、銀行業界に関係している人であれば、結局は規模が大きい銀行が上位になると考えて、一般向けのランキング結果はあまり気にしないということになります。しかし残念ながら顧客となりうる市場全体を対象として考えた場合、出てきたランキング結果を鵜呑みにされてしまうケースがありうるという問題もあります。悪意に満ちた噂が広がると新規獲得だけでなく、既往顧客動向にも影響が出てくる可能性もゼロではありません。このため世間でのさまざまなランキングは完全に無視することもできず、人間心理としても順位をつけられるとよくみせたいということもあ

第2章　第三者目線による評価と対応　47

ります。では、経営レベルとしては一般的なランキングをどのようにとらえるべきでしょうか。

　悪質なネット情報に関してはいち早く否定する等の対応は必要でしょうが、まずネガティブな情報があった場合、具体的な数値等の根拠があるのかどうかが重要です。規模が大きいほど有利に働きそうな昔ながらの指標に関するランキングに対しては、銀行業界を深く知らない人であってもすでに慣れてしまっていて、対処方法も熟知しているかもしれません。しかしプロのような分析が行われたうえでのランキングということになると、どのような影響が出るか予測困難です。場合によっては業界内のほうが騒ぎになる可能性はありますが、分析内容を理解できない一般顧客は順位だけで評価する可能性が高いので注意が必要です。

　では、プロのような分析結果に基づくランキングで仮に順位が下位であればどう対処するかですが、まずポイントとして、プロ的な分析は原則として前提条件があるはずなので、限定的視点となるものがほとんどであると考えられます。高度な分析ができる人は相応に金融業界に精通していると考えられ、ネガティブな内容が与える影響度を予測できるはずなので、全否定的な内容にはなりにくいと推測されます。その結果、明らかにネガティブな説明がつけられている場合は別ですが、そうでなければおそらく時間が解決してくれる事項と解釈できます。ただし時間が解決してくれるようにするには、日頃からの開示姿勢等で真摯に対応するということです。自行としての経営理念や経営方針、重視するべき政策等を十分かつ適切にステークホルダーに伝えていれば、少なくとも既往顧客における自行に対する理解も変わらないと期待できます。新規顧客獲得において影響がまったくないとはいえませんが、ランキング内容よりもよい点は多々あると理解されれば問題は解決していくととらえてよいと考えます。

(3)　財務分析において銀行は特殊な業界か

　昔からよく「銀行の常識は世間の非常識」という人がいますが、財務分析

を行うという観点で特殊な業界なのでしょうか。漠然とこうした質問を投げかけても、おそらく意見が分かれることでしょう。バランスシートをみたときに「銀行の資産と負債は一般企業の逆である」という言い方をする人もいて、たしかに預金は負債側に出てくるので逆であるという気持ちは理解できるのですが、資産側には現預金科目があり、預金が単なる資金調達手段ととらえれば負債になるのは当然なので、一般企業の借入金の種類として考えてしまえば同じ構造ともいえます。

　決算短信および付随する決算説明資料をみていると、長年の葛藤の結果ともいうべき記載内容の違いが浮き彫りになります。一般的に銀行の本業を示すといわれる業務純益が損益計算書をみていても出てこないため、説明資料で単体ベースの業務純益を開示しています。こうした話は、以前、生命保険業界においても本業を示す三利源（死差益＋利差益＋費差益）が出てこないという長年の葛藤があって、生命保険業界のディスクローズ内容も変化してきました。会計処理は、取り扱っている原材料やつくりだされる商品、ビジネスモデル等によって違いがあるのがむしろ常識で、実際に銀行と証券会社にもベースとなる会計処理には大きな違いがあります。つまり、分析する業界や企業のビジネスモデルを理解することが重要であり、銀行そのものが分析困難ということではないと考えるのが妥当かもしれません。むしろ考え方次第では規制が厳しいことによって開示情報量が他の業種よりも多いかもしれず、分析手法という点では確立しやすい業界であると考える人がいても不思議ではありません。

　開示情報を使って業界内相対比較を行うという点では、単体ベースに限った話ですが、銀行という業種は比較しやすいかもしれないという根拠もあります。メーカーでいう原材料や販売する製品に劇的な違いが少ないことであり、業界内比較をしようとして違いが出てくるのは、会計処理方法の相違（バンキング勘定と特定取引勘定）の有無、リスク管理手法の違い（リスクアセット算出方法の違い）といったポイントくらいです。たとえば、国内メガバンクのB/SやP/Lの各会計科目をExcelシートに打ち込めば、第一地銀

第2章　第三者目線による評価と対応　49

や第二地銀の決算データもほぼそのまま使える業界といえます。決算に関する補足説明的な部分は各銀行独自の判断で追加や削除等がありますが、総論としては規模に応じて取扱商品に差が出てくる程度です。

　銀行決算のわかりにくさは、バンキング勘定の会計処理に起因するものがほとんどでしょう。Accrual ベースでの会計処理が行われているなかで、評価損益は別という取扱いであり、たとえばその他有価証券勘定での保有債券の評価損益は P/L ではなく資本勘定に計上されていて、期中売却を行うと突然 P/L に出てくるという処理方法になっています。証券会社の場合は売買目的有価証券が大半であり、時価会計処理がベースであるために、評価損益も実現損益も P/L として計上されます。こうした違いが銀行決算のわかりにくい点の１つであるということであれば、評価損益変化も考慮すれば、疑似的ではありますが時価会計の考え方に近づきます（※5）。

　また異なる視点として、企業の付加価値という考え方をした場合、金融機関ほぼすべてにいえるかもしれませんが、資産や負債で計上されるものの多くが市場価値のあるものであるため、勝手に付加価値をつけることができないということがいえます。ここでいう市場価値というのは単純な時価ということではなく、市場を経由して形成される市場価格があるものと、貸出のように一定の競争や常識の範囲で貸出金利が形成されるということであり、「普段からこの債務者に対して営業協力しているから、0.2％のスプレッドを追加」ということが容易にはできないということです。「銀行の ROE は低い」といわれることが多い最大の理由といえるでしょう。特に顧客が市場価値を容易に確認できるものほど、付加価値（≒追加的なオファー・ビッドやスプレッド）をつけることはむずかしくなります。銀行の資産・負債は基本的にこうした市場価値があるものなので、仮に ROE を向上させようということになると、伝統的業務の資金利鞘での拡大はむずかしく、各種手数料獲得という話になり、最終的には自行の資産・負債、資金や資本を使わずに得られる収益をどれだけ増やせるかということが課題になってきます。

（※5）　国内財務会計においては、その他有価証券の場合、B/S の資産項目では

時価を反映して計上し、評価損益（簿価と時価の差額）を資本に計上する考え方になっており、「時価会計になっていない」という概念とは異なります。本書ではB/SではなくP/Lに着目し、評価損益をP/Lで反映する処理を時価会計処理という表現にしています。

第2節　上場会社表彰制度

(1)　東京証券取引所の上場会社表彰制度

　東京証券取引所では2012年度より、「高い企業価値の向上を実現している上場会社のうち、資本コストをはじめとする投資者の視点を強く意識した経営を実践している上場会社を表彰する」という上場会社表彰制度を開始しています。残念ながらこれまで金融機関が大賞を受賞したことはなく、金融機関における認知度は不明ですが、表彰制度の概要は日本取引所グループのHPにも掲載されていますので、簡単にご紹介していきましょう。

表5　企業価値向上表彰の概要

目的	東証が市場開設者としての立場から望ましいと考える企業価値の向上を目指した経営の普及・促進を図るため。
表彰対象	高い企業価値の向上を実現している上場会社のうち、資本コストをはじめ投資者の視点を深く組み込んで企業価値の向上を目指すなど、東証市場の魅力向上に資すると認められる経営を実践している上場会社を表彰対象とする。
選定対象	東証市場に上場する全上場会社を選定対象とする。
表彰社数	１社とする。なお、ファイナリストについては、事前公表を行う。また、優れた企業価値向上経営を実践している会社がある場合には、優秀賞会社として選定する。
表彰時期	毎年１回、表彰を行う。

（出所）　日本取引所グループHP「上場会社表彰制度」より転載

第2章　第三者目線による評価と対応　51

① 表彰制度の概要

　企業価値向上表彰の概要は表5のとおりで、表彰する会社の選定に関して
は、有識者等によって構成される選定委員会が選定しており、金融市場にお
いて著名な方々が選定メンバーに選ばれています。

　「市場開設者としての立場」という前提条件で選ばれた企業であることは
念頭に置いておく必要がありますが、さまざまな業界のさまざまな事情があ
るにせよ、上場会社すべてのなかから選ばれる1社なので、大賞受賞企業の
企業価値向上手法はとても参考になるはずです。取引所による選定ですか
ら、とても中立的であるということが期待でき、仮に銀行が大賞をねらいに
いくということになった場合、当然のこととして付加価値をつけやすい業界
や企業と同じ土俵で評価されるということになります。国際統一基準行が海
外に出ていって「日本ではこうだから」が通用しないのと同じです。第1章
でお話しした「仮に市場参加者全体における株式購入に充当できる資金量に
上限があればどうなるか」という前提があるとなれば、ライバルは金融業界
に限りません。常に投資家が購入意欲を示す銘柄であるということが理想で
あり、企業として当然目指すべきであると考えるべきです。

② 選定条件

　公平性を保つ意味でも当然のこととして、表彰会社の選定ルールに関して
も掲載されています（表6参照）。企業価値向上という名目なので、一次選
抜としてエクイティ・スプレッドを掲げているということは納得感がありま
す。二次選抜に出てくるWACC（※6）に関しても基礎的なファイナンス
理論の範疇に入る事項と思われ、特に複雑な計算式や選定方法を採用してい
るわけではなく、個人投資家レベルでも十分理解・納得できる選定方法と
なっているといえます。

（※6）　WACCとはWeighted Average Cost of Capitalの略で、負債（借入れ）
　　　　と株式調達のコストを加重平均して算出したもの。

　銀行の管理会計にも関係しますが、長年続いてきた株式持ち合いのような

表6　上場会社表彰制度の選定プロセス（2017年度）

一次選抜

東証市場に上場する全上場会社（約3,500社）の中から、過去数年間のエクイティスプレッド（ROE－自己資本コスト）の平均値または成長率が良好な400社を選定。

二次選抜

400社に対して、経営目標や資本コストの認識等を確認する選考アンケートを実施するほか、所定の算式により連結財務諸表の数値等から資本コスト（WACC）を上回る企業価値の創出額等を算定。
これらを踏まえ、50社を選定し、企業価値向上経営を実践している「表彰候補50社」として公表。（2017年8月公表）

三次選抜

50社に対して、持続的な企業価値向上を実現する経営の実践状況を確認するため、より詳細な選考アンケートを実施。
アンケートの回答内容を踏まえ、4社程度を選定し、「ファイナリスト」として公表。（2017年11月公表）

四次選抜

選定委員がファイナリストの経営陣にインタビューを実施するほか、投資家やアナリストからファイナリストに対する意見を募集。
これらを踏まえ、大賞・優秀賞を決定し公表。（2018年2月公表）

（出所）　日本取引所グループHP「上場会社表彰制度」より転載

ことをどのように管理会計上処理するかは継続的な問題でしたし、持ち合い解消が進んできた現在に至っても資本コストをどのように配分するべきかというテーマは、議論してもなかなか解決できない状態になっています。規制強化とリスク管理能力向上とともに資本コストの意識の度合いも変化してきましたが、管理会計上のルールとなると、仮に取引先の株式を保有している分で考えると、資本コスト算出において規制上の所要資本をベースと考えるのか、経済資本ベースで考えるのか、標準的手法見直しのようにルールが変

更されたらどう対処するか、と問題が次から次へと出てきます。実際には自行の株式を保有してもらっている分もどう考えるかの問題もあります。資本コストに対する認識が甘いといわれてきた銀行業界としては、残念ながらこの表彰制度の選定方法において二次選抜にもなかなか進めないというのが実情のようで、ファイナンスカンパニー的色彩がある商社業界と比較しても、この選定方法においてはまだまだ乖離がありそうです。

(2) 表彰制度と表彰された企業から何を読み取るか

過去に表彰された企業の資料をみていると、それぞれ独自の企業努力によって統制や推進、啓蒙活動を行い、企業価値向上を実現したことがわかります。それまでの社内評価制度ではなんらかの課題があり、企業価値向上のために挑戦し、成功したということです。それは何か爆発的に売上げを伸ばす商品を開発するよう努力したということではなく、地道な従業員の意識改革を促し、統制能力を高めてきたという企業統治の世界です。組織を変革させていくということなので、業界を問わず通じる部分はとても多いと思われます。

過去に表彰された各社の具体的な内容や選定理由等は、日本取引所グループHPを参照いただくこととして詳細は割愛しますが、ここではごく簡単に、銀行のビジネスモデルと通じる点がありそうな例として、2013年度に大賞を受賞し、実践事例として紹介されている丸紅株式会社の独自指標について触れておきましょう。

商社という業態の特性として、グローバルで業務が多岐にわたっているという点があり、個々のビジネスにおいては投下資本が投資、固定資産、売掛金、在庫といった多様性を意識してつくられたのがPATRAC（Profit After Tax less Risk Asset Cost）で、丸紅株式会社HPではリスク調整後税引き後利益と説明されています。社内的には「リスクに対する最大リターン獲得のために、PATRACの持続的拡大につながる機動的な資産入れ替えを行う」ことを目指しており、ポートフォリオユニットと事業投資の管理に使われて

54 第1部 経営管理の課題認識と数値検証の必要性

います。

2013年度の大賞受賞というと、まだ比較的新しい指標と思われがちですが、実はそうではありません。10年以上の時間をかけて大賞を受賞したというのがポイントです。企業価値向上を目指すといっても、「ローマは一日にしてならず」であり、10年という年月は単純に考えても従業員の社会人生活が30年から40年とすれば、全体の3分の1くらいの人員が入れ替わる年月ということです。つまり一度啓蒙活動をすればよいというような話ではなく、完全に浸透し新入社員にも確実に伝えていくことを可能にしないと実現できなかったということが想像されます。

同様に考えれば、もし銀行の資本コストの認識が甘いということが真実であるとすれば、いますぐ課題解決に動いたとしても、周知徹底された頃にはすでに2020年代後半、現状見通しからすればますます人口減少と高齢化が進み、日本の経済規模の縮小が起こっているかもしれません。企業価値向上を目指すことの先送りをしている場合ではないという考え方が必要でしょう。

第3節　投資家目線での重要指標

(1)　個人投資家目線

前節では証券取引所目線という概念でしたが、次に投資家目線ということで考えてみましょう。証券取引所目線では、持続的な企業の成長という中長期的な視点が重視されると考えられます。一方、個人投資家は中長期的な投資スタンスとは限らず、短期的視点で売買する場合があるため、スピード感がある適切な情報開示も重視されます。こうしたことから、重要指標という観点では、証券取引所目線ではより恒久性が高いもの、個人投資家目線では瞬時に比較しやすいものが重要になると考えられます。

自分自身を一個人投資家に置き換えて考えると、たとえばある企業の株式

第2章　第三者目線による評価と対応　55

を購入していた場合、株価水準である程度利益確定ゾーンや損切りゾーンをイメージしていると思いますが、現実に損切りゾーンに到達しても売り切れる人はおそらく少なく、ホールドしてしまうことが多いと推測されます。ルールにのっとった運用を忠実に行える人であれば、あらかじめイメージしていたゾーンに到達すれば利益であろうと損失であろうといったん売却し、その資金の再運用としてよいパフォーマンスが得られるものを探すのですが、利益確定ゾーン到達時に関しては、当面の予想も加味してホールドする可能性もあります。

このように特に個人投資家においては、運用ルールの有無にかかわらず、臨機応変にスタンス変更をすることが可能になります。想定する運用期間がバラバラということなので、投資家の運用スタイルによってみるものが異なっていてもおかしくはありません。このため売買行動を起こすかどうかに関しては直近の水準において株価が割高なのか割安なのかといった状況も関係してきます。短期的な市場動向によって個人投資家や短期的な機関投資家は動向が変化すると考えられます。割高／割安の判定に関してはPER（株価収益率）やPBR（株価純資産倍率）が一般的に使われており、こうした指標をみていけばよいでしょう。株価水準に影響を与えるという観点で、PERやPBR以外に意識しておきたい事項としては、行政指導やシステムダウン等のガバナンス面に関する構造上の問題が起因となり、収益環境や信用力そのものに影響を与えるような材料があるかどうかです。

個人投資家を想定する場合、一般的には大株主とは考えにくいので、ステークホルダーとしての影響度というよりも、株価掲示板でのコメント等による市場への影響度のほうが発行体としてのリスクと考えられます。レピュテーショナルリスクの統制に近いものがあり、影響度に見合うかどうかは別として、仮に完璧に統制しようとすればとてつもなくカバー範囲が広くなるでしょう。株価に影響を与える事象に限定したとしても、現状のレピュテーショナルリスク対応を想定すると、出てしまった事象への事後対応が中心なので、フォワードルッキング的視点での整理ができている印象はありませ

56　第1部　経営管理の課題認識と数値検証の必要性

ん。ただ地域金融機関も含め、相応にリスク管理が進んでいる金融機関は相応に自社にかかわるニュース等のモニタリングは実施している状況ですから、スピード感の違いはあるとしても、悪材料の火消しへの対処は可能と考えられます。

(2) 機関投資家目線とモニタリング指標

発行体という立場においては投資家目線を無視することはできず、ステークホルダーからの明確な要望として何か重要な話が出てくれば対処するべき事項になります。法人を含めたあらゆるタイプの投資家を想定した場合、投資家目線の共通事項として一義的にみるものは、個人投資家同様、株価水準と配当水準になります。株価維持もしくは株価上昇期待策としてどのような経営方針なのか、業績見通しはどうなのか、配当政策で変化はないか、といったものが直接的／間接的に影響してくることから、単純な収益拡大運営の話だけではなく、運用想定期間が長期になればなるほどガバナンス全体に及ぶと考えるべきでしょう。比較対象としては同業他社や株価インデックス（TOPIX や日経平均等）が選ばれやすいと考えられるので、たとえば、業界平均のインデックス対比で自行の株価がアンダーパフォームするような状況なら投資家の興味も失われやすくなり、きちんとした経営戦略を示すといった IR 活動も必要になるでしょう。

前節のなかで出てきたエクイティ・スプレッドや WACC を使った選定に関し、判定指標の計算過程においては、資本と負債の合計に対する所要コストが勘案されます。銀行の場合、資産も負債も市場価格の影響を受けるという点についてはすでに説明したとおりですが、製造業における原材料に当たるものが資金であるために、製造業のような設備投資に充当される固定負債（長期借入れ）と運転資金に充当される流動負債（短期借入れ）という固定費／変動費のような概念ではなく、どちらかといえば規制対応コスト（資本や負債性資本）とそれ以外のコストに近いかもしれません。しかしそうした相違点があることよりも、表彰制度上の選定条件に使われる指標は「予想利

第 2 章　第三者目線による評価と対応　57

回り（＝期待収益）を実現させるための資本＋負債のコストはいくらになるか」という考え方なので、「投資家からみたリスクフリーレート以上のパフォーマンスを上げることは前提条件」となります。

　では、証券取引所目線≒長期スパンの投資家目線ということであれば、イコールにならない相違点は何でしょうか。どのような観点で比較するかにもよると思いますが、証券取引所目線では立場的にも公平性が重要であるため、共通軸があって一般化している目線で評価するでしょう。一方で、投資家目線は独自指標が使われる可能性があるということです。ESGという概念が考慮される動きが出始めているということも、ある意味では欧州地域の独自性からスタートして広く一般化しつつある途上段階の指標といえます。

(3)　簡易的な EVA の検討

　上場会社表彰制度の選定内容を参考に、第一地銀や第二地銀での簡易EVA（Economic Value Added）のようなものが比較できないかと考え、必要となるデータを集計し算出してみました。現状銀行分析にふさわしい簡易EVA が確立されていないため、相対比較ができるかたちで定義づけをし、実験的に比較をしています。筆者が実際に集計作業を行ってみた立場として、比較を行う際に悩んだ点等も含めて紹介していきます。

①　ROE と想定した簡易 EVA の定義

　近年 ROE 重視の動きがあり、ROE を定義して相対比較をすることは可能ながら、実際に地域金融機関が開示する ROE では算出定義が異なるため、ROE そのものに対しては一定条件を決めてしまって比較をすることになります。銀行業界として比較をする前提では、まず分母に当たる資本を定義づけするにあたり、株主資本、規制資本、B/S 上の資本勘定全体、といった選択肢が考えられます。一方分子の収益の定義に関してもさまざまな選択肢があり、当期純利益１つとっても、単体ベースの当期純利益と連結ベースでの

58　第１部　経営管理の課題認識と数値検証の必要性

親会社株主に帰属する当期純利益という選択肢があり、それ以外にも資本と収益の関係性をみるうえでは、経常利益や業務純益、コア業務純益といった選択肢も可能です。本業重視姿勢が強いことや内部統制用の指標として使うということであればあるほど選択肢は広がり、一般企業との比較を含めた開示重視ということであれば当期純利益のような最終利益を示すものになると考えられます。

ROE の相対比較結果を裏付ける別の指標でも相対比較をしたいというのが簡易 EVA を検討する発端です。銀行の内容を分析するうえで、1 つの分析テーマに対して複数の指標で確認する必要があるのではないかという疑問から、ROE には簡易 EVA も使うことを考えました。銀行の場合は、残高をはじめとするボリューム的発想、P/L 的発想、それぞれの増減率的発想と、目標設定の段階からいろいろな観点でアプローチするため、ROE に関しても同様に別の観点で整合性をみようとした場合にどうするかを考え、トライ＆エラーのようではありますが、一つひとつ定義づけを行っていきました。

② β 値の算出

β 値とはインデックス対比のパフォーマンス度合いを示すもの（相関係数）で、たとえば日経平均をインデックスとした場合、日経平均が 1 ％上昇したときに当該株価が 1 ％上昇よりもよいのか悪いのかを測るものになります。基本的なファイナンス理論や、さまざまな経済分析等（たとえば、日本銀行の金融システムレポートや、証券会社のアナリストが投資家向けに作成している分析レポートといった類いのもの）では、対象とする計測期間は数年レベル（3 〜 5 年程度）が多いと思われます。銀行業界として β 値を算出するとすれば、インデックスは TOPIX（全体）、TOPIX（銀行平均）、日経平均等が候補として考えられます。

単年度業績をベースとした単年度計画策定の準備として分析を行う場合、数年レベルの計測期間ということにやや疑問をもち、決算期間と合致した株

価推移に基づく β 値算出ということで、前年度期末時点の株価とインデックスの水準をスタートとして日次ベースでの β 値を算出することにしました。使用するインデックスについては上記3種類を使って試算しましたが、相対比較用とする場合には一般化したインデックスがよいかもしれないと考え、ここでは TOPIX（全体）を使っています。

　比較を実施するうえでは比較基準の明確化は避けて通れないため、仮に数年ベースでの比較をする場合、銀行の場合はポートフォリオも各年度の期中でも変化するという問題があります。収益力評価を行おうとする場合、たとえば、債券運用部門がどれだけ市場変化に対して臨機応変に収益を獲得してきたか、ということを考えようとすると、対象期間を3年間と仮置きしても、日々の累積収益を累積的に積み上げたものが結局最も正確になるはずです。仮にポジション変化がない場合には、評価損益部分は1週間前と比べて合致するといえても、1週間のうちにデイトレードを行っていれば実現損益を加えた全体収益は異なります。

　自行の株価に関する β 値は、インデックス（TOPIX 等）が上昇トレンドの場合だけでなく下落トレンドの場合はどうかということも想定するべきと考えれば、一般的な企業分析の β 値において数年スパンで考えるのはきわめて妥当でしょう。しかし今回あえて計測対象期間を1年間で区切っているのは、比較をするさまざまなパフォーマンスが1年を対象としていること、バックワードルッキングの観点で比較していることが主たる理由です。将来を予測するうえでは β 値を数年スパンで考えることは有効ですが、1年間の実績値を使った比較であるため、β 値も1年間というシンプルな発想にしています。

③　非上場銀行の評価

　上場会社であれば β 値は算出可能ですが、非上場の銀行があることから、相対比較において非上場銀行に関するルールの設定が必要になります。非上場といっても経営統合によって持株会社傘下に入っている銀行と入っていな

60　第1部　経営管理の課題認識と数値検証の必要性

い銀行があるため、グループ化されている銀行については持株会社のβ値を採用（グループ傘下銀行共通）し、グループ化されていない銀行については、同一業界内平均（第一地銀であれば第一地銀平均、第二地銀は第二地銀平均）を使って比較するという方法を採用しています。グループ化されている金融機関の場合、傘下の銀行に対して個別の資源配分や目標設定、重要指標設定を実施していると少々難点もありますが、規制は連結ベースでかかってくるため、連結ベースでの最適化を図る前提で考えています。一方グループ化されていない銀行に関しては、第一地銀や第二地銀のなかでは総資産も小さめの銀行が多く存在しているため、業界平均を使うことに抵抗もありますが、ほかによいルールも考えにくいこともあり、やむをえないところかと考えます。

　以上をふまえ、β値は今回の集計・比較においては以下のように定義しました。

　　β＝自行株価とインデックスの共分散／インデックスの分散
　　　・インデックスは今回 TOPIX（東証一部）を使用
　　　・対象期間は1年間とし、前年度期末時点の自行株価をベースとして、年度内における前営業日との比較（変化率）を算出

④　資本コスト

　簡易 EVA そのものの算出に関しては WACC の概念をベースとしています。定義づけするうえで気になった点としては「銀行は資本コストの概念が弱いのでは？」と耳にすることがあることと、負債に関するコストについて「他業界と同じように取り扱ってよいのか」という疑問です。そこで「資本コストを単独で算出し、負債コストと分離して考えるとどうなるのか」と考え、2016年3月期と2017年3月期に関し、資本コストだけで EVA を計算してみることにし、簡易 EVA としています。

　論点の1つである負債を分けて考えるという点について、ファイナンス論

者としては容認しがたい方法かもしれませんが、負債コストを無視しろということではなく、ROE 算出定義に関し、「目的が異なれば目標化されるROE の定義づけも変化しうる」という事実をふまえると、負債部分に関しては必要に応じて合算するほうが適切という考え方があるのではと思われます。特にバーゼル II までの時代では負債性資本によって自己資本比率を高く維持しようとした事実もあり、少なくともコスト認識という意味では、損失の補てんや業態維持において異なる資本性も勘案し、なるべく精緻に把握するとなれば、資本＋負債というのは逆に乱暴過ぎるように思えます。簡易EVA にしろ ROE にしろ、投資家目線ではきわめて重要ですが、内部統制（≒管理会計）のための資本コストの把握という意味では、分離して考えるほうが合理的かもしれません。そこで、資本調達コストは P/L に含まれて表現されるものの、株価維持のようなコストは P/L に反映されないため、みえにくい株価維持コストを表現することを考え、今回の集計・比較分析において、資本コストの計算式は以下のように定義づけしました。

資本コスト＝リスクフリーレート＋β×（市場予想利回り−リスクフリーレート）

リスクフリーレートも議論があるところで、一般的なファイナンス理論であれば10年国債利回りを使うケースが多いようです。銀行業務においてリスクフリーレートといわれれば、近年は OIS（Overnight Index Swap）カーブを使って議論することが一般化してきていますが、β値を中長期的な期間にしていることや、数値検証的な発想でとらえれば過去データをそろえるにあたって10年国債利回りが集めやすいということもあるでしょう。10年債は発行されている国も多いために海外との比較もしやすいですし、国内の５年国債利回りといわれても、長期信用銀行が存在していた1990年代では利付金融債への配慮もあって、発行され始めたのが2000年２月ですから、長期的視点での分析では難点があるかもしれません。

市場予想利回りに関しても議論の余地ありです。投資家が期待する利回り

と、企業側が目指す利回りに格差があると考えられるためです。一義的には市場予想利回りは投資家が目指す利回りと考えられるため、内部統制として考える場合には市場予想利回りをコストとして認識し、適切にコスト配分を行って収益を獲得できれば、株価のパフォーマンス向上につながるということではありますが、個別企業に対するそれぞれの投資家の期待利回りを把握できないので、自行にとって万能とは言い切れない点には留意が必要です。2017年3月期の集計・比較においては、市場予想利回りを一律1.5%、リスクフリーレートを0.1%として考えており、個別行の資本コストの違いはβ値の影響のみ直接的に受けるようになります。

⑤ 簡易 EVA の算出

　これまでお話ししてきた各項目の定義に従い、最終的に簡易 EVA を定義します。前述のとおり、収益部分と資本部分のそれぞれの定義を置く必要があり、今回に関しては、収益部分については ROE の補完的指標であるということもあり、当期純利益を使うことで共通化し、資本の部分に関しては資本勘定全体を使用しました。国内メガバンクでは RORA（Return on Risk-Weighted Assets）を使用しており、リスクアセットと当期純利益（親会社株主に帰属する当期純利益を含む）の関係性を内部統制用に使用しており、規制値算出ルールに準じた考え方を取り入れているといえます。資本増強が求められるなかで、資本量そのものがよりクローズアップされると ROE が低下してしまうという問題点が出てくることもあり、リスクアセットと収益の関係性を重視するスタンスです。

　バーゼルⅢもそうですが、規制全体が段階適用を含む移行時期になっており、その意味での相対比較をするという点では、公平性維持という理由だけでなく、より簡易的に行うという点で B/S や P/L の数値をそのまま使用すると、データの収集がやりやすいというメリットがあります。どうしても RORA では銀行という業界で比較するにはよくても、他業界との比較が困難になるので、資本勘定全体というのが最も比較しやすいという状況判断を

し、今回は資本勘定全体という選択をしています。

以上より、今回の分析において簡易 EVA は以下のように定義しました。

　　簡易 EVA ＝当期純利益－資本コスト×資本勘定全体（純資産）

⑥　ROE に関する補足

今回の集計・比較に関し、ROE という主たる指標に対する整合性評価指標として簡易 EVA を想定しているため、ROE そのものの定義について触れておく必要があります。基本的には集計作業の煩雑さも考慮し、ROE も簡略化して算出するようにしました。ROE の定義も記載して開示している銀行では、おおむね期末時点の資本勘定全体ではなく、配当も考慮した新年度期初残高と期末時点残高の平均値を使用するケースが多い印象です。今回は資本部分に関しては前年度株主資本と当該年度株主資本の平均値を算出、収益部分に関しては当期純利益を採用しました。株主資本を使用することで評価損益部分を勘案しない資本に対する収益パフォーマンスを ROE が示してくれるため、簡易 EVA と大きな違いがある場合の原因特定として、評価損益もしくは資本コストという可能性が高くなります。

以上より、今回の比較に使用する ROE の定義は以下のようになります。

　　ROE ＝当期純利益／前年度株主資本と当年度株主資本の平均

(4)　集計・比較結果について

投資家目線という観点で ROE、ROE の整合性指標として簡易 EVA を今回掲げましたが、もちろん ROA や RORA といった指標を使うことも十分考えられます。打ち出す戦略次第で何が重視されるべきかについては変化するので、本節で説明しているものが万能ということではありません。しかし現実として近年の傾向では ROE をベースとする目線が一般化しつつあると考えられるため、今回は ROE をベースとしてみようということです。

64　第 1 部　経営管理の課題認識と数値検証の必要性

①　持株会社グループにおける集計・比較

　持株会社グループに関しては、すでに中核的な持株会社が発足しており、グループ戦略も確立しているところもあれば、現状では経営統合を公表しているのみで、持株会社も発足していない場合もあります。このため、集計・比較の前提条件としては、①すでに発足しているのグループのみを対象とする、②発足していない場合は、グループ化予定である銀行の単体ベースで集計する、という選択肢がありますが、今回に関しては②のケースで集計をしています。

　全般論としてはROEと簡易EVAは似ているものであるため、各項目によってそれぞれの業界順位が大きく異なるケースは少なくなっています。簡易EVAについては、持株会社16グループ中4位でも業界平均に達していない状況となっており、トップ3が1,000億円超となっているため、ぶれが大きい指標といえます。ROAに関してはレバレッジがどれくらいかかったバランスシート構造なのかの問題がクローズアップされますが、持株会社平

表7　持株会社におけるROE、簡易EVA、ROA（対象は全16グループ）

グループ	ROE	簡易EVA	ROA
Aグループ	5.14% （12位）	25億3,300万円 （13位）	0.16% （13位）
Bグループ	6.03% （8位）	94億600万円 （10位）	0.25% （7位）
Cグループ	6.16% （7位）	216億3,700万円 （4位）	0.31% （6位）
業界平均	7.17%（単純） 8.28%（加重）	271億9,100万円	0.32%（単純） 0.34%（加重）

（注1）　A、B、Cの各グループは、今後登場するA、B、Cとは不連続であり、それぞれの説明のなかで完結するものとなっているので、表7でのA社と今後出てくるそれぞれの説明におけるA社は共通のものではない（第一地銀や第二地銀に関しても同様）。
（注2）　ROAに関しては、当期純利益／（支払承諾見返りを除く）前年度期末総資産と当年度期末総資産の平均、で算出。

第2章　第三者目線による評価と対応　65

均、第一地銀平均、第二地銀平均を比べると、規模の経済性が働いているような結果になっています（それぞれの単純平均は先ほどの順に0.32％、0.24％、0.22％）。実際に持株会社グループ内での単純平均と加重平均の比較をみても、加重平均のほうがよい結果となっていることから、規模が大きいほうが牽引しているといえます。ただ周辺環境としては、国内はデュレーションを超長期ゾーンにシフトしない限りは大きな変化は見込めないので、資産の増加に対してわずかの収益向上期待という状況と考えれば、劇的なコストカットによる収益効率性向上がないとROAの大幅な改善は期待できない可能性があります。

　次にグループシナジーという点につき、ROEに関しても業界平均（単純平均）としては持株会社（7.17％）、第一地銀（5.28％）、第二地銀（4.97％）となっていることをふまえると、一定の規模の経済性が働いていて、グループ全体としてとらえた場合、さまざまな金融業務や営業区域に関してある程度特化した資源配分が可能になるという本来のメリットの効果が出ていると考えられます。自行で人員を含めたすべての品揃えがむずかしいということを、グループ会社がサポートしてくれることによってグループメリットを享受することになります。ただROEやROAだけで断定することはむずかしいため、OHR（経費率）の推移とも比較しながらみてみると課題がはっきりと出てきそうです。

　分母を資本勘定全体、収益を当期純利益としたROEで評価する場合、自行の分析（特に単体）を行う際に留意するべきポイントとして評価損益変化があります。その他有価証券では評価損益が資本勘定に影響を及ぼすため、評価損益変化が大きいことは資本勘定全体の残高に影響を及ぼすということになります。つまりROEの分子（収益）が実現損益をベースとしていると、分母がもともとの資本勘定＋評価損益変化となり、評価損が拡大していくとROEが高くなるという理屈になります。この事実はオペレーション統制においても重要で、運用部門の目標設定を実現損益に寄り過ぎたものにしてROE改善を求めると、評価益が出ているものを実現化させて、評価損が出

ているポジションを残すという力が働きやすくなります。つまり持株会社としては、傘下の銀行に対してどう指導するのかは重要であり、単年度ベースでROEが向上したとしても、どのようなオペレーションによってもたらされた効果なのかの見極めも必要になります。

② 第一地銀、第二地銀における集計・比較

第一地銀（地方銀行協会会員行64行）および第二地銀（第二地方銀行協会会員行41行）についても、持株会社グループ同様に集計・比較すると、それぞれ表8、表9のようになります。

地域金融機関の場合は地域性（地域の経済規模等も含む）の影響があるため、集計・分析作業を行っていると、一定の地域性のようなものが感じられる項目があります。こうした比較・分析を行っていくと、総論的には経済規模や人口動態を反映し、規模的な面で銀行をみると西高東低や南高北低のようなものが感じられますが、競争が激しい地域も存在するため、個別指標と

表8　第一地銀における ROE、簡易 EVA、ROA

銀行	ROE	簡易 EVA	ROA
D銀行	5.19% （29位）	26億円 （41位）	0.17% （51位）
E銀行	6.21% （15位）	77億8,200万円 （15位）	0.27% （15位）
F銀行	3.39% （57位）	46億9,600万円 （29位）	0.22% （29位）
G銀行	4.64% （38位）	78億6,300万円 （14位）	0.24% （23位）
H銀行	4.34% （44位）	25億8,900万円 （42位）	0.25% （20位）
業界平均	5.28%（単純） 5.72%（加重）	66億5,500万円	0.24%（単純） 0.26%（加重）

第2章　第三者目線による評価と対応　67

表9 第二地銀における ROE、簡易 EVA、ROA

銀行	ROE	簡易 EVA	ROA
I 銀行	3.35% （36位）	10億8,800万円 （28位）	0.15% （34位）
J 銀行	6.70% （8位）	57億1,800万円 （6位）	0.38% （4位）
K 銀行	8.63% （2位）	39億5,900万円 （8位）	0.30% （9位）
L 銀行	6.78% （7位）	7億7,500万円 （31位）	0.23% （16位）
業界平均	4.97%（単純） 5.22%（加重）	25億3,800万円	0.22%（単純） 0.23%（加重）

してみると必ずしも太平洋側の銀行のほうが強いものが出るとは言い切れない印象があります。

　ROEや簡易 EVA に関しては、上場している銀行と非上場の銀行では、算出過程の問題から非上場銀行について業界平均を使っている部分があるため、ROEや簡易 EVA が相対的に高い／低いからといって一喜一憂する必要はないでしょう。第一地銀でも第二地銀でもそうですが、特殊事情による当期純利益のかさ上げや、株式の流動性からくる β 値の問題もあるため、本来であればその部分を補正する等の工夫が必要であるためです。

　たとえば第二地銀の K 銀行は非上場であり、2017年3月期では ROE、簡易 EVA、ROA いずれも業界内では上位に位置しています。仮に精緻に考えようとする場合、TOPIX（東証一部）における株価純資産倍率を勘案し、K銀行の純資産と当期純利益、発行済株式総数等より理論価格を算出していく必要が出てきます。開示資料より日々の収益を追いかけることはできないので、四半期末ごとで同じように考えて計算し年間の結果とするような方法を考えなくてはなりません。

　しかし投資家論理での比較・分析を考えるのであればともかく、個別金融

機関が自行の分析においてどう取り扱うかを考えるうえでは、必ずしも分析の完全性を意識するべきでもないでしょう。どの指標を使うと高く出て、どの指標が低いのかを把握し、低い指標を改善するのか強い指標を伸ばしていくのかの戦略を明確化できればよいと考えられます。

　表8と表9では、比較している3つの指標に関する業界順位が指標によって大きく異なる例も示しているものの、総論としては3つの指標の各業界順位が大きく変動することは少ないので、第一地銀のD銀行や第二地銀のL銀行のようなケースでは、経営戦略次第でさらに指標間の乖離が大きくなるか小さくなるかを見極める必要性が出てきます。企業体質として脆弱な部分があるという言い方もできるので、戦略策定においては分析結果が鍵となる可能性があります。

③　持株会社グループにおける参考比較

　表7において持株会社グループでのROE、簡易EVA、ROAという3つの指標を比較していますが、算出根拠を変更するとどうみえるのかを知るうえで、ROEの分子項目を当期純利益ではなく包括利益を使うとどうなるか

表10　算出根拠を変更した指標比較（持株会社）

グループ	ROE	ROE2	簡易EVA	ROA
Aグループ	5.14% （12位）	−7.18% （15位）	25億3,300万円 （13位）	0.16% （13位）
Bグループ	6.03% （8位）	0.51% （14位）	94億600万円 （10位）	0.25% （7位）
Cグループ	6.16% （7位）	7.30% （7位）	216億3,700万円 （4位）	0.31% （6位）
業界平均	7.17%（単純） 8.28%（加重）	6.34%（単純） 9.09%（加重）	271億9,100万円	0.32%（単純） 0.34%（加重）

（注1）　ROE2＝当期包括利益／前年度株主資本と当年度株主資本の平均。
（注2）　抽出した各グループは表7と同様。

を参考までに比較してみましょう。算出根拠を変更したものをROE2とした結果が表10となります。

　ROEとROE2の違いは評価損益を勘案したかどうかということであり、AグループとBグループに関しては評価損益勘案ベースでは苦戦しているということが読み取れます。評価損益を勘案することに関し、厳密には評価損益変化を当期純利益に加算して当該年度実質収益と株主資本の関係性をみる方法もありますが、包括利益には土地再評価差額金や退職給付に係る調整金も含まれるため、真の収益力という点では問題があることから、ここでは参考比較ということもあり、包括利益というかたちにしています。

第4節　第三者目線として求められるもの

(1)　開示スタンスに関する第三者目線

　第三者目線について、これまではステークホルダーが意識しがちな指標という観点を中心に説明してきましたが、第三者が理解しやすい／評価しやすいという着眼点でこの節では考えることとしましょう。もちろんこれまで説明してきたように、「第三者が意識する指標で自行を評価するとこうみえる」ということを把握するために各指標を説明してきたのですが、結果としてよい指標はそれほど気にしなくても、悪い指標は目立つ可能性があります。そうした場合、ステークホルダーに対してどのように指標を使うのかを考えてみる必要があり、当然説明内容が戦略と整合的であることも重要です。

　たとえば表9の第二地銀で示したJ銀行やK銀行に関し、ROE、簡易EVA、ROAいずれも高順位になっています。第三者へのアピールという点では、業界1位を絶対条件とするなら話は別ですが、特にどの指標を使って開示しても大きな問題にはならないと考えるのが妥当でしょう。しかし情報過多でわかりにくいケースを除き、戦略とみせ方はとても重要で、安定度を

70　第1部　経営管理の課題認識と数値検証の必要性

示したいなら3つともみせてみる、単年度実績を大きくみせたいなら前年度対比でよいものを示してみる、という方法が考えられるということです。これはROEだけではなく、簡易EVAやROAという補完指標の算出を行って検証しているからいえることであって、いずれか1つの指標しかみていなければ説得力も弱くなります。

「第三者目線で考える」ということはとてもむずかしい話であり、基本は「自分たちが第三者のように考えて物事をとらえ、対外説明や改善をしていくこと」なのでしょうが、それを実現するためにはなるべく公平な尺度で物事をとらえることが必要で、自己分析をあらかじめ行うことで第三者からの指摘に対応できることにもつながりますし、第三者からの指摘がなくても得意分野／不得意分野がみえてきて、次の戦略に活かせるというメリットがあります。

自行とステークホルダーの関係において、信頼の度合いが良好さを示す尺度かもしれませんが、前述のような業界順位が高い場合ではなく、順位が低い場合や順位にむらがある場合、悪い点をステークホルダーに伝えるべきかどうかは悩ましい問題であるはずです。リスクを担保するというととてもディフェンシブで、有価証券報告書に記載するリスク事象の文章説明のようになってしまうかもしれませんが、経営戦略を説明するうえでは、経営戦略上での重要指標だけではなく、その重要指標に代替・補完するような指標も使うことによって目標を明確化することを目指すべきでしょう。ベンチマークにおいてライフステージ別残高の開示というものがありましたが、自行の戦略と状況においてもステージはあるはずで、ポジション量を増やす段階、収益寄与させる段階、ポジション量伸び悩み分を効率によってカバーする段階、といったイメージです。戦略と具体的なP/L効果という意味でステークホルダーは理解しやすくなるはずで、おそらくそうしたことを求める行為は貸出先に対して行っていることでしょう。

第2章　第三者目線による評価と対応　71

⑵ 第三者目線・第三者評価での落とし穴

　自行として可能な限り第三者目線で自行の評価を行う場合、気をつけるべき点があります。話は単純で、評価を行う自分たちは内部事情を知っていて、第三者は内部事情を知らないということです。第三者に対して理解を求めようと自己評価結果に基づく経営課題を伝える場合、安易に内部事情を説得材料に使うわけにはいきません。第三者は内部事情を知らないので、厳しいステークホルダーであれば「そんなことは自分たちで解決しろ」という話になるだけで、納得する理由がないからです。しかし外部環境の話であればそうではありません。外部環境に関しては、当該第三者もその環境に入り込んでいるからです。外部環境による事実に基づいた話であれば、ステークホルダーとしては100％納得できなくても、相応に理解は可能です。

　具体的数値で示していくということは、結果そのものは仮に内部事情の影響が出ていたとしても、複数のアプローチによるさまざまな指標が示されていれば、数値結果の原因を想像することが可能になるので、解決するべき課題であるという自行とステークホルダー間の共通認識にしてしまうことが可能です。問題提起に関しては仮に内部事情であったとしても、解決しようとする方向性が感じられるので、改善された場合にはなんらかのメリットが期待できるとステークホルダーも考えることでしょう。しかし内部事情としてなんらかの悪い指標を示すことを避け、ステークホルダーによる原因究明の想像すらできない状況であれば不信感につながりやすいということです。企業として抱えている問題が何もないということはありえないので、経営戦略との因果関係を示していくことが重要で、内部の数字に関しては自分たちが先に知ることができることから、ステークホルダー対策としてより多くの指標をみておくことには意味があるということになります。数値がもつ客観性に過剰な期待は禁物ですが、悪い数値を理解し、課題解決に動いている、あるいは動こうとしている姿勢に対してはだれもが評価するはずです。経営方針を理解しやすく的確に伝えることが「第三者目線も意識した経営」という

ことにつながっていくことでしょう。

第 3 章

経営戦略策定での課題

経営戦略策定に関しては、金融機関の場合、おおむね3年程度の頻度で中期経営計画を見直し、その中期経営計画に即した内容でより精緻に周辺環境認識を行って、単年度計画に反映するという考え方が一般的です。しかし個別行の開示データをみていると、なかには軸となる中期経営計画がいつの間にか忘れ去られてしまい、実務運営においては半期目標をどのようにクリアするかに重点が置かれ、全体的な計画の整合性が意識されない事態になっていることが見受けられます。

　理想論と現実論だと考える人も多いと思いますが、本当にそうでしょうか。その認識が正しいのかどうかを理解できるよう、まずは戦略策定から決定までのプロセスに焦点を当てていきましょう。

第1節　規制強化とリスク管理高度化

(1)　規制強化がもたらしたもの

　2008年のリーマン・ショック以降、金融規制は飛躍的に強化され、規制要件をクリアするためにはリスク管理も飛躍的に高度化させる必要が出てきました。規制要件そのものに関し、規制値を算出するものに関しては、その数値を算出可能にし、求められる水準を常にクリアできる統制方法が必要になります。一方、数値ではなくガバナンスの高度化として態勢整備を求められた規制もあります。G-SIBs のように重要な金融機関として位置づけられた場合には、規制値もガバナンス水準もより高いものが求められ、規制要件が順次確定していくにつれて必要な対応を行うということが繰り返されているのが現状です。

　バーゼルⅠの時代からそうだといえるかもしれませんが、自己資本比率に関しては、規制開始までに一定水準以上に引き上げ、それを維持してきました。バーゼルⅡ、バーゼルⅢと内容が見直され、自己資本比率維持のため

76　第1部　経営管理の課題認識と数値検証の必要性

に、そしてストレス事象発生時にも耐えうる企業体質や企業統治を可能にするために高度なリスク管理手法導入を進めてきました。フォワードルッキングという概念が浸透したバーゼルⅢにおいては、リスク管理でもテールリスクを意識するというレベル感になり、バーゼルⅠ開始段階の信用リスクのみを勘案（その後市場リスクも勘案）していたレベルとは段違いです。

　ではその間、収益獲得という考え方はどのように変化したのでしょうか。この疑問に関しては、規制要件の問題もありますが、会計要件の問題等もあったため、一概に結論は出せません。バーゼルⅡの段階では会計要件と規制要件に関して、概念的には一致させていこうという方向性が示されたので、収益獲得オペレーションに関しても影響を受けたはずだということは想像できます。しかし本当に収益獲得オペレーションが進化したかは疑問です。

　例を出してみましょう。自己資本比率算出に関し、国際統一基準行と国内基準行という概念が出てきた段階で算出方法も異なるかたちになりました。国際統一基準行と国内基準行を分離して考えること自体は、そのビジネスモデルを勘案しても理解できる話であり、バーゼルⅢの検討段階でも頻繁に出てきた「裁量を認める」ということについても納得感がある人も多いことでしょう。しかしながら、自己資本比率算出において「その他有価証券の評価損は自己資本比率に影響を与えない」という国内基準行向けの特例（その後恒久化）に関しては、評価損を勘案する国際統一基準行と比べて、本当にオペレーション能力が同等に進化するとは思えません。単なるビジネスモデル上の問題以外に、日本の場合は国債発行残高が多いため、国債の安定消化を目指すうえでも重要な要件だったのかもしれませんが、その要件に甘んじてしまう空気が一度漂うと、オペレーション能力としては飛躍的に格差が広がる可能性もあると考えられます。つまり、「リスク管理は規制強化とともに進化したかもしれないが、他の業務は同じペースで進化しているとは限らない」ということが重要な経営課題になる可能性があり、特に収益獲得オペレーションが同じペースで進化していないとなると、リスクと収益の融合は

第3章　経営戦略策定での課題　77

ますますむずかしくなると考えるべきでしょう。

　もう1つ関連して考えなくてはならない点があります。テールリスクまで勘案するようになったという事実です。規制要件として組み込まれた部分は仕方がありませんが、規制要件にまだ組み込まれていない場合、常時テールリスクまで勘案したバッファー保有では業務効率性が低下することになります。流動性リスク管理においては、現状資金繰り担当者からすると、近年の金融緩和状態において資金が不足する事態の心配すらしていない状況でしょうが、LCR（Liquidity Coverage Ratio：流動性カバレッジ比率）のクリアを前提とすると流動性バッファーが相応に必要になります。つまり規制要件のためだけにバッファーが必要な状況で、周辺環境的には何の心配もないと思いがちです。効率性追求の意識からバッファーを削減する力になればオペレーション能力や内部統制能力が向上する話になるのですが、規制値クリアのためには仕方ないと諦めた段階で進化は期待できません。ピンチをチャンスに変えるという言葉がありますが、もしかしたら収益獲得オペレーション能力を含めた企業の統制能力としては、その努力の違いによって、ここ数年で飛躍的に格差が生じている可能性があります。

(2)　規制強化や制度対応をどうとらえるか

　バーゼルⅢの最終形が2019年となっており、バーゼルⅢ公表後もバーゼルⅢに付随するものも含めた多くの規制が公表されてきました。国際統一基準行と国内基準行では求められる内容も異なるため、「IRRBB（Interest Rate Risk in the Banking Book：銀行勘定における金利リスク）対応はどこまで必要か」「NSFR（Net Stable Funding Ratio：安定調達比率）は予定どおりスタートするのか」といったように銀行側が右往左往することもあり、マネーローンダリング対応もどこがゴールなのかわからないような印象もありますが、総論としては規制強化が着実に進められてきたといえるでしょう。

　金融市場の変化も激しいため、グローバルベースでは金融機関側の動きもスピード感が増してきています。2015年くらいにはすでに、国際統一基準行

のリスク管理部門が規制対応疲れをしているような印象さえありましたが、金融規制以外での環境変化への対応も意識してきており、最近では規制対応なのかガバナンス高度化なのかといったことすらわからないような状況になってきています。

　それぞれの規制を詳細なレベルでみていくと疑問が出てくる部分も多々あるとは思いますが、マクロレベルで考えれば「意図的に悪さをしない前提で、公共性と社会常識を備えたレベル感で企業運営をすることが銀行に求められている」ということで解釈するしかありません。公共性と社会常識という点がポイントであって、ビジネスモデルの原点が「預金を預かる」ということと「資金貸出で企業活動や生活を支援する」ということであり、だからこそ経済ショックによって簡単に倒れられたら困るということになります。当たり前のことだと思う人は多いでしょう。しかし問題は、人によってこの当たり前だと思う水準に開きがあるということです。

　クリアするべき水準が定められた規制が導入されるとします。国内銀行の場合、その規制値を算出できるようになることが規制対応であると思いがちです。規制対応とは本来、その規制値の水準をクリアするだけではなく、どのようにすれば他の規制値クリアも同時に実現でき、クリアするための必要なオペレーションはどうなるのかまで考えて結論を出していくことでしょう。頭では問題だと思っていても、現実の行動は規制値を算出できるようになったら終了になってしまい、規制値をコントロールするということに労力を費やすことは少ないと推測されます。バーゼルⅢ公表後は次から次へと規制強化が待ち構えていたので仕方ない部分はありますが、ミクロに焦点が当たり過ぎて、マクロに目を向け始めて大変な目にあうのがこれから待ち受けることではないでしょうか。

　2017年3月、金融庁は「「顧客本位の業務運営に関する原則」の確定について」を公表し、「顧客本位の業務運営に関する原則」の確定やパブリックコメントの掲載、定着に向けた取組み等、銀行にとってはいよいよ顧客重視スタンス全開に動かざるをえないような状況となりました。さまざまな銀行

のパブリックコメントの内容をみていると「自らいっておきながら大丈夫か」と心配になるような金融機関側コメントもあり、態勢構築に自信をのぞかせているコメントや、当局検査で指摘されないように所要水準を探るものや原則の趣旨確認に関するコメント等、筆者が第三者的にみていても自らを追い込んでいるような積極的なものがかなりあった印象です。この原則はプリンシプルベース前提（ルールベース無視ではない）であるため、当初は右往左往することがあるとしても、独自性がこうして構築されていくのはよいことだと思います。

第2節 収益管理との融合

(1) 収益管理の置かれている位置

　RAF原則が公表後、（一時的ではありますが）主要行等向けの総合的な監督指針のなかにRAFという言葉が盛り込まれたことで、国内メガバンクグループを皮切りに、忘れ去られていたリスク管理と収益管理の融合があらためて意識され始めました。RAFそのものに関しては概念整理もむずかしく、組織的に機能させることもむずかしいので、「頭の片隅には置くが、早急に対応するべき経営課題という位置づけではなく、時間をかけてガバナンスを高度化させるなかに組み込まれるもの」ととらえている地域金融機関が多いのではないでしょうか。筆者としてもRAFという言葉や原則にこだわる必要はなく、コーポレートガバナンスとして正しいことを目指せば必然的に備わってくるはずのものという意識もあり、がむしゃらに対応を急ぐ性質ではないと考えられます。ただし前節での、「当たり前だと思うレベルに違いがある」と理解することが重要で、そこには行政指導を意識する人もいれば、中長期スパンでのガバナンス向上を意識する人もいるので、時間軸も水準も合致しないまま方向性だけを示しても意味はありません。

これまでの話の内容を前提とすると、「リスク管理は飛躍的に進化してきたが、収益管理は同じペースでは進化していない可能性がある」ということになるので、まずは収益管理が進化するとはどういうことかを考えないといけません。いろいろなアプローチはあると思いますが、まずは筆者なりに以下のように考えてみました。

【収益管理の進化とはどのようなものか】
①　部門管理会計制度にのっとった部門収益が正しく算出される。
②　FTP が日次ベースで反映される。
③　リスク調整後収益等、補正後収益が正しく算出される。
④　収益予測シミュレーションがいつでも可能。　etc.

　収益を正しく認識できるということは、裏を返せばコストが正しく認識できるということでもあるので、企業としての最適資源配分を考えることができるということになります。現実的に自行としてどこまでできているかは別として、記載している内容に関して納得する人も多いでしょう。しかし当然のことと頭では認識していても、実際にはできていないということであれば単なる理想論であって、当たり前のことができていないということになります。おそらく長い歴史のなかで金融業が発展する過程では、顧客重視という理念も強く意識された時代もあったと思いますが、ふと気がつけば行政側が原則をつくらないといけないところまできていたということなので、当然のこととして認識するべきものは、仮に時間がかかったとしても、やはり一定水準まで持ち上げておく必要はありそうです。

　リスク管理業務において、フォワードルッキングの概念はもはや当たり前であるという前提で考えた場合、収益管理が同じペースで進化するとなると、フォワードルッキング的視点が加わったものということになります。上記例で考えれば、④収益予測シミュレーションがいつでも可能ということであり、ポジション変化の想定を入力すると、そのポジション変化も含めた期

第 3 章　経営戦略策定での課題　81

末時点の収益予想額が出てくるといったレベルであれば、リスク管理の進化に追いついたといえるかもしれません。しかし地域金融機関では「いま預かってきた預金が本当に儲かるのかどうかわからない」水準ということも耳にするので、それが事実であれば、①部門集計が正しく反映されるというレベルにも到達していないことになります。つまり何かオペレーションを行っても、本当はいくら儲かるのか、もしかしたら損失計上なのかがわからないということであり、業務を拡大するべきか縮小するべきかの判断もできないということになります。経営戦略を考える以前のレベルということなので、リスク管理がどれだけ進化していたとしても、知らない間に損失を計上していることになってしまいます。

　②FTPが日次で反映されるということも海外では当たり前です。欧米の先進国だけではありません。それ以外の国の金融機関も当然としてとらえているのです。その事実に対して、国際統一基準行ではないからと言い訳をすることが正しい行為でしょうか。そうではないでしょう。当然であるという目線を引き上げて将来対応するしかありません。③リスク調整後収益に関しても、リスクと収益のデータがそれぞれ別管理ということであれば、まとめない限りは算出できません。リスク管理部門だけが進化してもガバナンス高度化につながらないと、それこそ規制値を遵守するだけのツールになってしまいます。コストカットを目指しているつもりが、有効活用されないものにコストを費やしたことになるのです。このように「ミクロに焦点が当たり過ぎて、マクロに目を向けてみたらとんでもないことになった」ということを回避するべく、収益管理の高度化を意識していくことは重要な経営課題です。

(2)　リスク管理と収益管理の融合は可能か

　前項で例示したなかに出てきたリスク調整後収益という考え方は、ガバナンス高度化において重要なものでしょう。第1章のデータガバナンスの説明でも触れましたが、一般的に収益管理を行うのは企画部門で、リスク管理を

行うのがリスク管理部門なので、データをまとめるということから考えなくてはなりません。しかし組織としては、まとめたデータをだれが加工し、だれが責任をとるのかを明確にしないと実務は動きません。作業を引き取る部門の論理としては、余計な作業が増えて大変になると考えるので、人員増加を希望し、対応するということが想像できます。

　このような事態となってしまったのは、銀行の組織分掌の問題としてやむをえないのでしょうが、融合されていないものを融合するとなるとかなりエネルギーが必要です。だれが何のために実施するのかという起動理由だけでなく、昨今の環境であれば期待される効果も求められます。融合させるのは当然という認識であるはずなのに、期待効果の説明を求められるという不条理な部分がクローズアップされて、結果的にはだれも事を起こさず、いつまでたっても進化しなかったというのがこれまでの流れでしょう。そこで進化に向けて目的と期待効果を考えてみる必要があります。

①　融合させる目的について

　当然のことといってしまうと話が進みませんので、それなりに納得感があるものを考える必要があります。ところが納得感をもたせる理由を考える際、目指すべき水準と到達する水準に関して整合性を保つ必要があります。当然のレベルとか当然の行為ということを実現しようとすると、当然というレベル感が人によって異なるため、崇高な理想を掲げる人が当然といってしまっても、大多数の人には理想にしか聞こえないという事態が起こりかねないからです。

　一義的には、リスク管理と収益管理を融合することはコーポレートガバナンスの高度化であるということになりますが、もう少し詳細に考える必要があります。一気にガバナンス水準が高いところに到達はしないので、最終目的水準を示しつつ段階を踏んでいくことが現実的でしょう。そうした場合、まずは水準設定を整理する必要があります。

第3章　経営戦略策定での課題　83

【目指すべきガバナンス水準】

① リスク調整後収益を算出し、部門別管理会計の高度化を図る。

② 報酬制度と結びつけ、業務運営や目標達成に関するモチベーション向上を図る。

③ 収益予想ができるようにし、ポートフォリオ構築内容の意思決定の迅速化を図る。

④ 経営戦略の浸透によって想定オペレーション内容を理解することで、業績予想と実績に関する乖離の縮小化を図る。

　少なくとも何が実現できるのかを明確にしないと期待効果は把握できません。単純にデータ面の整備としてリスク調整後収益が計算できるようになったというだけでは、経済効果としては何も生まれてこないのと同じです。有効活用してこその期待効果なので、最終的には経営者の意識の高さが明暗を分けるといっても過言ではないでしょう。

　仮に経営者意識が低い場合、事務方の主張が通りやすい経営者であればよいですが、そうでなければ上記例の4段階をみせたとしても、経営者自身により強く関係しそうなことは、④くらいです。「預金を預かったが、本当に儲かるかどうかわからない」状況であれば、期待効果も正しく算出はできず、まずは、①を目指すということすらむずかしいかもしれません。

　そこで、考えられる対応策としては経営者責任を説くことになります。算出できるコスト増加や損失発生事例を数多く集め、「自行のパフォーマンスが悪いのは、こうした損失を瞬時に把握できないからだ」という論理にして経営者理解を得るということです。プラス効果というよりもマイナス効果の削減が前面に出てしまいますが、収益環境が厳しいことをふまえれば、どちらの効果であっても問題はないはずです。しかし最初の一歩はともかく、最終的には「実績が計画に近いところで着地する」というガバナンスが実現すれば、経営者にとってこれほどよいことはないでしょう。趣旨と最終目的が

84　第1部　経営管理の課題認識と数値検証の必要性

正しく理解されれば、期待効果も（精緻ではなくても）算出可能になり、企業にとっての当たり前の水準がステップアップしていくことになります。

②　融合時における担当部門について

まず、だれが集計するべきかを考えましょう。判断するうえでまず関係してくるのは組織分掌規程ですので、本来もつべき機能も考えながら組織分掌をみていきましょう。

【一般的な組織分掌】

　［企画部門］

・企業運営全般に係る企画・立案

・取締役会事務局、経営会議事務局運営に関する事項

・経営計画策定や業務分掌全般に係る事項　etc.

　［リスク管理部門］

・リスク管理業務全般に関する企画・立案

・リスク管理委員会事務局運営に関する事項

・リスクモニタリング、リスク報告に関する事項　etc.

本来もつべき機能として、まず企画部門は部門間の調整機能、各組織運営に関するコントロールタワーということですが、企業組織として生き残るための戦略（買収や部門売却、経営統合等を含む）全般に関する話なので、分掌範囲については考え方次第で際限なく広いといえます。次に、リスク管理部門は、基本的に受け身的で、他部門が事を起こすことに対してモニタリングする牽制機能をもつということです。こうした機能をもつ２つの部門において、どちらが収益関連の数値を集計するのが正しい行為でしょうか。

リスク管理部門はリスク量を計測しているというかたちで収益部門のポジションをみています。ポジションをみるというのは、リスクリミットに抵触していないかどうかが重要ではありますが、事実上バーゼルⅢの各規制値を

第3章　経営戦略策定での課題　85

算出するような機能も付加されてきていると考えられます（規制値に関しては、機能的には企画部門が責任部署となる可能性はあります）。国際統一基準行を想定すれば、その他有価証券の評価損益が自己資本比率に影響を与えることはすでに明らかですし、時価評価に関する日々の評価価格を取得して時価情報を把握しているのもリスク管理部門です。牽制機能も持ち合わせているということも考えると、リスク管理部門が収益関連の数値を集計しても違和感があるとは思えません。

　では、企画部門はどうでしょうか。企画部門のなかでの分掌にもよりますが、経営企画的な企画もあれば財務企画的な企画もあります。ALM を司るということであれば収益管理もついてくるというのは理解できる話です。しかし収益管理というかたちで限定すると、日々や週次、月次のルーティン業務があるという前提になり、集計作業に没頭する必要が出てきます。特に経営報告までの時間短縮化はどこの金融機関にとっても当然の課題ですから、従来以上に集計作業に集中する必要があるはずです。これでは５年後や10年後の自行の姿を示してくれといわれても考える暇はありません。唯一メリットがあるとすれば、金融当局から収益に関するヒアリングがあった場合に、行政対応窓口機能として比較的迅速に回答できるくらいでしょう。

　従業員（特に上席）のなかには、自分が所属する部門の存在意義を振りかざして担当業務を手放す／手放さないを主張するケースがありますが、最終決定権限者が下した裁定にはだれも逆らえません。最終決定権限者が理解し、融合するタイミングも含めて意思決定をする前提であれば、単なる雑音と考えてもよいでしょう。ただし、企業全体として正当な意見を主張しているのであれば、なんらかのかたちで反映させることは必要です。

③　リスク管理と収益の融合に関する補足

　経営者が目的や目指すべきガバナンス水準を理解し、作業を担当する部門も決定されて当該部門も理解していれば、後は話を進めるだけだと思ったら大間違いです。目指すのは単純にリスク調整後収益を算出することではあり

86　第１部　経営管理の課題認識と数値検証の必要性

ません。さらに高度なガバナンス水準です。統制方法も目標設定方法も変わりうるということですから、収益部門はその変化を直接的に受けることになります。つまり経営者と企画部門とリスク管理部門が理解していればよいという内容ではなく、ほぼ全社的に影響を受けると考えるべきです。

業務運営に支障が出ないようにするには啓蒙活動が必要になります。もし、前述のように「計画達成のためのオペレーション」が想定されたものであって、収益部門が「事実上のオペレーション統制だ」と解釈したらややこしい話にもなりかねません。目標設定が高いと文句をいいますが、自由度を奪われることでも文句をいいます。それが人間心理です。誤解されないよう、納得感がある説明をしていく必要があります。

国内メガバンクグループにおけるRAF対応に鑑みると、ガバナンス高度化というなかで具体的に前に進んだことといえば、まずは自行としてのRAFの定義が定まり、RAF原則に即した組織運営が定まったことでした。どのグループに関しても業績予想と実績の乖離を小さくするということを目指しているものではありませんし、RAF原則のなかにも乖離を小さくするべきなどと書かれていません。しかし資本配賦を適正に行い、収益管理と融合させてモニタリングし、問題があるようであれば見直しをしていくというPDCAサイクルが確立し、もう一段高度化して「○○部門のポジションが変化する」というタイミングやターゲットゾーンまで確立されていけば、最終的には業績予想と実績の乖離は小さくなるはずです。

しかし現実的に業績予想と実績の乖離を小さくするということは、金融市場動向の的確な読みも必要ですが、収益部門の行動も想定することになります。国内メガバンクグループのRAF対応は、収益部門のオペレーション統制まで想定したものではありませんし、実際に統制することは収益部門の反発も起こりうるので、そう簡単に目指せるものではありません。

業績予想と実績の乖離を小さくするということは、何をすれば目標達成できるのかを示すことです。計画の詳細内容まで共有化し、どのタイミングで何をするという想定内容があらかじめ収益部門に理解されていれば、収益部

門としても下手なリスクはとらず、想定どおりのオペレーションに近づける
はずであり、結果として計画どおりのオペレーションを遂行することに近づ
くことになります。これははたして収益部門へのオペレーション統制といえ
るでしょうか。自由度を奪われることに対する怒りではなく、むしろ目標達
成基準が明確なので喜ばれてもいいくらいの話だと考えます。

　おそらくRAF原則に出てくるリスクカルチャーの醸成も、「リスクカル
チャーを浸透させようと思ったらどうしたらよいか」と考えても前に進まな
いように思えます。そうではなく、経営計画がどういう前提で策定されてい
て、どのタイミングでどのポジションが変化する想定なのかを共有するだけ
で、業績予想と実績の乖離はかなり小さくなることが期待でき、それこそが
リスクカルチャー醸成の近道でしょう。リスク管理の意識を高めようという
崇高な理念はよいですが、悩むよりもコミュニケートをするほうがガバナン
ス高度化にも近道だと思われます。

第3節　中期経営計画の位置づけ

(1)　中期経営計画とガバナンス

　大多数の国内金融機関では、おおむね3～5年に1度中期経営計画を策定
し、中期的な業務運営の方向性や重点項目等を開示しています。開示方法と
しては、中期経営計画が経営会議や取締役会で決議した後、プレスリリース
を行って概要を開示し、年度決算に関する会社説明会資料で中期経営計画の
内容や進捗状況について説明するケースが一般的です。同時に計画に付随す
る重要な経営指標も設定し、経営戦略の詳細とあわせて開示されています。

　3～5年に1度ということなので、見直し時期の1年以上前から次の中期
経営計画内容を検討し始める地域金融機関も多く、金融市場の劇的変化等が
あれば途中で見直される場合もあります。こうしたことから、国内銀行に関

88　第1部　経営管理の課題認識と数値検証の必要性

しては「中期経営計画を軸とした業務運営を行っている」というイメージですが、ガバナンスとして統制できているのかといえば話は別のようです。悪意をもって行っているわけではないでしょうが、たとえば会社説明会資料をみていても、金融機関によっては新中期経営計画が年を追うごとにその重要度が薄れていく印象もあり、なかには単なる決算説明であって、中期経営計画とは関係ないような印象を受ける銀行も存在します。計画内容をどこまで開示するべきかということについては議論のあるところですが、掲げられている重要指標との関連性が感じられない説明資料をみると、何を目指しているのかがみている側としてはわかりにくいということがあります。

　中期経営計画が絶対的なものである必要はないのかもしれませんが、少なくとも企業経営において目指すもの、もしくは遵守するべきものとして経営理念があります。たとえば、ビジネスジャッジを必要とする場合において、とても悩ましいということであれば、最後は経営理念の世界で判断することもありえます。経営理念は企業の象徴的位置づけであるので、わざわざ経営理念を曲げるようなことはせず、どうしても経営理念に支障があれば分離して新会社をつくるようなレベルの話になります。中期経営計画の内容は時間軸を定めてより具体的なアクションを盛り込み、財務インパクトも含めて方向性を示すものであるはずで、一般的感覚からすれば、企業運営において経営理念の次に重要なものでしょう。

　中期経営計画の位置づけそのものはおそらくどこの銀行も大差ないと考えられますが、違いがあるとすれば、中期経営計画の内容にどこまで忠実に従い、どこまで説明していくかのスタンスかもしれません。情勢次第で臨機応変にスタンスを変えるのが当然という気持ちが強いのか、中期経営計画の方向性に従ってオペレーションを遂行するという気持ちが強いのかによって、最終的な開示内容も異なってくるという解釈をすると、開示資料における中期経営計画の比重に違いが出てくるのも理解できます。問題は統制を図りたいときに正しく統制できるのかであるので、自由度満載の社風であれば、その統制方法がきちんと機能するのかということ次第になります。中期経営計

画を遵守するようなスタンスでは、ステークホルダーも内部関係者も計画内容に関する進捗が把握できればよいので、おのずと開示内容も中期経営計画の説明に従ったものになるでしょう。

(2) 中期経営計画と単年度業務計画

中期経営計画を軸とした企業運営が徹底されている前提であれば、各年度の業務計画については、中期経営計画の詳細内容版のかたちとなり、中期経営計画の内容に連動する内容になるはずです。開示資料をみていると、中期経営計画で掲げる重要指標に関する予想と実績を盛り込んで説明している銀行は多いのですが、単年度業務計画の詳細内容はあまり明らかにはせず、業績予想に集約されているのが現状の一般的開示である印象です。ただ第一地銀を中心にベンチマークの開示を開始した銀行も多く、2017年3月期決算の開示資料については、ベンチマークの開示によって地域貢献的な説明量は増えており、その分中期経営計画の内容からは少し離れ、ベンチマークとの整合性を意識し始めた銀行も見受けられます。

中期経営計画内容が確定すると、単年度業務計画はいわば3年間の途中ラップを示すものという考え方ができます。金融情勢によっては計画変更もやむなしとして中期経営計画を見直す場合もありますが、総じて計画で掲げる重要指標が財務的な指標であるために、中期経営計画見直し時も含めて、重要指標そのものは変化しない場合も多くみられます。これに対し、ベンチマークの開示に関しては、選択したベンチマークと財務データとの関連性がまだ整理しきれていないことで、2017年3月期の開示においては地域貢献に関する開示という枠から抜け出せていません。なかには中期経営計画とベンチマークの関係性をうまく説明し、経営方針がわかりやすく説明されている銀行も出てきていますが、総論としては現状ベンチマークの有効活用方法が定まっていない状況による過渡期なのかもしれません。

中期経営計画の重要指標に関して整合性を維持させるうえで、新計画がスタートする初年度の業務計画は3年間の途中ラップ分、2年目以降は進捗度

90 第1部 経営管理の課題認識と数値検証の必要性

合いに応じて単年度目標の重点項目として調整すれば、ガバナンス的視点では内部関係者も第三者も理解しやすく、進捗動向も把握しやすいでしょう。しかし中期経営計画策定時にはなかったベンチマークとの整合性が突然前面に出ると、まるで出てくる指標すべてがKPI化しているような印象になり、選択したベンチマークが多いほど混乱をきたすような印象さえもちます。経営上重視する軸が変化したということであれば中期経営計画の見直しから行う必要があると思われますが、場合によっては中期経営計画の重要性を無視して見直しを行わないために、第三者目線では混乱しただけにみえてしまう部分があります。

(3) 企業の方向性に関する推進力を創出するもの

　将来がみえている場合とみえにくい場合、個人レベルでも企業レベルでも、みえにくい部分が多い場合には、よりディフェンシブなスタンスになりがちです。将来をある程度見通せることによってリスク許容度が上がるという点は、経験則として備わっている点でしょう。

　企業の方向性を示すということは、従業員だけでなく投資家にも安心感を与えると考えられます。従業員は共有される方向性や業務運営方針によって生活感を想像できるというメリットがあり、投資家も保有している株式の価格変動において、期待収益と期待損失がある程度想定できるので、保有を続ける判断材料にもなります。十分な説明が行われないとどこまで期待できるのかの把握もできないため、投資家は逃げる準備をし始め、従業員は最悪年収が下がる可能性を勘案して無駄遣いをやめようと考えるでしょう。

　金融ビジネスは多岐にわたるので、経営の方向性を示していたとしても、予想が外れるケースがかなりあります。予想の精度を上げるといっても限界はあるでしょうし、過剰期待は禁物です。しかし予想をしたうえでよいと思われる方向性を示すことによって、経営方針がクリアになり、情報の取捨選択もやりやすくなります。そうした観点でも中期経営計画は重要な位置づけになるはずであり、準備に時間をかけることは決して無駄ではないはずで

第3章　経営戦略策定での課題　91

す。

　中期経営計画がない企業があるとしましょう。単年度ベースでしか物事を考えないということは、臨機応変といえば聞こえはいいですが、少なくとも経済学の長期利潤極大という概念は成立しません。人員配置や資源配分という点で目まぐるしく変化し、収拾がつかなくなるという意見が多いのではないでしょうか。第三者からみた安定感がある程度認められてこそ経営の安定化を目指せるので、企業運営を推進する力を生み出すのは大変そうです。銀行も貸出をする立場でその企業をみれば、貸出意欲も減退するはずです。

　銀行にも同じことがいえます。投資家であれ預金者であれ、銀行の経営の安定性に疑問を感じていれば、いくら利便性がよかったとしても、多くの取引をしようとは思わないでしょう。銀行が企業向け貸出の審査をするのと同じように、投資家や預金者は自行をみていると考えれば、中期経営計画の位置づけもより大きくなるのではないでしょうか。もちろん中期経営計画以上に中長期スパンで経営方針を明確に理解できるものがあれば話は別ですが、そうしたものを考え出すことよりも、中期経営計画の開示や予測の精度といった内容の充実を図るほうが合理的でしょう。

第4節　中期経営計画における重要な経営指標

(1)　重要な経営指標の集計方法

　中期経営計画での経営方針に関し、達成基準を設けるために重要な経営指標を掲げるのが通例となっています。金融機関に勤務した経験のある人であればだいたいどのような指標が掲げられているかの想像はできると思いますが、実際に集計したものをみたという人は少ないと想像されます。金融機関の開示内容も年々厚みを増していることを考えれば、重要指標の数や内容も変化しているのではないかと考え、今般第一地銀と第二地銀およびそれぞれ

92　第1部　経営管理の課題認識と数値検証の必要性

の持株会社を対象に調査を実施しました。集計方法は、以下のとおりです。

【中期経営計画で掲げる重要な経営指標の集計方法について】

［集計内容］

・地方銀行（第一地銀、第二地銀、持株会社）における中期経営計画で数
　値目標を設定・開示している指標を重要な経営指標と位置づけ、集計
　を行ったもの（基準日は2017年9月末）。

・中期経営計画においては、基準日時点で対象期間になっているもの
　と、前回計画に関して比較をし、重要な経営指標に関する差別化を実
　施。

［前提条件］

・別添資料における前提条件としては以下のとおり。

　重要指標（新規）……新中期経営計画において新たに導入・設定され
　　た指標。

　重要指標（既往）……前中期経営計画から使用されているもの。

　内訳項目……重要指標に準ずるものや、重要指標算出過程等において
　　関係するもののなかで、計画内容において具体的な数値が示されて
　　いるもの。

　除外項目……新中期経営計画において重要指標ではなくなったもの
　　（前計画では重要指標であったもの）。

　連結項目……持株会社における重要指標ではあるが、単体ベースでは
　　重要指標として設定されていないもの。

・重要指標として位置づけるものは、これら5項目のうち重要指標（新
　規）および重要指標（既往）の2項目としている。

・第一地銀は地方銀行協会の会員行64行、第二地銀は第二地方銀行協会
　の会員行41行、持株会社は傘下に第一地銀もしくは第二地銀が含まれ
　るグループを対象とした。

上記調査に関しては、2016年10月時点においても実施しており、2017年9月末を基準日としていますが、実際のイメージとしては、2017年4月スタートの中期経営計画を反映する前と反映した後の比較となります。集計作業において前中期経営計画と新中期経営計画の比較が行われているので、詳細な分析を行うと事実上5年程度の重要指標変化を追いかけることが可能になりますが、本書では直近2年程度を対象として説明をしていきます。なお、調査の対象先に関する補足は、以下のとおりです。

【調査対象に関する補足】（　）内は前回からの変化

対象	対象先数	内訳項目採用	2015年度以前での設定	2016年度での設定	2017年度での設定	経営強化・地域貢献と一体化	不明・未定・数値設定なし
持株会社	13 （−）	11 （＋6）	3	7	3	0 （−1）	0 （−1）
第一地銀	64 （−）	48 （＋21）	20	27	15	0 （±0）	2 （±0）
第二地銀	41 （−）	23 （＋4）	14	12	13	5 （−3）	2 （−1）
合計	118 （−）	82 （＋31）	37	46	31	5 （−4）	4 （−2）

　一部の金融機関においては、トップメッセージ等から中期経営計画の策定事実はあるものの、開示資料として見つけられなかった先や、具体的な数値目標設定がなかった先、経営強化計画の開示にとどまっている先があり、集計の前提条件として「（ベストエフォートベースによる）開示資料による確認」であることから、集計後に新たな資料が開示されたケースや修正されたケース等には対応できていない場合があります。また重要指標や内訳・除外・連結項目については、具体的な数値目標を掲げている項目を集計しており、文書ベースで注力していると記述されていても集計対象としていませんのでご

注意ください。

(2) 重要指標の集計結果

① 重要指標（新規・既往合計、上位10項目）

　重要指標（新規と既往の合算）に関しては以下のとおりであり、対象先数118先の総合計は519項目、1先当りの平均は4.40項目となっています（表11参照）。

　当期純利益や親会社に帰属する当期純利益といった最終利益に関する項目がトップとなっており、自己資本比率（単体／連結について合算）、営業利益項目（コア業務純益、業務純益、経常利益等）、貸出（期末残高／平均残高の合算）の順番に重要指標化されています。この集計結果をみるにあたり、単純合計だけをみるのではなく、内訳項目や除外項目等もみると、重要指標よりも内訳項目として多く使われている、重要指標としては人気がある項目だ

表11　重要指標（新規・既往合計）

重要指標	合計	持株会社	第一地銀	第二地銀	内訳項目	除外項目	連結項目
最終利益項目（当期純利益等）	70	12	36	22	3	18	16
自己資本比率	57	7	35	15	2	24	13
営業利益項目（業務純益等）	57	7	28	22	21	34	3
貸出（全体残高に関する事項）	52	6	25	21	11	18	2
OHR（経費率）	49	7	27	15	8	14	3
預金（全体残高に関する事項）	48	5	25	18	10	22	2
ROE	34	7	24	3	3	1	14
貸出（特定残高に関する事項）	27	1	14	12	175	13	0
預り資産・投資信託残高	26	3	16	7	60	9	6
その他P/L関連（役務収益等）	18	4	12	2	101	6	3
小　計	438	59	242	137	394	159	62
総合計	519	64	287	168	657	219	67

第3章　経営戦略策定での課題　95

が、除外している先も多い、といった変化をとらえることが可能です。

　いずれも代表的で見慣れた指標が並んでいるという印象かもしれませんが、実際の集計作業を行っていると、「貸出（期末残高）を貸出（平均残高）に変更した」「業務純益から経常利益に変更した」というような実質的にはあまり変化していないような見直しが多数あり、そうした変化で誤解が生じないように項目を営業利益項目のように集計してしまうかたちにしています。

②　重要指標（新規、上位 5 項目）

　重要指標（新規）については、総合計222項目、 1 先当り平均は1.88項目ですが、前述のとおり、実態はほとんど変化がない場合でも新規＋除外で集計しているため、重要指標を 4 ～ 5 項目設定しているうち、 1 項目くらいを変更するかどうかというのが平均的な動きとなっています。

　注目点としてはやはり ROE 人気であり、除外されるケースがほとんどないというところがポイントです。預り資産・投資信託に関しても納得感がある結果でしょう。貸出に関しては、中小企業等向け貸出や消費者ローン等の項目を重要指標化するのか、全体残高を重要指標化するのか、そして期末残高なのか平均残高なのかによって意見が分かれるところであり、預金に関し

表12　重要指標（新規のみ）

重要指標	合計	持株会社	第一地銀	第二地銀	内訳項目	除外項目	連結項目
ROE	23	3	17	3	3	1	14
貸出（全体残高に関する事項）	23	2	10	11	11	18	2
預金（全体残高に関する事項）	23	2	11	10	10	22	2
最終利益項目（当期純利益等）	21	6	12	3	3	18	16
預り資産・投資信託残高	19	3	11	5	60	9	6
小　計	109	16	61	32	87	68	40
総合計	222	27	123	72	657	219	67

96　第 1 部　経営管理の課題認識と数値検証の必要性

表13　重要指標（既往のみ）

重要指標	合計	持株会社	第一地銀	第二地銀	内訳項目	除外項目	連結項目
最終利益項目（当期純利益等）	49	6	24	19	3	18	16
営業利益項目（業務純益等）	45	5	22	18	21	34	3
OHR（経費率）	43	7	22	14	8	14	3
自己資本比率	42	7	26	9	2	24	13
貸出（全体残高に関する事項）	29	4	15	10	11	18	2
小　計	208	29	109	70	45	108	37
総合計	297	37	164	96	657	219	67

ても末残・平残の移動がみられます。最終利益項目に関しても、当期純利益から親会社株主に帰属する当期純利益にシフトする動きがみられ、重要指標の集計結果に基づけば、P/L項目に関する重要指標設定は最終利益項目を重視する傾向にあると考えられます。

③　重要指標（既往、上位5項目）

重要指標（既往）については、総合計297項目、1先当りの平均は2.52項目です。重要指標（新規）と比較すると、伝統的に銀行が気にしてきた項目が上位になっていることが理解でき、内訳項目の数が少なく、除外項目が同じということなので、総論として考えれば、環境に応じて重要指標4～5項目のうち1～2項目くらいは計画見直し時に入替対象となるということによる動きになっていることになります。

④　内訳項目（上位10項目）

2016年度集計において財務的インパクトがほとんど関係ない事項（ダイバーシティ等）を対象外としていたものの、2017年度集計では数値目標が掲げられているものはすべて抽出する前提としたため、内訳項目数が増加しています。内訳項目の総合計は657項目、1先当り5.57項目ですが、内訳項目

第3章　経営戦略策定での課題　97

表14　内訳項目

重要指標	内訳合計	持株会社	第一地銀	第二地銀	重要指標	除外項目	連結項目
貸出（特定残高に関する事項）	175	31	99	45	27	13	0
その他 P/L 関連（役務収益等）	101	24	65	12	18	6	3
ALM・預貸・ポートフォリオ関連	85	11	61	13	4	5	0
預り資産・投資信託残高	60	19	35	6	26	9	6
BPR・コストカット等	35	13	20	2	2	0	0
各種支援先・件数（事業承継等）	31	5	9	17	9	2	0
貸出先関連（貸出先総数等）	26	3	16	7	16	4	2
営業利益項目（業務純益等）	21	4	12	5	57	34	3
ダイバーシティ・働き方改革	21	2	16	3	2	4	0
貸出（全体残高に関する事項）	11	1	7	3	52	18	2
小　計	566	113	340	113	213	95	16
総合計	657	132	397	128	519	219	67

採用行（計82行）で平均を算出すると8.01項目となります。

　重要指標での上位項目と比較すると随分と違う印象があると思います。金融仲介機能のベンチマークとの関連性を意識したものも含まれており、内部管理用 KPI の色彩が強いといえるでしょう。貸出に関しては、①全体残高を重要指標化して、中小企業向けや消費者ローン、地域内残高といった項目を内訳項目とするという考え方と、②中小企業向けや地域内残高といった特定項目を重要指標化して、全体残高を内訳項目にするという考え方に分かれており、持株会社グループは、おおむね①の方式ですが、グループ化していない銀行は②の方式も相応にあります。

　集計作業をしていると、内部事情として理解はできる話ですが、数値目標化しやすいものとしにくいものがあり、ベンチマークの公表も結果発表がほとんどで、目標化している銀行は散見される程度です。数値目標化しやすい

98　第1部　経営管理の課題認識と数値検証の必要性

表15　内訳項目（詳細）

重要指標		内訳合計	持株会社	第一地銀	第二地銀	重要指標	除外項目	連結項目
貸出（特定残高に関する事項）	住宅ローン	39	5	24	10	0	0	0
	無担保・カードローン	30	4	16	10	1	0	0
	事業性ローン	26	2	13	11	0	0	0
	中小企業等向け	25	6	10	9	16	4	0
	消費者ローン	19	5	12	2	3	1	0
	地域残高	19	3	14	2	6	2	0
その他P/L	経費	24	6	14	4	3	0	0
ALM・預貸・ポートフォリオ	有価証券残高	23	3	17	3	1	2	0
	ポートフォリオ内訳	23	2	18	3	0	0	0
預り資産	預り資産残高	16	3	10	3	15	4	6
その他資本	株主還元・配当方針等	15	6	7	2	3	0	0
ダイバーシティ	女性管理職等	16	1	12	3	0	0	0

ものとしては、貸出残高や役務収益等を除くと、FP資格合格者数（累計）や女性管理職数といったものが目立ちます。各項目の内訳は、表15のとおりです（15以上の項目を抽出）。

　ポートフォリオ内訳のように「外貨建て資産残高を〇億円積み上げ」という程度であれば数値目標化できても、全体の〇％というシェア的なかたちでは表現しにくいと考えられ、日本国債残高を減らす方針を示した銀行は数多くありますが、いずれもボリューム面での話が中心です。ポートフォリオバランスという表現を使う場合は、一部資産の個別残高を限定的に示すか、個別資産の具体的な数値設定を開示しないかたちが多く見受けられた印象です。

第3章　経営戦略策定での課題　99

表16　除外項目

重要指標	除外項目	持株会社	第一地銀	第二地銀	重要指標	内訳項目	連結項目
営業利益項目（業務純益等）	34	3	23	8	57	21	3
自己資本比率	24	1	16	7	51	2	13
預金（全体残高に関する事項）	22	3	17	2	48	22	2
不良債権・開示債権	20	2	13	5	6	2	0
最終利益項目（当期純利益等）	18	3	14	1	70	3	16
貸出（全体残高に関する事項）	18	2	15	1	52	11	2
OHR（経費率）	14	2	12	0	49	8	3
貸出（特定残高に関する事項）	13	1	11	1	23	10	0
預り資産・投資信託残高	9	0	7	2	26	60	6
売上項目（経常収益等）	6	0	5	1	10	10	0
その他P/L関連（役務収益等）	6	0	4	2	18	101	3
小　計	184	17	137	30	410	250	48
総合計	219	17	167	35	519	657	67

⑤　除外項目（上位10項目）

　重要指標（新規）と同様に、金融環境の影響をみるうえでは重要な指標になります。除外項目の総合計は219項目、1先当り平均は1.86項目となっています。

　2016年度集計では、不良債権・開示債権がトップでした。実質的に変化があったというよりも、2017年度の集計方法として詳細な変更についてグロス計上（新規＋除外）をしており、営業利益項目内での変更（たとえば、業務純益⇔コア業務純益の入替え）や自己資本比率（たとえば、単体⇔連結の入替え）のようなケースでは除外が増えるかたちとなるため、項目によっては集計方法変更の影響が出ています。ただ全体の影響としては、次のような分析をしています。

・営業利益項目……最終利益項目へのシフト、P/L関連の重要指標の一本化

の動き

・自己資本比率……第一地銀を中心に、高過ぎる自己資本比率を重要指標化しても仕方ないため除外

・預金……現状の預貸率を含む環境認識より、役務収益重視の動き

・不良債権……いち早く除外してきたため、すでに浸透した結果（逆に復活させる先もあり）

　外貨流動性やアパートローンといった、新聞等でも出てくる心配事があると、すぐにポジション量を削減する銀行と、頑張って保有し続ける銀行があります。金融当局も気にするような大きな流れになると、そうした動きが中期経営計画での重要指標にも影響することを、集計作業を通じて感じ取ることができます。

⑥　連結項目（上位5項目）

　連結項目は総合計で67項目となっています。グループ化されている場合、グループ共通の重要指標とする場合と、傘下銀行には別途設定する場合があ

表17　連結項目

重要指標	合計	第一地銀	第二地銀	重要指標	内訳項目	除外項目
最終利益項目（当期純利益等）	16	10	6	70	3	18
ROE	14	9	5	34	3	1
自己資本比率	13	8	5	57	2	24
預り資産・投資信託残高	6	4	2	26	60	9
営業利益項目（業務純益等）	3	3	0	57	21	34
その他P/L項目（役務収益等）	3	2	1	18	101	6
OHR（経費率）	3	2	1	49	8	14
小　計	58	38	20	311	198	106
総合計	67	45	22	519	657	219

第3章　経営戦略策定での課題　101

り、連結項目としては別途設定されている場合の分が計上されます（グループ共通の場合は重要指標として計上）。

　集計結果をみる限りでは、伝統的項目と最近の傾向の両面を兼ね備えたバランス感のある指標という印象です。持株会社グループでのモデルケースといってもよいでしょう。重要指標という観点での独自性としては難点があるかもしれませんが、上記項目のなかでの優先順位的な濃淡や、項目内での注力業務としての濃淡をKPI等で表現できれば、十分経営戦略を表現することは可能であると考えられます。

(3)　集計結果から何を考えるか

　中期経営計画で掲げる重要指標の集計結果として何を読み取り、どのように活かすべきかを考えなくてはなりません。そこでまず集計作業を行ってみて感じた印象について整理してみましょう。

【重要指標集計における印象等】

［全体感］

・企業を分析するうえで、安定性や成長性、効率性、収益性等の観点が一般的にあるが、おおむね各観点で1〜2項目の重要指標を設定するケースが多い。

・重要指標を設定するだけでなく、内訳項目と組み合わせることで内部統制能力を高めることを目指す傾向にあるが、全体平均としては気にならないものの、一部では内訳項目が多過ぎる印象。

［見直し時における変化］

・一部では実質的にほぼ変わらない変更（貸出残高の末残⇔平残のようなケース）が見受けられ、すべてを比較することで中期経営計画の位置づけ（重要性の度合い）が感じられる。

・近時の金融環境を反映した指標を取り入れる先が多く、経営理念との結びつきによる恒久性はあまり感じないものの、中期経営計画が長期

102　第1部　経営管理の課題認識と数値検証の必要性

> 経営計画と関連している場合には、重要指標も据え置かれるケースが
> 多い。

　集計結果で出てきた重要指標は、最終利益項目（収益性）、自己資本比率
（安定性）、貸出残高（成長性）、OHR（効率性）といった分類が可能です。一
般的な企業分析で使われる指標を銀行の重要指標に当てはめると、こうした
上位のものが選ばれやすいというのは理解できます。営業部門・収益部門を
統制するという観点では、たとえば自己資本比率や当期純利益だけでは混乱
をきたすことになるので、必然的になんらかのKPI等が必要になり、それ
が目標設定というかたちで表現されます。目標の積み上げ（全体目標）を理
解することによって各部門への配分が可能になるので、全体目標達成のため
に一部がKPI化されているという理解で間違いないでしょう。

　中期経営計画の重要指標をどの程度象徴的にするかの問題があり、開示と
いう観点では「具体的な経営戦略と進捗状況が把握できればよい」と第三者
は考えるので、象徴的な点を重視すれば重要指標が多くても意味がないとい
うことになりますし、統制能力が高ければ重要指標やKPIが多くてもかま
わないということになります。つまり、中期経営計画を経営の軸として位置
づける前提では、内外へのメッセージ性と内部統制能力の兼ね合いで決定す
るべきものと解釈できそうです。

　経営戦略や銀行の色として全方位的か一方向的かが出やすく、バランスの
とれた経営を目指す場合には成長性や安定性、効率性といったさまざまな視
点での重要指標を数多く掲げることとなり、一方向的であれば重要指標は2
項目もあれば十分という考え方になるでしょう。バランス感重視といった段
階で最低4〜5項目は必要になってしまうので、そのなかでもさらに濃淡を
つけないと、第三者的視点では方針がわかりにくくなります。実際に重要指
標を1つしか掲げていない銀行がありますが、よいか悪いかは別として、イ
ンパクトがあるので覚えやすいということもいえます。

　1つのアイデアとしては、重要指標を複数掲げつつも、単年度計画で濃淡

をつける方法は考えられます。前述のように、①当期純利益、②自己資本比率、③貸出残高、④OHR の 4 つの指標を掲げたとしましょう。単年度ベースでは、以下のようなサイクルをイメージして計画に盛り込むようにしていきます。

【重要指標の単年度濃淡サイクル（例)】

・初年度 「貸出残高の増加とリスクアセットの増加による自己資本比率低下」
・2 年目 「貸出の収益寄与開始と業務効率性改善」
・3 年目 「安定収益の確保と自己資本増強」

	重要指標の濃淡	補足等
初年度	③＞①＞④＞②	貸出増加のための経費も増加
2 年目	①＞③＞④＞②	貸出残高安定化と経費削減
3 年目（最終年度)	①＞②＞④＞③	P/L 改善による内部留保の増加

　金融環境は、たとえば2016年 2 月のマイナス金利政策導入のように、突然劇的に変化する可能性があります。中期経営計画そのものを見直すことが最善ではありますが、タイミングによっては見直しがむずかしいケースもあるので、一定の経営方針に関する安定性を示すことを考えれば、単年度計画で濃淡をつけるくらいが健全かもしれません。

　中期経営計画を通じて経営戦略を理解してもらうため、上記例で示した重要指標の濃淡に加え、具体的な各年度の着地イメージが必要で、それによって全体の経済効果を理解してもらうのが理想です。着地イメージを示すうえでいくつかの項目（個別の貸出残高や役務収益額、リスクアセットの量等）を統制する必要があるので、内訳項目（KPI）として設定すれば、おおむね会社の方向性は理解されると期待できます。内部統制面では各部門に対して目標設定することで全体をまとめることになるので、「初年度貸出末残は○億

円、役務収益は○億円、増加するリスクアセット量は○億円」というかたち
で目標設定して社内で共有できれば、デュレーション等のイメージも含めて
ポートフォリオ全体統制への道も開けてきます。

第5節　業務計画策定プロセス上の課題

(1)　課題認識

　中期経営計画であれ単年度業務計画であれ、事前準備に要する時間は異な
ることはあっても、事前準備に必要な項目の範囲には大きな違いはないで
しょう。国内銀行の場合はおおむね企画部門が責任部署として取りまとめを
し、リスク管理部門がストレステスト結果等をふまえて所要資本額を算出し
て、各部門への資本配賦案を策定するというのが大きな流れになります。計
画に関する各部門への目標設定としては、あらかじめ企画部門は収益予想額
を、リスク管理部門が追加的な所要資本額を各部門にヒアリングし、現実的
な着地を想定して社内決議されるかたちですが、策定段階においては経営
者・役員クラスからの要望が盛り込まれ、場合によってはそれが現実的な着
地とは異なる数字を求められるケースもあります。

　社内において部門間であれ、経営者と従業員の間であれ、意見を言い合う
ことは意味があり、計画策定の経緯が理解できるというメリットがありま
す。しかしながら、従来の計画策定プロセスにおいては、こうした経緯も計
画策定根拠となるシナリオや想定するリスク事象等が詳細に共有化される
ことはなく、一般的には経営者⇔企画部門、企画部門⇔各収益部門といったか
たちであり、収益部門においても計画策定根拠を気にして企画部門に詰め寄
るという話を聞くことはまずありません。収益部門に対する目標設定額が事
前ヒアリングで伝えた金額とかけ離れた際には詰め寄るケースもあるかもし
れませんが、全体的な内容を全体で共有するというよりも企画部門やリスク

第3章　経営戦略策定での課題　105

管理部門に任せてしまい、自分の部門しか気にしないということも多いことでしょう。だれが悪いという話ではなく、毎年そうだから疑問をもたないというほうが当たっていると思います。

そこでまずRAF態勢構築をしている（つもりの）銀行を想定し、実務運営としてどのようなプロセスなのかを整理してみましょう。図1をご覧ください。

RAFをどのように定義するかにもよりますが、ここではいったんとるべきリスクにはなんらかの資本配賦が行われ、収益目標が設定されるという前提を置いてみましょう。最初のステップとして、経営者をはじめとする自行を代表してステークホルダーと接触する立場の人がステークホルダーの要望を整理する一方、並行的に収益期待ができるビジネスやポジションに関して選別を行い、リスクアペタイト（＝ここではとるべきリスク）が選定されることになります。これを業務計画に落とし込む作業を行うため、リスクアペタイトの選定のためのヒアリング（期待収益と所要資本に関する事項）を実施

図1　RAF態勢におけるフローチャート

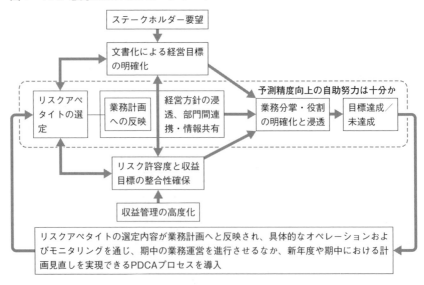

し、リスクリミットや収益目標が決定していきます。新年度がスタートすると、定められた権限のもとでオペレーションが行われ、実績を評価し、必要に応じて改善させていくPDCAサイクルで運営していきます。

　点線で囲まれたラインに関しては、RAF態勢であろうとなかろうと、業務計画策定と運営プロセスにおいて劇的な違いはありません。RAF原則に基づけばRAS（リスクアペタイト・ステートメント）が必要なくらいであり、一見大きな課題もないようにみえます。心配の種としてリスクアペタイトの選定が本当に適切かどうかが気になるとは思いますが、実務経験的な感覚として、「リスクアペタイトの選定に力を注ぐよりも、設定された収益目標額の達成に専念するほうが現実解である」と知らず知らずのうちに認識していると考えられます。しかしこうした考え方が根強く残っていると、いつまでたっても精度向上につながらないため、業務計画の計画値と実績値を近づけ

図2　コーポレートガバナンス全体でのフローチャート

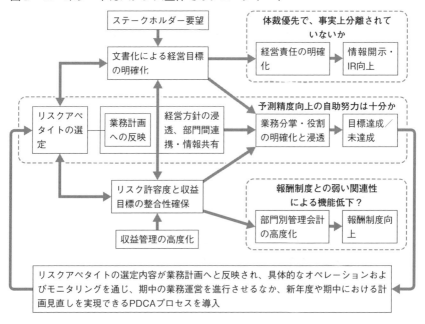

るということは困難なままになってしまいます。上記プロセスでは「うまくいかなかった場合の資源の再配分」という点でPDCAサイクルは機能しますが、計画策定の精度向上には寄与しないのです。

コーポレートガバナンスという広い観点では、さらに課題が出てきます。図2をご覧ください。

海外の金融機関と比較して、国内金融機関にとって圧倒的に弱い部分が出てきました。上の点線ゾーンと下の点線ゾーンです。本格的なRAF態勢（もしくは正しいコーポレートガバナンス）ということであれば、この2つのゾーン（フローチャート）は無視できません。コーポレートガバナンス・コードやRAF原則の内容にかかわらず、だれがみてもきわめて重要なポイントであると思うはずです。これだけのフローチャートがつながることによって、リスクアペタイトの選定がきわめて重要であり、精度向上が必要になると認識できます。そしてその精度向上を実現させるためには、中央に位置する「経営方針の浸透、部門間連携・情報共有」という部分が鍵となり、RAF態勢に当てはめればリスクカルチャーの醸成ということになります。少なくとも管理会計制度が不十分な国内金融機関にとっては、精度向上のためにはより多くの意見交換や情報交換が必要で、リスクアペタイトの選定作業段階から積極的に行っていく必要があります。特に、ポートフォリオ全体をどうするかという次元からスタートさせるべき事項なので、企画部門⇔各収益部門というかたちの情報共有では不十分かもしれません。極端な話ですが、メインシナリオもリスクシナリオも全員で考えるくらいの勢いで常時意見交換が行われていれば、最適資源配分の観点でも不公平感はなくなる可能性もあります。

(2) 資本配賦に関する補足

① 資本配賦プロセス上の課題整理

第一地銀の会社説明会資料では、資本配賦に関する開示が進んできました。実績を掲載するケースと計画を掲載するケースがありますが、2017年3

月期決算での会社説明会資料のなかでは、資本配賦に対応する収益目標額を記載した銀行が登場し、徐々にRAF態勢（というよりもリスクと収益の融合）を意識した動きが感じられます。

一方で、ここまで筆者としては「国内銀行は資本コストの認識が甘い」という前提条件を置いて説明してきており、もしそれが事実であるとすれば、計画策定プロセスに影響を及ぼすのかを整理する必要があるでしょう。そこで、一般的な資本配賦の構造を考えてみます（図3参照）。

業務計画策定準備段階でのヒアリングの仕方の問題という言い方もできますが、そもそもポートフォリオ全体や資本配賦額総額、目標とする収益額全体をどのように考えるのか、から整理する必要があります。仮に資本配賦額に関する各部門へのヒアリングを第一ステップとする場合、本来であれば

図3　資本配賦プロセスの課題

[資本配賦と収益目標の関係を検証]

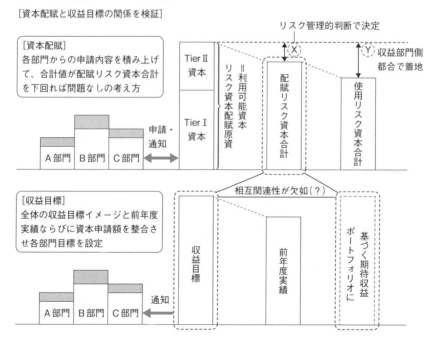

第3章　経営戦略策定での課題　109

ポートフォリオ全体運営の方針がある程度みえていないとむずかしいところもあるでしょう。そこで悪気はないのですが、以下のような聞き方をしてしまうケースが多いと思われます。「新年度資本配賦に関して、大幅に変更したいという要望はありますか」。

　業務運営上、実は収益拡大が必須であり、ポートフォリオバランスも本当は劇的に変える必要があることを相互に理解しあっていればよいのですが、単に収益を拡大させる必要があるくらいの認識であれば、収益部門としては「収益目標が厳しくなるかな」くらいの認識で、まさか自分たちのポジションが大幅に変更されるとは考えもしないでしょう。そうなるとまず最低限として、「資本配賦と収益目標を別々に議論しても仕方がない」という事実にたどり着きます。

　伝統的に、収益目標と資本配賦は関連性がないわけではありませんが、収益部門からみればそれぞれ別部門と意見交換するようなかたちなので、実態的にも別物的なイメージをもっていることが多いと推測されます。その結果、「収益目標は前年度実績をベースとしてどのように色をつけられるか、資本配賦はそれに応じて収益目標変化額分だけ変化させる」という発想になり、「もし劇的なポジション変化があるとすれば、それは天（≒経営者や担当役員等）からの思し召しなので、部門評価とは別次元の話」というスタンスになりがちです。

　リスク管理部門は、直近ポジションを基本前提に、想定するリスクシナリオに基づいてストレステストを実施し、あらかじめ資本の配賦可能額（もしくは必要な所要バッファー）をイメージしており、各部門からの希望額を積み上げて、所要バッファーが維持されていれば原則 OK という判断になります。企画部門は収益見込額の積み上げでは不足するケースも想定されますが、「何とか前年度比 5 ％アップでお願いします」と押し切るかたちとなって、結局は資本と収益の関係性が無視されてしまうことが多いことでしょう。最悪の場合、不足した収益を埋め合わせるため、収益部門の責任外のポジションをもってしまうことにもなりかねず、適切なガバナンスとはいえま

110　第 1 部　経営管理の課題認識と数値検証の必要性

せん。

②　課題解決と期待効果

「資本コストに関する認識が甘い」という点について、図3では管理会計上の問題も提起しています。実際に保有している資本、実際に配分される資本、実際に使用する資本はすべて異なるので、それぞれコスト転嫁しようとする場合、どの部門に転嫁するのかを決定しなければなりません。現実的にはとてもむずかしく、本来は保有している資本全体に対してなんらかのかたちで転嫁されていればよいのですが、内部留保で蓄積されたものもあれば、外部調達した部分もあり、公平感を維持するのはむずかしいため、配賦資本等で考えるケースが多いと思われます（その場合はコスト負担において不足があれば転嫁方法の検討が別途必要です）。

資本効率性という観点において、図3におけるXの部分はストレステスト等によって算出された所要バッファーに該当し、Yの部分は配賦資本額と着地したポジションによる資本額との差となります。リスク管理部門の理屈としてはX部分の効率性を向上させるのはむずかしく、Y部分の効率性を改善させるべきと考えるのではないかと想像されますが、本来はどちらの部分に関しても多少の効率性であれば検討可能です。ただし資本効率性向上には「オペレーション統制を可能にする」という前提条件が必要になります。

オペレーション統制というと、収益部門のオペレーションの自由度を完全に剥奪するように聞こえるかもしれませんが、実際はそこまでの話ではありません。全体ポートフォリオの変化に関しての情報共有化の話です。ポートフォリオを相応に変化させる場合、何かが増えて何かが減ることになります。変化後のポジション量にもよりますが、常識的に考えると増えるポジションに対する注意のほうが減っていくポジションよりも重要で、注視するべきリスク事象も変わりうるということです。資本に関しても「何が起これば A 部門のポジションが増えるのか」を（会社方針も含めて）理解していれば、資本変化額のなかに流用可能な部分が出てくるはずです。これがX部分

第3章　経営戦略策定での課題　111

に関する改善ポイントになります。

　Yの改善に関しては、オペレーションの自由度がある限り、100％統制することは不可能です。しかし想定ポートフォリオの着地イメージが共有されていれば、収益部門はその着地に向けてポジション変化をさせるので、想定よりも大幅に所要資本額が減ったという事態にはなりにくくなるでしょう。つまり想定ポートフォリオを共有することは、収益部門の目標達成を容易にし、リスク管理も容易にするという効果が期待できることになり、リスク管理と収益管理の整合性の維持も図りやすくなります。

(3) プロセス改善に向けた施策

　業務計画をより精緻なものにし、計画と実績の乖離を小さくするという努力を行うには、どれだけ精緻に計画を策定するかが重要な鍵となります。計画策定は単にいろいろな数値をつくりあげるということではなく、計画策定の趣旨や決定までの経緯、計画内容の前提条件を共有することで、第三者的

図4　計画策定時におけるプロセス変化

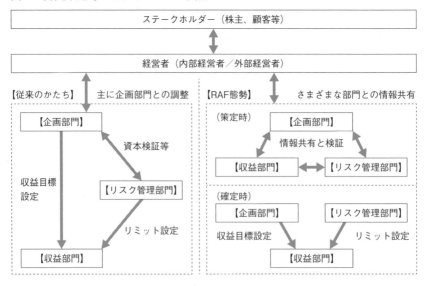

には精度向上の努力はみえにくいものになるでしょうが、内部関係者の意思疎通はかなり進むはずです。

　メインシナリオを検討するにしても、経営者と企画部門、リスク管理部門の三者間で行うよりも、市場部門や貸出部門の情報が加わるほうがより現実味があります（図4参照）。

　精度を上げていくためには、さらに準備段階で調査しておく範囲が広がります。P/L予想を精緻にしようと思えば、さまざまなコスト把握も重要であり、場合によっては権限設定や業務分掌変更も必要になるかもしれません。たとえば、ポジショニングと組織分掌上の役割を例にすると、債券部門が金利上昇期待ポジションをもつことが正しいのかどうかといったことがあります。集計作業を行っていて、実際に「債券ベアファンドを購入した」という銀行がありましたが、ポートフォリオ全体として考えると、部門が勝手にやったオペレーションであるとすれば大問題です。ALMの観点で金利低下期待として配分しているのに、債券部門が自分の部門都合で行ったとなれば、計画のすべてを無意味にしてしまいかねません。組織の役割分担（業務分掌）も重要で、想定するオペレーションも社内共有されていれば、こうした問題が起こる確率も減少すると考えられます。

　円金利もので の収益獲得がむずかしくなってきたことで、外貨建て資産の積み上げによる収益確保をねらうということも、外貨資金調達コストの問題、流動性規制（通貨別LCR）の問題、外貨建て取引に関する管理会計上の処理の問題といったこともクローズアップされます。ルールが定まっていない場合には、積み上げる前に部門評価方法も議論しておく必要がありますので、準備段階で検討するべき項目が多くなるということになるのです。リスク管理と収益管理を融合させて精緻な業務計画を策定するということはそれだけむずかしいということですが、そのかわりリスクカルチャーの浸透が進めば、コーポレートガバナンス向上は十分期待できることでしょう。

第3章　経営戦略策定での課題　113

第 **2** 部

各業務運営に関する数値検証

第 4 章

貸出・預金業務

業務計画をより精緻なものにするため、本章より具体的な業務に関する事前準備として必要な集計・分析作業を紹介していきます。最初に銀行業務の根幹となる貸出や預金に関する事項です。第3章において説明したように、中期経営計画で掲げる重要指標として貸出や預金を設定する銀行はとても多く、金融仲介機能のベンチマーク導入経緯を考えても重要な位置づけといわざるをえません。

第1節　金融仲介機能のベンチマークと有効性

(1)　金融仲介機能のベンチマークの現状での位置づけ

2016年9月に公表された「金融仲介機能のベンチマーク」に関しての集計結果はすでに第1章第2節で触れていますが、今後有効活用していくうえで、選択した各ベンチマークの影響を考えていかなければなりません。自行の財務データに直接的に影響を及ぼすのか、間接的に影響を及ぼすのか、業務効率をよくするのか、企業の安定性や成長性には寄与するのか、といった整理を行うということです。

当然のことながら、第三者的には銀行がなんらかの効果を期待して各ベンチマークを選択しているはずと考えます。「地域貢献度合いを具体的な数値で示したかった」とか「コンサル業務によって債務者の業績がよくなっていることを示したかった」といったことが金融当局をはじめとする周囲の期待値としてあるはずですが、開示を義務化していないのに「金融当局対応としてやむなし」ということが銀行側の意識であれば残念なことです。共通5項目、選択50項目の合計55項目もあって、もし自行の業務運営においては集計作業というコストしか感じないといわれてしまうと、「ではより具体的に経営の方向性とその課題、解決方法を教えてください」と聞きたくなります。

重要指標とベンチマーク両方の集計を実際に行ってみましたが、総論とし

118　第2部　各業務運営に関する数値検証

てはまだベンチマークの有効性や重要指標との整合性という点で整理しきれ
ていないという印象です。会社説明会資料やディスクロージャー資料等、ベ
ンチマークを開示した資料をみていると「私たちは今後もベンチマークを重
要視し、開示していきます」と明記している銀行もあり、本当に恒久性まで
意識して選択したのかという疑問も一部で感じましたが、地域貢献や地域経
済の発展への説明としてベンチマークの説明をしている場合が多く、そのた
めに中期経営計画との整合性がとりきれないようにも思えます。経営戦略と
しては隣県や首都圏といった地域に関する方針もありますし、ベンチマーク
もすべてが地域経済と結びついているわけではありません。大半の第一地銀
や第二地銀が説明の都合上、地域密着と結びつけてしまっているので、集計
して開示できるベンチマークという別の都合を勘案して選択するものも含め
て、何とか整合的に説明しているように感じられます。

　参考までにですが、中期経営計画における重要指標の平均は1先当り4.4
項目（第一地銀平均は4.5、第二地銀平均は4.1）、内訳項目は8.1項目（第一地
銀平均8.3、第二地銀平均は5.6、内訳項目採用行での平均）となっているなか
で、ベンチマークの平均選択数は17.1項目（第一地銀平均は18.0、第二地銀平
均は14.5、独自ベンチマークを含む）となっており、内部統制におけるKPIと
して考えるとベンチマークの選択数が多く、統制面で無理はないのかという
疑問が生じることになります。重要指標や内訳項目と類似するベンチマーク
との重複感を整理すると統制可能なのかもしれませんが、目標設定可能なベ
ンチマークはほんの一部であって、結果発表であるから選択し開示もできる
と考えている銀行が多いという可能性も考えられます。

　実際に意見交換してみると「ベンチマークの利用方法に悩んでいる」とい
う話も多く、明確な取扱方針が決まらないうちに開示をしてしまったという
のが本音なのかもしれません。当局報告と開示方針を整理せず、規制対応と
同じような感覚で真面目に開示してしまった先もあるのかもしれませんが、
そのような場合は早急に是正する姿勢が必要です。

第4章　貸出・預金業務　119

⑵ 財務インパクトや業務関連性の整理

　ベンチマークの具体的な整理に関して、財務的影響度が大きいか、直接的か間接的か、といった財務インパクトに焦点を当てて進めていくことを考えてみましょう。財務的影響を考えるということは、自行のバランスシートはもちろんのこと、中期経営計画で掲げる重要指標や内訳項目等との整合性も考えることになります。もちろん直接的か間接的かによって影響度合い（時間的なものと規模的なものの両面）も推定可能になるという期待が広がります。

　ここで、ベンチマークに関する財務面での影響や有効活用方法について説明しましょう。

①　共通ベンチマーク

　共通ベンチマークに関しては貸出業務全般に関する事項と考えられ、収益面（リスク管理的側面を含む）への影響度が大きい項目であると考えられます。メインバンクとなっている先に関しては、収益面では与信余力の問題と収益性を吟味する必要が出てくる一方、与信限度の遵守というリスク管理上の課題があるため、メインバンク先自体が格上げとなるような業績向上に注力し、与信余力も増加させる戦略とするか、現状維持とするか、といったスタンスを個別に検討する必要があります。このためモニタリングしているという意味でベンチマークを選択したことを開示することは問題ないのですが、総論的にどのような方針であるとはいえないため、想定 KPI が別途必要になってきます。

　担保に関する事項についても、本来は担保解除すると与信費用が変化し、デフォルト可能性を担保する貸出利率も影響を受けると考えるのが妥当です。しかし現実としては、担保受入額とデフォルト確率を考慮した回収可能性や、担保の換金性等が厳密に計算されて貸出条件が決定しているわけではないので、与信費用変化をモニタリングするというのが現実解と考えられます。この点については、管理会計制度高度化にも影響を与える問題であり、

120　第 2 部　各業務運営に関する数値検証

表18　共通ベンチマークと想定KPI

項　目	内　容	財務データへの影響等	想定KPI（例）
(1)取引先企業の経営改善や成長力の強化	1．金融機関がメインバンク（融資残高1位）として取引を行っている企業のうち、経営指標（売上げ・営業利益率・労働生産性等）の改善や就業者数の増加がみられた先数（先数はグループベース。以下断りがなければ同じ）、および、同先に対する融資額の推移	①メインバンク先収益性（一般先との比較を含む）②格付遷移との相関性③与信余力と残枠に対する対応方針	①②メインバンク先格付維持率、先別収益性③与信限度
(2)取引先企業の抜本的事業再生等による生産性の向上	2．金融機関が貸付条件の変更を行っている中小企業の経営改善計画の進捗状況	貸倒引当金繰入れ・戻入れとの整合性確認	債務者区分別・資金使途別融資金利、債務者業績改善率
	3．金融機関が関与した創業・第二創業の件数	貸出案件発掘、貸出金利への包含、役務収益獲得	債務者区分別・資金使途別融資金利
	4．ライフステージ別の与信先数、および、融資額（先数単体ベース）	①ステージ別・格付別融資金利もしくは役務収益②グループ証券会社シナジー	①債務者区分別・資金使途別融資金利、ライフステージ別融資比率（注）②証券取扱先数・件数
(3)担保・保証依存の融資姿勢からの転換	5．金融機関が事業性評価に基づく融資を行っている与信先数および融資額、および、全与信先数および融資額に占める割合（先数単体ベース）	無担保融資割合、保全割合、貸倒引当金繰入れ・戻入れとの整合性	債務者区分別・資金使途別融資金利

（注）　融資比率＝担保受領額（掛け目勘案後）／与信額

たとえば与信額に対して150％の担保を受け入れている状況で、120％にまで引き下げる（30％相当の担保解除を実施する）場合、管理会計でもマイナスにならないようにしないと、与信上は問題ないにもかかわらず、余剰担保の解除は進みにくくなるという問題がクローズアップされることになります。

　こうして考えると、現状の銀行の内部管理上、強く推進できる部分とできない部分があり、それに応じてベンチマークも部分変更する必要がありそうです。既往貸出に関する事項か新規貸出に関する事項かによって推進姿勢面でポジティブ／ネガティブという部分が出てくると考えられるので、単純なベンチマークの集計と開示ではなく、自信をもって推進できる項目として選択し、同時に推進可能なように内部体制整備も実施しないと、戦略・運営・開示の間でギャップが生じてしまう可能性があります。

②　選択ベンチマーク（その１）

　選択ベンチマークの最初となる「地域へのコミットメント・地域企業とのリレーション」においては、地域内貸出を想定した総論的指標と、営業開拓やメンテナンスに使われる内部資源という内容となっています。ベンチマークは基本的には内部管理高度化を意識した内容ですが、ここでは対外アピール（開示対応）も含めたかたちを想定してKPIを考えています。

　対外コミットメントというものをどのように示すべきかについて、一義的には会社説明会やディスクロージャー誌で説明していくべきものと考えますが、地域へのコミットメントというかたちで限定的に考えた場合、地域共生のような話は短期的視野で実現する話ではないので、当然中期経営計画でもその姿勢を示すべき事項と考えられます。そのうえで対外的指標の１つとしては地域内預貸率が候補になると考えられ、簡単にいってしまえば「地元から預かった資金をどれだけ地元に投融資しているか」という概念であり、仮に100％以上ということになれば、他地域から調達した資金まで地元に投融資しているというかたちになります。

　内部管理的には、メインバンク化が進むと与信限度と収益性という問題が

表19　選択ベンチマークと想定 KPI（その１）

項　目	内　容	財務データへの影響等	想定 KPI（例）
(1)地域へのコミットメント・地域企業とのリレーション	1．全取引先数と地域の取引先数の推移、および、地域の企業数との比較（先数単体ベース）	地域内貸出残高、地域内預金残高、地方債引受け・保有額	地域内預貸率
	2．メイン取引（融資残高1位）先数の推移、および、全取引先数に占める割合（先数単体ベース）	メインバンク先収益性	メインバンク先与信余力（総与信限度）
	3．法人担当者1人当りの取引先数	経費・従業員当りの生産性	貸出先別役務収益割合、従業員1人当り収益
	4．取引先への平均接触頻度、面談時間	経費・従業員当りの生産性	貸出先別役務収益割合、従業員1人当り収益

クローズアップされ、残りの与信枠をどのように有効活用できるかという問題が出てきます。さまざまなアイデアを使って相手先企業の業容拡大に成功し、与信枠がさらに広がっていくことができれば理想ですが、これもまた中長期的視野での対応にならざるをえません。しかし全体的な内部統制という観点では、各メインバンク先は相応に収益性が高かったために与信残高も多いと考えられるので、困ったときの○○頼みではありませんが、メインバンク先だけの与信枠の残額をモニタリングしておくことは、債務者側の業容悪化時の運転資金供与対応だけでなく、銀行の収益力拡大という観点でも有効な指標と考えられます。

　資源配分に影響を与える指標として選択ベンチマーク３や４を使う点に関

第４章　貸出・預金業務　123

しては、管理会計の精緻化が前提となってくると考えられるため、集計可能であることは理想ですが、仮に集計可能であるとしても、KPI欄に記載しているような細かいデータが必要になってくるでしょう。おそらくマンパワー的な指標を集計しても、現実的にパフォーマンス向上期待が高いかたちでの再配分が可能かどうかは別問題であり、債務者の業況やライフステージによってメンテナンスするべき項目も異なります。高精度で個別先まですべて網羅できるデータをそろえることができないということであれば、従業員1人当り当期純利益のような指標で代替的なモニタリングをし、資源配分とは一線を画すかたちでもよいかもしれません。

③ 選択ベンチマーク（その2）

　選択ベンチマーク「事業性評価に基づく融資等、担保・保証に過度に依存しない融資」は、自行の貸出姿勢や貸出条件に関する事項を数値化していると考えられます。一般的な与信取引における銀行側メリットを考える場合、貸出案件の発掘（ニューマネーの創出）、貸出金利から得られる収益（実質利益変化を含む）、貸出に付随する各種役務収益、と考えられますが、この選択ベンチマークに関しては主に2つ目の項目に焦点が当たっていると考えられます。

　貸出金利に関しては、貸出条件決定段階で決まったクレジットスプレッドが最終期限まで適用されることが一般的です（金利見直しがある貸出であっても、大部分は市場金利部分の見直しであり、クレジットスプレッドにはほとんど影響しないと考えられます）。このため、仮に貸出を時価評価していれば、クレジットスプレッドの市場実勢変化とともに評価損益が発生することとなり、評価損の発生を回避する目的で担保の追加徴求を行うようなことが理論上起こるはずですが、最近の環境は「むやみに担保に依存しない貸出」という世界を目指しているので、どちらかといえば担保解除されるほうが多いかもしれません。

　担保解除に関しては、管理会計の精度が関係してきます。前述の「根抵当

表20　選択ベンチマークと想定KPI（その２）

項　目	内　容	財務データへの影響等	想定KPI（例）
(2)事業性評価に基づく融資等、担保・保証に過度に依存しない融資	5．事業性評価の結果やローカルベンチマークを提示して対話を行っている取引先数、および、左記のうち、労働生産性向上のための対話を行っている取引先数	格付遷移との整合性	ローカルベンチマークの内容に従う債務者区分別・資金使途別融資金利
	6．事業性評価に基づく融資を行っている与信先の融資金利と全融資金利との差	格付遷移との整合性	債務者区分別・資金使途別融資金利、貸出先別役務収益割合
	7．地元の中小企業与信先のうち、無担保与信先数、および、無担保融資額の割合（先数単体ベース）	格付遷移、貸倒引当金との整合性	債務者区分別・資金使途別融資金利、無担保融資案件の平均格付・平均期間、債務者区分別融資比率
	8．地元の中小企業与信先のうち、根抵当権を設定していない与信先の割合（先数単体ベース）	格付遷移、貸倒引当金との整合性	債務者区分別・資金使途別融資金利、無担保融資案件の平均格付・平均期間、債務者区分別融資比率
	9．地元の中小企業与信先のうち、無保証のメイン取引先の割合（先数単体ベース）	格付遷移、貸倒引当金との整合性	債務者区分別・資金使途別融資金利、債務者区分別融資比率
	10．中小企業向け融資のうち、信用保証協会保証付融資額の割合、および、100%保証付融資額の割合	格付遷移、貸倒引当金との整合性	債務者区分別・資金使途別融資金利、保証案件の平均格付・平均期間

第4章　貸出・預金業務　125

11. 経営者保証に関する ガイドラインの活用先 数、および、全与信先 数に占める割合（先数 単体ベース）	格付遷移、貸 倒引当金との 整合性	債務者区分別・資金 使途別融資金利、保 証案件の平均格付・ 平均期間

設定総額が与信額の150％だったので120％に引き下げるような担保解除をする」というケースでは、それによって貸倒引当金を変化させることはないでしょうが、管理会計では部門がマイナス評価されるようなシステム構成になっている可能性があります。これでは適正な担保解除も進みませんので、そのようなシステム構成になっている場合には手補正をするような作業が必要になります。

　選択ベンチマーク5～11に関しては、管理会計の精度と大きくかかわってくる事項が多いため、KPIとしては「どれだけ金利条件に影響を及ぼしているのか」という概念でモニタリングすることになります。ベンチマークが内部統制に与える影響のなかに、本来財管不一致の解消という理想論も含まれているのですが、おそらく大半の銀行において十分な管理会計の精度を保持しているとは考えにくいため、有効活用をしようと思ってもかなりむずかしい項目であると考えられます。特に、開示をするという観点ではかなり勇気がいる項目が多い印象です。債務者の立場で考えれば、銀行の内部データを通じてあらためて自社がどのような評価をされているのかを思い知らされるようなことにもなりかねません。普段から債務者と十分コミュニケートできていれば問題ありませんが、「どうしてうちの会社はこんなに担保を求められるのか」という印象をもたれないようにする努力が必要になります。

　リスク管理も含めたガバナンス高度化においては、内部格付・案件格付と貸倒引当金や適正スプレッドの関係を整合的にできるのが理想的です。債務者の事業性評価の内容にもよりますが、自己評価の内容と債務者の事業性評価の内容を比較した場合、その水準に大きな開きがあれば、どちらの側でみ

てもガバナンス上の課題があるという認識をもつべきでしょう。

④　選択ベンチマーク（その3）

選択ベンチマーク「本業（企業価値の向上）支援・企業のライフステージに応じたソリューションの提供」は、自行がもつノウハウ・情報ルート・提

表21　選択ベンチマークと想定KPI（その3）

項　目	内　容	財務データへの影響等	想定KPI（例）
(3)本業（企業価値の向上）支援・企業のライフステージに応じたソリューションの提供	12.　本業（企業価値の向上）支援先数、および、全取引先数に占める割合	各種業務支援に基づく、 ①貸出案件の発掘 ②貸出利鞘拡大（もしくは引当金の減少） ③役務収益拡大	支援先部門収益増加率
	13.　本業支援先のうち、経営改善がみられた先数	各種業務支援に基づく、 ①貸出案件の発掘 ②貸出利鞘拡大（もしくは引当金の減少） ③役務収益拡大	支援先部門収益増加率、本業支援先融資比率
	14.　ソリューション提案先数および融資額、および、全取引先数および融資額に占める割合	各種業務支援に基づく、 ①貸出案件の発掘 ②貸出利鞘拡大（もしくは引当金の減少） ③役務収益拡大	支援先部門収益増加率、各種支援先役務収益
	15.　メイン取引先のうち、経営改善提案を行っている先の割合	各種業務支援に基づく、 ①貸出案件の発掘 ②貸出利鞘拡大（もしくは引当金の減少） ③役務収益拡大	支援先部門収益増加率、メイン先債務者格付
	16.　創業支援先数（支援内容別）	各種業務支援に基づく、 ①貸出案件の発掘 ②貸出利鞘拡大（もしくは引当金の減少） ③役務収益拡大	支援先部門収益増加率、創業支援先新規貸出額

第4章　貸出・預金業務　127

17. 地元への企業誘致支援件数	各種業務支援に基づく、 ①貸出案件の発掘 ②貸出利鞘拡大（もしくは引当金の減少） ③役務収益拡大	支援先部門収益増加率、新規取引先数
18. 販路開拓支援を行った先数（地元・地元外・海外別）	各種業務支援に基づく、 ①貸出案件の発掘 ②貸出利鞘拡大（もしくは引当金の減少） ③役務収益拡大	支援先部門収益増加率、新規役務収益獲得先数
19. M&A支援先数	各種業務支援に基づく、 ①貸出案件の発掘 ②貸出利鞘拡大（もしくは引当金の減少） ③役務収益拡大	支援先部門収益増加率、新規役務収益獲得先数
20. ファンド（創業・事業再生・地域活性化等）の活用件数	各種業務支援に基づく、 ①貸出案件の発掘 ②貸出利鞘拡大（もしくは引当金の減少） ③役務収益拡大	支援先部門収益増加率
21. 事業承継支援先数	各種業務支援に基づく、 ①貸出案件の発掘 ②貸出利鞘拡大（もしくは引当金の減少） ③役務収益拡大	支援先部門収益増加率
22. 転廃業支援先数	各種業務支援に基づく、 ①貸出案件の発掘 ②貸出利鞘拡大（もしくは引当金の減少） ③役務収益拡大	支援先部門収益増加率

23. 事業再生支援先における実抜計画策定先数、および、同計画策定先のうち、未達成先の割合	各種業務支援に基づく、①貸出案件の発掘②貸出利鞘拡大（もしくは引当金の減少）③役務収益拡大	支援先部門収益増加率、再生支援先債務者格付
24. 事業再生支援先における DES・DDS・債権放棄を行った先数、および、実施金額	各種業務支援に基づく、①貸出案件の発掘②貸出利鞘拡大（もしくは引当金の減少）③役務収益拡大	支援先部門収益増加率
25. 破綻懸念先の平均滞留年数	格付遷移との整合性	平均滞留年数
26. 事業清算に伴う債権放棄先数、および、債権放棄額	格付遷移との整合性	債権放棄額増加率
27. リスク管理債権額（地域別）	格付遷移との整合性	地域別リスク管理債権額増加率

案能力といった営業推進力の判断材料として使える項目が多いといえます。財務面での影響としても、すでに説明した銀行側メリット3項目いずれの可能性も考えられます。収益管理面でのKPIとして、支援内容に基づくサービス提供によって得られた収益の向上分をモニタリングすることが主眼となり、この収益管理面でのKPIをみないということは、単なるただ働きをするような行為という考え方もできるでしょう。

　支援内容次第で、債務者の業況が改善することによって所要スプレッドが低下することで収益が拡大する（貸倒引当金戻入効果）、アドバイザリーフィーをはじめとする各種手数料が獲得できる（役務収益の拡大）、別の新規アプローチ先が増えて貸出案件につながる（ニューマネーの創出）、といった期待効果に違いがあるため、さまざまなケースを応用していくことが重要で

す。このため、事業性評価もそうですが、後述する研修の実施やセミナー参加等（選択ベンチマーク39）とつながる話であり、実際に各行の選択件数をみても多い項目となっています。

　それに対し、選択ベンチマーク25〜27に関しては、内部管理面の話になってしまうので、対外アピールという要素はありません。その点が意識されたのか、開示した銀行はそれぞれ1行、5行、2行（第一地銀、第二地銀、それぞれの持株会社）という結果であり、不良債権の開示との重複感もあるので回避した銀行が多いのではないかと推測されます。

⑤　選択ベンチマーク（その4）

　これらの選択ベンチマークの内容としては共通性がほとんど感じられないものですが、「(4)経営人材支援」に関しては、財務的には間接的に債務者の業況が改善することによる収益拡大期待が軸となり、「(5)迅速なサービスの提供等顧客ニーズに基づいたサービスの提供」では、サービス提供を行う前段階資料的位置づけと考えられます。そのため、(4)に関してはともかく、(5)に関して積極的に開示するかといわれても、対外アピール的要素があるのは31くらいであり、内部で把握していれば十分と考えられる内容でしょう。31に関しては、住宅ローン競争においてネット系銀行であれば「仮審査は○日後にお伝えします」というのが宣伝文句になりそうですが、住宅ローンのみを意識しているわけではないので、アピール要素はあるとしても重視したくなる項目ではないかもしれません。

　32に関しては、少なくとも提案ベースということであれば100％に限りなく近いはずで、むしろ低い割合ということであれば営業部門統制に問題ありです。やって当たり前ということが意識されるので、わざわざ開示するほどではないと考えても違和感はありません。33に関しては扱いにくい指標だと思いますが、長期運転資金という資金使途が事実上ないような貸出を抑え、なるべく資金使途が明確な案件を実行するという理念に近いものという印象です。仮に定期的にモニタリングして変化をみていくということであれば、

130　第2部　各業務運営に関する数値検証

表22　選択ベンチマークと想定KPI（その4）

項　目	内　容	財務データへの影響等	想定KPI（例）
(4)経営人材支援	28. 中小企業に対する経営人材・経営サポート人材・専門人材の紹介数（人数ベース）	管理会計上のコストとパフォーマンス	支援先部門収益増加率
	29. 28の支援先に占める経営改善先の割合	管理会計上のコストとパフォーマンス	支援先部門収益増加率
(5)迅速なサービスの提供等顧客ニーズに基づいたサービスの提供	30. 金融機関の本業支援等の評価に関する顧客へのアンケートに対する有効回答数	アンケート結果に基づく評価内容と収益との整合性	アンケート結果に基づく評価アップ数、役務収益割合
	31. 融資申込みから実行までの平均日数（債務者区分別、資金使途別）	管理会計上のコストとパフォーマンス	支援先部門収益増加率
	32. 全与信先に占める金融商品の販売を行っている先の割合、および、行っていない先の割合（先数単体ベース）	管理会計上のコストとパフォーマンス	支援先部門収益増加率、新規役務収益獲得先数
	33. 運転資金に占める短期融資の割合	格付遷移、貸倒引当金との整合性	債務者区分別・資金使途別融資金利

さらに内訳として担保徴求状況も加味してモニタリングしたいところであり、それによって貸出利率や担保授受の状況も把握できるようにすればよいでしょう。

表23　選択ベンチマークと想定KPI（その5）

項　目	内　容	財務データへの影響等	想定KPI（例）
(6)業務推進体制	34. 中小企業向け融資や本業支援を主に担当している支店従業員数、および、全支店従業員数に占める割合	管理会計上のコストとパフォーマンス	従業員1人当り収益
	35. 中小企業向け融資や本業支援を主に担当している本部従業員数、および、全本部従業員数に占める割合	管理会計上のコストとパフォーマンス	従業員1人当り収益
(7)支店の業績評価	36. 取引先の本業支援に関連する評価について、支店の業績評価に占める割合	管理会計上のコストとパフォーマンス	従業員1人当り収益、支援先部門収益増加率
(8)個人の業績評価	37. 取引先の本業支援に関連する評価について、個人の業績評価に占める割合	管理会計上のコストとパフォーマンス	従業員1人当り収益
	38. 取引先の本業支援に基づき行われる個人表彰者数、および、全個人表彰者数に占める割合	管理会計上のコストとパフォーマンス	従業員1人当り収益
(9)人材育成	39. 取引先の本業支援に関連する研修等の実施数、研修等への参加者数、資格取得者数	管理会計上のコストとパフォーマンス	従業員1人当り収益、支援先部門収益増加率
(10)外部専門家の活用	40. 外部専門家を活用して本業支援を行った取引先数	管理会計上のコストとパフォーマンス	従業員1人当り収益、支援先部門収益増加率

132　第2部　各業務運営に関する数値検証

	41. 取引先の本業支援に関連する外部人材の登用数、および、出向者受入数（経営陣も含めた役職別）	管理会計上のコストとパフォーマンス	従業員1人当り収益、支援先部門収益増加率
⑾他の金融機関および中小企業支援策との連携	42. 地域活性化支援機構（REVIC）、中小企業再生支援協議会の活用先数	管理会計上のコストとパフォーマンス	従業員1人当り収益、支援先部門収益増加率
	43. 取引先の本業支援に関連する中小企業支援策の活用を支援した先数	管理会計上のコストとパフォーマンス	従業員1人当り収益、支援先部門収益増加率
	44. 取引先の本業支援に関連する他の金融機関、政府系金融機関との提携・連携先数	管理会計上のコストとパフォーマンス	従業員1人当り収益、支援先部門収益増加率
⑿収益管理態勢	45. 事業性評価に基づく融資・本業支援に関する収益の実績、および、中期的な見込み	各種業務支援に基づく、①貸出案件の発掘②貸出利鞘拡大（もしくは引当金の減少）③役務収益拡大	支援先部門収益増加率
⒀事業戦略における位置づけ	46. 事業計画に記載されている取引先の本業支援に関連する施策の内容	リスクアペタイトの選定、管理会計上のコストとパフォーマンス	部門別・業務別収益
	47. 地元への融資に係る信用リスク量と全体の信用リスク量との比較	地域内収益と全体収益に関する比較	信用リスク量増加率、地域内収益増加率

第4章　貸出・預金業務　133

⒁ガバナンス の発揮	48. 取引先の本業支援に関連する施策の達成状況や取組みの改善に関する取締役会における検討頻度	リスクアペタイトの選定、管理会計上のコストとパフォーマンス	部門別・業務別収益
	49. 取引先の本業支援に関連する施策の達成状況や取組みの改善に関連する社外役員への説明頻度	リスクアペタイトの選定、管理会計上のコストとパフォーマンス	部門別・業務別収益
	50. 経営陣における企画業務と法人営業業務の経験年数（総和の比較）	管理会計上のコストとパフォーマンス	部門別・業務別収益

⑥　選択ベンチマーク（その5）

　選択ベンチマーク「(6)業務推進体制」以降に関しては、(11)を除き、内部体制整備面が主たるテーマとなっています。内部事情なので対外アピール性もあまりないことから、全般的には選択した銀行数も少ない項目がほとんどです。選択した銀行が多かった項目としては、選択ベンチマーク39（選択銀行数は61）と42（選択銀行数は52）、43（選択銀行数は44）であり、このなかでは対外アピールしやすい項目であるといえるでしょう。

　「(14)ガバナンスの発揮」に関しても、対外的に何か直接的にアピールするようなものではありませんが、項目48〜50の内容そのものよりも、多々あるベンチマークをどのように活かし、どのような経営方針に結びつけるのかが重要と考え、財務面への影響としてはリスクアペタイトの選定という、ある意味抽象的ですが、重要な経営戦略と結びつけようと考えたものです。

　ベンチマークの全体感としては、直接的に有効活用しようとすると、管理会計制度向上との平仄あわせが鍵となりそうです。営業推進力を創出するためにも報酬制度も意識するべきであるということはRAF原則にも通じる話であり、RAFを含めたガバナンス高度化を強く意識していることが理解で

きます。しかしながら、現実としてそこまで高度化できていない国内銀行が多いなか、自行判断として単に積極的に開示すれば何かが起こるというレベルでは、逆にレピュテーショナルリスクを高めてしまう危険性もあるので、あらためて開示をする場合には細心の注意を払うべきであると考えます。

第2節 営業能力の把握と検証

(1) 営業能力評価の問題点

自行の営業能力を客観的に把握しようとしてもそう簡単ではありません。絶対評価をしようとすれば過去の目標に対して実績の推移をみるという方法がありますが、厳密に考えると、目標設定水準のハードルの高さに関する妥当性の評価が必要になるので、数年間の平均をみるようなかたちになることでしょう。

国内では金融機関が多過ぎるとよくいわれますが、国内金融機関の生き残り可能性の評価という発想をもつのであれば、残念ながら絶対評価ではなく他行との相対評価が必要になります。しかし相対評価を行う場合には、当然各行の戦略の違いや地域性の違い等が出てくるため、こちらも厳密に考えればなんらかの補正をしないと公平性という点では問題があるのでしょう。

公平性という点に関しては、自行の営業区域にライバル行がいくつあるのかという問題もあります。一般的にはライバル行が少ないほうが有利に働くという考え方ではありますが、近年ではそうとも言い切れません。たとえば預金を削減しようとしても、ほかに受け入れてくれるライバル行がないということになってしまうからです。図5と図6は地域金融機関の競合状況を示しているものの、こうした競合状況を補正するといっても適切な補正方法はなかなか見つからないでしょう。

第三者がなんらかのかたちで営業能力を把握しようとする場合、残念なが

第4章 貸出・預金業務　135

図5 第一地銀・第二地銀競合状況

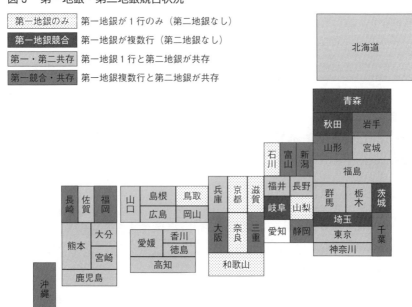

ら過去の目標に対する達成度は銀行の内部データを使わないと把握できないという側面があります。全体的な推移という点で単年度計画を一つひとつみていけばある程度把握は可能かもしれませんが、膨大な時間が必要となります。個別行という立場で考えれば比較したい銀行だけを抽出するということも可能なので、作業時間の短縮は可能かもしれませんが、それでも相応の時間を要します。データも十分収集できるかどうかもわかりません。地方銀行協会や第二地方銀行協会、全国銀行協会等での計数交換のなかで容易に収集できるのはどのようなデータなのかを把握しておく必要もあります。容易に取得できるデータであれば相対比較にそれほど労力はかかりません。

(2) 預金と貸出を使った営業力評価

営業能力評価に関しては、本来「戦略や目標に対してどれだけ達成能力が

図6　金融グループ競合状況

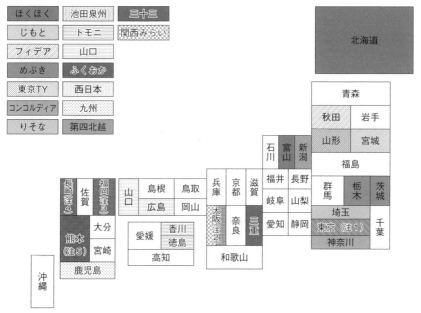

(注1)　東京都：東京TY（東京都民、八千代）、コンコルディア（東日本）
(注2)　大阪府：りそな（近畿大阪）、関西みらい（近畿大阪、関西アーバン、みなと）、池田泉州（池田泉州）、トモニ（大正）
(注3)　福岡県：山口（北九州）、ふくおか（福岡）、西日本（西日本）
(注4)　長崎県：ふくおか（親和）、西日本（長崎）
(注5)　熊本県：九州（肥後）、ふくおか（熊本）

あるのか」ということであると思いますが、最近では「顧客満足度を下げないで」という前提条件が必要かもしれません。従来は顧客と自行との間で持ちつ持たれつという名のタイムラグが許されていて、「今回はお願いするけれども、次回はお返ししますので」という世界があったと思いますが、フィデューシャリー・デューティーの普及もあって、「お願いはしませんが、いい商品やサービスは紹介します」というスタンスに変化せざるをえないと思います。

　一般的な業界誌等による銀行ランキングでも預金や貸出の数字が使われて

いますが、時々目にするのは単純な残高ベースでの比較であり、これでは資産規模が大きい銀行が上位になることが明白であるため、資産規模の大小の影響を受けない方法としては前年度伸び率に変換することでしょう。一定期間のデータがそろっていれば、たとえば過去5年と直近1年という時間軸の違いを比較して相対比較をすると、直近の計画だけをみるようなかたちでも一定の補正効果は期待できます。貸出強化を目指してきて、たとえば、5年前と比べて＋2,000億円（2兆円→2兆2,000億円、10％の貸出残高の増加）、直近1年では＋200億円（前年度比1.1％増）という結果になっていて、直近計画でも3％増を見込んでいたということであれば、単年度ベースでは貸出が若干伸び悩みを示しているということになります。同様に比較したい銀行で同じように計算すれば、自行の営業能力（実績）が把握できます。このような方法については、同じ算出方法に基づく相対比較の要素に、直近計画との比較による絶対評価の要素が加わるので、試してみる価値はありそうです。

　今回、筆者として全国の第一地銀と第二地銀およびそれぞれの持株会社で比較をした方法は、前提条件を置いてALMの要素も加味したものです。分析方法として前項のような問題点を解決したものではありませんが、預金と貸出は貸出に付随して得られた預金ということがあるので、総合的に判断してみようという発想に基づくものです。

【預金・貸出の財務データから営業能力を評価する】

［前提条件］

・金融情勢に鑑み、大半の銀行は「貸出は増やしたいが、預金は増やしたくない」というスタンスであると考える。

・預金残高統制方法として預り資産へのシフトが考えられるが、貸出の増加率が預金増加率よりも高ければ、経営上大きな問題にならない（厳密には預貸率をみる必要あり）。

・ALMの観点では、貸出増加率＜預金増加率となった場合、市場部門に収益プレッシャーがかかることになり、有価証券運用能力評価が別

途必要になる。

［分析方法］

・預金、貸出それぞれについて前年対比の増加率を算出し、相対比較を
する。

・預金増加率と貸出増加率を比較し、預貸率変化として相対比較をする
（貸出増加率＞預金増加率となっているかどうかで営業統制能力を把握す
る）。

前提条件に記載している預り資産へのシフトに関しては、別途預り資産残
高の増加率で相対比較することも可能であり、営業能力統制として組み入れ
ることも可能です。たとえば預金増加率と預り資産増加率を比較すれば、預
金受入スタンスもしくは営業能力がどの程度かの推測ができます。今回の方
法は最終的にはガバナンス全体の統制を意識していることや、データ収集に
時間が必要となるため、前述のような時間軸の違いによる分析方法を採用せ
ず、比較的容易である方法として預金と貸出のそれぞれの増加率を比較する
という選択をしています。

性質としては、本来預貸率変化による相対順位をつけて比較をするという
よりも、預金増加率＜貸出増加率となっているのかどうかを確認し、整合性
評価として○なのか×なのかという評価が適切と考えられます。国内銀行全
体では現状預貸率が70％程度といわれているなか、預貸率低下による市場運
用部門への収益プレッシャーが強くなるということは、マイナス金利政策の
影響をより受けやすくなるということを意味するので、全体統制の一環とし
て営業統制も行うという概念でとらえるのがよいと考えます。

(3) 集計結果

2017年3月期決算に基づく分析結果について、順を追って説明していきま
しょう。ここでの預金伸び率は譲渡性預金も含めたものを使っています。
2016年3月期との比較による増減率を示しています。

第4章 貸出・預金業務 139

表24　持株会社における預金・貸出増減率と営業統制能力

	預金増加率	貸出増加率	預貸率変化	営業統制評価
Aグループ	2.16% （10位）	2.48% （9位）	0.23% （11位）	△〜○
Bグループ	4.46% （5位）	7.78% （2位）	2.35% （3位）	○
Cグループ	−2.95% （16位）	4.69% （7位）	5.34% （1位）	◎
業界平均	3.28%（単純） 3.36%（加重）	4.75%（単純） 3.59%（加重）	1.01%（単純） 0.16%（加重）	―

（注）　ここでの営業統制評価は、業界平均との比較で行っている。

①　持株会社

　持株会社に関しては、グループ化されている場合には連結ベースでの預金や貸出の残高を、まだグループとして発足していない場合は傘下銀行の単体ベースの数値を単純合算して比較をしています。

　持株会社による預金の平均増加率は単純平均で3.28％、加重平均で3.36％、貸出の平均増加率は単純平均で4.75％、加重平均で3.59％となっています。

　2016年度の単年度ベースでみると、おおむねAグループのような預金・貸出いずれもプラスで、預金増加率＜貸出増加率という状況になっています。預金増加率＜貸出増加率となっているグループは16グループ中11グループで、そのうち預金増加率がマイナスとなっているのは2グループです。

　業界全体として単純平均と加重平均を比べた場合、預金増加率に関しては加重平均のほうが大きくなっており、規模が大きいグループのほうがより増加しているということになりますが、貸出増加率に関しては預金の逆で、規模が大きいグループよりも小さいグループのほうがより増加しているということになります。ただし実額ベースでとらえると、預貸率70％とした場合、預金は100に対して3％増（＋3）となったとしても、貸出は4％増であっ

140　第2部　各業務運営に関する数値検証

表25　第一地銀における預金・貸出増減率と営業統制能力

	預金増加率	貸出増加率	預貸率変化	営業統制評価
D銀行	0.96% （52位）	−3.73% （64位）	−2.54% （61位）	×
E銀行	1.95% （39位）	10.16% （1位）	4.27% （2位）	◎
F銀行	−3.80% （63位）	−0.23% （60位）	2.83% （7位）	△〜○
G銀行	1.21% （49位）	3.70% （26位）	1.91% （14位）	○
H銀行	2.45% （30位）	2.84% （34位）	0.24% （39位）	△〜○
業界平均	2.31%（単純） 2.46%（加重）	3.37%（単純） 3.93%（加重）	0.73%（単純） 1.03%（加重）	―

ても70に対して＋2.8となってしまい、預金のほうが増えたことになってしまいます（預貸率は悪化）。営業統制評価としてAグループを△〜○としているのは、努力して貸出のほうをより伸ばした事実を認めるものの、預貸率としては改善しない点をネガティブにとらえたということです。一方Cグループに関しては、預金がマイナスになっていることや貸出伸び率が業界平均よりも高いという事実に対し、（仮に預金強化を目指していて）預金単独で評価すれば話は別ですが、前提条件に基づいて評価をすれば◎となるということです。

　このように、前提条件の置き方や単年度（もしくは中期）計画での営業スタンス次第で変化しうるという部分があるので、どのような観点で分析したいのかは明確にしておく必要があります。

② 　第一地銀
　第一地銀および第二地銀に関しては、単体ベースによる数値を集計して比

第4章　貸出・預金業務　141

較を行っています。

　第一地銀の集計結果は、業界平均としては持株会社グループと大差ないものの、個別金融機関をみるとさまざまなケースが見受けられます。個別事情を調べていくのもきりがないのですが、Ｄ銀行のように貸出増加率がマイナスの先もあれば、Ｆ銀行のように預金・貸出両方マイナスという先もあります。比較例としてやや特徴があるものを抽出しているので、この例をみると「2017年３月期だけでは判断できない」と考える人もいらっしゃるかもしれません。

　業界平均をみると、預金・貸出いずれも加重平均のほうが高い結果となっているので、総論としては規模が大きいほうがより増加しているということになりますが、貸出増加率において規模が大きい銀行が順調であるということは、規模が小さい銀行の貸出案件が奪われることになってしまうため、生き残り策を早急に考えなければならなくなります。あくまで総論としてという話なので、もちろん個別事情や周辺環境、単年度ではなく複数年度の実績は考慮する必要がありますが、以前のような「貸出が無理なら国債購入」という状況ではないので、綿密な市場調査や営業戦略練り直し等を検討する必

表26　第二地銀における預金・貸出増減率と営業統制能力

	預金増加率	貸出増加率	預貸率変化	営業統制評価
Ｉ銀行	2.12% （17位）	2.83% （18位）	0.57% （22位）	△〜○
Ｊ銀行	−1.82% （38位）	0.66% （30位）	1.62% （９位）	◎
Ｋ銀行	−1.41% （37位）	−5.63% （41位）	−3.19% （41位）	×
Ｌ銀行	1.00% （29位）	5.43% （５位）	2.86% （２位）	◎
業界平均	1.93%（単純） 2.36%（加重）	2.48%（単純） 3.23%（加重）	0.38%（単純） 0.63%（加重）	—

142　第２部　各業務運営に関する数値検証

要があるでしょう。

③ 第二地銀

第二地銀に関しても、第一地銀と同様、業界平均としては加重平均のほうが高いので、規模が大きい先がより増加しているという状況になっています。

第二地銀のなかで貸出増加率がマイナスになっているのは41行中8行、2桁増加となったのはわずか1行です。第一地銀では貸出増加率がマイナスとなっているのは64行中5行、2桁増加となったのは1行です。その意味では第二地銀のほうが総じて規模は小さいので、増加率というかたちで比較すれば数値が大きく出てもよいと思いますが、単純平均・加重平均いずれも第一地銀と比較しても低いので、徐々に第一地銀にシェアを奪われる可能性を示唆しているのかもしれません。

④ 預金・貸出における営業統制能力分析に関する補足

詳細は後ほど説明しますが、最近の金融情勢に鑑みると、預り資産残高に関しては預金獲得の代替的業務としてとらえてもよい状況に変化してきているといえるでしょう。比較の仕方の問題ではありますが、経営戦略と照らし合わせて「預り資産残高／預金残高」のような考え方をすると、その割合変化は預金スタンスの比較を可能にしていると考えられます。

たとえば、以下のようなケースを想定し、比較をしてみましょう。

【預金と貸出、預り資産の関係性について】

［ケース1］

・2017年3月期において、貸出増加率＞預金増加率となり、預り資産は預金からの振替えによって預り資産増加率＞預金増加率（預金増加率はマイナス）となった。

→増加率での比較では、預り資産増加率＞貸出増加率＞預金増加率

［ケース2］

・2017年3月期において、貸出増加率＞預金増加率となり、預り資産は
ニューマネーベースでの受入れを中心としたことで、預金増加率もプ
ラスとなった。

→増加率の比較では、貸出増加率＞預り資産増加率＞預金増加率

　上記の2つの例を比較すると、預り資産強化を推進するうえで、預金を減
らしてでも預り資産を強化するのか、預金はニュートラルスタンスで、預り
資産残高を純粋に増加させようというスタンスなのかの違いがあります。
ケース1の場合、預金を減らそうという力が大きいものとなり、預貸率とい
う観点では強烈に変化を与える営業戦略になり、預り資産増加率＞貸出増加
率という関係性になっても貸出増加率＞預り資産増加率という関係性になっ
ても、預貸率改善目的であれば大きな問題はありません。

　一方、ケース2においては、預金から預り資産への振替えを推進するわけ
ではないので、預貸率改善という観点では貸出増加率＞預金増加率は必達で
あり、預り資産増加率は役務収益拡大が主目的になることで預貸率改善には
影響を及ぼさない項目になります。つまり預金→預り資産というシフトを強
力に推進するかどうかによって預貸率改善の切迫感が感じられることにな
り、総資産増加に対する抵抗感に関しても大きい可能性が出てくるというこ
とになります。預金と預り資産は別物という目標設定をしている場合には、
総資産の増加に対する抵抗感は小さいということにもなり、ケース2に近い
かたちになります。

　第三者的にこうしたスタンスの違いまですべて把握することは困難なの
で、預り資産残高／預金残高という指標（あるいは増加率同士での指標も可）
を使って比較すれば、預金→預り資産を強力に推進すると、この指標は分母
から分子へのシフトとなるのでより感応度が大きくなります。

　中期経営計画において、預貸率改善をある程度想定して重要指標化する場
合、単年度ベースではケース1とケース2を使い分けるような事態も起こり

144　第2部　各業務運営に関する数値検証

うることから、ALM の観点あるいは総資産のイメージをもちつつ預金と預り資産のバランスをみていくということも重要です。預り資産を増加させる主たる目的は、(顧客に対する総合サービスの展開を周知させつつ) 自己のバランスシートを使わずに収益を拡大させることにあります。仮に、預金取引によって実質的に収益が計上されない環境であるということであれば、預金から預り資産へのシフトは、収益性のないものからあるものへのシフトという考え方になります。こうして預金と預り資産および貸出を通じて営業統制力を評価していくことは、自行の全体統制にも通じる重要な行為となるでしょう。

(4) 地域貢献と預金・貸出業務

　金融仲介機能のベンチマークでも地域貢献を意識したものが含まれており、第一地銀も第二地銀も営業基盤が本店所在地の都道府県である以上、地域貢献を意識しないわけにはいかないということで、会社説明会資料やディスクロージャー誌等をみていても地域密着や地域貢献、地域共生といった言葉が頻繁に出てきます。

　こうした地域貢献スタンスに疑問を投げかけるわけではありませんが、財務データを収集していて1点困ったことがありました。どのように地域貢献度を評価するべきかという問題です。貸出に関してはたしかに地域残高を把握するのは困難ではありません。地域活性化ファンドの話や、商工会議所等とのセミナー開催といったことも一定程度把握は可能です。しかし定性評価も含めて公平に行うというのはむずかしく、できれば資金量をはじめとする地域経済への流通量的な発想を取り入れたいというのが筆者としてのイメージでした。

　それを預貸面で考えようとした場合、銀行として地域から受け入れた資金量と地域に供与した資金量をモニタリングするということを考えました。残念ながら地方債引受けおよび保有残高に関しては有価証券の個別銘柄データが必要となり、会計科目としての商品地方債を集計することも考えられるも

第4章　貸出・預金業務　145

のの、どこの地方債なのかを特定することはできないため、今回は収集困難と判断して諦めました。一方、本店所在地都道府県内での預金受入れと貸出残高については把握可能ではないかと推測し、理想としては「都道府県内預金残高＜都道府県内貸出残高」ではないかと考え、都道府県内預貸率を算出するべく収集を試みました。

2017年3月期におけるデータ収集結果は以下のとおりです。

【地域内預貸率集計結果】

・持株会社……集計可能4グループ、単純平均64.88％、加重平均66.38％

・第一地銀……集計可能33行、単純平均53.23％、加重平均54.33％

・第二地銀……集計可能13行、単純平均67.56％、加重平均66.65％

　前提条件として、地域内貸出と地域内預金の実額を開示している先のみ集計。

上記結果に関してはどのような印象をもたれるでしょうか。地域貢献や地域共生といった言葉が躍る開示資料が多いなかで、筆者としては実額を開示しているケースは意外と少ないという印象を受けました。この点に関しては、地域シェアというかたちで開示しているケースがあり、シェアというかたちではまた前提条件を考慮する必要が出てくる（譲渡性預金を含めた／含めないシェア、等）ため、集計過程において排除してみると上記結果にたどり着いたかたちです。このため本書においては内部モニタリング用指標というかたちでしか紹介できなくなってしまいました。

前章にも通じる話として、開示に何をアピールするのかという点で、ベンチマークを示すことはもちろんよいことではあります。しかし仮に地域内預貸率が開示必須項目であったとすると、「地域から預かった預金の30％が地域外に向かっている」ということが開示されるということなので、地域内預貸率が低過ぎる銀行は、場合によっては地域貢献や地域密着というような言

葉をうかつに使えなくなる可能性もあります。もし開示必須となれば「地方
債引受けを加える／加えない」というような補正を考慮する必要が出てくる
のではないかと想像されますが、地域貢献度を示す方法はベンチマークに限
らないので、結果だけでなく開示やステークホルダーの反応までを見据えた
かたちで重要指標化していく姿勢が重要です。

第3節　P/Lの観点による預金・貸出評価（収益力評価）

　前項までは預金や貸出、預り資産等におけるボリューム面での分析でした
が、営業評価が仮にボリューム面で行われていたとしても、銀行全体として
はP/L面を無視するわけにはいきません。銀行の管理会計制度において、
営業部門としては本支店レートと対顧レートの差が部門収益として評価され
る考え方が浸透しています。資本コストを本支店レートのオファー・ビッド
で完全にカバーすることはむずかしいため、最近では新規貸出時の適正スプ
レッドに勘案する方法を採用する銀行が多いとは思いますが、ここでは個別
の貸出や預金ではなく、経営戦略策定を意識して、銀行全体というレベル感
でP/Lをどのようにとらえるかを考えます。

(1)　預金獲得は収益寄与するのか

①　預金取引から経営戦略と経営上の課題を模索する

　地域金融機関に関する話をしていてよく出てくるのは「預金を獲得して
も、それが儲けにつながっているかどうかが把握できない」ということで
す。管理会計上では部門のモチベーション維持のことも考慮する必要がある
ことから「預金獲得はマイナスの部門評価をつける」というケースは少ない
と推測されますが、銀行全体にとってよいことなのか悪いことなのかについ
ては簡単に判断できません。そこでいくつかの前提条件を置きつつ、預金を

第4章　貸出・預金業務　147

新規で獲得するコストと運用側のターゲットレートをイメージできるような
例を考えてみます。

[(A)　預金調達コストの算出]

（例）　普通預金で１億円（すべてペイオフ対象）を調達した場合の調達コス
トを考える。想定ケースとしては第一地銀。

(a)　マンパワーによって預金を獲得してきた場合のコスト概算

・2017年３月末時点の預金残高合計……　254兆9,441億500万円（第一地銀合
計、譲渡性預金含まず）

・2016年３月末時点の預金残高合計……248兆9,094億3,300万円（同上）

・2017年３月期従業員合計……13万1,886人

→従業員１人当りの預金増加額は4,575万7,000円（＝（254兆9,441億500万
円－248兆9,094億3,300万円）／13万1,886人）

伸び率としては0.0242（＝（254,944,105－248,909,433）／248,909,433）

⇒従業員１人当りの2.42％の追加的労働力としてとらえ、１人当りの平均年
収を500万円とすると、１億円の預金を調達するには26万4,440円（＝500
万円×0.0242×１億円／4,575万7,000円）

以上より、すべてマンパワーで調達する場合には26万4,440円（0.264％）

のコストが必要

(b)　システム（ATMや資金移動等）によって集まった預金の場合のコスト概
算

・現状ATM手数料は１回100円＋税（時間によっては無料／200円＋税）であ
り、１回のオペレーションとしてかかるシステムコストを100円と想定

・現実的なシステム維持コストや追加的な人的コストを厳密に算出すること
はむずかしいため、維持コスト等は勘案せず、資金移動を１回100万円×
10回×10顧客として１億円を調達すると仮定

→１億円当りのコストは１万円（＝100円×10回×10人）

148　第２部　各業務運営に関する数値検証

以上より、すべてシステムを使って調達する場合は 1 万円（0.01％）のコストが必要

(c)　マンパワーとシステムによる調達割合についてのコスト概算

マンパワー（A） システム（B）	A：100％ B：　0％	A：75％ B：25％	A：50％ B：50％	A：25％ B：75％	A：　0％ B：100％
加重平均コスト	0.264％	0.201％	0.137％	0.074％	0.010％

　これまでの算出定義に基づき、マンパワーとシステムの割合を勘案した加重平均コストは上記のとおりになりますが、仮にマンパワーとシステムの割合を考えるうえで、以下のような仮定を置いて算出してみる方法があると思われます。

・2016年 3 月期と2017年 3 月期における預金種目の差額内訳を算出する

・決済性口座と考えられる当座預金と普通預金のうち、普通預金に関しては決済口座以外での利用も考えられ、預金業務全般のサービスやメンテナンス的な業務も勘案する必要があることから、コスト計算に関して増加額の50％相当をマンパワーとして勘案

・預金種類においてマンパワーが必要と考えられるのは、通知預金、定期預金、譲渡性預金（場合によってはその他の預金も含む）と考え、これらの 1 年間の増加額合計を預金総額の増加額と比較してその割合を算出する

　こうした前提条件を置いて、2016年 3 月末〜2017年 3 月末の預金変化額を算出すると、以下のようになります。

・預金＋譲渡性預金の合計増加額……6 兆3,611億200万円

・マンパワーで調達した部分……1 兆2,293億6,000万円（注）

・マンパワーで調達した割合……19.33％

　（注）　通知預金＋421億7,300万円、定期預金△3 兆3,010億6,100万円、譲渡性預金＋3,264億4,300万円、普通預金＋ 8 兆3,236億3,500万円の50％で合計4 兆1,618億1,800万円

第 4 章　貸出・預金業務　149

2017年3月期においては、定期性が大きく減少し、当座預金や普通預金にシフトしたようなかたちになっているので、こうした定義によるマンパワー割合は小さくなっています。同様に2016年3月期で計算してみるとマンパワー割合は31.06％となります。

　マンパワー割合の定義の置き方に関しては、法人と個人で切り分けるような方法やネットバンキング契約有無での切り分けも考えられ、自行の事情に応じて定義することでコストをまかなう所要運用利回りを計算すればよいでしょう。

(d)　預金保険料と預金利率

・現行の預金保険料率は、普通預金の場合0.036％

・普通預金金利は0.001％

→仮に(c)で50％ずつを想定すると、調達コストは0.174％（＝0.137％＋0.036％＋0.001％）

　以上より、マンパワーとシステムで50％ずつ預金を調達する場合、0.174％の調達コストとなる

[(B)　預金を獲得した場合の収益確保の前提]

　（例）　普通預金1億円（ペイオフ対象）を調達した場合の運用ターゲットレートを考える。

(e)　銀行預金に関する準備率（日銀当座預金）

・現行の準備率は定期性が1.2％、その他が1.3％

→普通預金としては1.3％となり、この部分がゼロ金利対象（プールが必要）

(f)　流動性規制LCRへの影響回避

・現状ペイオフ対象の普通預金の資金流出率は3％

→上記①で1.3％がHQLA（High-Quality Liquid Assets：適格流動性資産）と

してプールされるので、運用対象（流動性バッファー）をすべて Level 1 資産にすると想定、残り1.7%相当を Level 1 資産で置くと想定

以上より、元本の1.3%（130万円）はゼロ金利、98.7%（9,870万円）は日本国債でまかなうと想定

(g)　資本コストの勘案（※7）

・仮に資本調達コストを1.5%とし、所要資本を200bp 金利上昇時の損失額として考える

・運用する日本国債は20年債として仮置きする

→所要資本額……9,870万円×200bp ×20年＝3,948万円

　資本コスト……3,948万円×1.5%＝59万2,200円

　預金コスト…… 1 億円×0.174%＝17万4,000円

⇒総コストは59万2,200円＋17万4,000円＝76万6,200円（これを9,870万円の運用でまかなう）

以上より、0.776%（＝76万6,200円／9,870万円）以上で運用しないとコストがまかなえないということになる

　参考までにですが、2016年 3 月期においても同様に計算をしたところ、ほとんど変わらないものとなりました。(a)での計算過程において、 1 億円の預金を調達するコストは2016年 3 月期27万354円から2017年 3 月期26万4,440円と下がった計算にはなりましたが、全体を劇的に変えるような結果には至りませんでした。

　従業員数が大きく変わらないために変化が小さかったと考えられることから、異なる考え方で算出すると違った結果が得られる可能性はあると思われます。ただしその異なる方法を検討する場合にはおそらく内部データが必要になると考えられ、マンパワーでの調達とシステムでの調達の割合変化を厳密に出せるようになり、さらに FinTech 関連でシステムコストも厳密に算出できるようになると、運用ターゲットレートはいっそう精緻なかたちで算

第 4 章　貸出・預金業務　151

出でき、運用部門におけるオペレーション方法にも影響を与えるかたちになると考えられます。

（※7） 資本コストの考え方について、一般的なファイナンス理論では有利子負債＋資本への投資の見返りという考え方でコスト算出する方法があります。メーカー等に当てはめて有利子負債＋資本をP/Lの観点で考えると、設備投資に係る固定費的部分と運転資金＋原材料費に充当されると考えられます。銀行の場合は負債そのものが原材料費に近いと考えると、有利子負債と資本を分離して考えるほうが概念的に近いと考えたことに加え、本支店レート制度でシニア負債のコストは常時意識されているため、ここでは分離しています。

しかし一方では、預金獲得手段として店舗展開が設備投資であると考えれば、シニア負債も含めて考える方法も成立しうると思われます。

② 前提条件から考えられる経営戦略策定のポイント

今回の試算においてはいくつかの前提条件を置いており、その前提条件が変化すると当然結果も変化することが考えられます。もちろんこうした内部コスト等が精緻に把握できていることが理想ではあるものの、すべてをすぐに改善させることは困難であるため、自行にとってどこが把握できてどこが把握できないのかを理解し、そのうえで前提条件を置き換え、より精緻にコスト算出を可能にすることが重要になります。

今回の試算での前提条件として、最初にマンパワーによる預金獲得のケースを算出していますが、預金総額と全従業員を対象としており、銀行が行う原価計算の考え方とはかなり開きがあります。今回の預金全体の数値には法人預金も含まれており、実際には貸出業務に付随して時間コストもほとんどなしで獲得している預金もあると考えられます。また、資本コストについても、20年の日本国債であれば規制資本は不要（アウトライヤー問題への配慮は必要）という考え方や、経済資本であっても200bpは見積もり過ぎといった問題もあるかもしれません（IRRBBでは100bp勘案）。ただ試算方法の論点を考えることも重要ながら、経営戦略上の論点として考えるのであれば、コストカットのための追加投下資本の有無と必要性や、運用側の対応能力といっ

152　第2部　各業務運営に関する数値検証

た要素を評価することも重要になります。

　こうした預金獲得の有無とコストカットを考える場合、小手先の手法も含めれば、たとえば以下のような戦略が考えられるでしょう。

[マイナス金利政策下における預金戦略（例）]

・大口定期預金から譲渡性預金ないしは外貨預金へシフトさせる（預金保険料が不要になる）

・外貨預金についてはスワップ付きの円利回りベースではなく、為替リスクを顧客側に転嫁する（外国為替手数料の獲得）

・投資信託や保険へのシフトを促し、手数料収入を獲得する（預金残高は増やさない）

　ここで外貨預金へシフトした際にどの程度の影響があるかを整理してみます。ここでは外国為替手数料をフルチャージで獲得する戦略では顧客側メリットが感じにくいため、外貨預金とセットで考えるという前提にします。1ドル＝100円として考えると1億円は100万ドルとなり、仮に外国為替手数料を0.1円獲得するとすれば10万円（100万ドル×0.1円）の手数料獲得となります。

　戦略導入効果としては、預金保険料が不要になる（コスト低下要因）、LCRの流出率が悪化（準安定預金として解釈する場合、コスト悪化要因）といった点があげられます。LCRにおいて準安定預金としてみなした場合は10％の資金流出率となるため、仮に資金流出率相当分を価格変動リスクが小さい短期国債で充当すると、円預金では97％（9,700万円の元本）ですが、外貨預金では90％（9,000万円の元本）でコストをまかなうかたちになります。このため、コスト面としての効率化として、外国為替手数料の水準をいくらに設定するべきか、また資金流出率相当分をどのような換金性でカバーするのかが議論するべき点となるでしょう。

　流動性リスク管理の観点としても、スタートが円貨である外貨預金なの

第4章　貸出・預金業務　153

で、資金流出率変動要因として外国為替水準がより大きく影響すると考えられ、リスク管理面での影響も無視はできません。ただし、この点についても、外貨建て資産を一定量保有する前提で考えれば、外貨調達をすることによって為替リスクがない外貨ALMの構築も可能になります。収益を円貨ベースに置き換えるか外貨ベースで把握するかの管理会計上の問題が別途クローズアップされるものの、業務運営に関してはALMの安定性をもたらすことは間違いないでしょう。

しかし外貨預金戦略で大きな問題となるのは、行員による顧客適合性の判断とサービス提供能力です。フィデューシャリー・デューティーというテー

表27　預金戦略比較

	円貨預金	外貨預金	投資信託・保険等
必要な資格等	・なし	・なし（社内資格を設定する場合あり）	・あり（保険代理店等）
ALMへの影響	・利鞘確保のため資産側のデュレーション長期化（もしくは低格付シフト）が必要	・外貨建て資産がある場合には安定化に寄与	・ニューマネーを振り当てる場合はニュートラル（既往預金からのシフトであれば影響あり）
P/Lへの影響	・利鞘のみ	・手数料の獲得期待あり	・手数料の獲得期待あり
付随する内部手続やコスト等	・預金保険料 ・日銀への準備預金	・日銀への準備預金 ・一定の行員教育時間	・一定の行員教育時間
その他留意事項等	・新規取引時のシンボル的位置づけ ・伝統的な部門管理会計の見直し実施必要性	・外貨流動性リスク管理の高度化 ・顧客適合性に関する内部ルール設定	・顧客適合性に関する内部ルール設定 ・厳密には投資信託等でのルックスルー対応等の内容把握とその情報提供

154　第2部　各業務運営に関する数値検証

マに照らし合わせると、きっかけが顧客側ニーズではなく、銀行側提案から
スタートすることになります。また、資産運用は自己責任であるという原則
を照らし合わせても、スピード感がある外国為替変動に関して（本来は質的
違いがあって比較できないのですが）顧客の不安心理を取り除くだけの十分な
説明ができるかどうかは大きな課題です。投資信託の基準価格変動に関する
リスクと比較すると、為替リスクのほうが大きいと感じる顧客が多いかもし
れません。営業部門としてこのような課題を克服できるのか、コンプライア
ンス部門としての評価はどうなのか、といったことは社内コミュニケーショ
ンで評価する以外に方法はないと思われるので、外貨預金戦略を実施するべ
きかどうかに関してはまさに内部統制能力の総合評価という考え方もできる
かもしれません。

(2) 貸出の時価評価

貸出業務に関しては、営業部店ではもちろんのこと、本部レベルであって
も時価評価をするという概念がほとんどありません。貸出金利の適正レベル
が随時算出できるのかといわれても、案件ごとの個別性も強ければ、中小企
業等がみな社債発行をしているわけでもないので、時価を把握することは困
難です。しかし現実として突然債務者が延滞や破綻するという事態が起こ
り、貸倒引当金が不十分であったとすれば、十分な引当金もしくは償却額を
積み増すということになり、理論上時価評価（貸出の採算性）は急激に悪化
するはずです。このためこれまでには重要な経営指標として与信費用をモニ
タリングする銀行もありましたが、近年はむしろ不良債権を重要指標から除
外する傾向が強くなっており、適正スプレッドも縮小しているというのが一
般概念のようです。

「貸出収益は最終期限を迎えるまで正確には出せない」という意見を述べ
る人は多々いらっしゃいますが、それは事実ではあっても、貸出期間中の理
論的な価値の変動を無視してよいという話ではありません。ALM という概
念では、限られた資金調達能力のなかで資産側のパフォーマンスを最適化さ

第 4 章　貸出・預金業務　155

せることが重要になるので、経営戦略策定において（国内財務会計処理はともかく）有価証券のみ時価評価を意識すればよいということにはならないということです。では現実的に適正スプレッド変化を算出できないという課題があるなかで、P/L をどのようにとらえるべきでしょうか。

　今回の貸出業務に関する集計・分析に関して、こうした課題を考慮した結果、貸出の実質収益力評価として「実質貸出利回り」と「実質貸出利益」という概念で比較することとしました。利回りベースで考えるか収益ベースで考えるかの違いなので、どちらで比較してもかまわないと思いますが、この実質利益を使って相対比較をすることによって、P/L 面における貸出業務の安定性を評価しようという目的です。実質貸出利益に関しては、以下のような算出式を使っています。

【実質貸出利益の算出式】

　実質貸出利益＝貸付金利息－与信費用

　与信費用＝一般貸倒引当金繰入れ＋不良債権処理額＋貸倒引当金戻入
　　　　　　益等

　貸倒引当金戻入益、偶発損失引当金繰入額、償却債権取立益等を含む貸出関連の実質的損益を勘案。

　実質貸出利益の実額で単純比較をすると規模の大小で順位を決定づける傾向になってしまうため、規模の影響を排除しようとすると、利回りを使うか、前年度との比較による増加率を使うことになります。利回りベースのメリットは経営戦略上のポートフォリオ配分を決定するうえでは有効で、分母となる貸出残高は期末残高や平均残高を想定することになります。今回の分析においては2016年3月末残高と2017年3月末残高の平均を使うこととしました。一方、増加率を使う場合は与信費用変化が把握しやすくなるため、個

156　第2部　各業務運営に関する数値検証

別貸倒引当金を戦略的に積み増すかどうかの判断や、単年度収益変化を把握するうえで強みを発揮します。2017年3月期では利回りベースでも増加率ベースでも算出をしていますが、ここでは増加率ベースでの相対比較結果を紹介しましょう。なお、P/L面には間接的な影響となってしまいますが、現状の貸出業務が中小企業向け貸出が中核的であることから、中小企業向け貸出残高増加率も併記してみましょう。

① 持株会社

特定はしませんが、表28には第一地銀でグループ化されているものと第二地銀でグループ化されているものが混在しています。規模の影響を受けないように増加率のかたちで比較をすると、従来からみていた規模の影響を受けるランキングとは違った印象をもつことでしょう。

貸出利鞘の縮小から、前年度対比で実質貸出利益増加率を算出すると全体ではマイナスになっています。マイナス金利政策の影響が大きいということですが、昨今の金融環境を排除して考える場合、もしポートフォリオにおいて前年度対比利益がマイナスということであれば、経営計画における資産配分としてはどうするべきでしょうか。ほかにプラスのものがあればそちらに

表28　持株会社における貸出増加率と関連する指標

	貸出増加率	中小企業等向け 貸出増加率	実質貸出利益増加率
Aグループ	1.14% （14位）	2.51% （14位）	2.19% （3位）
Bグループ	0.57% （16位）	4.17% （8位）	−31.01% （16位）
Cグループ	7.30% （3位）	7.80% （1位）	28.51% （1位）
業界平均	4.75%（単純） 3.59%（加重）	4.39%（単純） 3.73%（加重）	−2.67%（単純） −4.29%（加重）

シフトするということが十分考えられるはずです。では貸出をやめてしまうべきかというと、そうではありません。貸出という業務をどのようにとらえるのかが重要であるということです。貸出は銀行の根幹業務であるので、儲からないからやめてしまおうと簡単にいえるものではなく、経営理念まで意識しながら総合判断が必要であるということです。これは預金においても同じことがいえます。

　金融当局の味方をするつもりはありませんが、筆者の意見として、ベンチマーク導入の意義は「本業に付加価値をどのようにつけるべきか」が第一段階、第二段階としては「銀行のバランスシートを使わない収益をどのように拡大させるべきか」であろうと思います。その点も意識しつつ、第一地銀や第二地銀もみていきましょう。

②　第一地銀

　表29をみる限りではわかりにくいですが、実質貸出利益増加率がマイナスとなっているのは64行中45行であり、2桁以上のマイナスとなっているのは15行となっています。つまり理屈のうえでは「貸出利鞘の縮小をボリュームでカバーしようとしている」ということであり、「中小企業等向け貸出により注力されている」ということが数字上でも確認できます。

　不良債権問題にならない貸出増加であればよいのですが、債務者の業況悪化という事態が増えてくると、貸倒引当金の増加によって実質貸出利益がさらに圧迫される可能性があるので、貸出業務に注力している以上、債務者との頻繁なコミュニケーションは避けて通れなくなります。その意味では貸出業務に付随する人的コストも今後増加する可能性があるので、内部データも含めてモニタリングし、パフォーマンス評価を精緻に行うべきでしょう。

③　第二地銀

　表29のF銀行の例でもそうですが、貸出が伸び悩んだ銀行のなかでは実質貸出利益増加率で上位にくるケースがみられます。2017年3月期の単年度だ

表29 第一地銀における貸出増加率と関連する指標

	貸出増加率	中小企業等向け 貸出増加率	実質貸出利益増加率
D銀行	2.41% （38位）	6.48% （16位）	2.10% （12位）
E銀行	3.51% （27位）	6.05% （18位）	−12.14% （54位）
F銀行	−0.48% （62位）	2.77% （49位）	13.00% （2位）
G銀行	8.32% （4位）	12.49% （1位）	9.17% （4位）
H銀行	5.25% （17位）	5.69% （21位）	−1.54% （24位）
業界平均	3.37%（単純） 3.93%（加重）	4.67%（単純） 4.73%（加重）	−4.27%（単純） −4.62%（加重）

けで分析することでは判断がつかない部分ではありますが、引当金戻入れに
よる効果が大きいとこうした結果になりやすいのではないかと想像されま
す。

④ 自己分析の重要性

2017年3月期における全般論としては貸出に注力、特に中小企業等で相応
の利鞘確保が期待できる先をメインターゲットとするという経営戦略を実施
したものの、P/L面では苦戦しました。ベンチマークを意識して顧客側分析
を行って収益確保に動くことも重要ですが、貸出収益構造を分析して、自行
としてパフォーマンス向上のためにどの点に注力するべきかという点も重要
になります。

極端なことをいってしまえば、ベンチマークの趣旨とは異なりますが、担
保を徴求して保全率を改善させるのが最も収益的には効率的であるという

第4章 貸出・預金業務 159

表30　第二地銀における貸出増加率と関連する指標

	貸出増加率	中小企業等向け 貸出増加率	実質貸出利益増加率
Ｉ銀行	5.37% （6位）	1.74% （28位）	−1.85% （19位）
Ｊ銀行	−2.41% （40位）	−5.48% （41位）	5.65% （7位）
Ｋ銀行	2.75% （19位）	3.22% （19位）	−8.25% （31位）
Ｌ銀行	−0.17% （34位）	0.37% （33位）	7.70% （4位）
業界平均	2.48%（単純） 3.23%（加重）	3.16%（単純） 3.49%（加重）	−2.60%（単純） −4.66%（加重）

ケースも考えられるということです。債務者区分別パフォーマンスのような分析を行ってみるという方法も有効かもしれません。債務者区分別残高は把握しているはずなので、貸出の表面金利と与信額の関係ではなく、デフォルト確率や回収不能額を勘案するアプローチで貸出金利が本当に適正であるのかを考えるべきでしょう。そのうえで、本来必要な貸出利回り（担保条件も含む）と実態との格差を評価できれば、営業政策においても的確な方向性を選択できるようになると考えられます。

第4節 **預金・貸出に関する留意事項**

(1)　外貨業務に関する留意点

　預り資産残高を集計していると気づくのですが、外貨預金を計上して開示している銀行と除外している銀行があります。もちろん取り扱っているか、

160　第2部　各業務運営に関する数値検証

営業戦略として重視しているかといった営業方針の問題があるので、一概に比較できる話ではありませんが、外貨建て資産を保有するという政策においては外貨調達の安定性は必要であるため、外貨預金を積極的に取り扱うということは十分考えられる政策です。しかしここ数年でクローズアップされましたが、たとえば米ドルを想定した場合、利上げモードとなっている米国と、金融緩和姿勢である日本での金利差拡大に伴う為替変動によって調達コストが高くなるリスクは無視できません。

　ガバナンス高度化という概念で、外貨建て資産は増加させる前提条件として、外貨預金を積極的に取り入れるべきかどうかを考える場合、どのような観点を重視するべきかということは大きな問題です。まずは項目別に整理をしてみましょう。

【外貨建て資産増加前提下での外貨預金拡大に関する課題について】

［リスク管理面］

・外貨流動性リスク管理において、資金流出データの蓄積が不足し、コア預金モデルの見直しを含め、資金流出額と滞留額をどのように見積もるべきかの整理が必要。

・特に外貨預金の獲得方法を含め、どのような要因（為替変動等）で残高に変化が起こるのかの要因特定が重要。

［コンプライアンス・営業統制面］

・ニューマネーベースでの受入れ前提か、既往の円預金からの振替誘導かの戦略面での明確化や、営業部門収益の算出方法の整理が必要。

・顧客適合性チェック方法の確立や、行員販売資格の導入、外貨預金に付随する為替手数料獲得に関するルール化等の検討が必要。

［ALM・社内統制面］

・外貨建てALMに関する運営方針や長短ギャップ等に関するリミット、本支店レート運営ルール、収益管理方法（外貨ベース／円貨ベースへの変換等）の検討が必要。

第4章　貸出・預金業務　161

・外貨建て ALM を構築する場合には、調達側だけでなく、運用側にも通貨別適正スプレッドの算出が必要（リスク管理面でも影響あり）。

　管理会計制度が外貨管理も含めて確立していれば、上記課題の大半が整理ずみとなるのですが、外貨 ALM が確立している場合と確立していない場合では大きな違いがあります。決算という点では最終的に円換算されてしまうので、その違いはあまり意識されないという事実はありますが、外貨建て ALM が確立していない場合では、プライシング時から円換算するしかないということです。これを理解しやすくするため、図7をご参照ください。

　債務者に対して貸出を行う場合の適正スプレッドが仮に1.2%（円貨ベース）であったとすると、円貨ベース1.2%を確保するべく、市場で通貨スワップ取引等を行い、生成される米ドル金利（LIBOR＋1.5%）を貸出金利とすることが必要になることがわかります。市場でのヘッジ取引がなければ円貨ベースでの利鞘確保は実現しないので、スタートからエンドまで完全にヘッ

図7　外貨貸出に関する収益把握方法の検討（外貨建て ALM が確立していないケース）

① 元本の流れ（スタート時）

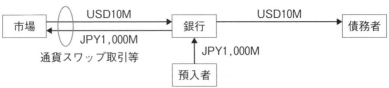

② 利息の流れ（期中）

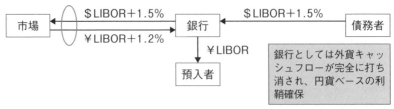

図8　外貨貸出に関する収益把握方法の検討（外貨建てALMが確立しているケース）

① 元本の流れ（スタート時）

② 利息の流れ（期中）

ジしていれば（延滞発生しない限り）円貨ベースでの収益が確定的になります。

　仮に、市場でのヘッジ取引がないということであれば、なんらかの手段によって調達した外貨を債務者へ貸し出すことになり、運用側（場合によっては調達側）も為替変動リスクを負うことになります。この場合を理解するうえで、図8をご参照ください。

　外貨ALMが確立していない状況で、市場でのヘッジ取引がないということは、図7における円貨関連フローがないことを意味します。つまり債務者から＄LIBOR＋1.5％の利息が利払いごとに支払われるかたちとなり、部門収益としては利払いごとの米ドルのキャッシュフローを基に外貨ベースで収益を把握するのか円換算するのかという課題が生じます。さらに、仮に外貨ベースで部門収益を計上するとなった場合、当該外貨の取扱いをどうするのかの問題が追加的に生じ、貸出を実施した営業部門が為替リスクを負うという可能性が出てきます。そうなると部門の業務分掌の再検討が必要となり、管理会計システムもさまざまな通貨で管理できるような改善が必要となるかもしれません。

　一方、外貨建てALMが確立している場合、外貨預金のかたちで外貨調達

ができているので、米ドルを日本円に置き換えれば円貨 ALM となんら違いはありません。そうすると円貨同様、本支店レートでは調達側も運用側も基準金利に基づく利鞘が部店収益という概念になっていくので、運用側の適正スプレッドというものがあらかじめ把握できていないとプライシングできないという問題が出てきます。リスク管理においても、適正スプレッドが変化した場合に時価評価額も変化するはずということが理解できるので、クレジットスプレッドの変化をモニタリングするという考え方が出てくるということです。

　営業部門収益としては、いったんは外貨レベルでの収益を把握したうえで、利払発生時等の為替レートで円換算されるような仕組みが考えられます。外貨収益全体を統制するのは本来 ALM 部門と考えられるので、外貨の資産・負債および収益を管理し、各営業部門にはみかけ上の収益として定期的に円換算するも、外貨収益に関する為替ヘッジのオペレーション権限は営業部門にもたせないということが社内統制面において混乱回避策となるでしょう。

(2)　外貨預金に関する問題

　前項で触れた外貨預金のコンプライアンス・営業統制面に関する課題整理も重要です。前提条件として「既往の円預金からの振替えを軸とするか、ニューマネーでの獲得を軸とするか」によっても違いはあると思いますが、100％どちらかのみということも考えにくいので、その点に関する特に強い指針は社内で出ていない前提で考えてみましょう。

　まず、外貨預金受入スキームから考えます。外貨預金受入れに関して、預入者が外貨をもっている場合ともっていない場合に分けられます。外貨をもっている場合では、通貨オプションのような仕組商品であれば別ですが、外貨預金の単純受入れにおいて顧客適合性という点で大丈夫かどうかを過剰に心配するのは本来ナンセンスです。円貨預金であればチェックしないようなことを、外貨であるからといってチェックするということは、マネーロー

164　第2部　各業務運営に関する数値検証

ンダリング対応の一環として生じる部分は仕方がないものの、それ以外では
ほとんど無意味です。海外に住んでいた日本人かもしれませんし、すでに他
の金融機関で経験が豊富であるがゆえにもっている外貨かもしれません。

　しかし、円貨を外貨に変換して外貨預金設定をしようという場合には、顧
客適合性チェックは回避できないでしょう。外貨預金は外貨ベースでは元本
リスクはないといえても、円貨ベースからの投資商品として外貨預金をとら
えると、元本リスクがある商品としかいえません。その点についてはおそら
く「何をいまさら」と感じる人がほとんどだと思いますが、問題は円貨から
外貨へ変換するときの方法です。外国為替手数料を優遇するのかどうか、優
遇幅はどうするのか、円貨に戻す際の手数料はどうするのか、といった問題
が出てきます。適正なオファー・ビッドを設定するという課題に加え、個々
の取引での顧客からのリーブオーダーのニーズ対応は業務的にもとても対応
できないでしょう。全営業部店に対して同一の方法を採用しようとする場
合、外国為替手数料をどのように決定するかは重要な問題となってくるとい
うことです。一律フルチャージという方法であれば、生じない問題という考
え方もできますが、TTSやTTBに準じた方法で一律50銭優遇のような方
法を採用する場合、TTM決定後に東京外国為替市場の1日の変動幅が50銭
を超えてくると損失が発生する可能性が出てくるので、変動制への移行とい
うケースも想定したプロセス上の課題が出てきます。外貨預金へのシフトが
発生する件数にもよりますが、たとえば、外国為替手数料は1銭という超優
遇措置を実施する場合には、事務上の限界点がみえてくるはずです。計画策
定段階においては、収益確保やALM安定化の観点で「10銭くらいの手数料
でもいいのでは」と思ってしまうかもしれませんが、営業統制という観点も
必要であるため、計画内容の確定前までに、関与する部門の声は広く聞いて
おくべきであるということもポイントとなるのです。

　既往の円預金からの振替えを戦略的に行うという場合はさらにシビアで
す。銀行要望として「手数料を獲得しつつ、外貨建てALMを安定化させた
いから振替えを推進する」ということですが、そこでフルチャージというこ

第4章　貸出・預金業務　165

とであれば、方針と戦略に矛盾があります。顧客第一主義の概念からも外れて、完全な銀行のご都合主義へ逆戻りです。一定期間だけ優遇幅を変えるキャンペーンのような方法も考えられますが、1つ間違えると公平性という点で問題が生じる可能性もあります。相対取引のなかでの自由設定という建付けから外れることは困難なので、本部からの仕切りは25銭、後は営業部門における自助努力によるオファー・ビッドというようなかたちで行うような、弾力性のある業務運営方法を採用できるレベルが理想です。

(3) クレジットスプレッドに関する問題

2012年3月期より負債の時価評価（国内財務会計ルールとしては注記事項での開示）という対応を求められたため、その要件を満たすために、自行のクレジットリスクと市場金利変動部分を切り離して評価するということが求められました。主に対応にあたったのは財務部門やリスク管理部門、主計部門と推測されますが、金融機関では多くの社債発行があるため、社債発行経験がある金融機関はすでに（銀行組織としては）クレジット部分を時価評価するノウハウとしては熟知しているはずです。ところが、自行の資産側である貸出業務に特定すると、時価評価という概念が進まないことはとても不思議です。

クレジットスプレッドの適正化というのは、概念的理解は可能であっても、実務対応としてすべての与信行為を正しく評価するというのは気が遠くなる話であり、実際には対応できていません。さまざまな金融不祥事も含め、金融市場での認識が変化したことも、適正化をむずかしくしています。

LIBORベースの変動金利貸出（LIBOR＋aとする）があったとしましょう。従来の考え方であれば、LIBORは事実上のリスクフリーレートに近い市場金利で、a部分がクレジットスプレッドということで貸出金利が決定されているという理解でした。LIBORは銀行間の取引金利を示すものであるので、リスクフリーレートではないという考え方が登場する一方、LIBOR不正問題も出てきたことで、適正スプレッドとは何かを考え直す必要性が出

166　第2部　各業務運営に関する数値検証

てきています。TIBOR に関しても見直される可能性がありますが、近年の現実的な位置づけとしては「銀行間での取引金利を示す市場金利ではなく、変動貸出の基準金利」であって、短期プライムレートと性質的には大差ありません。このような位置づけにしてしまったレファレンス銀行にも責任はあると思いますが、ここでは本筋ではないので、省略しましょう。

　監査法人が銀行監査を行ううえで、財務データをはじめとするさまざまなデータ検証や内部統制上の問題を見つけ出そうとしますが、そのなかには信用リスク管理に関する事項も含まれており、PD や LGD の推定作業の検証もチェックします。もし内部格付と貸出金利が適正であると仮定すれば、格付遷移によって貸出の時価評価も変化し、（理論上の）評価損益変化が発生するはずです。国内財務会計処理に従えば、評価損益変化分は（時間差はともかく）貸倒引当金繰入れや戻入れとなって反映されてくることが予想されます。

　これに対し、PD 推定と貸出金利との間で一定の相関性が認められる状況では、デフォルト確率が変化した段階で営業部門は、（特に回収不能額が増加する場合）なんらかのアクションを起こすことになりますが、相関性が認められないということになると、適正なプライシングができていないのではないかという疑念が生じます。本章第 3 節で「債務者区分別パフォーマンスのような分析を行ってみる」ということを考えたのは、PD 推定というリスク管理上の考え方と、実際のプライシングと、実際の財務会計インパクトを整理しようということが目的であり、この整理ができないと IFRS への移行を仮に計画しても困難を極める可能性も出てきます。クレジットスプレッド変化を算出する必要があるため、クレジットスプレッドとは何かからあらためて整理しないと適正かどうかが判断できないのです。

　残念ながら、国内市場の不完全性のせいでもありますが、仮に市場金利（リスクフリーレート）を OIS カーブから導こうとしても、OIS カーブも期先になればなるほど、事実上取引がない表示金利となってしまい、正確性の問題があります。国債イールドカーブを使うという方法もありますが、これま

た近年の金融政策により、市場性が失われているという考え方もあります。社債のように一定規模・一定格付以上の企業に関するクレジットスプレッドに関しては社債利回りを参考にするということも可能ですが、中小企業向け貸出に関しては市場実勢というものが把握できないので、やはり適正なクレジットスプレッド変化を算出するということはかなり高いハードルであるといえるでしょう。

第 **5** 章

市場関連業務

2016年2月のマイナス金利政策導入等の低金利環境より、国内銀行の国債離れが進んでいるといわれるなか、2017年3月期決算をみる限りでは、外貨建て資産の積み増しに関しては二極化しているように見受けられます。外債評価損によってポジションを縮小した動きと、その他証券（ETFをはじめとする投資信託等）を増やす動きです。

運用商品多様化を果たすために東京に担当者を増やしてきたという話も耳にします。運用強化だけを目的とすれば正しい行為かもしれませんが、ガバナンス全体として考えても正しい行為であると言い切れるかどうかは考えてみる価値がありそうです。

第1節　その他有価証券運用に関する課題

(1)　運用力強化とは何か

運用力強化が近年あらためていわれるようになってきました。とても冷ややかにとらえると「運用収益向上のために努力をし続けるのは当たり前」であって、恒常的に強化し続けるのがあるべき論です。特に市場部門は「相場が上か下か」で語ってしまうと、確率50％の世界でもなかなか勝ち続けることがむずかしいということを体感しているので、どうやったら勝てるのかを考えるのはディーラーとしてごく自然のことです。それでも運用力強化といわれるのは、おそらく取扱商品拡大による追加的収益の拡大を期待しているということなのでしょうが、これを実現させるためにはおそらく人員強化は欠かせません。

ここでいう人員強化という意味は、拡大する取扱商品を熟知し、価格変動リスクに立ち向かえるプロフェッショナルであり、なおかつリスク管理のセンスがある人員を増やすことです。仮に、自行の国債ディーラーが天才ディーラーであったとしましょう。天才ディーラーなので、おそらく他の商

170　第2部　各業務運営に関する数値検証

品を取引させても相応にパフォーマンスを上げることは期待できると考えられます。しかし国債以上にパフォーマンスを上げられるかは別であり、少なくとも新しい商品に慣れるまでの間、相応に時間を要することは間違いありません。

　運用担当者の総数を増やすことなく取扱商品をシフトさせるということは、それまでの商品保有を０％にするならともかく、多少なりともポジションが残るのであれば、残ったポジションに関する市場変動を無視できず、メンテナンスが必要になります。つまりせっかくの運用力が分散されてしまい、パフォーマンス向上を期待しにくくするということなのです。もし運用商品の多様化による収益拡大期待をするのであれば、やはり増員は避けられないと考えるのが妥当でしょう（もちろん、最適資源配分の問題から、貸出等の他業務でパフォーマンスがより期待できるのであれば話は別です）。

　さらにいえば、外貨建て資産を対象とするということであれば、既往メンバーだけで収益拡大を期待するほうがナンセンスです。そもそも市場が開いている時間が違うので、日本時間の夜にオペレーションをするか、海外でオペレーションをする以外に対処方法はありません。確率50％の世界でも勝ち続けることがむずかしいといっている市場業務において、情報量格差があることや、オペレーション上の制約があることは致命的といってもいいでしょう。働き方改革だといっている世の中において、増員することなしに24時間戦闘態勢を求めるとしたら論外の世界であると考えます。相場の世界ではよく孫子の兵法が語られ、そのなかには「戦いを挑むかどうかにおいて分が悪ければいったん引く」というようなことも書かれていますが、運用力強化を体力勝負で片づけようという発想はもはや戦う以前の話であって、決してよい結果は得られないでしょう。

　運用力強化という言葉を額面どおりとらえる場合、２つの観点があると考えられます。１つはこれまで説明してきた運用商品多様化、もう１つは既往商品に関するパフォーマンス向上です。既往商品に関するパフォーマンス向上に関しては、担当部門は日々努力しているのも事実ですが、ある意味では

第５章　市場関連業務　171

放棄しているのも事実です。先ほど天才国債ディーラーの話を持ち出しましたが、相場をみるうえでの論理思考や相場変動時の対処方法等において、一定レベル以上の能力があるからこそ天才ディーラーなのであって、だからこそ他の商品でも共通する部分で、一定レベルのパフォーマンスが期待できるということです。

しかし現実の世界では、自分のパフォーマンスが上がらないことを棚に上げて担当以外の商品の相場予想を語り、「やっていれば儲かるのに」ということをいう人がいます。この場合は単に「隣の芝生は青くみえる」のと同じで、担当商品のパフォーマンスを上げてからいえということです。私見かもしれませんが、市場部門における傾向として、担当商品でのパフォーマンスが芳しくないと他商品に逃げたがる部分があるように思え、担当商品の運用パフォーマンス強化の努力を怠る人が実は多いのではないか、あるいは、国内債券市場では利回りが低過ぎてリスクと見合わないと考えて諦めてしまったのではないか、という印象があります。そこでその他有価証券での運用全般に関してもう一度整理してみようと思います。

(2)　その他有価証券運用の役割

その他有価証券に関しては、その特殊な会計処理の影響もあり、従前より実現損益重視のスタンスがありました。利益調整のオペレーションを求められることも多かったため、いっそう実現損益に目が行きがちであったことは否めません。また圧倒的なボリュームであることから、なんらかの事情によって保有することになったポジションを管理することもあり、責任の所在があいまいになるケースも散見されました。運用担当部門としても、ALMの観点による持切りに近い運用スタイルや、万が一の流動性確保という観点もあるので、換金性（市場流動性）にも留意した商品選択を余儀なくされ、収益部門であって収益部門ではないところがさらにむずかしさを増長させています。

売買目的有価証券であれば評価損益もP/L計上となってしまうため、市

場変動への対処もしやすいメリットがあり、パフォーマンス評価もわかりやすくなっています。確率50%の世界の話は売買目的有価証券による運用であればピタリと当てはまるのですが、その他有価証券では時間軸効果による変化も考慮しないといけないため、日々活発に取引を行っているわけではありません。このため、運用手法高度化という考え方もそう簡単に進められないのが現実です。考え方次第では会計制度のゆがみを逆利用する高度な運用という言い方もできますが、もともとその他有価証券運用は追加的収益が期待できる性質ではないためにシステムも古くなりがちであり、人事評価面も釈然としない部分が残るといった点があるので、担当部門としてはモチベーション維持も大変です。

　そのようななかで、今後の銀行運営で求められる役割として「運用高度化を前提としたパフォーマンス向上」を掲げると、実は社内ルールの再確認から行う必要があります。収益把握は完全時価評価ベースとしてしまってよいのか、パフォーマンス向上のためにポートフォリオの入替え等をダイナミックに行ってしまってよいのか、換金性の制約に関してはどのような評価調整をするのか、等々です。最も重要なことは「担当部門だけに問題解決を任せても絶対に解決できない」という点です。ALMを司る部門であるがゆえに、単なる収益部門として任せるということはありえないのです。このため、「部門のモチベーション向上のためにパフォーマンス評価を重視する」ということを社内決定するのではなく、「会社全体のポートフォリオ構築のためにどのようなオペレーションを遂行してもらうのか」という点を重視するほうが現実的です。想定オペレーションによって算出される期待収益よりもよいパフォーマンスであればOKという考え方のほうがより実践しやすくスピード感もあることでしょう。

(3)　運用手法高度化への施策

　本節(1)でお伝えしたとおり、運用高度化という考え方については2つの観点があると考えられるため、それぞれについて整理していく必要がありま

第5章　市場関連業務　173

す。しかしいずれにも関係する共通事項というものもあり、たとえば担当部門の市場関連業務経験年数や、使用するシステムが新しいとか多様性があるといったことです。常識的に判断できる事項は、逆にいえばないものねだりという側面もあるのでここでは省略し、運用高度化に向けた心構え的なところから考えてみましょう。

① **運用高度化とは何かをあらためて整理する**

図9をご覧ください。運用高度化の2つの観点をいったん整理する一方、いずれの観点においても最終的にはオペレーションへの反映を意識しています。

運用手法高度化にしろ、運用商品の多様化にしろ、内容的には担当部門でしか考えようがないものにみえます。現実としてはそれがそのまま担当部門に投げられているケースが多いと思われますが、図9には表現されていない換金性の問題や利益調整の問題、さらには計画策定段階での想定するポートフォリオに近づけるという役割を考えると、最終目的としては「会社全体のポートフォリオ構築イメージを共有し、市場関連業務に関するオペレーショ

図9 運用高度化を整理する

高度化アプローチ	基本的概念	想定される主な内容
運用手法の高度化 選択されにくい	既往の運用商品を対象にどのようにしてパフォーマンスを向上させるかを検討	・先物・オプション等を使ったヘッジ機能向上 ・MTMベースでの内部評価の徹底
	部門メンバーの腕ではなく、会社方針によるオペレーションを実現させる	
	会社全体のポートフォリオ構築イメージを共有し、オペレーションに反映させる	
	会社全体における副次的作業負荷（特にリスク管理）を把握する	
運用商品の多様化 選択されやすい	新たな運用商品を使った収益ねらいやポートフォリオ構築	・運用の（事実上の）外部委託 ・リスク管理手法の追加検討

ン遂行を担う」ということを掲げることが重要で、部門収益しか意識しないオペレーションを実施されると ALM が破綻することも起こりえます。

　運用手法の高度化によるパフォーマンス向上を期待しても、天才ディーラーを見つけることができればよいですが、現実はメンバーが大きく変わることもなく、飛躍的に収益が増加することは考えにくいでしょう。部門メンバーの腕に強く依存する博打的要素を盛り込むのではなく、基準となるポートフォリオ像にまずは近づけてみることを考えるべきです。構築したポートフォリオに関して、時間の経過とともに変化するパフォーマンスをみて、必要に応じて再構築するという考え方をもつべきです。これを実現させる前提条件としては、計画策定段階におけるシナリオの共有があり、シナリオ変更の可能性を考えながらオペレーションを遂行していくことで、最終的には理想とするポートフォリオに近づけるということです。

　そのような態勢整備を目指していくとなると、実は運用商品多様化に関しても最終目的は同じところにたどり着きます。スタートこそ商品選択の目利きのようなことが求められるかもしれませんが、それは運用手法高度化もある意味同じであって、市場変動のなかでのパフォーマンス向上を目指すうえで取扱商品を変えるのか変えないのかの違いです。ポートフォリオ運営上ふさわしくない商品もあり、取扱商品の拡大においてはリスク管理部門の意見なくして実現はできません。金融規制も複雑化しているので、規制値統制という概念も加わってくることを考えれば、やはり一部門で解決できる問題ではないことがわかると思います。

②　担当部門に求められる資質

　市場関連業務に関して、残念ながらディーラー経験が長い≒優秀なディーラーとは断定できません。個人投資家のネット運用でもそうですが、経験の有無に関係なくよいパフォーマンスを残す人はいます。しかし、会社組織として従業員全体に対して実験を行い、優秀なディーラーを見つけ出すということは不可能なので、こちらも会社全体でどのように対処するべきかを考え

第5章　市場関連業務　175

表31 主な市場のボラティリティ

	1996～2000年の年平均変動幅	2011～2015年の年平均変動幅
ドル―円	21.44円（最大35.81円、最小13.27円）	14.18円（最大21.09円、最小10.00円）
日本国債5年	0.879%（最大1.120%、最小0.420%）	0.268%（最大0.346%、最小0.174%）
日本国債10年	1.080%（最大1.495%、最小0.495%）	0.450%（最大0.671%、最小0.355%）
国債先物	9.738円（最大12.48円、最小6.01円）	4.568円（最大5.74円、最小3.34円）
米国債10年	1.637%（最大1.887%、最小1.275%）	1.317%（最大2.095%、最小0.863%）
日経平均	5,696円（最大7,650円、最小3,930円）	3,875円（最大5,921円、最小2,194円）
Dow	$2,020（最大$2,505、最小$1,575）	$2,665（最大$3,483、最小$1,626）
Nasdaq	1,298pt（最大2,844pt、最小351pt）	813pt（最大1,101pt、最小569pt）

ましょう。

　表31では、一般的に国内銀行の市場部門がみている商品の年平均変動幅を記載しています。債券市場ではよくいわれる話ですが、「金利上昇を経験したディーラーが少ない」ということがあり、経験年数もさることながら、どのような市場を目の当たりにしたのかという経験も重要であるということです。もし、会社の従業員を完全フリーハンドで配置できるとすれば、計画としてはどの程度の市場変動を想定し、どの程度のパフォーマンスを期待するのかを考えるうえで、適正人員としては上記のような資料を基にしてその時の市場経験者を配属させるということがより期待値を高めることができる手段の1つです。つまり担当部門においては、こうしたさまざまな角度から計画策定において意見できるという資質が重要で、過去のパフォーマンスからその資質を期待できるのであればよいですが、過去の実績としては決してよいパフォーマンスとはいえないということであれば、リスク管理部門をはじめとする他部門との協力・相談によって解決してもよいでしょう。（期待収益が算出できる前提で）理想的ポートフォリオ構築というゴールを掲げれば、全員で考えるべき事項という考え方もできると思います。

第2節　運用能力評価に関する検証

(1)　業務計画における目標設定上の課題

　開示されている銀行の業務計画資料のなかで、有価証券運用に関する記述をみていると苦心されているようすがよくわかる場合があります。市場運用部門のオペレーションの性質上、市場動向次第でポジションが変化してしまうので、収益見通しにおいても「臨機応変に」や「弾力的に」という表現を使って、ポジションやリスク量が変化することを想像させるかたちが多くみられます。実際にポジションもデュレーションも変化するのは事実なので、それ以外に的確な表現が見つからないということでしょう。対外的な表現としてはやむをえないところだと思います。

　計画策定段階において重要なことは、こうしたポジション変化をさせることはよいのですが、その他有価証券を前提とする場合、満期保有に近いイメージでALMの観点を重視した運用スタイルのなかで、臨機応変に売買して収益をかさ上げするということを期待して計画に盛り込むのかどうかを明確にすることです。半年間や1年間といったなかで「時々短期売買をして10bpくらいの鞘は稼ぐだろう」という期待をもつことは日常茶飯事で、市場運用以外の各部門としては当然の期待値くらいに考えている人も多いかもしれません。しかしその期待に応える前提として、当然運用商品の変動幅が10bp以上あること、その市場変動幅に対して適切な市場見通しとオペレーション能力をもっていることが必要です。結果的に市場変動幅が200bpくらいあって、一度も10bpの鞘抜きができなかったという運用力であれば人員入替えを含め考え直したほうがいいかもしれませんが、せいぜい20bpの変動幅で10bpを確実に鞘抜きするということはきわめてむずかしいことであり、神様や天才の領域かもしれません。つまり目標設定を考えるうえでは想定変動幅を考えなければならず、その変動幅に対してどれくらいのパフォー

第5章　市場関連業務　177

マンスを出せるのかという運用能力が加わって現実的な目標設定が可能になります。

　長い歴史のなかでは、収益部門の目標設定において前年度実績＋αという考え方を踏襲してきました。臨機応変にポジションを変えていくことが想定されていたので、前期末ポジションをベースにした期待収益よりも、「前年度実績±市場環境によるクーポン収入変化＋短期売買等の自助努力＝前年度実績＋α」というのが現実的に起こっていたと考えられます。市場環境が違う以上、前年度実績をベースとしても意味がないと思いますが、前年度実績ベースは他の収益部門も同様に浸透していたので、そのうちだれも疑問を投げかけなくなったということでしょうか。これからの時代では、精緻化された計画設定に基づく、計画値と実績値の乖離縮小を目指すべきであり、これまであまり気にしてこなかった「いわれてみればそのとおり」という素朴な疑問も含めて、順次課題を解決していく必要があります。

(2)　運用部門能力評価とその意義

　前項でお伝えしたとおり、計画策定段階で想定変動幅と運用能力の２つの観点がありますが、想定変動幅はさまざまな部門からの意見もふまえて考えるべき話である一方、運用能力をどのように評価するべきかを考えなければいけません。本来は単年度だけでみるということには別の問題がありますが、現状では市場運用部門は原則として、（各種リミットやALM等による制約は存在しますが）フリーハンドに近い状態で収益獲得オペレーションができると考え、どのようなパフォーマンスを計上しているかの比較は可能です。実際には数年間みていくことで自己評価は可能になりますが、ここではいったん同業他社との相対比較という観点で比較をしてみます。

　前提条件としては、自行の都合による取扱商品（ポートフォリオ内容）の制限も勘案しないかたち（たとえば、日経平均株価上昇によって株式ポジションが小さいところはパフォーマンスが芳しくなくても、ポジションの大小を含めて意思決定してオペレーションをしなかったほうが悪いという考え方）とし、実

178　第２部　各業務運営に関する数値検証

績がすべてという方法での集計としています。期中の短期売買能力を含めて評価するには時価会計ベースで考える必要があるため、時価会計ベースに置き換えた実質収益の考え方で相対比較を実施しました。算出定義は以下のようになっています。

$$有価証券実質運用収益＝有価証券利息・配当金＋債券５勘定$$
$$＋株式３勘定＋当該年度有価証券評価損益$$
$$－前年度有価証券評価損益（注）$$

（注）　有価証券評価損益については、有価証券の時価情報より取得しており、資本勘定のその他有価証券評価差額金とは差異あり

$$有価証券実質運用利回り＝有価証券実質収益／有価証券残高平均$$
$$有価証券残高平均＝（前年度有価証券残高＋当該年度有価証券残高）／２$$

決算説明時ではよく「有価証券売買損益○○億円の計上によって前年度収益を上回った」というような趣旨の説明を行っているケースがありますが、評価益となっている有価証券を売却した場合、債券５勘定もしくは株式３勘定で計上されます。当然、評価損益変化も発生するわけですが、その他有価証券の場合は資本勘定の変化で表現されてしまうため、銀行決算に明るくない人からすると「相場で儲けたのか」と受け取りがちです。しかし売却オペレーションをするまでに評価益がすでに縮小している可能性もあり、「それはいったいだれのせい？」ということも、あるいは評価益が減少したこともわかりにくいのです。

管理会計面での部門評価の問題も関係します。実現損益ベースの目標設定があり、新年度からはメンバーが全員入れ替わっているとしましょう。前期末時点での評価損益はそのまま新メンバーに引き継がれることになりますが、期初に評価益のある債券を売却すると、何も努力しないで目標達成するということも起こりうるということです。これでは正当な運用能力評価はできないので、評価損益変化も勘案して算出することに意義があるのです。

第５章　市場関連業務　179

収益ベースでみるか利回りベースでみるかについては、収益の実額につい
てはポジション量の大小の影響を受けやすいと考えれば、利回りベースで比
較してみるということになります。評価損益も勘案するということは、ポジ
ション量が大きいとプラスもマイナスも大きく出やすいということなので、
業界順位的には最上位か最下位に向きやすいということになります。一概に
有利とは言い切れない部分がありますが、相対比較という点では利回りベー
スのほうがわかりやすいでしょう。目標設定のための絶対評価ということで
あれば収益の実額ベースのほうが便利であると考えられます。

また、市場運用部門のパフォーマンスをみるうえでの分析ということでは
ありますが、もう1つ補足すると、運用パフォーマンスを単独でみるより
も、ALM（預貸率）の観点もあわせてみるほうが効果的です。バブル崩壊以
降、貸出が伸びないことから市場部門に収益プレッシャーがかかるというの
が恒常的でした。マイナス金利政策導入の影響もあり、直近は貸出部門に対
するプレッシャーがかかりやすいですが、預金増加分は貸出か有価証券に配
分されることを考えれば、「市場運用部門のパフォーマンスがよければ、預
金を縮小させる必要がない」という方針にすることも可能です。ALM は全
体統制なので、資産側として注目することも重要ですが、負債側の動きをあ
わせてみることも重要であると考えます。

(3)　集計結果

①　持株会社

持株会社に関する結果の前に、まず整合性評価に関して触れておきましょ
う。評価方法は表32の（注）のとおりですが、第3章で実験的に算出した預
金調達に係る所要運用利回りが0.7％台ということをふまえ、十分な収益確
保には1.0％をメドとして考えています。現状の国内イールドカーブ水準と
運用パフォーマンス向上という市場運用部門の使命ということを勘案して
0.0％以上1.0％未満を△とし、マイナス利回りは×ということを基準として
います。

180　第2部　各業務運営に関する数値検証

表32　持株会社の運用評価と整合性評価

	有価証券実質運用利回り	預金増加率	貸出増加率	整合性評価
Aグループ	0.08% （12位）	4.46% （5位）	7.78% （2位）	△（預金） △（ALM）
Bグループ	2.71% （1位）	5.22% （3位）	1.89% （11位）	○（預金） △（ALM）
Cグループ	−1.21% （16位）	5.90% （2位）	7.30% （3位）	×（預金） △（ALM）
持株会社平均	0.55%（単純） 0.57%（加重）	3.28%（単純） 3.36%（加重）	4.75%（単純） 3.59%（加重）	△（預金） ○（ALM）

（注）　整合性評価については以下のとおり。
　　　・預金（上段）……有価証券実質運用利回りが1.0%以上で○、0.0～1.0%未満が△、0.0%以下が×。
　　　・ALM（下段）……預金増加率＜貸出増加率かつ有価証券実質運用利回り1.0%以上が○、預金増加率＜貸出増加率もしくは有価証券実質運用利回り1.0%以上が△、それ以外は×。

　預金との整合性という観点では、預金増加率がプラスという状況では市場運用部門に配分される資金が出てくる可能性があるので、資金配分をしても大丈夫かどうかがまず判断基準となります。ALM全体としてとらえる場合、預金増加分が貸出増加分に吸収される可能性があるものの、貸出が伸び悩んだ場合には市場運用部門にプレッシャーがかかることになるので、貸出でも有価証券でも万全であれば○、いずれか一方しかカバーできなければ△、カバーできなければ×という評価基準にしています。

　持株会社全体平均としては、2017年3月期において、預金受入れに対して貸出であれば対処できる状況にあるとの結果となりました。ただし加重平均レベルで考えると、預金増加率と貸出増加率の差がほとんどない状況なので、規模が大きいところで貸出の伸び悩みがあるということになります。表32でもわかるとおり、グループのなかには有価証券実質運用利回りでマイナス利回りとなっている先もあるので、運用強化が求められることになるで

しょう。Cグループに関しては、現状貸出増加率が預金増加率を上回っている状況ではありますが、貸出増加率が鈍化してくると ALM 的に厳しい状況に陥る可能性があります。

② 第一地銀

第一地銀でも全体平均でみれば預金・ALM いずれも整合性評価で万全な状況とはいえず、個別でみてもなかなかそろわないのが現実という印象です（表33参照）。仮に預金が多少集まり過ぎたとしても、F 銀行のように市場運用でまかなえるような状況であればよいのですが、D 銀行のような状況であればポートフォリオ全体から考え直さないといけないと考えられます。預金も貸出も2017年3月期では加重平均のほうが高いので、規模が大きい先のほうがより増加しているということになりますが、有価証券実質運用利回りは単純平均のほうが高いので、規模が小さい銀行のほうが頑張っているという

表33　第一地銀の運用評価と整合性評価

	有価証券実質運用利回り	預金増加率	貸出増加率	整合性評価
D 銀行	−0.52% （60位）	2.15% （33位）	1.44% （40位）	×（預金） ×（ALM）
E 銀行	1.31% （15位）	3.67% （16位）	3.51% （27位）	○（預金） △（ALM）
F 銀行	1.87% （9位）	0.95% （53位）	0.89% （55位）	○（預金） △（ALM）
G 銀行	0.35% （35位）	1.42% （47位）	2.07% （42位）	△（預金） △（ALM）
H 銀行	−0.53% （61位）	2.71% （26位）	2.98% （33位）	×（預金） △（ALM）
第一地銀平均	0.86%（単純） 0.84%（加重）	2.31%（単純） 2.46%（加重）	3.37%（単純） 3.93%（加重）	△（預金） △（ALM）

ことになります。規模が小さ過ぎると話は別ですが、メガバンクのように規模が大き過ぎると、一つひとつのオペレーションが市場を崩してしまうために身動きがとりにくいので、この結果は規模が大きくない銀行は比較的弾力的に運用できている（あるいはポートフォリオ変化に成功している）といえるかもしれません。

　ここではポートフォリオ内容は本題ではないのですが、2017年3月期の開示資料をみている限りでは、円貨の債券から外貨のその他証券へのシフトを意識したものが多々ありました。換金性やリスク管理上での問題が別途あると思いますが、ETFを含めた投資信託等が増加しているのではないかと推測されます。運用委託もしくはそれに近いポジションが拡大するということに、やや疑問を感じるところもありますが、運用委託に近いかたちであっても何を選ぶのかという嗅覚は必要なので、当面はよいでしょう。ただ国債や短期金融市場等、市場取引が縮小して市場感覚を保ちにくい状況でもあるので、中長期的には市場運用部門の能力低下に結びつく可能性があるという注意は必要です。

③　第二地銀

　全般論として第一地銀よりも有価証券実質運用利回りが低くなっています。2016年3月期の加重平均では、第一地銀は1.81％、第二地銀は1.91％という状況だったので、マイナス金利政策の影響を全期間受けた2017年3月期は大苦戦したといえるでしょう（表35参照）。

　2016年3月期の国内株価はインデックスが年間ベースでは下落したのですが、2017年3月期は上昇しているので、おおむねパフォーマンスがよかった銀行は株式のポジションを（他行よりも）多めに保有していた結果である先が多く、外債に関しては評価損問題がクローズアップされた段階で処分する動きと継続保有する動きで明暗が分かれ、2017年3月末時点でのポジション量にも影響しているように見受けられます。

　第二地銀の場合は預り資産への注力度合いも第一地銀に比べるとまだ進ん

第5章　市場関連業務　183

表34　第二地銀の運用評価と整合性評価

	有価証券実質 運用利回り	預金増加率	貸出増加率	整合性評価
Ｉ銀行	−0.43% （40位）	0.08% （35位）	1.74% （26位）	×（預金） △（ALM）
Ｊ銀行	−0.01% （35位）	−1.41% （37位）	−5.63% （41位）	×（預金） ×（ALM）
Ｋ銀行	1.01% （13位）	0.89% （30位）	0.94% （28位）	○（預金） ○（ALM）
Ｌ銀行	2.20% （4位）	1.95% （19位）	−0.92% （36位）	○（預金） △（ALM）
第二地銀平均	0.73%（単純） 0.59%（加重）	1.93%（単純） 2.36%（加重）	2.48%（単純） 3.23%（加重）	△（預金） △（ALM）

表35　第一地銀の実質有価証券運用利回りの内訳について　　（単位：百万円、%）

	2016年3月期	2017年3月期
有価証券平均残高（A）	80,460,934	78,663,015
実質運用収益（B）	1,453,096	662,253
有価証券利息・配当金	866,793	854,818
債券5勘定	50,431	−46,744
株式3勘定	123,707	180,448
当年度評価損益	4,822,661	4,496,392
前年度評価損益（△）	4,410,496	4,822,661
実質有価証券運用利回り（B）／（A）	1.806	0.842

でいないので、預金増加が進んでいる状況下においては、貸出増加率が伸び悩んだ際にはより市場運用へのプレッシャーがかかりやすいと考えられます。運用商品の多様化や運用手法の高度化による収益拡大は意識しておく必要性が高いと考えられますが、2017年3月期における全体感としてはまだそ

れほど進捗していないと考えられます。

④　運用能力評価の有効性

　今回の分析に関しては、2017年3月期の単年度ベースでの相対比較となっています。ポートフォリオ選定も含めた運用能力向上度合いを評価していくには、たとえば、今回のような有価証券実質運用利回りを単年度でみるのではなく、複数年度でみていくという工夫が必要です。

　少なくとも直近の国内債券市場では、絶対利回りベースの低下によって金利のロールダウン効果も期待しにくい状況にあります。その他有価証券の運用スタイルでは収益拡大をねらいにくいため、ポートフォリオ入替え前提での計画策定とオペレーションが必要になります。つまりこれまでのような市場運用部門にお任せというスタイルではなく、さまざまな角度からのアプローチが必要になります。リスク管理部門としても新たなリスク計測手法が必要になるかもしれませんし、それに応じることがむずかしいということもあるでしょう。制約条件下での最大パフォーマンスを考えるうえでは、ALM全体でとらえるという視点は重要になり、計画策定プロセスから考え直す必要があると思います。

　運用能力評価における公平性の観点も含め、本来は取扱商品に関する想定変動幅から期待できる期待収益という考え方が必要になる一方、運用スタイルや制約条件も考慮する必要があります。たとえば、バンキング勘定だけではなく特定取引勘定もある銀行の場合は、単純に所要資本額と時価会計ベースでの期待収益から目標設定をしたかたちであったとしても、ビジネスモデルがそもそも違うので、所要資本額の割合に応じた収益目標額を設定しても公平とは言い切れないということです。流動性規制対応で一定割合の高流動資産を保有しなければならないバンキング勘定と、何かあればポジションをニュートラルにまでもっていける特定取引勘定では、同じ土俵にあるとはいえません。バンキング勘定でも特定取引勘定でも、取扱商品の想定変動幅は必要ですが、バンキング勘定の場合はキャピタルゲインとインカムゲインの

第5章　市場関連業務　185

両面でとらえる一方、特定取引勘定の場合は適正オファー・ビッドと顧客回転率という視点になります。その意味では、今回の集計においては会計科目から集計できるかたちでの一律方式ですが、内部管理という点では部門別や商品別といった概念で区分して考えることが必要であり、それぞれの取扱商品での期待収益に対して実績はどうであったかをみていくことが、ガバナンス高度化につながっていくことになります。

第3節　運用能力向上のための分析例

(1)　時間軸の明確化

　業務計画を策定し、計画値に近い実績を残すことを目指すとなると、第一段階として精度が高い市場予想が必要になります。しかし担当する市場運用部門に限らず、予想を的中させるということは至難の業であり、実際に100％的中することなどありえないといっていいでしょう。従前は目標設定前の段階でメインシナリオやリスクシナリオが十分共有されていなかったので、市場予想という点に関しては、目標設定後に市場運用部門が日々相場見通しに悩むばかりで、計画策定根拠のイールドカーブを気にかけるということもまずなかったと推測されます。

　市場見通しと想定するポジション量をもって期待収益を算出できるようにすることは理想ではありますが、そこに近づいていくには、市場予想に関する時間軸が重要であり、これを明確にしない限りは議論も空回りします。一般的には部門の収益目標が半年や1年サイクルで設定されるので、その期間にあわせた時間軸ということが統制しやすいと考えられます。

　ただし、この場合は時価会計に基づく部門評価であることが必要で、疑似的も含め、完全時価会計ではなく実現損益も重視するというようなかたちである場合、評価損が大きくなると自由に売れない状況に陥る可能性が出てき

186　第2部　各業務運営に関する数値検証

て、オペレーション上の制約が追加されることが起こりえます。このため基本的には半年や1年でかまわないのですが、ターゲット期間よりも数カ月先まで見越した見通しを立てておき、次年度計画につながるかたちにしておくことが理想です。

　計画策定時においても日々の相場見通しにおいても時間軸を明確にしておくことは重要です。バンキング勘定の運用は個人ノルマではなくチームとしての実績となるので、チーム内での意思疎通も重要になるのです。そこで時間軸の合致を目指す意義を考えてみましょう。日々ディーリングルームで行われている「今日の相場は上か下か、明日の相場はどうか」という答えがない疑問に対してどのように意思決定をするのかを考えてみます。

【複数メンバーで相場見通しに関する意見を集約する】

　［一般的な相場見通しに関する質問等］

・当面の相場見通しを順番にいってみてくれ

・どれくらい上がりそうか／下がりそうか

　→時間軸が不明瞭で、変動幅も明確化しにくい。

　［時間軸を定めた質問］

・明日のこの時間、いまよりも相場は上か下か

　→時間軸を明確化することで、相場の方向性が明確になる。

　一般的な相場見通しを語る際、お互い阿吽の呼吸のような感覚で、第三者が聞くときわめてあいまいな会話に聞こえます。質問に回答する側も、「少し下がってその後上昇」というような表現を使うことが多いので、少し下がるという変動幅もあいまいなら、その後がいつかもわからない会話をしているので、第三者目線では数日たっても結果が出ている相場観なのか出ていない相場観なのかわかりません。

　「明日のこの時間」と時間を特定してしまう意見交換であれば、少なくとも相場の方向性に対する意見が明確になり、現状と比べてという位置まで特

第5章　市場関連業務　187

定しているので、買うべきか売るべきかが明確になります。これと同じように、メインシナリオに基づく期末着地の位置を推定することが、計画内容に近い実績を残す鍵となり、メインシナリオを随時確認しつつ、シナリオ変更可能性を議論していれば、期末日そのものではなくてもその水準に収束する可能性が期待できるということになります。

(2) 運用商品の検討

これまでもお伝えしてきましたが、完全にフリーハンドでオペレーションを実施することはできず、なんらかの制約条件を意識しながらオペレーションを行うことになります。長い歴史のなかでは実現損益もある意味制約条件であったといえますが、新しい収益機会を獲得するには、場合によっては従来の制約条件を遵守できない可能性もあります。その場合は、当然なんらかのかたちで社内決議により可否を決定することになりますが、現実としてはそう簡単に都合がよい商品を見出せることはありません。

そこで収益向上策を模索すべく、どのような調査や分析を行うべきかの1つのアイデアとして国債先物オプション取引に焦点を当ててみましょう。オプションというと抵抗感がある人も多いかもしれませんが、実は、意外と商品性としてはバンキング勘定であっても便利な部分があります。そこであらためて商品性や会計処理等を整理してみましょう。

① 国債先物オプションの商品性

国債先物オプションはごく限られた市場参加者のみで取引されている印象かもしれませんが、商品の仕組みそのものは、日経平均先物オプション等と比べてもバンキング勘定に優しい商品と考えられます。詳しい商品性等は日本取引所グループHPをご参照いただければと思いますが、ここではどのような観点でバンキング勘定に優しいのかを説明してみましょう。

国内の先物市場全般でいえる話ですが、国債先物も株式先物（日経平均やTOPIXの先物）も基本的に第1限月が取引の中心で、限月交代が近づいた段

188　第2部　各業務運営に関する数値検証

階で第2限月が本格的に取引されるという傾向があります。いずれの場合も3、6、9、12月が限月となっていますが、それ以外に短期間の限月（たとえば、3月限に付随して1月限、2月限といったもの）が設定されます。これは先物だけではなく先物オプションでも同様に設定されるようになっています。

やや専門的かもしれませんが、実は国債先物オプションと日経平均先物オプションのような株式先物オプションでは決済方法が異なります。株式のほうはSQと呼ばれる清算指数を算出して、先物もオプションも同時に清算してしまう方式となっており、このためSQ時には波乱が起きやすいともいわれています。国債先物オプションには清算指数は存在せず、いったん国債先物の建玉に変換されます。株式のSQの場合は最終取引日の翌営業日に清算価格が決定されるので、オプションとしてのタイムバリューはゼロのようで

図10　日経平均先物オプションの清算方法

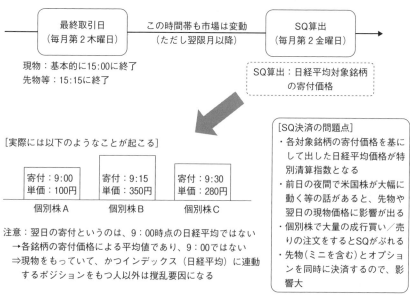

ゼロではないような扱いになります。この違いを理解するため、まずは、日経平均先物オプションの清算方法についてみてみましょう（図10参照）。

つまり、仮にバンキング勘定が日経平均先物オプション取引でポジショニングし、SQによる清算までもつれ込んだ場合、日経平均採用銘柄である225銘柄の現物株式を保有していればヘッジ機能も働くかもしれませんが、現物株の世界では個別株Aで成行売りが大量にあって個別株Bでは大量の成行買い注文があるということが起こることがあるので、たとえば最終取引日の日経平均が1万9,950円に対し、ストライクプライス2万円のコールを売っていて、逃げ切れたと思っていても、実際のSQ値は2万70円だったということが頻繁に発生しています。これがタイムバリューはゼロに思えてもゼロではないという話です。ヘッジができない状況で一晩リスクを抱える状態に陥るので、現実的に現物で225銘柄すべてをもつことは考えにくいバンキング勘定の運用において、使い勝手が悪いということになります。

次に、国債先物オプションをみてみましょう（図11参照）。ポイントとしては、ポジショニングしていた先物オプションがイン・ザ・マネーとなっていたまま反対売買をせずに最終取引終了となった場合、タイムバリューはなくなってイントリンシックバリュー（本源的価値）のみとなり、自動権利行使制度に従って先物の建玉に変換されます。先物の限月としてはまだ最終取引日を迎えていないので、先物の建玉としてもちたい場合はそのままにして

図11　国債先物オプション取引の決済方法

おけばよいですが、もちたくない場合は夜間取引開始段階で反対売買をすれ
ばよいということになります。同日の30分後に夜間取引が開始されるので、
株式のSQのように一晩ヘッジ不能状態ということにはならず、仮に多少ず
れても1〜2銭くらいでしょう。このように、国債先物オプションだけでの
ポジショニングをしても、管理や反対売買は株式の先物オプションよりもは
るかにコントロールしやすいといえます。

② 国債先物オプションの会計効果

　バンキング勘定の市場運用に関する論点の1つとして「実現損益を重視す
る」可能性があるということでした。そこで国債先物オプション取引を実施
した場合の会計効果について確認しておきましょう。厳密には、国債先物オ
プション取引を行う際には「ヘッジ対象」「非ヘッジ対象」という区分が必
要で、「ヘッジ対象」とした場合には現物債券との関係性を考えなければな
りません。今回についてはもともと運用高度化の説明からスタートしている
ものなので、ヘッジするべき対象物がない「非ヘッジ対象」という前提で話
を進めようと思います。

【国債先物オプション取引の会計効果（非ヘッジ対象の場合）】

① 反対売買を行った場合

　（例）ストライクプライス150円のコールオプションを0.25円で購入
　　　　し、0.30円で売却した。

　→収益は0.05円（＝0.30−0.25）……すべて実現損益。

　⇒反対売買した場合はすべて実現損益として計上される。

② 権利行使して先物の建玉となった場合

　（例）ストライクプライス150円のコールオプションを0.25円で購入
　　　　し、最終清算価格は、0.50円となった。

　→オプションの収益は0.25円（＝0.50−0.25）……すべて実現損益。

　⇒先物建玉は150円50銭（簿価＝クローズ時点での時価）。

第5章　市場関連業務　191

> 先物に変換される際、会計的にはオプション部分がいったん実現損益
> で計上され、同時点の先物の清算価格が簿価となる（オプションプレミ
> アム部分の損益＋先物評価損益ではない）。

　市場性商品の時価会計でのパフォーマンスを考える場合、基本的には以下
のようなイメージになります。

　　時価会計ベースでの損益＝Cash＋Cash Valuation＋MTM

　Cash は実現損益、Cash Valuation は実現損益化待ち（受渡し前）部分、
MTM は評価損益部分です。スワップ取引をイメージするとわかりやすいで
すが、Cash はすでに受渡しが終わった実現損益、Cash Valuation が交換金
利のレートが決まって金額は確定しているものの、まだ受渡期日がきていな
い部分、MTM はレートも確定していない評価損益部分となります。バンキ
ング勘定における国内財務会計処理を考えた場合、時価会計処理に近づけよ
うとすれば実現損益化させるということなので、国債先物オプションで毎月
実現損益化させるということは会計処理のギャップも意識する必要性がなく
なるというメリットがあります。つまり会計処理的な考え方としても、国債
先物オプション取引は決して不利なものではないということになります。

③　国債先物オプションのパフォーマンス

　株式の先物オプションよりもコントロールをしやすい、会計処理的にも勘
定による有利／不利はない、ということになれば、問題となるのは期待収益
がどうなるのかになります。結局は腕次第といえばそうなってしまいます
が、考えるべきは運用高度化であり、ここで説明するべきは運用高度化のヒ
ントがあるのかどうかです。そこで過去データを調べて以下のような調査を
行ってみました。テーマは「オプションを売り続けたらどうなるのか」で
す。リスク管理の観点ではとんでもない発想かもしれませんが、あくまで検
証なので、そのままオペレーションをするということとは違った観点でまず

192　第2部　各業務運営に関する数値検証

はご覧ください。

【国債先物オプションを以下のルールに基づいて売り続ける】

［ポジショニングルール］

・各月末時点に翌月末に満期となる国債先物オプションを売り、反対売買やヘッジ取引をせずに最終結果を迎える。

・アット・ザ・マネーから可能な限りのオプションを同じ枚数ずつ売却、取引スタイルとしてはストラドルおよびストラングルの売りポジション（コールとプット両方を売ったポジション）。

・権利行使されたオプションは当日夜間取引で同じ価格でクローズ（検証対象外）。

　残念ながらオプション取引に関するデータ取得にはかなり苦労するため、今回使用したデータは日本取引所グループが保有しているデータ（ポジション設定時データとしては、清算価格ではなく最終取引価格しか拾えず、月報等での確認となるので、すべてのストライクプライスのデータが残っているわけではない）です。検証として100％完全とは言い切れないかもしれませんが、月報で確認できなかったストライクプライス等は算出対象外としているので、基本的には検証結果よりも多少よいのではないかと考えられます。ただし先物となった際の反対売買分を差し引いていないので、本来であればその分も勘案する必要があります。

　国債先物オプション取引が開始されたのは1995年ですが、短期物限月（1月限や2月限等）が開始されたのが1998年、現在のようにストライクプライスが50銭幅となったのが1999年（5月）なので、ここでは、2000年以降の年間パフォーマンス（1999年12月末に設定したと仮定するポジショニング以降のパフォーマンス）をご紹介しましょう。

　表36の見方としては、全体は売れるものはすべて売った場合、3円となっているのはアット・ザ・マネーを中心にそれぞれ3円離れたストライクプラ

第5章　市場関連業務　193

表36　国債先物オプションの検証結果

(単位：円)

	全体	3円	2円	1円	1円 Out 2円	2円 Out 1円
2000年	17.54	16.31	12.83	6.24	10.95	3.48
2001年	21.11	19.92	16.81	9.92	10.94	3.11
2002年	6.78	6.09	4.28	2.22	4.46	1.81
2003年	5.53	5.32	4.68	2.26	2.41	0.64
2004年	10.33	8.24	5.07	1.79	8.22	3.17
2005年	8.27	7.68	5.84	1.78	6.40	1.84
2006年	14.36	13.72	12.47	8.02	6.23	1.25
2007年	11.65	11.26	9.66	5.51	6.05	1.60
2008年	-2.11	-1.07	-1.59	-1.79	-0.50	0.52
2009年	14.99	14.63	12.18	6.77	8.01	2.45
2010年	7.27	6.90	5.55	3.09	4.11	1.35
2011年	21.31	20.92	18.84	12.31	8.95	2.08
2012年	9.85	9.61	8.75	6.21	3.64	0.86
2013年	9.23	8.06	5.94	2.97	5.94	2.12
2014年	5.33	4.96	4.14	2.42	2.84	0.82
2015年	13.93	12.18	10.73	7.39	6.42	1.45
2016年	6.71	5.24	3.11	0.25	5.99	2.13
2017年	3.97	3.96	3.66	2.36	1.61	0.30
2000年以降	10.34	9.66	7.94	4.43	5.70	1.72

イスまで売った場合、1円 Out 2円というのはアット・ザ・マネーから1円
離れたストライクプライスから2円分（つまり、ストライクプライスから3円
離れた部分まで）売った場合を示しています。

　表36の結果に対してどのような印象をもたれるでしょうか。オプションの
テキストでは「オプション売りはリスク無限大」と書かれているケースがほ
とんどですが、国債先物オプションに関しては2008年を除き、ほぼ毎年勝て
たということです。仮に、2円アウトまで売っていたとすれば年平均7.94円

儲かっていたということになります。2016年や2017年でも3円以上鞘を抜けたということなので、10年国債利回りやハイリスクな30年や40年国債を売買するよりも効率的であったといえるかもしれません。市場運用部門としても毎日上か下かと議論しているよりも、何も考えないほうが正解だったということになっています。

どうしてこのような結果になるのかといえば、考えられる原因としてはインプライドボラティリティとヒストリカルボラティリティの違いです。インプライドボラティリティは市場実勢から確認できるボラティリティ、ヒストリカルボラティリティは実際の原資産価格のボラティリティであり、通常時はインプライドボラティリティ＞ヒストリカルボラティリティの状態で取引されていることが多いため、実際に検証してみたらそのとおりだったということです。つまり、インプライドボラティリティ＞ヒストリカルボラティリティとなっている状態を確認して同じように取引していけば、短期的にはとんでもなく負けることはあっても、長期的には勝てると考えられます。

④　検証結果をどのように活かすのか

今回の分析において留意しないといけないことがあります。まず、始まって間もない頃のパフォーマンスはどうだったのかという点です。実は、同じような方法で算出した結果としては、1998年も1999年もマイナスでした（1円アウトでみれば、1998年は△9.19円、1999年は△5.76円）。ストライクプライス幅の問題や実際の市場ボラティリティの問題もありますが、それらを含めた市場の成熟度という問題があると考えられます。1999年は1円Out2円ではほぼイーブン（＋0.10円）、2円Out1円では△1.72円となっていることをふまえると、大き過ぎた市場変動というよりも、市場流動性やストライクプライスの影響があると考えられ、計画策定段階での事前検証においては、こうした点に関しても留意しておくべきでしょう。

次に、リスク管理の観点です。仮に、オペレーションをそのまま実施したとしましょう。各月のパフォーマンスとしては取引期間中の評価損益を完全

第5章　市場関連業務　195

に無視する状況となり、ヘッジの先物取引等を行わないということなので、単月ベースではかなり大きい評価損や実現損が発生する可能性があります。RAF態勢を構築して、リスクアペタイトとしてそのリスクを容認するといっても、現実的には単月で大きく負けることがあると許容するべきではなかったという話になりがちです。つまり一定程度のリミット設定等は必要で、毎月のALM委員会やリスク管理委員会等で翌月どうするかの方針を決定するといったような方法も考えるべきでしょう（※8）。

(※8) 過去データでは、急な市場変動の結果、単月では大幅な実現損を計上することがありますが、（VIX等のデータでも検証可能ですが）ボラティリティの急上昇は1カ月以内で収束することが多いため、翌月は大幅な実現益となるケースが多くみられます。

詳細については次節で触れますが、今回の検証目的は単に「オプション売りは儲かるのか」という観点だけではありません。コーポレートガバナンスの高度化という高い目標を掲げた場合、目標とするゴールは精緻な計画策定だけではなく、計画値に近い実績を確保することにあり、それはオペレーション統制の領域にまで関係するということです。その意味で、たとえば1円Out2円のような集計も行っているのは、「想定レンジ設定をして、それに従ったオペレーションを実施した場合の効果が把握できるのか」のヒントになるということです。そしてオプションに関するヒストリカルデータをみ

図12　想定レンジとオペレーション（オプション売り）

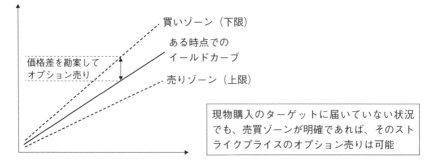

る限りにおいて、それは十分機能すると考えられます（図12参照）。

　こうした分析は、米国債や日経平均といった他の商品に関しても可能です。データ取得には多少苦労すると思いますが、決して多くのマンパワーを必要とするものでもありません。運用高度化という話題が出ると新商品に目が行きやすいのは理解できますが、運用商品多様化という観点であっても運用手法高度化という観点であっても、さまざまな方法は考えられるはずであり、十分な検証を行っていくべきでしょう。

第4節　シナリオに基づいたオペレーションの実践

(1)　シナリオ共有の重要性

　従来の業務計画策定プロセスでは、新年度の収益目標設定や資本配賦案策定のために企画部門やリスク管理部門と各収益部門が意見交換を行い、新年度の着地イメージを想像しつつ最終確定させていく方法が一般的でした。事前に意見交換をすること自体はよいことであると考えますが、筆者自身の金融機関勤務経験において計画策定の前提となったシナリオが共有された記憶はありません。直近のイールドカーブ等のグラフが資料についているケースがありますが、新年度期末時点のフォワードカーブもなければ、詳細な説明があった記憶もありません。

　計画策定の精緻化＋実績の確保に関しては、計策策定の前提条件が共有されない限り実現は不可能です。計画策定の精緻化という部分では、根拠がわからないと妥当性があるかどうかも判断できませんし、実績の確保に関しても、よほどうまく目標設定したうえで各収益部門が達成しない限り無理です。しかし前提条件がわからないので、各収益部門はそれぞれ独自判断でオペレーションを進めようとすることになり、想定していた方向性に向かわな

第5章　市場関連業務　197

い動きが出て、想定どおりの結果が得られなくなる可能性が高くなります。

　業務計画策定の事前準備として行う意見交換に関し、もちろん収益目標や資本配賦額のイメージを共有化させる目的はありますが、ガバナンス高度化においてはマクロ的視点とミクロ的視点のつながりをもたせることにあると思います。マクロの部分としては、たとえば規制値を維持する観点や黒字確保を達成する観点等、企業全体としての制約条件とそれをクリアできる想定ポートフォリオがあり、ミクロの部分としては部門収益の達成や拡大に向けた方針に基づくポートフォリオがあります。ミクロの世界を集計したときにマクロでの想定と一致する場合はよいですが、不一致ができることは容易に想像できます。この不一致部分に関してどのように解決策を模索するのかを考える場合、共有するべき事項がクローズアップされるはずです。たとえばある営業部門が部門収益目標を達成させるために、メインとなっているある取引先への与信枠拡大をするとしましょう。大口与信限度の規制やリスク分散の観点から、到底応じられないような場合、営業部門からはみえない全体統制のなかでの必須要件が共有されれば納得もする話であり、目指しているポートフォリオ像の説明をすれば、営業部門としてもどのような貸出を推進するべきかを把握しやすくなります。

　相互理解を深めるためには、想定ポートフォリオの共有だけでは十分ではありません。想定ポートフォリオ像の決定内容に関する理由づけが必要です。収益管理やリスク管理といったさまざまな面から全体バランスをつくりあげて共有するわけですが、構築ポイントの1つとして未来を考える、つまり「今後どうなるのかを想像して、だからこのポートフォリオ像になる」ということを理解する必要があります。業務計画策定根拠となるシナリオを共有するということは、フォワードルッキングの視点を加味したポートフォリオ像の共有に関する説得材料となるべきものであり、新年度のオペレーション実施の根拠となるものです。

　現実の世界では、企画部門と収益部門との意見交換において、「収益が○億円足りないから、何とか追加で○億円よろしく頼む」という会話が行われ

てきたと思いますが、こうした根拠が不明な会話は、企画部門にとっても収益部門にとっても、あまり建設的ではないでしょう。企画部門側には仮に根拠があるとしても、「○○常務の指示」といった段階で、単なる社内でのパワープレーとなります。モチベーション維持の観点でもよいことはないでしょう。どのような部門であっても、目指すべきことを共有し、数値的検証等の説得材料をもって意見交換することが重要であり、その大前提として想定ポートフォリオや想定シナリオが不可欠であるということです。

(2) 想定シナリオの策定の事前準備

　金利見通しでイールドカーブのグラフを資料に添付しても、その意味合いを全員が理解するとは限りません。イールドカーブというものが銀行員の常識として理解しておくべきかどうかという議論は別途ありますが、少なくとも計画策定においてスポットレートのイールドカーブをみせていてもあまり意味はないでしょう。未来を語るものではないからです。

　前項で焦点を当てた想定ポートフォリオと想定シナリオに関しては、現状を語るものではなく、着地イメージを語るものになります。着地イメージを示してこそ、新年度は何をするべきかがはっきりするのであって、現状をどれだけ詳細に把握したとしても目指すものがはっきりしないのであれば、余計な資料と考えるほうが正解でしょう。ただ、どうして現状の姿になっているのかという原因究明をしなくてもよいということではなく、単に現状の姿を書いても意味がないということです。

　リスク管理高度化過程においては、リスクシナリオに基づくストレステストを多用するようになってきたので、想定する事象のイメージや実際に発生した場合の影響度に関しては、完璧ではないとしても一定程度以上は理解できているはずです。マクロストレステストに関しては、ある事象からの波及効果的ストレスの発生も想定するので、当然その時々の市場環境も想定できるということになります。ところが、収益管理の観点におけるメインシナリオに基づく期待収益変化が、同じペースで進化してきているわけではありま

第5章　市場関連業務　199

せん。使うシステムや分析手法も高度化しているとは限らないので、現状収益管理を高度化させようとしてもマンパワーを介在させる必要があります。このギャップが現時点のコーポレートガバナンス高度化の１つのポイントであると考えます。

　周辺環境認識をより的確に把握しようとすれば、さまざまなデータ収集や分析はもちろんのこと、実際に起こっている情報の集積と取捨選択が必要です。データ分析だけで未来予測をすることは困難なので、未来予測に役立ちそうな情報収集結果を加味していくことになります。こうした生きた情報を収集するには計画策定段階での部門間の意見交換はきわめて重要で、一部門によるなんらかの根拠に基づく判断よりも正確性が高いと考えられます。

　リスク管理部門が考えるリスクシナリオも同じことがいえます。営業部門の肌感覚が加わることで、波及効果のスピード感や影響度の違いに気づく可能性がありますし、市場関連でも、たとえば「国債の流動性低下によってスクィーズねらいの動きが徐々に大きくなっている」というような事象を把握することが可能になってくるということです。これが経営計画策定準備のタイミングだけではなく、恒常的に行えるようになれば、リスク管理能力も収益獲得のオペレーション能力も向上することが期待できます。

　RAF原則に照らせば、こうした密接な意見交換がいわばリスクカルチャーの醸成です。リスクカルチャーとは何か、リスクカルチャー醸成のための研修をやろう、ということではなく、共通の軸（目標）をもって組織を動かすためにはどうするかのレベルで考えるほうがよいでしょう。教え込むという発想よりも会話をしてみようという発想のほうが浸透は早いと考えられます。リスクと収益は背中合わせの関係なので、収益管理高度化アプローチとしてマンパワーを介在させることは、リスクカルチャーの醸成につながっていくと考えるべきです。

　話を元に戻しましょう。想定シナリオ策定の準備をする最も重要なことは、さまざまな部門がさまざまな観点でデータや情報を集め、それを集積させて意見交換をすることにあります。そしてそれが実現できるようになる

200　第２部　各業務運営に関する数値検証

と、次は期中運営での ALM 委員会やリスク管理委員会等での意見交換が活発化します。目標が共有されていれば、目標達成とは関係のない話をするような人も減ることでしょう。これまでと何が違うのかといえば、やることそのものは大差ありません。各部門に依存し責任を負わせるだけの発想から、共通事項は共有して、役割分担部分は各部門がしっかりやろうという、これまでとは姿勢が違うということです。「計画策定は企画部門の仕事だから勝手にやってください。いわれたことだけやります」ではなく、「うちの会社はこの方向に向かっていくから、うちの部門はこれをやらないとね」という変化を起こすために積極的な意見交換を行っていくべきでしょう。

(3) 想定シナリオや想定レンジの検討

想定シナリオや想定レンジを決定するうえで、どのようなかたちで意思統一を図るのかを具体的に考えていきましょう。近年は外貨建て資産が注目されていることから、ここでは米国債投資を想定して話を進めていきます。

① 事前準備

まず米国金利の見通しをどのように考えるかですが、これについては市場部門と調査部門が中心的役割となります。市場部門は具体的な金融市場動向、調査部門は経済指標を中心としたマクロ経済状況を主に調べてみることから始まります。ここではすべてを行うことは無理なので、いったん金利の米国金利動向を軸とした簡単な分析を行ってみます。

まず、政策金利についてですが、近年では2015年12月、2016年12月、2017年3月、2017年6月、2017年12月、2018年3月の計6回、それぞれ0.25%ずつの利上げを行ってきました。まずは、2018年度計画を想定する場合、2019年3月までに何回利上げを実施するかを考えてみることです。2018年3月末日現在、政策金利（下限）は1.50%となっており、1回当りの引上げ幅を0.25%の前提とすると、2回利上げで2.00%、3回利上げで2.25%に到達することになります。過去2年間のヒストリカルデータに基づく前提では、お

おむね利上げ時期の1カ月前に織り込み始め、利上げ決定によって落ち着くような動きとなっており、2年債と政策金利（下限）の最大金利差は0.91％程度、5年債と政策金利（下限）の最大金利差は1.66％程度となっています。こうしたことから、想定レンジの上限としては2年国債で政策金利（下限）＋0.90％、5年国債で政策金利（下限）＋1.65％として考えれば、利上げが何回あるのか次第で具体的な水準が決定します。また2年間の平均値としては、2年国債と政策金利（下限）のスプレッドは0.55％、5年国債と政策金利（下限）は1.07％ですから、オペレーションのターゲット水準としては意識しておく必要があるでしょう。

　参考までにですが、国債利回りとOIS金利のスプレッドにも触れておきましょう。2年国債と2年物OISの金利差は今回の一連の利上げ局面においてプラスとマイナスを繰り返しており、2017年はほぼ国債利回りよりもOIS金利のほうがわずかに高い状況となっていましたが、12月の利上げ後には国債利回りが高くなっています。国債のリスクプレミアムがなくなったと考えるべきか、国債がオーバーシュートしていると考えるかはむずかしいですが、ここでは5年国債利回りと5年物OIS金利も安定的であるため、あえて意識せずのスタンスとします。

　次に、想定レンジの下限金利を考える必要があります。まず利下げはあるのかどうかということですが、今回はない前提で考えてみましょう。米国金利の利下げ懸念が出てくるような経済環境が発生し、自行の収益状況に影響があるとすれば、一般的には株価が低迷し貸出も伸びないいわゆる景気低迷や景気後退ということですが、債券としては儲かる方向性になってしまうので、いったんここでは利下げはないという前提としましょう。その場合、先ほどと同じように最小金利差をみてみます。2年国債では政策金利（下限）＋0.26％程度、5年国債で政策金利（下限）＋0.62％程度となっています。

　より精度を上げるためには、利上げ時期も検討する必要があります。本章第3節において時間軸を考えるべきであると説明しましたが、たとえば、2019年3月に利上げを想定するということになると、2019年度は評価損を抱

えてスタートすることにもなりかねません。これを回避するには利上げ時期の特定まで必要で、それによって想定するイールドカーブが特定化されます。

②　具体的なイールドカーブの算出と共有化

　2017年12月末日時点の市場予測としては、2018年中に年3回の利上げ、以降2021年の年末時点での政策金利2.5％到達によって利上げ終了を織り込むようなかたちとなっていました（図14参照）。ほかのシナリオと見比べつつ、いったん利上げを年2回とし、2018年6月と2018年12月に利上げが実施されることを想定するとしましょう。1回の利上げ幅を0.25％とすると、2018年6月に1.50％、2018年12月に1.75％に到達することになります。先ほど2年国債利回りとOISが安定しているということだったので、政策金利見通しが2年債利回りに連動しており、5年債利回りにもほぼ連動していると考えられます。厳密には現在価値化して考える必要はありますが、理解しやすいよう単純化して、単純利回りベースでの総和が5年国債利回りを形成すると考えます。実際の市場では、「ドルで運用しても円で運用しても同じ（という概念で先物レートが決定）」「3年間の運用において、一度に3年間、1年＋2年、2年＋1年といったいずれのケースで運用しても同じ（という概念で先物レートが決定）」ということなので、拡大解釈すると、以下のように置換え可能となります。

　5年国債利回り≒今後の利上げを想定した政策金利見通しの5年間の累積＝1年目の政策金利推移＋2年目の政策金利推移＋…＋5年目の政策金利推移

（注）　たとえば、ゼロ金利が3年間、4年目が0.5％、5年目が1.0％であれば、5年国債利回りは0.3％（＝（0.0＋0.0＋0.0＋0.5＋1.0）％／5年）。なお、本来はリスクプレミアムも勘案するべきであるものの、ここでは0として考えている。

第5章　市場関連業務　203

図13　米国金利の利上げ織込みと米国債利回り

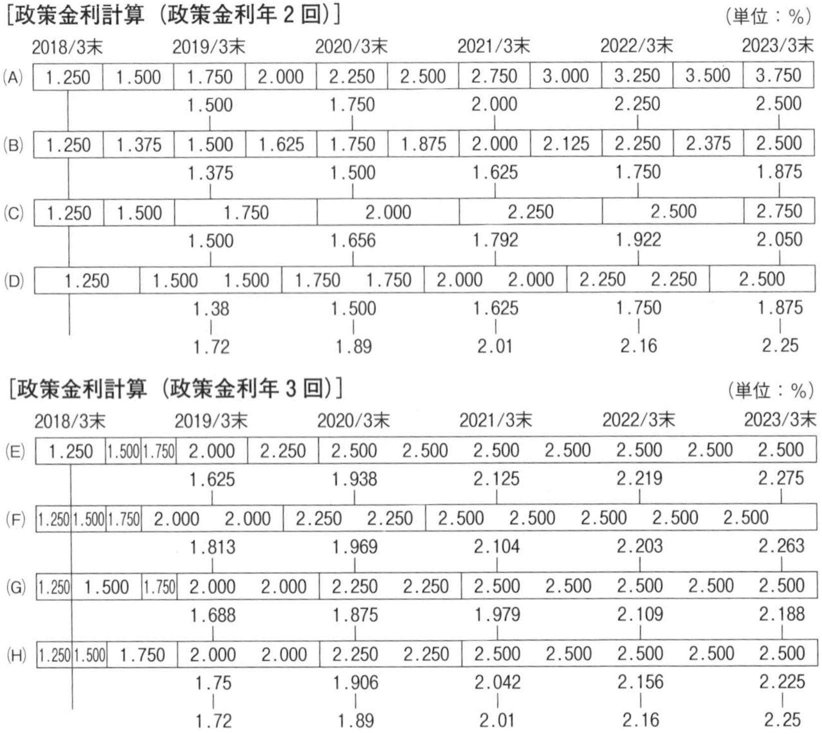

［政策金利計算（政策金利年2回）］　　　　　　　　　　　　　　　（単位：%）

	2018/3末		2019/3末		2020/3末		2021/3末		2022/3末		2023/3末
(A)	1.250	1.500	1.750	2.000	2.250	2.500	2.750	3.000	3.250	3.500	3.750
		1.500		1.750		2.000		2.250		2.500	
(B)	1.250	1.375	1.500	1.625	1.750	1.875	2.000	2.125	2.250	2.375	2.500
		1.375		1.500		1.625		1.750		1.875	
(C)	1.250	1.500	1.750		2.000		2.250		2.500		2.750
		1.500		1.656		1.792		1.922		2.050	
(D)	1.250		1.500	1.500	1.750	1.750	2.000	2.000	2.250	2.250	2.500
		1.38		1.500		1.625		1.750		1.875	
		1.72		1.89		2.01		2.16		2.25	

［政策金利計算（政策金利年3回）］　　　　　　　　　　　　　　　（単位：%）

	2018/3末			2019/3末		2020/3末		2021/3末		2022/3末		2023/3末
(E)	1.250	1.500	1.750	2.000	2.250	2.500	2.500	2.500	2.500	2.500	2.500	2.500	2.500
		1.625			1.938		2.125		2.219		2.275	
(F)	1.250	1.500	1.750	2.000	2.000	2.250	2.250	2.500	2.500	2.500	2.500	2.500
		1.813			1.969		2.104		2.203		2.263	
(G)	1.250	1.500	1.750	2.000	2.000	2.250	2.250	2.500	2.500	2.500	2.500	2.500
		1.688			1.875		1.979		2.109		2.188	
(H)	1.250	1.500	1.750	2.000	2.000	2.250	2.250	2.500	2.500	2.500	2.500	2.500
		1.75			1.906		2.042		2.156		2.225	
		1.72			1.89		2.01		2.16		2.25	

　この考え方を踏襲して、利上げのイメージと完成するイールドカーブのイメージをつくると、図13のようになります。想定する利上げ回数と利上げ幅に関しては、市場予想としては(H)のようなかたちですが、自行としてのシナリオ化においては、たとえば、5年ゾーンのリスクシナリオとして(A)の2.5%程度を上限として考えるようなイメージになります。こうした見通しを各部門で意見交換することで企画やリスク管理、市場の各部門が意思統一をしやすくすることを目指すことになります。

　市場予想という観点では、もちろん事後的に振り返って的中していたということが理想ですが、計画策定段階においてはすべて的中させることは不可能です。現実感のあるシナリオ案を策定したうえで、関係部門で意見交換を

して最終確定をすることが重要で、期中の市場変動に応じてシナリオ変更の必要性を議論すれば、オペレーション統制は可能であると考えられます。

　ここでは2018年度計画策定を前提としてまずはイールドカーブ想定を行っているわけですが、ここで1点忘れてはいけないことがあります。新年度期末時点では、仮にシナリオが的中したとしても、イールドカーブの形状は計画策定段階と違います。いわばフォワードレートが実現したようなかたちになるので、期末着地時点を前提とした期中のオペレーションが必要になります。想定レンジに関しても同じことがいえ、たとえば期初でいう5年物金利は期末では4年物金利となり、期末時点でいう5年物金利は期初でいう1年先5年の金利になります。つまり、想定イールドカーブが的中し、かつ、市場変動はその理論価格に均衡するという前提であれば、期初の1年先5年以上の利回りを意識して買っていれば、期末時点で評価損が発生しないというオペレーションが実現することになります。

　市場ではよくオーバーシュートが起こります。債券市場でいえば、金融政策を変えないのに買われ過ぎたり売られ過ぎたりするような状況ということですが、オペレーションとしては買われ過ぎの時に売却をし、売られ過ぎの時に購入することができれば（一定の適正水準に戻る前提で）評価損益を気にする必要はなくなります。これをイメージできれば、想定レンジとオペレーションがうまくつながることになります。

第5章　市場関連業務　205

第 **6** 章

ALM 運営・
流動性リスク管理関連業務

銀行の中核的業務として貸出・預金業務、市場関連業務をみてきましたが、全体バランスを考えるうえでは ALM 運営のあり方、それを支えるうえで重要な流動性リスク管理、資本管理といったものがあります。資産側のデュレーションと負債側のデュレーションを完全マッチングさせるのではなく、資産側デュレーションをより長期化させる長短ギャップ運営を継続的に行ってきており、1990年代の不良債権処理を進めるうえでもこれが損失をカバーする主たる収益源となりました。この運営を可能にするためには資産側よりも先に期限を迎える資金調達の継続が前提となり、流動性リスク管理が重要になってくることになります。

第1節　ポートフォリオ構築に向けた課題

(1)　本支店レート制度における課題認識

銀行の管理会計制度において重要な役割をしてきたのは、本支店レートと呼ばれる基準金利を設定し、運用・調達において取引金利との差を部門収益とする考え方です。財務企画部門が銀行のなかの銀行のような役割となり、財務企画部門と各収益部門との間で資金貸借をする考え方であり、定期的に本支店レートを見直しすることによってボリューム調整機能も考慮したオファー・ビッドが ALM 収益の根幹となります。

古い話になりますが、かつての長期信用銀行は5年物の利付金融債を発行し、5年物をベースとした長期貸出を実施するビジネスモデルであり、利付金融債のクーポン＋0.9％が長期プライムレートとして公表されていました。このため5年を超過する長期貸出においては5年後の金利見直しが前提となっていて、ALM 的には負債側が5年の固定金利調達、資産側も5年の固定金利運用となります。貸出の償還方法が最終期限に一括償還であれば完全マッチング、分割償還であればその分ギャップが生じるかたちでした。再

208　第2部　各業務運営に関する数値検証

運用時の金利リスクがあったことから、ALM 運営としては有価証券運用や円金利スワップを多用するというスタイルでした。論点としては再運用時における金利リスクもありますが、0.9％で本当にコストがまかなえていたのか、0.9％に含まれるコストの特定は明確にできていたのかが気になるところです。本支店レートのオファー・ビッドに関しても同じことがいえ、本支店レート設定に関するまず 1 つ目の課題として考えてみる必要があります。そこで貸出金利を分解してみましょう。

【貸出金利を分解して部門収益とコストを整理する】

［本支店レートのオファー・ビッドでコスト関連をカバーしている場合］

貸出金利＝本支店レート（オファー）＋適正クレジットスプレッド
＋超過利鞘

［コストをカバーしていない場合］

貸出金利＝本支店レート（オファー）＋適正クレジットスプレッド
＋超過利鞘＋各種コスト

本支店レートのオファー（部門の資金調達コスト）とビッド（部門の資金運用コスト）の差において、人件費やシステム費用、営業活動費用等のコストが勘案されているとすれば、販管費部分はカバーされているようなイメージになります。さらに資本コストが含まれているとすれば、当該貸出に関する種々のコストは一通りカバーされているようなイメージになります。ここでは概念整理なので各種コストの定義はしませんが、管理会計制度とすれば、各種コストが含まれているかどうかを明確にし、カバーされていない部分を貸出金利に上乗せできれば問題がないようにみえます。そうなると、本支店レートのオファー・ビッドでカバーしているコストとカバーしていないコストを自行内で周知徹底すれば、一義的には問題解決ということになります。

第 6 章　ALM 運営・流動性リスク管理関連業務　209

次に、貸出において最終期限に一括償還ではなく分割償還となっている場合を考えましょう。たとえば、最終期限は5年後である貸出において分割償還があると、計算される平均デュレーションは、（償還方法にもよりますが）おおむね3年程度になると推測されます。償還の枝ごとに管理会計上の収益も計算されるシステムであればよいですが、平均デュレーションという考え方で計算されるシステムであればさまざまな問題が噴出します。適正クレジットスプレッドはどのように考えるのか、まかなうべきコストはどうなるのかといった問題です。銀行全体で考えれば、再運用リスクも生じる可能性があります。単純ではあるのですが陥りやすい勘違いを、例示してみましょう。

【分割償還付貸出の適正金利条件】

　貸出金額1億円、期間5年、1年後以降毎年2,000万円ずつ均等償還を想定。

① デュレーションの算出

1年	2年	3年	4年	5年

平均残存期間は、
（5年＋4年＋…＋1年）／5
＝3年

② 適正貸出金利の算出

	市場金利	スプレッド	適正金利
5年	0.50%	1.00%	1.50%
4年	0.40%	0.80%	1.20%
3年	0.30%	0.60%	0.90%
2年	0.20%	0.40%	0.60%
1年	0.10%	0.20%	0.30%

上記貸出の適正貸出金利は、
（1.5×5＋1.2×4＋…＋0.3×1）／15
＝1.1%

平均残存期間は３年でも、適正貸出金利は1.1％となるため、平均残存期間に対する適応金利を使用すると、本来獲得するべき金利条件と差異が出てしまう。

適正貸出金利に関しては、５年間の累積受取利息を考えれば理解できると思います。(2,000万円×) 1.5％×５年、(2,000万円×) 1.2％×４年、というかたちで枝ごとに計算し、年換算利回りを計算するので (2,000万円×) 15 (＝５年＋４年＋３年＋２年＋１年) で割ると1.1％となるため、平均残存期間に対応する0.9％を貸出金利としてしまうと0.2％の誤差が生じます。つまり、債務者との約定金利が0.9％では大問題ですが、約定金利が1.5％であったとしても部門評価レートにおける基準金利 (本支店レート) が0.9％で設定されてしまうと、形式上では評価益が大きく出るようにみえてしまうということです。貸出関連業務は現状の国内財務会計において時価評価を行っているわけではありませんが、時価評価への移行ということを想定する場合、市場金利部分の変化とクレジットスプレッドの変化を切り分けて算出する必要があり、当然約定金利が適正ではないケースや本支店レートが適正ではないケースでは、正確性における課題があるということになります。

こうした問題に関し、従来からの貸出の金利条件としては、最終期限を前提とした金利条件としているのが一般的であり、平均残存期間という概念を使った金利条件ということは少ないと考えられます。このため、銀行の財務会計上の収益面としては大きな問題にはならない (ただし分割償還額に関する再運用リスクは存在) と考えられますが、時価会計ベースでの評価損益勘案ということであれば、実行時に評価益が大きく計上されることになるため (最終期限に対する適正スプレッドと平均残存期間に対する適正スプレッドの差が計上される)、仮に評価損益変化を部門評価に加えるとすると、デリバティブを使って利鞘を一括計上したケースの概念と似たような経済効果になると考えられます (※9)。

(※9) 国内財務会計をベースとして考える場合、約定レートがその時点での時

価という考え方になり、スタート時点で評価益になるという考え方とは異なると考えられます。ここでいう評価益は、最終期限にあわせた金利条件とした場合、理論的な期待損失額に見合う金利条件ではないために、超過スプレッドが発生するという意味になります。

市場金利変化とクレジットスプレッド変化を切り分けるという点では、社債発行をしているのであればすでに負債の時価評価（注記ベース）が開始される際にクリアしている問題でもあります。銀行が発行する社債で分割償還がついているケースは少ないと考えられますが、基本概念としては銀行ノウハウとして蓄積されているはずなので、部門間での意見交換によって対処することは可能であるはずです。大手証券会社では MTN を発行していることにより、この作業は、いまとなっては当たり前の感覚で処理されていると考えられるので、社債を発行していない場合には大手証券会社のノウハウをヒアリングしてみるということも有効かもしれません。

(2) 全社コストの配分の検討

第4章第3節において預金コストから考えられる所要運用利回りについて分析を行ってみましたが、ここでは管理会計上の課題整理として、配分がむずかしいコストをどのようにするかを考えてみましょう。運用部門に対して「運用資産を構築するための資金調達コストを転嫁する」という点では、従来の本支店レート制度（もしくは FTP）によって転嫁しているということはいえるのでしょうが、本支店レートでまかなっているコストが不明であることから、仮に本支店レートでまかなっていないコストは全社コストという位置づけで考えてみることから始まります。

まったく定義できていない全社コストに関しては、銀行によって程度問題がかなり違うと考えられ、精緻な計算ができていない、計算はできているが配分ルール（部門への転嫁方法）が決まっていない、一部のコストについては転嫁ずみ、といった違いがありますので、一概にどうするべきとは言い切れませんが、筆者としては以下のように考えています。

212　第2部　各業務運営に関する数値検証

【全社コストに関する考え方】

［前提］

・可能な限り、所要コストは収益部門に転嫁する。

［想定する配分方法］

・本支店レート（もしくはFTP）によるコスト転嫁。

・損益付替えによる部門への転嫁。

　まず前提条件に関してですが、業務継続を行っていくうえで不可欠なコストは多岐にわたっているものの、多少のコストカットは可能であっても回避はできないため、必ずなんらかのかたちでカバーすることが必要になります。コストをカバーする方法は収益獲得しかないので、収益部門に対して転嫁するという考え方しかありえません。実際に収益部門に転嫁するかどうかよりも、まずは最低所要収益を算出するためにコストを精緻化するという考え方になります。

　算出可能なコストに関しては算出できたという段階で、次にどのようなかたちで配分するべきかを考えないといけません。仮に、資本コストについて考えた場合、本支店レート制度の問題でもあるのですが、単純に本支店レートのオファー・ビッドに組み込めばOKということにはなりません。第3章第5節における図3を参考に、本支店レートへの組込みだけでは対処しきれない部分を考えましょう。

　本来資本コストそのものの定義づけから考えないといけませんが、いったん規制資本に関して定義づけしたとしましょう。収益部門に必ず資本配賦を実施しているという前提では、配賦資本額に応じた資本コストを収益部門に転嫁するとすれば、本来の所要コストとはX部分のギャップが生じ、実際に使った資本額を収益部門に転嫁する場合にはYのギャップが生じます。本支店レート制度では、使わない部分は基本的に転嫁されないので、本支店レートに組み込む方法では配賦資本額に基づく方法よりもさらにギャップが大き

第6章　ALM運営・流動性リスク管理関連業務　213

図14 所要コストをまかなう方法の検討

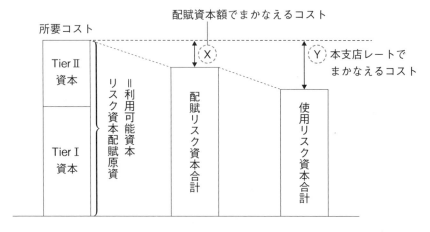

いということになり、必ずしも資本コストを組み込んでしまうのが正解とはいえません。新規貸出時のプライシングにおいて組み込むことは必要ですが、銀行全体の管理会計としてはまかないきれないコストとして把握する必要があります。こうしたものを全社コストとして考えるということです。

この問題を解決しようとする場合、まずは所要コストを把握するということが必要で、仮に所要コストをZとすると、Z−XないしはZ−Y部分を損益付替えで対応するということが必要になります。あるいはプライシングは別として、最低所要部門収益として収益部門と共有し、目標設定を最低所要部門収益＋追加の部門収益として設定することが考えられます。

どのような方法がよいということではなく、どのコストが把握できていて、どのコストがまかなえていないのかによって異なる対応となるので、まずは1年間何もしなくても必要となるコスト（＝最低所要コスト）を把握することが重要です。

(3) ポートフォリオ構築の留意点

最低所要コストが把握できるということは、最低期待収益も事実上理解で

きたということになります。所要コスト全体に（最低）収益目標額を加えた
水準が（最低）期待収益額となり、期待収益を実現できるポートフォリオを
構築できれば、目標達成を実現できる可能性が広がることになります。もち
ろん想定外の事態が起こりうるので、必ず実現できるとはいえませんが、前
年度実績ベースで目標設定をするよりも黒字確保等の目標達成の可能性が高
まると考えられます。

　ポートフォリオ内訳を考える場合、まず大きく貸出関連と市場関連に分け
られますが、計画策定時におけるポートフォリオ構築までには3つの観点が
必要です。収益部門側論理、企画部門側論理、リスク管理部門側論理です。
収益部門に関しては貸出関連と市場関連に細分化できます。そこで4つの観
点それぞれについて簡単に触れておきましょう。

①　貸出関連ポートフォリオについて

　貸出関連で考える場合、理想形を追い求めるとすれば、内部格付、業種の
バランス、デュレーション、金利条件をみて問題があれば是正することにな
ります。現実的には業種バランスやデュレーションを理想形に近づけること
がむずかしいと考えている銀行が多いのか、共有してもそれほど意味がない
と考えているのか、仮に内部では想定するポートフォリオがあっても各営業
部店まで共有されることは少ないようです。営業部店に関してはおおむね営
業区域の分担（本店営業部では業種の分担）がなされているので、業種バラン
スを意識して営業活動を実施することは可能ですが、現実の壁に阻まれて諦
めムードということなのか、内部格付を中心としたオペレーションが主体で
ある印象です。デュレーションに関しても、貸出自体が債務者の要望があっ
てはじめて成立するので、勝手にデュレーションコントロールのために交渉
できないということなのか、本支店レートによる調整能力を信じているの
か、それほど強く理想形に近づけようという意識は感じられません。金利条
件に関しても、ポートフォリオ上固定金利がよい／変動金利がよいといった
ことはありますが、短期プライムレートのように実態として固定なのか変動

第6章　ALM運営・流動性リスク管理関連業務　215

なのかわからないようなものもあるので、議論することは逆に混乱要因になるのかもしれません。

　貸出関連の理想的ポートフォリオを構築するうえでは、本来デリバティブは理想的商品であったのかもしれません。固定／変動は円金利スワップ、ポートフォリオとしてはCDS（クレジット・デフォルト・スワップ）で業種バランスやデュレーションのコントロールがある程度できるはずですが、いまとなっては規制強化の流れに飲み込まれてしまい、ヘッジコスト（担保コストを含む）がかなり必要となってしまったため、デリバティブ本来の機能を有効活用しにくくなりました。そうなると、もちろんバルクセールのような方法も残ってはいますが、諦めずに自助努力（営業努力）していく以外に道はなさそうです。

②　市場関連ポートフォリオについて

　有価証券に関しては、商品が多岐にわたっているので、選択肢も多々あります。金利系商品で最低所要利回りを意識した構築方法、株式を多く組み込んで資産価格の上昇を期待する構築方法、また自己で運用するのか委託をするのか、時価評価や換金性の問題まで含めて全体バランスを考えることになります。

　金利系商品による最低所要利回り追求型であるとしても、最終利回りベースでの購入＋中長期保有を前提とするのか、一部短期売買によるキャピタルゲイン分を考慮するのかによって違いもあります。ポートフォリオ構築においてターゲット金利を社内的に決めてしまい、それを上回っていれば無条件で購入というオペレーションを仮に行うとしても、市場関連部門には収益目標もあるので、ターゲット金利までの金利上昇がない場合や、金利低下時対応はどうするのかという問題が必ず表面化します。短期売買によるキャピタルゲイン期待も含めるとなると、市場予測の精度とオペレーション能力が求められるので、それらの自己評価もあらかじめ行っておく必要も出てきます。

216　第2部　各業務運営に関する数値検証

短期売買によるキャピタルゲイン期待に関しては、すでに第5章でも触れましたが、想定シナリオと想定レンジ設定を考慮する必要があります。その他有価証券で運用してきた担当部門とすると、それまでも完全時価会計ベースで部門評価されてきたということであれば問題ありませんが、評価損益をそれほど重視してこなかったとなると、目標設定には慎重にならざるをえません。それでなくても低金利時代なので、短期売買による損失が発生するとクーポン収入ではカバーしきれなくなります。言い換えればリスクと見合っていない金利水準なのかもしれませんが、そこは市場予測能力とオペレーション能力で判断する以外にはありません。

③　リスク管理・規制関連での視点

　貸出や市場関連の各部門とのポートフォリオ内訳と、最低所要利回りを勘案したポートフォリオ像に加え、もう1つ重要な点はリスク管理や規制対応の観点です。実際の計画策定においては、収益部門側のイメージと企画部門側のイメージだけではなく、リスク管理部門側のイメージを加えた3つの観点でのトライ＆エラーによって共有化しながらポートフォリオの全体像を構築することになります。

　規制要件に関し、具体的な規制値の算出を求められるものは事実上の必須条件です。自己資本比率を考える場合、国内基準行では4％以上でクリアとなりますが、現状8％あって新年度期末に4.3％まで低下したとなると、仮に、それがリスクアセット積み増しを計画して実現した予定どおりの結果であったとしても、思わぬレピュテーショナルリスクにさらされるかもしれません。規制値を開示するということは業務効率性追求において制約条件ではありますが、水準によっては「世間が許さない」という問題が生じ、必要以上に高くせざるをえない部分があると考えられます。特に長い間、経営上の安心材料として高い自己資本比率を示そうとする銀行が多かったため、資本効率性で他業界にも後れをとる結果となり、結果としても保守的経営になっているということでしょう。

第6章　ALM運営・流動性リスク管理関連業務　217

表37 流動性規制 LCR と資金繰り逼迫度区分に基づく資金バッファー（例）

[従来の資金繰り逼迫度区分とバッファー運営]

資金繰り逼迫度 区分	O/N 期落ち ギャップ	1M 期落ち ギャップ	日次保有 バッファー
平常時	1,000億円以内	3,500億円以内	1,200億円以上
懸念時 1	800億円以内	3,200億円以内	1,100億円以上
懸念時 2	600億円以内	2,900億円以内	1,000億円以上
危機時	400億円以内	2,600億円以内	900億円以上

[規制要件（LCR）]

規制値	Outflow メド	Inflow メド	所要 HQLA
LCR100％以上	4,200億円	500億円	3,700億円以上
LCR110％以上	4,200億円	500億円	4,100億円以上
LCR120％以上	4,200億円	500億円	4,500億円以上

　リスク管理や規制対応の観点で今後重要なポイントとしては、想定するポートフォリオにおける規制値への影響度把握や所要資本額等の算出になります。規制強化によって、実際の環境認識では問題ないと考えられる内容であったとしても、規制上の所要バッファーが求められるため、環境認識（シナリオの精度）と所要バッファーの効率性の見極めが必要です。場合によっては、業務運営ルールも見直す必要もあるかもしれません。所要バッファーと余剰バッファーの関係性を理解するうえでは、国際統一基準行の LCR を例にすると把握しやすいので、どのような問題があるかをみてみます。

　表37を把握するうえで、従来の資金繰り逼迫度区分に基づく運営と規制要件の算出根拠を整理しないといけません。資金繰り逼迫度区分においては、「期落ち限度」という発想なので、日々の資金過不足合計を日次（O/N）や月次（1M）で算出することになります。この考え方は日次ストレステストにも拡張でき、日々の資金過不足合計に加えて、ストレス時資金流出分を勘案して日々の資金過不足合計を算出していけば簡単な日次ストレステストの

218　第 2 部　各業務運営に関する数値検証

モニタリング方法になります。

　規制要件（LCR）での考え方は、「30日間の Netflow（＝30日間の Outflow −30日間の Inflow)」を算出し、それに見合うバッファーを保有することにあり、資金フローに関してはストレス時想定として計算するようになっています。日々の過不足で勘案するネッティングにおいて認められるものと認められないものがあるので、イメージ的にはネッティング後の資金不足額よりも、単純な資金流出額の合計を意識するべきと考えるほうが妥当でしょう。つまり、資金繰り逼迫度区分における概念と規制要件では Inflow の見積もり方にも違いがあるという言い方もできます。

　このため資金繰り逼迫度区分に基づく業務運営では、O/N の資金ギャップに見合うバッファーを毎日持ち続ければ資金繰りは大丈夫という考え方を前提とするものの、規制要件では最初から30日相当分の資金流出に耐えきる前提なので、表37における前提では、当然規制値をクリアしようと思えば追加バッファーが必要になることになります。ただ現実の世界では、世界的な緩和モードなので、資金繰り逼迫度区分に基づく運営でも保有バッファーは大量にあるかたちになっていると想像されます。

　こうした前提条件下で業務効率性を改善させようとする場合、自行として考えるストレス要件と規制上のストレス要件の違いおよびその影響度を考慮することになり、仮に、自行のストレス時影響度と規制上のストレス時影響度が同じであれば、規制要件をクリアしていれば問題ないということになります。資金繰り逼迫度区分に応じた流動性バッファーや期落ち限度の設定ができるというのがリスク管理高度化の発想に近いはずですが、規制要件が危機時想定である以上、期落ち限度やバッファー設定に関しては資金繰り逼迫度区分の危機時対応と似たようなものになります。業務運営において追加的なバッファーはほぼ不要であり、平常時においてはむしろ過剰バッファーの感覚となるので、規制要件に付加されるようなバッファーを設定するとさらに過剰なバッファーが増えることになりかねません。これは LCR120％目標ということも同様で、現実としては分母と分子が両方変動値であることによ

第6章　ALM 運営・流動性リスク管理関連業務　219

る統制のむずかしさがあるので仕方ない部分がありますが、統制能力がある前提では常時105%±2％というようなかたちにすることによる効率化も目指せることになります。

ポートフォリオ構築との関係においては、資産側の品質変更によって規制値に影響を与える部分もあるので、急激な変化は困難であるものの、中長期的には改善させることは可能です。自己資本比率であればリスクアセット量の変化、LCR であれば換金性（HQLA）の変化によって規制値に変化を与えられるため、「通貨別 LCR の水準維持の観点から外国債券は Level 1 資産前提」というような運営も考えられます。

④　企画部門による要対応事項

経営企画部門と財務企画部門では担当する分野に違いがありますが、ポートフォリオ全体を見通した業務計画策定という観点では、いずれの部門も重責を負う部門となります。企画部門の任務としては、理想的なポートフォリオ構築のために何ができるのかを整理し、どのようにすれば推進力が出てくるのかを考えて実践することにあります。一方で、経営者にもいえることですが、ステークホルダーの要望も把握し、制約条件として設定することも考えておく必要があります。リスク管理や規制要件上の制約条件も存在するので、当然すべてを遵守するということは困難な場合があり、優先順位づけすることも必要です。

詳細に関しては順次触れていきますが、外貨建て資産の構築と外貨調達手段、長短ギャップ、資本政策と配当政策、といった大きなテーマがあるなかで、業務推進という観点では本支店レートの影響度分析や重要指標設定・KPI設定等も検討材料となり、複合的にマーケティング戦略・開示対応も関係してくるので、本部人員削減の流れが主流となっているなかでは、十分こなしきれない状況でしょう。しかしここで記載している事項だけでもその重要度は理解できると思います。

第一地銀や第二地銀での開示資料をみている限りでは、BPR による営業

部門の業務効率性の改善を説明するものが多くみられます。第4章第3節での預金コスト分析結果に鑑みると、FinTechをはじめとする近年の業務やシステムの変化に追随してコストカットも進めたいということは理解できます。しかし、仮に余剰人員が出てきても、リストラ策発表＋人員カットということは簡単にできませんし、やるべきかどうかの問題もあります。地域貢献という大きなテーマを掲げるなかで、地域を代表する銀行が人員カットというのは、地域経済に悪影響を及ぼしかねないからです。

このように考えるべき事項は多数であるものの、処理能力的には限界に近いということであれば、優先順位づけする以外に方法はありません。規制値のような必須条件、業務運営上できれば遵守したい条件、それ以外、というような優先順位づけもできるでしょうし、タイムスパン別で整理することもできるでしょう。それ以上に重要なことは、優先順位づけ（計画策定）の後には業務推進（オペレーション）が付随してくるので、オペレーション能力まで想定して順位づけすることが求められます。

第2節　外貨ALMと外貨流動性強化に関する課題

(1) 外貨ALM構築のむずかしさ

外貨ALMは概念的には円貨ALMの他通貨版という印象かもしれませんが、これを本格的に態勢構築しようとするととても大変です。円貨ベースでのALMを何十年とやってきて、それでも管理会計制度面での不十分さもあれば、理想的ポートフォリオ像構築にも至っていません。ほとんど無に近い状況であるからこそ構築しやすい部分もあるかもしれませんが、取り扱う通貨の数やボリュームに応じて必要となるガバナンス項目も増えてしまうので、一筋縄にはいかないと考えるべきでしょう。しかし国内基準行の場合は

第6章　ALM運営・流動性リスク管理関連業務　221

ともかく、国際統一基準行であれば考えていかなければならない話であると思われます。

ポートフォリオ構築を想定する場合、まず期待収益をどの通貨ベースで考えるのかをルール化しないといけません。当該通貨の負債があり、同額の資産によって構築するということを想定すると、得られるクーポン収入やキャピタルゲインは外貨ベースとなります。いったん外貨ベースで計上・プールし、適当なタイミングで円転するとしても、外貨建ての収益に対する為替変動リスクをだれが統制するのかという問題も出てくるので、場合によっては業務分掌の見直しまで実施しないといけなくなります。円貨ベースでの管理会計制度においても、収益部分まで完璧に反映したものは構築されていないと考えるのが妥当でしょうから、取扱可能なヘッジ手段の確認や運営方針の策定等、仮に2通貨（たとえば、日本円と米ドル）であるとしても態勢構築準備としては円貨の2倍以上になる可能性があります。

ポートフォリオ構築イメージをもつ場合、本来であれば取扱いを想定する通貨に関するさまざまなデータが必要になります。為替レートやイールドカーブ、株価等は当然のこととして理解できると思いますが、通貨別・格付別クレジットマトリックスのようなものがないと、外貨建て社債投資や外貨建て貸出もクレジットリスクに見合う適正スプレッドがわからないという問題が発生します。実質円貨ベースのフルヘッジによる収益確保ということであれば円貨ベースでの適正スプレッドを確保すればよいですが、外貨ALMという発想であれば、所要コストも本支店レートのオファー・ビッドも外貨で考えるということが基本になるので、構築はそれほど単純ではないということになるのです。

国際統一基準行は海外店舗をもっているので、海外市場全般だけでなく、自行の外貨建て資産・負債をモニタリングするということも違和感なくできるかもしれませんが、国内基準行であればどこまで社内整備をするのか、あるいは社内管理上問題のない範囲内で保有するのかという話になり、限定的な業務範囲で実施するというのがいったんの現実解としている印象です。し

かし、開示データに基づいてポートフォリオ変化をみてみると、外貨建ての
その他証券（期限の定めなし）が増えているケースが多くみられ、債券ファ
ンドや ETF 等に配分されていると推測されます。海外店舗を持ち合わせて
いないと市場をみるのは困難であると考えれば、第三者に運用してもらう発
想はあるかもしれませんが、内容がわかりにくくなるという問題からリスク
管理面での懸念材料が出てくるので、限定的であるとしても関係部署間での
業務運営上の課題整理をした後で実施することが重要です。

(2) 外貨流動性リスクの勘案

　一定の業務処理能力が備わっている前提で外貨 ALM を構築していく場
合、円貨 ALM と外貨 ALM のバランスを考えなくてはなりません。最近の
収益環境では資産の外貨建て利回りだけがクローズアップされがちですが、
ALM 的には負債側コストと資金の再調達に関するリスクも想定する必要が
あります。収益面での期待値でポートフォリオの割合を考える際に、負債側
の外貨調達可能額という制約条件とオペレーション上のポジション管理能力
が制約条件となり、その制約条件がポートフォリオを決定しているケースの
ほうが多いかもしれません。

　負債側に関してまず考えていくと、円貨に関しては預金が圧倒的ボリュー
ムとなっており、期限の定めのない預金に関してはコア預金モデルを使って
恒常的に残る預金量を把握できているので、流動性リスク管理や流動性規制
に対しても大きな課題にはなりにくいといえます。調達の表面金利も把握で
きるので、資産側の運用ターゲットレートも（正確性はさておき）ある程度
把握できるといえるでしょう。しかし、外貨預金に関してはデータが不十分
であるため、ボリューム的に少ない間は１対１マッチングに近いイメージに
よる資産の構築は可能かもしれませんが、一定程度は為替の直先スワップ等
も加えながら資産側の外貨調達を支えるかたちにならざるをえません。為替
のスポット取引で資産側の資金調達を行ってもよいですが、その場合は為替
変動リスクをまともに受けることになります。為替リスクをオープンにした

第6章　ALM 運営・流動性リスク管理関連業務　223

まま外貨建て資産をもつことを想定するのであれば、為替変動も勘案した期待収益を考える必要があり、計画策定段階では通貨間の金利差をシナリオ化することになるでしょう。

　外貨 ALM 構築を目指すうえで、外貨調達の安定化を目指す場合、おのずと外資系金融機関にコミットメントライン等を設定してもらう必要性が出てきます。海外店舗がある国の通貨であれば、資金不足も対処可能かもしれませんが、海外店舗がない国の通貨や、資金決済量が多い通貨であれば、なんらかの代替調達手段は必要になるので、一定の決済量を超過している通貨から順次検討することが必要です。特に、コミットメントラインの場合に関しては、設定枠内からの資金のドローダウンに必要な日数と、設定する銀行向け支払手数料の問題もあるので、Ｔ＋０、Ｔ＋１、Ｔ＋２、といったそれぞれの約定時点から資金決済までの時間（所要日数）を考慮して対処するべきです。

　業務効率性も含めて考えていくと、国内メガバンク級の海外業務展開であれば話は別ですが、それ以外の国際統一基準行クラスであれば、資産側の換金性を意識した ALM（流動性規制でいう HQLA でのポートフォリオ構築）が無難な対応になると考えられます。HQLA によるポートフォリオ構築であれば、期待収益はそれ以外の資産より劣るかもしれませんが、流動性リスクはほとんど意識をしなくてもよいはずです。レポ市場も海外市場のほうが発達しているので、流動性規制導入前に比べて仮に市場流動性が低下していたとしても、自行の資金をつなぐ程度には困らないと考えられます。中長期的には外貨預金取扱いによる外貨ベースのコア預金モデル検討まで必要でしょうが、それまでの暫定処置としては HQLA による資産側の換金性重視スタンスで臨むのが合理的でしょう。

(3)　円貨 ALM とのバランス

　ポートフォリオの通貨別内訳を考える場合、一義的には資金利鞘（＝運用利回り－調達利回り）に基づく資産配分を中心として考えることになります

が、資産・負債ともに円貨とは異なるデュレーションになると考えられるため、デュレーションコントロールをどこまで重視するべきかという論点が出てきます。

　資産側であれ負債側であれ、それぞれの最終期限は分散されていることが理想であり、それは通貨別管理においても同じことがいえます。しかし極端な例ではありますが、全通貨ベースでの管理としては、円貨ポートフォリオで資産側デュレーション3年だけ残高が少ないといった事態となっている場合、外貨建て資産はデュレーション3年中心という考え方もありうることになります。期待収益を主軸に考えるのか、リスク管理を主軸に考えるのかによっても想定ポートフォリオに違いは生じてきます。方針そのものは自行で考えるしかありませんが、たとえば、「日本国債から外貨建て劣後債へシフト」というようなことを想定すると、リスク量が急増するなかでオペレーション統制能力として耐えられるのか、損失発生時にP/L面で耐えられるのかという問題が噴出するので、ポートフォリオ構築においてはなんらかの制約条件を意識しながら配分を決定するということであり、その制約条件が期待収益なのかリスク量なのか、あるいはデュレーションなのか負債とのギャップ量なのか、という判断軸を設けることで最終的なバランスが決定することになります。

⑷　国内基準行における外貨建てポートフォリオ

　外貨建てALMの構築や外貨調達の安定性というテーマは、国際統一基準行においては当然高度化を意識するべきテーマになりますが、国内基準行においてそこまで意識するべきかについては疑問の余地あります。海外での対顧ビジネスに基づく外貨決済が多い場合は別ですが、そのようなビジネスはほとんどないのが国内基準行の業務範囲です。一定の収益期待のためのポートフォリオ構築のための外貨建て資産ということであれば、極端な話ですが、為替スポット取引でのポジショニング100％のほうが理に適っているかもしれません。リスク量と期待収益（および想定シナリオ）に基づいて投資

第6章　ALM運営・流動性リスク管理関連業務　225

判断するかたちとし、外貨建て ALM 構築までは想定しないというのがすっきりするという考え方もできます。

　国内でのマイナス金利政策導入により、各種手数料獲得という収益拡大策を別として考えると、ポートフォリオは基本的に外貨建てに向かうか、あるいはデュレーション長期化に向かうか、短期売買も含めたキャピタルゲイン戦略にするか、のいずれかの選択肢になります。デュレーション長期化は従来からのその他有価証券での運用スタイルを踏襲した戦略、短期売買はどちらかといえば特定取引勘定のような時価会計ベースでの目標設定をイメージした戦略、外貨建てに関してはそのどちらもありうるものになります。このため外貨建て資産に関するリスク管理としても保有期間をどのように設定して考えるべきかという問題も出てくることになり、基本的な運用方針は決めておかないといけないでしょう。外貨建て資産の評価損問題は米国だけでなく欧州も利上げモードになれば継続注視となりますので、想定レンジおよび運用手法について共有化しておけば、期中の ALM 委員会やリスク管理委員会等でもオペレーション方針を決定しやすくなると考えられます。

　どのような外貨建て資産にするべきかについては、短期売買的か中長期保有的かにも依存するため、一概にどういうものがよいとはいえませんが、少なくとも国際統一基準行は換金性を強く意識するべきです。一般的に外貨建て資産のほうがボラティリティは高いと考えられるので、いち早く時価を把握できるということは重要です。その意味では、米国を例にすると、国債や個別株、国債や株価インデックスの先物や先物オプションあたりが中核となるでしょう。モーゲージ債も流動性や信用力はあるかもしれませんが、債券価格の背景となるモーゲージの償還見通し等を考えるというむずかしさがあるので、相応の分析力を備えないと厳しいかもしれません。重要なことは「隣の銀行がやっているからやってみよう」ではなく、「明確な運用方針と方針に忠実なオペレーションの実施」なので、惑わされない強い意志があれば大きな失敗はしないと思われます。

(5) 円預金から外貨預金への営業推進

役務収益拡大策の一環として、円預金から外貨預金への振替えを含めた営業戦略の採用が一部銀行では行われているようですが、おそらく想定以上に苦戦していると推測されます。証券会社もそうですが、「貯蓄から投資へ」という国レベルでの目標を掲げても、リスクをとって積極的に動く個人投資家はまだ限定的で、期待するほどの資金シフトがなかなか起こってこないという現実を目の当たりにしていることでしょう。

国民性としては、より将来を見据えていまから頑張って不安に備えることを考える傾向が強いと思われます。いよいよ人口減少時代がスタートし、年金も受け取れるかどうかわからないといわれると、「下手なリスクをとりたくないし、お金も使いたくない」「余力があるいまのうちに勝負するしかない」という二手に分かれるのですが、後者がまだ少ないという状況であると思います。そのようななかで外貨預金へのシフトを営業推進するべきかどうかはむずかしいところですが、昔ながらの銀行員的発想で考えれば「営業の品揃えとしてあってもよいのでは」という感覚があるのも事実でしょう。円預金での収益獲得がむずかしいので、銀行の収益獲得を目指すうえでは重要な戦略になりうるものです。

外貨預金シフトに関する問題については第4章第4節で簡単に触れましたが、国際統一基準行であれば当然目指す話であるとしても、国内基準行において同じような態勢整備をしてまで目指すべきかというのはとてもむずかしい問題です。態勢整備にかかるコストや準備時間が必要で、内部統制面で相当苦労するはずです。取扱通貨を限定的にしてもほとんどコストカットはされないため、相応の期待収益が見込めないと着手しにくいことでしょう。

話は変わりますが、外国為替証拠金取引が国内でも普及し、為替変動に関する値鞘ねらいの取引を行うということであれば、外貨預金である必要はありません。であればなおさら外貨預金の期待効果が小さいと考えてしまいがちですが、実はそうではなく、本格的に検討するのであれば違った発想で提

案活動できないかと考えるべきでしょう。そこで筆者のアイデアになってしまいますが、仮に外貨預金への推進を図るのであれば、基本方針としては以下のようなイメージになります。

【外貨預金推進案（当初実行時）】

［前提条件］

・コンプライアンス面での課題に関しては解決ずみもしくは解決可能。

・提案対象となる顧客選定条件はあくまで基本条件であり、顧客要望には臨機応変に対処する。

・外貨預金設定の最低元本等は可能な限り低く設定する。

［基本方針］

・取扱通貨は米ドル、ユーロ、英ポンド、人民元、豪ドル等何種類でもよいが、基本的に推進するのは米ドルとユーロ。

・日本円からのシフトとする場合、元本にあわせて優遇幅を決定（満期時も同様だが、臨機応変に対応）。

・目標設定は具体的数値ではなく努力目標とし、評価上の追加アピールポイントという扱い。

［提案時アピールポイント］

・外国為替証拠金取引では、為替変動に伴って追加証拠金が発生するが、外貨預金においては証拠金という概念は不要。

・テレビでのニュースでも情報を取得できる通貨に絞ることで、顧客が満期前の解約における利益確定を実施しやすくする。

・提案時にはフォワードレートも示し、損益分岐点がどこにあるかを説明する。

　個人向けの市場運用商品を見比べる場合、先物取引のように証拠金が発生するものと発生しないものがあります。証拠金が発生するものは一般的にボラティリティが高く、レバレッジも効いているので、内容を正しく理解した

うえでそれでもやってみようと考える人は、リスク許容度が高い顧客である
と考えられます。大部分の顧客は「リスクが高いのは嫌だ」「わかりにくい
商品は嫌だ」からスタートするので、リスク許容度がとても高いとはいえま
せん。そこで強力に営業推進しようとしても、必ずしも営業担当者も外国為
替のプロではないので、社内教育を相応に行うとしてもコンプライアンス面
でのリスクが高まるだけです。スタート段階では強力に推進しないという意
図は、営業担当者のなかでも市場系商品に抵抗感がない人をまず専担として
配置し、社内教育も十分行うことが態勢整備のスタートであり、成功事例を
つくることです。ここでいう成功事例とは、円預金からのシフトに成功した
ということではなく、満期時（中途解約を含む）に円預金でのパフォーマン
スを上回ったという事例です。顧客向けに開示することが目的ではありませ
ん。顧客に損失を発生させない（よう最大限努力する）という理念を営業担
当者に植え付けることが目的です。顧客側も損を出さなければ悪評につなが
りません。必ず最初の満期日までにという話ではなく、証拠金が不要という
ことは外貨預金のロールオーバーも可能ということになるので、為替予約も
受け付けるサービスを行えばその提案活動もまた可能になり、顧客の元本リ
スクに対する意識も随時確認できます。

　一般的に、預金の設定期間は顧客ニーズに基づいて決定されます。それは
外貨預金においても同じ話なのですが、たとえば1年間を想定した場合、途
中で利上げ期待があれば、利上げ前と利上げ後で設定期間を分けるという発
想が出てくるはずです。外貨預金であればそれが2国の視点に変化するとい
うことであり、需給や国際的資金フローの傾向等によっても変化しますの
で、為替変動のイベントを意識した期間設定もサービス提供能力の差として
出てくることになります。勝つまでロールオーバーするという発想は問題が
ありますが、期間設定の工夫や円預金との入替設定のようなことは可能で
す。サービス開始段階においては、どの営業担当者でも市場予測に基づく適
切な期間設定の提案ができると期待することはむずかしいため、限定的ス
タートという意識で臨むということです。

第6章　ALM運営・流動性リスク管理関連業務　229

第3節 長短ギャップ運営と金利感応度

(1) デュレーション長期化のリスク

　マイナス金利政策導入に伴う生き残り戦略の1つとして、デュレーション長期化戦略があります。1980年代や1990年代くらいから働いている人であっても社会人生活の大半が低金利時代という恐ろしい状況ですが、バブル崩壊以降、円債運用においていつも意識されたのはデュレーション長期化といっても過言ではないでしょう。2017年12月末現在、イールドカーブコントロールに基づき10年国債利回りが0.1％程度で抑えられる政策なので、一定程度の利回りの獲得を目指すなら30年債や40年債といった超長期債を投資対象とするか、信用リスクがありそうな社債に投資する必要があります。価格変動リスクという観点では、1bp当りの評価損益変化はデュレーションの長さに依存します。実際のボラティリティはさておき、これまでの長い年月においては基本的に10年以内のデュレーションで運営してきた国内銀行にとっては、同額投資を行うと仮定すれば、金利リスクが飛躍的に大きくなるということになります。規制要件としては、バンキング勘定の金利リスクに関する第一の柱への盛込みが見送られましたが、国際統一基準行では評価損益は自己資本比率に影響するので、単純にアウトライヤー問題だけを意識すればよいということにはなりません。収益獲得の観点において、金利低下の低下幅と金利上昇の上昇幅それぞれの見通しにおいて、上昇する可能性のほうが高いということになれば、収益期待面としては見合わなくなるので、その市場からいったん離れていくことを意味します。

　ポートフォリオの全体感としてはさまざまな観点があり、LCR対策としての国債保有という部分も必要になります。その場合、デュレーションは直接的には関係ないので、短期国債や2年債、5年債といった現在ではマイナス金利ゾーンで推移している債券でもかまいません。先物取引やデリバティ

230　第2部　各業務運営に関する数値検証

ブ取引における証拠金という部分でのニーズもありますが、現金担保でも対処可能です。一義的には業務運営のための有価証券保有において、ポートフォリオ全体からの期待収益という軸でとらえ、デュレーションをどの程度とするかを決めていくことでよさそうです。ただし、制約条件として資本配賦量ならびにポジションリミットとロスカットリミットが設定されることになります。

　ここで、少し頭の体操をしてみましょう。業務計画策定段階において、たとえば円債のデュレーションを10年から20年に変更する計画を立て、それに基づいた資本配賦やリミット設定をするとしましょう。どのタイミングでどのようにポジション変化をさせるかまで想定すれば、そのとおりの内容を反映したリスク計測を行うのでしょうが、市場関連業務では売買のタイミングや銘柄まで特定することは困難なので、ある程度決め打ち的にするしかありません。その場合、何の前提もなければ、直近水準を参考にしたポジション変更を想定してリスク量計測をし、リミット設定も行うかたちになります。

　業務計画の精緻化がある程度進み、オペレーション統制も実施していれば、想定レンジに基づくオペレーションの実施というものが実現されているはずです。リスク管理の基本的な考え方は現状ある姿から市場変動が起こったらどうなるかということなので、計画策定段階におけるロスカット水準と期中におけるロスカット水準に不一致が生じることになります。このことを理解するために、図15を使って説明していきましょう。

　計画策定段階においては、新年度期末時点でポジション変化が発生しているものとして仮定し、逆算的にロスカットポイントが計算されているイメージになります。ロスカットポイントは、どの段階でポジショニングするかはわからないので、あくまで期初想定で算出しているだけで、実際にはポジショニングができた段階で決まりますが、ポジショニングをした水準から50bp 程度高い利回りであることは変わりません。

　これに対し、収益獲得の観点においては、ロスカットポイントに抵触することなく収益獲得を実現させることが求められます。何を信じてポジショニ

図15 イールドカーブと想定レンジ

（想定するポジション変化）
・2017年3月末時点の10年債1,000億円のポジションを、2018年3月末までに20年債1,000億円のポジションに変化させる

（想定レンジ）
・10年ゾーン……−0.10〜0.20％（期末時点は0.07％）
・20年ゾーン……0.30〜1.00％（期末時点は0.64％）

（損失リミット設定）
・100億円
　→1,000億円×1bp×20年＝2億円となり、50bp相当の金利上昇
　⇒期末時点での水準で試算すれば1.14％近辺でロスカット水準に抵触

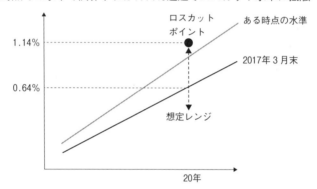

ングするかということですが、まだポジショニングしていない段階で、2017年3月末よりも金利が上昇したタイミングがあったとしましょう。計画策定段階で想定したレンジとしては、2017年3月末よりも上限に近い位置にいます。市場変動の話ですから想定レンジを突き抜ける可能性も当然考えられます。ここで、オペレーション実施可否についてどう考えるべきでしょうか。

　想定レンジを信じるというのは、計画策定時に想定した事象に基づいてつくられたシナリオに従うということなので、想定した事象発生による市場の位置なのか、単なる需給による市場変動なのかの見極めはできるはずです。もし新たな事象発生に基づく水準ということであれば想定レンジを突き抜ける可能性があると考えられますが、市場の一時的なオーバーシュートと判断

できそうであれば、突き抜ける可能性は小さいと考えられます。またガバナンスがしっかりしていれば、ポジショニング後にも金利上昇が続いて想定レンジ上限に到達したとしても、市場変化が起こり始めた段階からシナリオ変更を議論することになるので、ロスカットポイントよりもはるかに近いポイントでポジションが随時評価されるということです。

　ここで伝えたいことは、「金利上昇後に債券のポジショニングをすれば期待値が高まる」ということではなく、単純にリスク管理の観点でのリスク量等をみると、いくら収益見合いのポジショニングとはいってもリスクとは割に合わないということがあります。しかしガバナンス水準や計画策定の精度によって、リスク量は変わらなくても、収益期待額（あるいは損失額）は十分変化しうるということであり、統制能力が高いほどデュレーション長期化への対応力が高まるということになります。

(2)　負債側デュレーション

　ALM の観点では、残念ながら資産側だけ考えればよいということにはならず、負債側デュレーションも検討しなくてはなりません。国内基準行については円預金が軸になってしまっているので、デュレーションコントロールといったところで、最近の環境では得られる効果は少ないかもしれません。強いていえば、資産側のデュレーション長期化＋長期保有が前提であれば、本来は資金繰りの根拠も必要ということですが、残存10年以上の資産保有に対して資金繰りの根拠といっても仕方ないので、LCR や NSFR のような規制には配慮する程度のスタンスというのが現実的でしょう。

　LCR の考え方は「ストレスがかかっても耐えきれる高流動性資産をもて」ということですが、NSFR に関しては「換金性が低い資産をもちたかったら資本と長期負債でまかなうべき」ということから、国際統一基準行としては一定の長期負債を用意しないといけない場面があるかもしれません。資本や負債性資本に関する戦略とも通じる話なので、基本的には NSFR は業務計画策定のなかで戦略として盛り込まれるべき事項と考えられます。G-SIBs

クラスの金融機関では、TLAC（Total Loss Absorbing Capacity：総損失吸収力）も含めた議論・検討をするべきでしょう。

　銀行の場合は、もともと資産と負債のデュレーションにミスマッチを生じさせることで収益を獲得する運営を行ってきており、原則としては負債のデュレーションを必要以上に長くすることはありません。NSFR が意識されて欧米の銀行でも負債デュレーションがいったん注目されたかもしれませんが、少なくとも国内においては黒字確保を実現できる資産側デュレーションやポートフォリオはどのようなものかがクローズアップされている状況です。ALM マッチングさせるべきかどうか、長短ギャップはどの程度にするべきかに関しては、外貨建て部分には注意しても、円貨に関しては盛り上がりに欠けます。

　ただし、国内メガバンクグループのように、グループ内で別業態の会社が相応の地位にある場合、連結ベースでのデュレーションコントロールやコスト最適化は検討するべき事項でしょう。グループ内資金融通による内部コストとグループ外からの外部コストが混在するので、特にオファー・ビッドが大きいと考えられる長期負債に関しては、可能な限り外部コストを抑えるという配慮も必要でしょうし、グループ全体の資金繰り逼迫度区分に応じて、外部コスト割合を設定するようなことも検討事項になりうるでしょう。環境に応じて市場からの直接調達やグループ内からの間接調達の限度額や想定割合を決めることで、業務効率化や統制強化につながると考えられます。

(3)　時価評価ベースでみた長短ギャップ運営（参考）

　これまで何度か時価会計ベースで物事を考えるという話をしてきましたが、ALM の観点で時価評価というのはどのようにとらえ、どのような問題があるのかを考えてみましょう。その前に再確認ですが、特定取引勘定をもっていない銀行の場合、資産・負債ともに評価損益は P/L には影響しません。しかし ALM 的には一部利益確定となるような利鞘確保部分があり、単年度決算においてはその1年分の実現益が計上される経済効果となりま

234　第2部　各業務運営に関する数値検証

図16　負債の再調達コストと時価評価

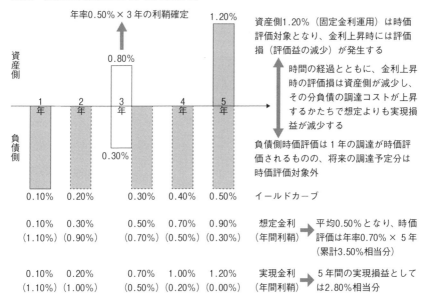

す。利鞘確定となっていない部分（長短ギャップにおける負債の未確定部分）については、再調達コストが確定した段階でALMとしての収益が把握できることになります。つまりALM部分の収益に関しては、マッチングによって確定している利鞘部分と、長短ギャップに基づく負債側の再調達コスト逓減に基づく部分という考え方ができ、負債の再調達コスト上昇が発生するとすべてを吹き飛ばしかねないということになります。

　これに対し、時価評価ベースで考えた場合はどうなるでしょうか。資産と負債がうまくマッチングしている場合、利鞘確保部分はデュレーションが勘案されるだけで、利鞘そのものは変化しないため、最終期限までの期待収益は変化しません。長短ギャップ部分に関する市場変化分が効いてくることになります。順イールド下においては、金利上昇時には短期金利の上昇幅＜長期金利の上昇幅となりやすいので、資産と負債がうまくマッチングしていない場合には、資産側の評価損がより大きく出るようなイメージになります

（固定利付運用での前提）。短期金利は政策金利の影響を受けやすいので、政策金利変更の実現可能性が高まらない限り、フォワードレートよりもスポットレートに近い水準で再調達が可能になることが多く、再調達コスト確定とともに負債のフォワードレートとスポットレートの差の分だけ ALM 全体としては評価損が減少し、確定利鞘部分の収益（デュレーション勘案後）が計上されるイメージになります（図16参照）。

(4) 地域銀行におけるポートフォリオ状況

地域銀行のポートフォリオの現状を把握するうえで、2016年3月期と2017年3月期の開示データに基づき、第一地銀と第二地銀を集計してみました。

2016年3月期と2017年3月期におけるポートフォリオ変化に関しては、第一地銀と第二地銀では基本的には同じような動きとなっており、特に大きな違いはみられません。2017年3月期については、2016年2月導入のマイナス金利政策が年間を通じて適用されている状況なので、表38をみる限りにおいては、2016年3月末までになんらかの対応をしてそのまま様子見、もしくは大きな変化をまったく起こしていないという判断になります。預金の伸びに対して貸出の伸びが追随していくなか、有価証券に関しては償還見合い分の再投資を一部控えたというくらいのイメージになっています。

デュレーションに関しても劇的に長くなっているという印象はなく、こちらも償還見合い分をプラス金利ゾーンで再投資したくらいの変化なので、積極的に貸出利鞘縮小分を有価証券でカバーしようというよりも、ディフェンシブな運営を継続したと考えられます。業務計画においても有価証券残高は縮小する見通しとしている銀行も多々あったことを考慮すると、第5章第2節でお伝えした有価証券実質運用利回り（2017年3月期で第一地銀の単純平均0.86％、第二地銀では0.73％）は、かなり頑張っている結果かもしれません。

気になる点としては国内のその他証券の増加であり、投資信託等のポジションと推測されますが、金融庁の「平成28事務年度金融レポート」で指摘のあった債券のブル・ベアの両方のファンドを買って利益が出ているほうを

236　第2部　各業務運営に関する数値検証

表38　第一地銀と第二地銀の有価証券ポートフォリオ状況

① 第一地銀

	残　高					デュレーション		
	2017／3期		2016／3期		変化	2017／3期	2016／3期	変化
有価証券残高	1,186,341	100.0%	1,236,808	100.0%	−50,467	4.19	4.14	0.05
うちその他有価証券	1,146,188	96.6%	1,196,486	96.7%	−50,297			
うち満期保有債券	30,868	2.6%	32,473	2.6%	−1,606			
国内債	782,226	65.9%	858,658	69.4%	−76,432			
国債	397,683	33.5%	470,606	38.1%	−72,923	4.43	4.46	−0.03
地方債	154,224	13.0%	147,605	11.9%	6,619			
社債	230,319	19.4%	240,447	19.4%	−10,128			
外国債	166,559	14.0%	173,117	14.0%	−6,559	5.69	5.18	0.51
国内株式	102,633	8.7%	91,834	7.4%	10,799			
外国株式	998	0.1%	1,199	0.1%	−200	2.21	1.75	0.45
その他証券(国内)	121,144	10.2%	98,918	8.0%	22,226			
その他証券(海外)	12,781	1.1%	13,082	1.1%	−301			

② 第二地銀

	残　高					デュレーション		
	2017／3期		2016／3期		変化	2017／3期	2016／3期	変化
有価証券残高	386,219	100.0%	405,733	100.0%	−19,514	4.59	4.13	0.45
うちその他有価証券	370,625	96.0%	388,694	95.8%	−18,069			
うち満期保有債券	11,927	3.1%	14,635	3.6%	−2,708			
国内債	260,215	67.4%	290,186	71.5%	−29,971			
国債	121,426	31.4%	145,460	35.9%	−24,034	4.51	4.51	0.00
地方債	41,240	10.7%	40,160	9.9%	1,080			
社債	97,549	25.3%	104,566	25.8%	−7,017			
外国債	38,774	10.0%	42,003	10.4%	−3,229	5.05	4.48	0.57
国内株式	26,790	6.9%	25,066	6.2%	1,724			
外国株式	0	0.0%	0	0.0%	0	2.59	2.45	0.14
その他証券(国内)	59,232	15.3%	47,435	11.7%	11,797			
その他証券(海外)	1,207	0.3%	1,043	0.3%	165			

(注1)　単位は、残高：百万円、デュレーション：年（※）。

(注2)　第一地銀64行、第二地銀41行についてそれぞれ合計したうえで平均値を算出したもの。

(注3)　集計の過程において単位調整等により一部誤差あり。

（※）　デュレーション算出にあたり、ディスクロージャー資料での記載内容を勘案し、以下のかたちで算出。

　　1年以下：0.5、1年超3年以下：2.0、3年超5年以下：4.0、5年超7年以下：6.0、7年超10年以下：8.5、10年超：12.0、期限の定めなし：対象外

表39　第一地銀と第二地銀の有価証券売却動向

（単位：百万円）

	2017年3月期 （A）	2016年3月期 （B）	差額 （A）－（B）
第一地銀期中売却額	24,018,941	25,420,321	－1,401,380
第一地銀売買損益	182,500	222,723	－40,223
第二地銀期中売却額	3,566,421	4,382,191	－815,770
第二地銀売買損益	43,831	62,680	－18,849

（注）　第一地銀64行、第二地銀41行のそれぞれの合計を集計したもの。

実現化させるという指摘や、レポートで使われている有価証券運用依存度（＝有価証券利息・配当金／（業務粗利益－債券5勘定尻））をみると「顧客向けサービス業務の利益がマイナスとなっている地域銀行の多くは、有価証券運用による短期的な収益への依存を一段と高めている」という指摘もなされています。これについて、その他有価証券の期中売却額と売却損益をみてみると、筆者の集計では表39のようになっています。

　つまり、有価証券運用依存度という指標では顧客向けサービス業務利益との関係性がよくわかるものの、実際の収益獲得オペレーションとしてそれぞれの業界全体としてみてみると、2017年3月期に積極的に動いたとはいえないということが理解できます。その意味では、「投資信託等を中心として多少ポートフォリオを見直したものの、積極的なポートフォリオ入替えというレベルではなく、そのなかでは評価損益変化も含めた実質有価証券運用利回りは健闘している」という状況であり、実質有価証券運用利回りを引き上げているのは株式とその他証券であると考えられますが、その他証券の内容が開示されないため、残念ながら詳細は不明です。

238　第2部　各業務運営に関する数値検証

第4節　資金コストと資本コスト

(1)　資金コストをどのようにとらえるか

　管理会計の根源となってきた本支店レート制度では、資金運用側と資金調達側それぞれについて、期間に応じた基準金利（本支店レート）を設定し、取引約定レートと本支店レートの差を部門収益とする考え方でした。本支店レートを定期的に操作することによって、資金の調整機能が一定程度働くことを前提としてきましたが、資金調達側のゼロ金利によってこの調整機能が完全に失われ、営業部門による預金取引によって部門収益が拡大するということもなくなった状況です。つまり、預金獲得に関しては、実質的には、店舗やシステムに係るコストや人件費といった固定費的な部分に関する削減をしない限りは、コスト効率が改善しにくいと考えられます。そうした状況を

図17　財務データに基づく変動費と固定費の分解イメージ

損益計算書（一部抜粋）

経常収益	XXX
資金運用収益	xxx
貸出金利息	xxx
…	…
役務取引等収益	xxx
その他経常収益	xxx
経常費用	YYY
資金調達費用	yyy
預金利息	yyy
譲渡性預金利息	yyy
…	…
役務取引等費用	yyy
営業経費	yyy
その他経常費用	yyy

資金コスト（変動費）として取引ごとで転嫁

固定費的にとらえて収益部門に転嫁

ふまえ、直近では、人員削減（別部門や別の業務への配分変化）や店舗をもたない営業活動（店舗統廃合やインターネット支店、移動店舗）等に重点を置いた動きがみられます。管理会計制度上において銀行のなかの銀行と１つの営業部店という仕切りで資金貸借やP/Lをみていても、全体収益向上という観点では最近の金融情勢は厳し過ぎ、もはや個別の営業部門の預金をみていても仕方がない状況かもしれません。

　この話は結局突き詰めていくと、繰り返しにはなりますが、本支店レートのオファー・ビッドには何が含まれているのかになっていきます。仮に、取引ごとでの資金コストや資金利鞘というものの意味合いが小さくなっているということであれば、資金移動が発生する取引に関する市場実勢レートを資金コスト（変動費）として定義し、人件費をはじめとする営業上必要なコストは固定費的にとらえ、個々の取引ではなく管理会計上は最初から差し引いておくような方法を想定してみましょう。開示データとして考えるならば、損益計算書の経常費用に該当する各種支払利息（預金利息や譲渡性預金利息等）を資金コスト（変動費）としてまず特定し、営業経費等を固定費的にとらえて収益部門に最初から転嫁してしまうという考え方です。

　伝統的管理会計制度に当てはめれば、資金コスト部分は本支店レートの基準金利、固定費的にとらえる部分は損益付替えによって転嫁されるものという概念です。仮に、通常の預金と貸出を中核的に行っている支店業務をイメージすると、貸出を行う場合に資金コストが発生（既往貸出を含む）し、さまざまな経費等は最初から部門収益目標に包含されるかたちで転嫁されてしまっているので、収益機会が出てくればその時により頑張って収益を稼ごうとするか、役務収益等の別の手段によって部門の赤字回避を画策するはずです。実際の経済効果は検証できませんが、何もしなくても固定費部分が効いてくるので、収益獲得手段の模索に対するエネルギーは出てくるはずです。１支店がP/L面では１つの会社のようになってしまうので、養っていける人員等もはっきりするかもしれません。

　業務効率性重視であればこのような戦略を考えてみる方法もあるとは思い

ますが、実際の業務運営では高いハードルがあります。適正スプレッドを確保できずにボリューム面だけで何とかしようという考え方が生じやすいこと、顧客目線での経営がより遠ざかる可能性が高いこと、固定費部分に関する配分についての不公平感が出やすいこと、等々です。1つ目については、金融緩和環境であることから、次から次へと与信額が増えることはないのかもしれませんが、支店のフリーハンド部分をある程度大きくせざるをえないので、全体を統制するのは大変です。2つ目に関しては具体的な対処方法はないと考えられ、支店長の業務運営に対するスタンスに依存することになります。3つ目に関しては、経費割合として考えた場合、件数等が多くなるほうが有利になりやすいので、トランザクションを増やす力が働きやすくなる可能性があり、顧客層が広い（特に与信業務の顧客が多い）店舗が有利にみえてしまう不公平感だけでなく、結果として全体の収益率が落ちてしまうという懸念も出てきます。

(2) コスト転嫁の方法

前項の方法は、変動費のみトランザクションに依存し、固定費は問答無用で転嫁してしまうということですが、もしコストをすべて収益部門に転嫁するという発想にするのであれば、トランザクションでカバーするような仕組みを考えたとしても、大なり小なり固定費的な部分は残ると考えられます。その場合、たとえば「外国為替取引に関する一連のコストは外国為替取扱店舗でまかなうべき」と考えたとしても、バックオフィス部門の原価計算のところまで細分化してコスト算出する必要があり、収益部門間の不公平感を是正しようとすればやはり管理会計の精緻化から逃れられません。そこで、管理会計制度が海外の銀行と比べて遅れているといわれる国内銀行において、今後どのように高度化させるべきかを考えるうえで、前項のような変動費と固定費に分けて転嫁する方法（(A)）と、可能な限りトランザクションでカバーする方法（(B)）について比較整理してみましょう（表40参照）。

(A)に関する課題として、部門間の不公平感を是正するべく、なんらかの

表40　コスト転嫁方法の比較

	(A)変動費と固定費に 切り分ける方法	(B)トランザクションに 盛り込む方法
概要	・資金コストを変動費、それ以外を固定費とし、固定費部分は一定条件に従って収益部門に転嫁	・資金コスト以外に、貸出の適正スプレッドや営業経費、資本コスト等を示し、プライシング時に盛り込むかたちで収益部門がカバー
前提条件	・本支店レートのオファー・ビッドは、基本的に長短ギャップに基づく再調達コストのリスクや再運用までのタイムラグによる逸失利益を考慮したもの	・コスト内訳（本支店レートのオファー・ビッドを含む）を明確化し、考慮されていないコストに関しては付替えによって調整
必要条件	・収益部門のフリーハンド部分の拡大（権限委譲範囲の拡大） ・配分したコストを超過する場合の再転嫁 ・評価損益変化（与信費用等の変化）を部門収益に反映	・考慮されていないコストの転嫁 ・評価損益変化（与信費用等）の取扱明確化
経済効果	・部門の赤字回避による収益獲得エネルギーが出やすい ・銀行全体としての統制がむずかしい	・トランザクションごとでの収益率向上効果が出やすい ・全体収益の不足には対処しにくい
補足等	・各取引の条件決定が部門方針に依存するかたちとなり、コストをカバーするエネルギーは出やすいが、ガバナンス面を含めた統制面がクローズアップされる	・全体統制という点では実施しやすい方法であるが、全体収益が不足している場合、フリーハンド部分が小さいため責任意識が欠如しやすい

　ルールに基づいたコスト配分をそのまま適用してしまうと、経費を使ったもの勝ちのようになってしまうため、超過が発生すれば追加で転嫁することや、実際に使った経費の差額は部門収益とするという工夫が必要になります。一方、(B)においても、考慮されていないコストを配分しないとだれもメ

242　第2部　各業務運営に関する数値検証

ンテナンスしないコストとなってしまうため、確実に収益部門がコストをカバーするという前提では、確実に収益部門への配分が必要になります。

　(A)と(B)を比較した印象としては、(A)は収益重視型管理会計、(B)は全体統制重視型管理会計というイメージであり、現状の国内銀行の考え方は(B)に近いかたちですが、さまざまなコストに関する検証や情報共有が不十分であるために、統制面でもいまひとつ力を発揮しきれていないという状況であると推察されます。また収益環境が厳しいなかでの全体統制的スタイルなので、前向きなエネルギーは出にくいと考えられます。

　これを決裁権限という観点でみてみましょう。国内銀行の現状の考え方は、基準金利＋諸コスト（適正スプレッドや資本コスト等）＋超過収益として考えると、超過収益が出るような貸出案件では決裁権限を下げる（担当役員から部店長権限にシフト）というかたちであり、優良案件は決裁権限が下向きになるということですが、収益環境が厳しいなかで債務者にとって厳しい条件にならないと決裁権限が下がりません。当然これは収益獲得オペレーションの推進への歯止め効果となります（が、リスク管理面では統制がとれていることになります）。

　(A)の方法においてはむしろ基本が営業部店長くらいのイメージであり、究極的には「少しでも（部門）収益が出るのであれば何でもやる」という話になります。つまり、営業部店長がリスク管理的センスも審査的センスもガバナンス的センスも必要になるということであり、牽制機能が利きにくくなります。(A)の方法で与信費用変化を部門収益に組み込むということを想定するのは、少なくともP/L面では統制が利くようにと配慮しているためですが、リスク管理部門や審査部門の位置づけがむずかしくなるので、案件決裁の過程で必ずチェックが入るようにしたとしても、営業部店長のハイセンスさがないとガバナンス面では一歩後退となるかもしれません。

【参考：欧米金融機関と国内銀行のリスク管理の変遷】
　今回比較した2つの方法は、旧欧米型と国内型という言い方もできる

第6章　ALM運営・流動性リスク管理関連業務　243

かもしれません。欧米の金融機関では、収益に応じて報酬が変わる前提なので、「少しでも儲かるなら何でもやります」というのが根幹にある発想でした。しかし、リスク管理やガバナンスという観点では収益部門の暴走を止められないということになります。グローバルで営業展開するような金融機関が暴走すると市場全体にも影響を及ぼすため、リーマン・ショック以降に代表される金融規制強化につながってきます。

　国内は幸か不幸か、多少儲かっても報酬は変わらなかったため、何でもやるというエネルギーは出にくいと考えられますが、収益部門のモチベーション向上にもつながらないので、なんらかの対策を講じないといけない環境になっていると考えられます。(A)案とはいわないまでも、数期にわたって目標達成をしていれば好きな部門に異動できるといった報酬制度の代替となるようなモチベーション維持策を検討してみるタイミングかもしれません。

⑶　コスト対象となる資本の考え方

　第2章第3節において、β値を算出して資本コストを算出するという方法を説明しましたが、実務運営において具体的にどのように算出し配分するかは別途考える必要があります。第2章第3節の内容は基本的に投資家目線という考え方であり、その考え方を無視することはできませんが、期中運営という観点ではリアルタイムに近いかたちでとらえるのか、それとも計画策定段階の数値を前提とするのか等、意見が分かれるところになります。特にβ値に関しては、インデックスの動きと自行株の動きの関係性をみているので、アウトパフォームしているのかアンダーパフォームの状況なのか、理論価格と比べるとどうなのか、と気にするべき点がどんどん広がってしまうため、リアルタイムに近いかたちで共有されてしまうことが必ずしもガバナンス上好ましいとはいえません。新規貸出案件において顧客と長い時間をかけて金利条件や担保条件等を調整していくなかで、盛り込むべき資本コストが

毎日のように変わっていては、交渉過程で混乱をきたすだけです。

　WACC をはじめとする基礎的ファイナンス理論の考え方では、時価総額（＝発行済株式数×時価）の維持に基づく資本コストと考えられます。発行済株式数については、追加発行や償却によって変化しうるものの、あらかじめ計画段階で盛り込まれる事項と考えれば事実上の固定値です。株価は日々変化するのはどうしようもないですが、すべての投資家に合致するタイムスパンで時価総額維持を目指すことは無理なので、タイムスパンの1つの基準として考えられるのは前年度期末から新年度期末（半期もしくは通期）でしょう。四半期ごとという考え方もありますが、四半期配当をするわけではないので、整合性維持の調整をしなくてはならなくなるという難点があります。

　資本コストと管理会計の整理をする場合、まず対象とする資本の特定からになります。資本勘定全体、規制資本、経済資本、配賦資本といった考え方がありますが、銀行全体として考えれば調達している資本全体に近いイメージ、収益部門とすれば配賦資本に近いイメージとなり、自己資本比率維持等のために配賦できない資本があるため、本支店レートのオファー・ビッドに織り込むか、一定のルールに基づいて収益部門に転嫁することになります。資本勘定全体という前提とした場合、その他有価証券の評価損益も含まれるかたちになるので、実際に調達している資本という概念とは若干感覚がずれるかもしれません。現実問題として資本勘定全体のなかには、配当せずに留保した過去収益が含まれてしまっているので、資本コストといわれてもピンとこない感覚があると思います。

　業務計画策定時におけるコスト配分と収益目標設定という点で資本コストをとらえようとする場合、目標とするべきゴールは「企業価値を落とさずに収益を確保して、業務運営を継続させる」ということであって、時価総額や配当を維持していれば投資家は離れない前提として考えると、インデックス対比での予想配当率を下回らない配当原資を確保する管理会計制度でのコスト配分ということになりそうです。これは、インデックス対象銘柄の予想配当率がわかればWACC の概念のなかで計算はできるでしょう。そこで

第6章　ALM 運営・流動性リスク管理関連業務　245

WACCの概念に基づく資本コストを算出したうえで、たとえばバーゼル規制上の資本総額にその資本コストを掛け合わせて、資本コスト総額としてとらえて配分するという案を考えてみましょう。

　まず時価総額とバーゼル上の資本総額を比較する必要が出てきます。2017年3月末時点でみる限り、大半の銀行は時価総額＜バーゼル上の資本総額となっています（時価総額が大きくなっているのは、第一地銀で2行、第二地銀で1行のみ）。バーゼル上の資本総額のほうが大きいということは、WACCの概念で計算された資本コスト（利率）を使う限りにおいて、投資家目線での資本コストをまかなえるということになりますので、時価総額とバーゼル上の資本総額の大きいほうを使って資本コストを算出し配分するというのが1つのアイデアになります。ただしバーゼル上の資本には負債性資本が含まれている可能性があり、累積型優先株式や劣後負債等のなかに計算されたコストを上回るものがあれば、その分も勘案して上乗せする必要があります。また、実際には規制資本と経済資本の関係性において、規制強化による所要規制資本額の増加があるため、規制資本と経済資本のどちらが大きいのかは個別行の状況次第なので、資本コスト総額においては対象となる資本額（もしくは時価総額）のなかで最も大きいものを使うのが理想となります。

(4)　資本コスト配分

　カバーするべきコストの対象となる資本額が決まれば、次はどのようにしてコスト配分を実施するかの問題になります。目標としては算出された資本コスト総額を収益部門にすべて転嫁するということになり、本節(2)におけるトランザクションでカバーする部分とカバーしきれない部分の対処方法を考えることになります。ここでまず重要な点としては、前述のファイナンス理論に基づく資本コストは、実際に発生しているとは限らないコストという側面があるので、トランザクションで全額カバーするとすれば、いったんコスト総額を算出したうえで利回りベース等で表記して仕上がり金利に反映するような方法にする必要があります。

246　第2部　各業務運営に関する数値検証

資本コスト配分については、収益部門に対する資本配賦との関係性を整理することが必要です。本章第1節の図14で示したとおり、資本総額に対してまず自己資本比率をカバーするためのバッファー部分（図14におけるXの部分）があり、従来の本支店レート制度でカバーしていない（明確化していない）部分であるので、この部分を配賦資本の割合で収益部門への配分をするか、付替えで実額を転嫁するかといった方法が考えられます。トランザクションでカバーするという考え方の場合、取引が生じない限り何も起こらないということになるので、収益部門からすれば損失という概念には結びつきにくいと考えられ、損失という意識をもたせるのであれば付替えという選択肢がよいと考えられます。

　資本配賦との関係性についてもう少し掘り下げると、どのような根拠で資本配賦案を設定しているかの問題もクローズアップされます。収益部門が前年度実績をベースとして新年度の見通しを立てた結果として資本配賦額を希望してくるというかたちの場合、積極的に増額要請をするような情勢であればよいですが、厳しい収益環境では資本配賦額の減額要請をしてくる場合が起こります。バッファー部分も割合に基づいてコスト転嫁する場合はなおさらです。想定ポートフォリオ像から各部門へのポートフォリオ配分が決定され、それに基づく配賦資本額と資本コストであれば納得感もあるのでしょうが、ポートフォリオ像がないなかでの収益目標設定と資本配賦額設定ということであれば、収益環境が厳しいほど収益部門はディフェンシブになることでしょう。そうなるとトランザクションベースによるプライシングでカバーする方法に基づくコスト転嫁では、十分コストがまかなえなくなる可能性が高まると考えられます。

(5)　資本稼働率の状況

　市場関連業務や貸出といった伝統的な業務による収益拡大を目指すのであれば、リスクアセットが増加して資本稼働率が高まる動きになるはずです。では近年の状況はどうなのかを確認するうえで、自己資本稼働率という指標

を使って水準をみてみましょう。自己資本稼働率に関しては、以下のように定義しています。

自己資本稼働率＝バーゼル上の所要資本額／バーゼル上の資本総額

（注）　所要資本額……国際統一基準行は一律８％、国内基準行は一律４％とし、個別行の方針に基づく開示上の所要資本額は勘案していない

このかたちで比較する場合、厳密には国際統一基準行と国内基準行では違いがあるため、本来であれば同一基準とする必要がありますが、今回は特に調整せずに2017年３月期時点で集計を実施しています。一般的に自己資本比率は経営の安定度をみる尺度として比較することが多いですが、今回の集計は収益寄与的な発想でとらえているので、自己資本の有効活用ができているのか、自己資本比率が高い／低いのはどうしてかの理由を知るために、自己資本稼働率だけではなく、自己資本比率やリスクアセット増加率、自己資本増加率と並べてみてみることにします。

①　持株会社

経営の安定度という自己資本比率で比較するとＢグループやＣグループは

表41　持株会社における自己資本稼働率と自己資本の変化

	自己資本稼働率	自己資本比率	リスクアセット増加率	自己資本増加率
Ａグループ	43.86% （７位）	9.12% （13位）	5.62% （７位）	2.03% （８位）
Ｂグループ	57.49% （４位）	13.91% （１位）	0.17% （14位）	4.17% （５位）
Ｃグループ	32.30% （16位）	12.38% （２位）	5.31% （８位）	1.36% （９位）
持株会社平均	47.60%（単純） 52.80%（加重）	10.06%（単純） 10.41%（加重）	4.43%（単純） 3.47%（加重）	2.74%（単純） 0.60%（加重）

安定度抜群となりますが、自己資本稼働率という点ではCグループは持株会社のなかでは最下位となり、その事実だけをふまえると資本効率性が悪いという判断になりがちです。実際にはBグループは国際統一基準行、Cグループは国内基準行なので、Bグループは高い自己資本比率だけではなく、自己資本稼働率も高く出やすいという背景があり、その結果がそのまま出ている印象です。

今回の集計における所要資本額の算出は、リスクアセットに対して国際統一基準行は8％、国内基準行は4％で一律計算しています。開示資料のなかでは、たとえば国内基準行でありながら8％相当額で見積もっているようなケースがあり、そうした場合自己資本稼働率が低くなるため、内部管理的なかたちとはかなり違ってみえると思います。

② 第一地銀

第一地銀では、2018年3月期の自己資本比率見通しにおいて、リスクアセットの増加に伴って低下することを表明している先が散見され、国内基準行としては4％以上に対して高過ぎる自己資本は問題であるという意識をもち始めていると考えられますが、それでも2017年3月期における規制資本としての稼働率はせいぜい半分という状況です。

今回の集計ではバンキング勘定の金利リスク分はリスクアセットには含めていないので、金利リスク部分を含めた経済資本的にとらえると違った構図もみえてきそうですが、逆に考えれば経済資本としてリスクに対して過剰にバッファーを用意しているのか、本当にリスクアセットとしてもつにふさわしい資産がないということなのかは、内部データも用いて分析する必要があると考えられます。実際に資本配賦状況を開示する第一地銀は増えていますが、配賦可能資本額と実際の配賦額とのギャップに関して説明しているケースは少なく、開示データでは詳細がわからないような状況です。

表42　第一地銀における自己資本稼働率と自己資本の変化

	自己資本稼働率	自己資本比率	リスクアセット増加率	自己資本増加率
D銀行	48.43% （14位）	8.26% （60位）	6.95% （17位）	9.34% （2位）
E銀行	42.58% （36位）	9.39% （39位）	2.12% （50位）	−6.40% （59位）
F銀行	24.53% （64位）	16.31% （4位）	9.43% （4位）	1.94% （26位）
G銀行	48.91% （13位）	16.36% （3位）	7.28% （13位）	7.98% （3位）
H銀行	43.51% （27位）	9.19% （48位）	−0.84% （57位）	−2.85% （51位）
第一地銀平均	44.25%（単純） 46.69%（加重）	10.65%（単純） 11.12%（加重）	4.01%（単純） 3.25%（加重）	0.46%（単純） 0.80%（加重）

③　第二地銀

　第二地銀では、自己資本稼働率は第一地銀とほぼ変わらない水準となっているものの、リスクアセット増加率では差が生じている状況となっています。リスクアセット増加率に関しては、同一都道府県内の第一地銀と比較をすると、地域経済状態の問題なのか、自行の営業面の問題なのかといった点も分析可能となると考えられます。ちなみにＪ銀行とＬ銀行の同一都道府県の第一地銀のリスクアセット増加率はそれぞれ順に1.87％、5.18％となっており、Ｊ銀行に関しては地域性の影響が出ている可能性があり、Ｌ銀行に関しては第一地銀の攻勢という点もかなり影響していると考えられます。

　今回の集計に関しては、前述のとおり、バンキング勘定の金利リスクは含んでいないため、実態としては貸出によるリスクアセットが中心となります。第二地銀の場合は第一地銀の攻勢に押されてしまうと、預金の運用プレッシャーがかかってきやすいため、第一地銀の貸出攻勢が厳しい状況にお

表43　第二地銀における自己資本稼働率と自己資本の変化

	自己資本稼働率	自己資本比率	リスクアセット増加率	自己資本増加率
I 銀行	33.12% （39位）	12.08% （3位）	3.94% （19位）	5.08% （5位）
J 銀行	37.95% （33位）	10.54% （10位）	−0.88% （37位）	−8.68% （38位）
K銀行	58.74% （4位）	6.81% （39位）	0.73% （32位）	−13.14% （40位）
L銀行	46.01% （18位）	8.69% （25位）	−0.44% （35位）	3.16% （12位）
第二地銀 平均	44.63%（単純） 43.74%（加重）	9.39%（単純） 9.60%（加重）	3.37%（単純） 2.30%（加重）	0.84%（単純） −0.12%（加重）

いては市場関連業務の強化によって一時しのぎをするという方法もあります。ただ開示データだけではそうした分析は困難であるため、収益部門等からの適切な情報収集を行い、経営戦略策定に向けて対策を考えることが有効になります。

第5節　証券会社の ALM と財務分析

(1)　証券会社の基本的構造

突然、証券会社の話が出てきてびっくりされるかもしれませんが、メガバンク等の大手金融機関ではバンキング勘定以外に特定取引勘定をもっていることや、メガバンクグループ内に証券会社が存在することから、証券会社の基本構造や簡単な分析手法を把握するというのが本節のねらいです。

「銀行はストックビジネス、証券はフロービジネス」というビジネスモデ

第6章　ALM運営・流動性リスク管理関連業務　251

ルの違いを表現することがありますが、実際のところ両方の概念を的確に把握している人はごくまれです。メガバンクグループの持株会社の人でも「証券のことがよくわからない」ということをよく耳にしますし、証券会社のなかにいる人も全体像を把握している人は少ないというのが実態なので、銀行も証券も細かいところまで熟知している人などほとんどいないというのが現実です。しかし、わからないばかりではガバナンスも進まないので、まずは基本構造を理解することに挑戦してみようということです。

① 証券の基本的なビジネスモデル

大手の総合証券会社とネット系証券会社では、ビジネスモデルや業務範囲に多少違いがあることは否めません。ネット系証券会社はIT投資を背景に、ネット上においてネットトレーダーから注文を受けて執行するビジネスモデルですが、財務上の基本構造を理解するという点では、大手証券会社の業務範囲にカバーされていると考えられるため、ここでは大手証券会社を想定して話を進めていきます。

財務的視点でみた場合、証券会社の企業活動は基本的にタイムラグのあるブローキングに近いかたちです。通常ブローキングというのは買いたい投資家と売りたい投資家の両方を見つけて同時に取り次ぐかたちですが、大手証券会社の場合、いつ投資家から引き合いがきても大丈夫なように、一定のポジションを保有しています。これが品揃えという考え方になり、営業ツールとしての有価証券という位置づけになります。

買いたい投資家にしろ、売りたい投資家にしろ、売買価格自体は当然そのときの市場実勢がベースです。ただ仲値で取引すると何の儲けも出ないため、当然オファー・ビッドが必要となります。営業担当と市場部門のディーラーとの間には仕切値があり、そこに追加的にオファー・ビッドを勘案することで営業部門の収益が計上されるという考え方になっていて、考え方としては銀行における市場関連取引での管理会計の概念と変わりありません。ただし、銀行はストック的な発想が強いため、業務全般において利鞘という概

252　第2部　各業務運営に関する数値検証

念がとても強いですが、証券会社では金利系商品であっても値鞘的発想が強く、単価計算して収益額を理解します。証券会社が取り扱うのは売買目的有価証券という取扱いになることで、評価損益もP/Lに計上される時価会計となるため、値鞘的発想が定着しやすいと考えられます。

② 証券会社の資金繰り

先ほど「タイムラグのあるブローキング」という表現を使いましたが、このタイムラグということを意識すると証券会社の資金繰り構造が把握しやすくなります。

証券会社には預金がないので、銀行のような資金調達構造ではありません。究極の営業をしていれば資金は不要という考え方もできます。それはどういうことかを考えてみましょう。

図18では、タイムラグがある場合とない場合について示しています。タイムラグがある例では1週間の空白期間があるので、国債を保有している一方で資金調達が必要になります。しかし、タイムラグがなくなると同日付でワンタッチスルーとなるので、ポジションとして抱えることなくオファー・ビッド分の収益が計上されるかたちになります。タイムラグがある場合は当然その間の価格変動リスクを抱えることになるので、ディーラーの判断で先

図18　タイムラグがあるブローキングと所要資金

①タイムラグあり

証券会社は1週間の資金調達をする必要がある

②タイムラグなし

証券会社は資金調達をする必要がなくなる
（日中流動性は考慮しない）

物のヘッジ取引等を行っています。

市場リスク管理の話をしていると、VaR計算をする際の保有期間の問題がクローズアップされることがありますが、図18でいえば銀行は投資家の立場なので、好きな銘柄を好きなだけ保有するということになり、満期まで保有しているケースもあるために保有期間が長いものであると考えます。長期保有であればリスク管理面でデュレーションも気にすることになりますが、証券会社の場合は、銘柄が半年物であろうと30年物であろうと、投資家に売りさばいてしまえば終了なので、銀行と同じ発想でリスク管理を行っても仕方がないということになり、VaR算出における保有期間の考え方について銀行と証券では違いがあります。

話を戻して、図18におけるタイムラグがある場合の資金繰りですが、方法は主に2つに分かれます。投資家が売った国債を使って資金調達をする方法と、国債を使わずに資金調達をする方法です。国債を使う場合は主にレポ市場となりますが、国債を使わない場合はコール市場や短期社債（コマーシャルペーパー）の発行といった無担保調達となります。オファー・ビッドが収益源となるので、コールとレポとどちらが有利かといった判断で資金調達を実施していくことになります。根底にあるビジネスモデルがこうしたトランザクションに付随するオファー・ビッドなので、コスト意識は銀行よりもはるかに強くなります。

実際の資金繰り運営に関して、銀行と証券会社では致命的な違いがあります。資金決済機能の差があるということです。証券会社は金融市場に対して基本的には直接的にアクセスできる状況であり、日本銀行の当座勘定をもっているために日銀ネット決済は銀行と同じ感覚ですが、それ以外は銀行口座を経由した資金授受になるので、銀行間でのなんらかのミスがあると対顧口座と取引決済口座間の資金移動が遅れてしまう問題が生じます。このため、日々の資金不足に関しては前日夕方までにメドをつけておく方法が一般的で、銀行のようにコール市場での当日O/N取引等のニーズはそれほど強くありません。これを逆に考えれば、継続的に進められている資金決済の短縮

254　第2部　各業務運営に関する数値検証

化において、T＋2決済からT＋1決済までの変化であれば何とか対処でき
ても、T＋1をさらに短縮するような話になると厳しいということになりま
す。

③ 証券会社の資金計画

　タイムラグが発生する場合、資産となる有価証券をレポ市場等で換金する
か、コール市場等で市場性資金調達をするかの選択肢があるということです
が、証券会社の場合においては、レポ市場等の有担保調達とコール市場等の
無担保調達ではオペレーションを行う部門が異なることが一般的です。有担
保調達は市場部門がそのまま行い、無担保調達は財務部門がその役割を担っ
ています。証券会社を設立して最初の取引が、図19における投資家の国債売
りであったとしましょう。投資家の買いが見つかるまでの間に仮に有担保調
達をするとなった場合、担保の掛け目（ヘアカット）があるので、100の投資
家の売り（証券会社の購入）に対して、資金調達可能額は98といった掛け目
勘案後の金額になります。会社設立当初であれば差額分は資本金という名の
現金等からまかなえるかもしれませんが、トランザクションが増えてポジ
ション量が大きくなってくると無担保資金調達でまかなわないといけなく
なってきます。つまり、市場部門側の想定するポジション量とヘアカット率
を勘案して無担保資金調達額が決まってくるかたちになります。

　資金計画を策定する場合、各収益部門のポジション量と所要無担保資金量
をヒアリングしてまとめていくことになる一方で、財務部門側も調達可能額
を想定する必要があり、各収益部門で収益拡大期待があってポジション量を
大きくしたいというニーズが強まると、財務部門との間で無担保資金調達額
の配分について、時には対立構造に至るくらいの白熱した議論が行われる場
合があります。財務部門は財務部門で、基本的にはコールや短期社債でまか
なおうと努力しますが、調達枠が厳しくなってくると必然的に長期負債にも
依存するようなかたちになってきます。このため、大手証券会社では借入金
や社債といった負債項目で相応の残高があるかたちになります。

第6章　ALM運営・流動性リスク管理関連業務　255

④ 証券会社における長期の資金調達手段

証券会社の長期資金調達についても基本的には無担保なので、財務部門が担当するのが一般的です。短期の資金調達手段がきつくなってくる場合、あるいは資金調達の安定性確保を意識する場合には長期の資金調達手段が注目されるわけですが、ビジネスモデルとして考えた場合、市場部門が保有する有価証券の回転がよければ長期負債はそれほど必要にはなりません。しかし、投資家動向を予想して大きめのポジション量となっている場合に、実際には投資家の動きが鈍いとなると相応の資金調達の安定性を意識することになります。

大手証券会社5社（野村、大和、三菱UFJ、SMBC日興、みずほ）はG-SIBsもしくはD-SIBsということなので、昨今の金融規制上では大差ない水準で高度化対応してきていますが、バーゼルⅢよりずっと以前から証券自己資本というルールがあって、これを充足するために一定の劣後負債を抱えてきました。詳細には触れませんが、長い歴史のなかで業務の拡大に伴って長期負債が劣後負債だけでは不十分なので、シニアの長期負債も相応にあるのが現状のバランスシート構造となっています。

調達手段は社債と銀行借入れですが、社債に関しては公募債も私募債も（準備が万全であれば）発行は可能で、現状主たる発行はMTN（ミディアム・ターム・ノート）と呼ばれる私募債に該当するものです。発行枠を設定して格付を取得し、その発行枠の範囲内で弾力的に発行するのですが、その大半はデリバティブが組み込まれている仕組債です。MTNに関しては財務部門が直接的に投資家にアクセスできないので、財務部門が基準金利を設定し、市場部門で投資家ニーズに合致したデリバティブを組み込み、投資家のターゲット水準となっていれば約定（＝発行）となります。

銀行借入れに関しては、相対での借入れもシンジケートローン等もあり、財務部門が直接アクセスできる状態であれば営業部門は関与せず、IRも財務部門が行うことになりますが、営業部門が担当する銀行の市場部門だけでなく融資部門にも接触していれば営業部門関与の借入れということも存在す

ることになります。

⑤ 資金調達と管理会計

　銀行においては、貸出だけでなく預金においても部門収益（本支店レート
と対顧レートとの差）が存在しますが、証券会社の財務部門が行う資金調達
に関しても部門収益が関係してきます。財務部門がどこに対してダイレクト
アクセスをしているのかということが判断材料となっており、コール市場の
ように財務部門が直接取引をする場合は、営業部門が関与する余地はないの
で部門収益という概念は生じません。短期社債やMTNに関しては、財務部
門が直接投資家と交渉するわけではなく、営業部門が担当先の資金運用ニー
ズを基に発行するスタイルなので、財務部門が短期社債の発行レートを銀行
の本支店レートのようなイメージで示し、投資家の運用ニーズに合致すれば
約定（＝発行）というかたちになります。

　証券会社としての資金調達という面と営業部門の営業ツールという両面が
あるため、発行量調整に苦労するところは銀行の財務企画部門と似たような
ものですが、市場部門の品揃え状況によっても短期社債ニーズやMTNニー
ズは変化する（よい商品がない場合、営業部門は手っ取り早い自社の短期社債や
MTNを投資家に持参することが多い）ので、基準金利調整には神経をとがら
せています。調達手段を営業ツールとしている以上、資金調達に関しても持
ちつ持たれつの関係となります。MTNの場合はデリバティブによって生じ
る収益部分が営業部門収益となりますが、短期社債に関しては基準金利と対
顧レート差だけでなく、追加的に数bp程度の管理会計収益を付け替える
ケースが一般的です。財管不一致要因にはなりますが、資金がタイトな状況
でも対処しやすいように考えられた部門間の握り部分になっています。

　証券会社の管理会計制度を考えるうえで、財務部門の位置づけが重要に
なってきます。証券会社によって財務部門のカバー範囲に微妙な違いがあり
ますが、基本的には収益部門的位置づけではなく、目標設定すらされていな
い証券会社も存在します。銀行のALMを司る財務企画部門と似たような感

第6章　ALM運営・流動性リスク管理関連業務　257

覚かもしれませんが、資金調達コストは間違いなくかかっているので、それ
を収益部門にすべて転嫁するというのが基本的な考え方です。有担保調達部
分は収益部門である市場部門が自ら認識できるので、無担保部分を全面的に
収益部門に配分すれば、資金調達コストは間違いなく収益部門によってまか
なわれるということです。この方法であるがゆえに、また財務部門と収益部
門との対立構造になってしまうわけですが、対立構造であるがゆえに管理会
計制度の高度化には目が向きやすいということもいえます。財務部門の問題
意識が高ければ高いほどより進んだ管理会計制度を考えることになるので、
財務的な統制能力を測るうえでは管理会計制度の全体像をみるとだいたいの
想像は可能になります。FTPに対する問題意識も銀行よりも高いので、ポ
ジションの保有期間に合致する資金調達コストが収益部門にとって効率的で
ある以上、不必要に長くてコストが高いという事態が生じていると、収益部
門の目標達成が危うくなるということで、財務部門に対する風当たりが強ま
るという構図です。

　期間にマッチした管理会計コストという点で、少し補足をしましょう。本
節でこれまで説明してきたのは、収益部門の営業用ポジションにおける顧客
回転率がよければ、資金調達期間は短期間になるということでしたが、ポジ
ションが大きくなってきた場合、資金面では常に必要な一定量が生じてきま
す。品揃えボリュームという言い方になるかもしれませんが、具体的銘柄と
しては回転していても、次から次へと保有銘柄が変化しても常時1,000億円
相当の品揃えがあるということになると、「短期的な資金コストを充当させ
るようなポジションではない」という概念が生じます。資金の安定性として
考えても、銀行借入れや社債等の長期負債に依存する可能性が高まります。
そこで短期コストと長期コストという概念が生じ、徐々に期間が細分化され
て高度化していくということにつながっていきます。

　銀行の場合は、ALMでまかなわれているコストとまかなわれていないコ
ストが不明確であり、感覚的にも「いろいろ混ざり合っているのがALM」
という認識で、収益部門もそれ以上深く切り込まず、目先の取引で生じる管

258　第2部　各業務運営に関する数値検証

理会計コストで文句をいうくらいですから、なかなか全社的にかかるコスト
を浸透させるのは至難の業かもしれません。

(2) 証券会社の財務分析

　証券会社の基本構造はこれまで説明してきたとおりですが、決算説明資料
においても銀行とはかなり違っています。実際にみてみれば、リーグテーブ
ルの実績や部門別動向等が基本的な説明内容になっていて、業務内容と部門
がすっきりしている印象があると思います。プライマリーとセカンダリーで
ウォールが存在していることもあり、部門別実績の合計が全体実績というイ
メージが強いものになっています。銀行の場合は、貸出業務のように商品
（もしくはサービス内容）と部門が１対１でマッチングしない部分があるの
で、業務別的なイメージが強くなる内容になっているといえるでしょう。

① 証券会社の貸借対照表

　これまでの内容をふまえて重要であった点は、「タイムラグがあるブロー
キング」という考え方と、「有担保調達と無担保調達は部門が異なる」とい
うことでした。品揃えとして市場から購入したものか、投資家の売却によっ
て保有することになったものかはさておき、保有している有価証券の資金繰
りのために有担保調達を実施すると考えた場合、有価証券の価格変動リスク
を完全にヘッジしていると仮定すれば、実態としては売却したのとほとんど
変わりません。これを財務会計処理としてはどのようになるのかを考え、分
析するための整理を進めていきます。

　表44における流動資産と流動負債を見比べると理解できると思いますが、
資産と負債で対称的な勘定科目があります。トレーディング商品、信用取引
資産と信用取引負債、有価証券担保貸付金と有価証券担保借入金といった科
目です。これらの商品内容を詳細には説明しませんが、有担保調達と単純売
却では経済効果的に大差ないという部分が会計科目上では違いが出ていると
いうことであり、タイムラグのあるブローキングという発想に照らし合わせ

第６章　ALM運営・流動性リスク管理関連業務　259

表44　証券会社の貸借対照表

(単位：百万円)

	5社平均	
	2016年3月	2017年3月
流動資産		
現金・預金	1,932,722	2,031,370
預託金	283,390	340,550
受取手形および売掛金	3,418	3,330
有価証券	455,770	359,770
トレーディング商品	9,944,240	9,261,038
商品有価証券等	6,243,289	5,823,767
デリバティブ取引	3,700,951	3,437,271
約定見返勘定	352,161	307,462
営業投資有価証券	33,419	33,612
投資損失引当金	−2,211	−2,210
営業貸付金	89,324	133,077
仕掛品	101	257
信用取引資産	128,121	140,202
信用取引貸付金	104,498	98,387
信用取引借証券担保金	23,623	41,815
有価証券担保貸付金	9,756,842	9,212,524
借入有価証券担保金	4,880,925	5,131,198
現先取引貸付金	4,875,917	4,081,325
立替金	5,540	6,218
募集等払込金	0	0
有価証券等引渡未了勘定	23,840	10,267
短期貸付金	322,416	395,562
未収収益	9,993	11,329
繰延税金資産	11,112	11,745
短期差入保証金	235,360	252,649
未収還付法人税等	372	126
その他の流動資産	255,242	221,742
貸倒引当金	−858	−824
流動資産合計	23,840,321	22,729,801
固定資産		
有形固定資産	117,171	115,989
無形固定資産	72,584	74,529

260　第2部　各業務運営に関する数値検証

	5社平均	
	2016年3月	2017年3月
のれん	3,306	2,805
その他	69,279	71,724
投資その他の資産	228,346	229,584
投資有価証券	404,538	386,498
長期貸付金	81,062	88,489
長期差入保証金	9,349	9,038
繰延税金資産	2,291	2,011
その他	208,427	247,675
貸倒引当金	－1,607	－1,393
固定資産合計	893,817	922,839
資産合計	24,734,538	23,652,640
流動負債		
支払手形および買掛金	1,283	1,633
トレーディング商品	6,749,616	6,802,590
商品有価証券等	1,716,509	1,796,926
デリバティブ取引	3,533,239	3,367,304
約定見返勘定	490,677	602,048
信用取引負債	53,475	72,997
信用取引借入金	9,899	12,637
信用取引貸証券受入金	43,575	60,360
有価証券担保借入金	9,987,210	8,887,652
有価証券貸借取引借入金	3,334,447	3,175,111
現先取引借入金	6,652,762	5,712,540
銀行業における預金	1,030,324	823,715
預り金	221,278	290,729
受入保証金	536,768	490,841
有価証券等受入未了勘定	3,402	6,336
短期借入金	787,607	1,082,732
コマーシャルペーパー	350,869	171,116
1年内償還予定の社債	119,839	126,743
1年内償還予定の長期借入金	14,310	24,564
リース債務	132	75
未払法人税等	12,851	9,885
未払金	0	0

第6章　ALM運営・流動性リスク管理関連業務　261

	5社平均	
	2016年3月	2017年3月
繰延税金負債	459	358
資産除却債務	211	1
賞与引当金	24,300	21,628
役員賞与引当金	0	0
ポイント引当金	125	119
その他流動負債	335,878	331,586
流動負債合計	20,720,618	19,747,763
固定負債		
社債	647,557	684,694
長期借入金	2,031,372	1,872,754
長期リース債務	935	851
繰延税金負債	9,661	5,067
退職給付に係る負債	12,700	13,480
役員退職慰労引当金	62	48
執行役員退職慰労引当金	37	27
資産除去債務	1,577	1,973
訴訟損失引当金	435	3,181
負ののれん	0	0
その他の固定負債	2,008	2,539
固定負債合計	2,706,347	2,584,615
特別法上の準備金	0	0
金融商品取引責任準備金	2,271	2,354
特別法上の準備金合計	2,271	2,354
負債合計	23,429,237	22,334,733
株主資本	0	0
資本金	210,515	210,515
資本剰余金	422,669	417,429
利益剰余金	598,360	629,533
自己株式	−35,697	−39,102
自己株式申込証拠金	0	1
株主資本合計	1,195,847	1,218,377
その他の包括利益累計額	8,996	6,730
その他有価証券評価差額金	26,697	19,600
繰延ヘッジ損益	−6,606	91

	5社平均	
	2016年3月	2017年3月
為替換算調整勘定	-3,691	-15,921
退職給付に係る調整累計額	231	668
その他の包括利益累計額合計	16,846	4,608
新株予約権	1,792	1,749
非支配株主持分	81,819	86,442
純資産合計	1,305,301	1,317,850
負債・純資産合計	24,734,538	23,652,640

(注1)　大手証券5社（野村、大和、三菱 UFJ、SMBC 日興、みずほ）の連結ベースを
　　　　合算し平均を算出したもの。
(注2)　野村ホールディングスについては米国会計基準であるため、便宜上国内基準に置
　　　　き換えて試算・集計している。

表45　証券会社の貸借対照表（ネット後）

(単位：百万円)

	5社平均	
	2016年3月	2017年3月
流動資産	6,389,729	6,147,796
現金・預金等	2,219,529	2,375,249
有価証券	455,770	359,770
トレーディング商品	3,194,624	2,458,449
約定見返勘定		
営業投資有価証券	33,419	33,612
営業貸付金	89,324	133,077
信用取引資産	74,646	67,205
有価証券担保貸付金		324,872
短期貸付金	322,416	395,562
その他の流動資産		
資産合計	6,389,729	6,147,796
流動負債	3,269,627	3,165,815
トレーディング商品		
約定見返勘定	138,515	294,586
信用取引負債		
有価証券担保借入金	230,368	
銀行業における預金	1,030,324	823,715
短期借入金	787,607	1,082,732

	5社平均	
	2016年3月	2017年3月
コマーシャルペーパー	350,869	171,116
1年内償還予定の社債	119,839	126,743
その他流動負債	612,105	666,924
固定負債	1,814,801	1,664,131
社債	647,557	684,694
長期借入金	2,031,372	1,872,754
その他の固定負債	−866,400	−895,672
特別法上の準備金合計	2,271	2,354
負債合計	5,084,428	4,829,946
株主資本合計	1,195,847	1,218,377
その他の包括利益累計額	16,846	4,608
その他	83,611	88,191
純資産合計	1,305,301	1,317,850
負債・純資産合計	6,389,729	6,147,796

(注) ネッティングに関しては、開示データの四捨五入等より資産合計と負債・純資産合計が合致しないため、その他流動資産で調整を実施。

れば、買いからスタートしたか売りからスタートしたかの違いに対して、さらに有担保取引か無担保取引かを分けていくと、2017年3月期においては偶然表44のような貸借対照表になったということです。銀行に関してはこれまで「想定ポートフォリオを構築する」という考え方を説明してきましたが、証券に関しては業務計画においてバランスシート構造のゴールイメージを想定しているわけではなく、むしろ偶然こうなったという感覚になります。もちろん業務計画における各収益部門のポジション量は想定しており、それに伴った資本配賦も行っていますが、時価会計のもとでは評価損益であろうと実現損益であろうと違いはないということと共通する部分で、売り切りもフルヘッジによるポジショニングも同じということから、その取引一つひとつの積み上げによって偶然貸借対照表ができあがったという考え方になります。そこで財務分析においては、こうした対称的な項目を相殺して、実質的に残るポジションとそのポジションに充当される負債と資本をみてみること

になります。

　ネッティングに関してはどこまでこだわるかの世界でもありますが、ここでは概念把握が目的なので、表45のようなかたちで実施しました。2017年3月期で考えると、約2兆5,000億円のトレーディング資産と約2兆4,000億円の現預金に対して市場性調達ではまかないきれず長期負債に依存するようなかたちになります。資金効率性を考えた場合、固定負債はなるべく少ないほうがよいという考え方はありますが、証券会社が発行するMTNは財務部門が3カ月LIBORや6カ月LIBOR等で仕切ってきたものであるため、実態的には短期調達と大差はないかたちとなり、問題となるのは長期借入金でまかなう部分がどれだけあるのか、その長期借入金は（銀行系の場合）グループ連結における内部コストなのか外部コストなのかというところが、コスト差として表れてくる点になります。大手証券会社各社が自社としての財務分析を行う場合、一義的にはこうした5社平均と比較してどういう状況なのかを把握するイメージになります。

　一般的な企業の財務分析では、流動負債と固定負債の割合をみたりすることがありますが、証券会社におけるさまざまな財務分析指標をチェックする場合には、ネッティング前よりもネッティング後のほうが大半のケースで意味をもつと考えられます。ネッティング後は実態面でのポジション量とその資金調達量を把握することが可能になるので、レポ取引とリバースレポ取引のような部分は相殺してしまい、長期負債への調達依存度を理解すると、コスト構造的にはよいか悪いか判断できるでしょう。

②　証券会社の財務分析（P/L）

　実態面でのB/S構造が把握できれば、次は、P/L面での分析になります。本来であればもっと幅広に考える必要はありますが、ここでは限定列挙とし、まずはトレーディング収益のところからみていきます。

　損益計算書に関しては貸借対照表のようにネッティングする必要は特になく、ネッティングされた貸借対照表から生み出される収益という概念で、単

表46　証券会社の損益計算書　　　　　　　　　　　　　　　　（単位：百万円）

	5社平均	
	2016年3月	2017年3月
営業収益		
受入手数料	340,896	291,507
委託手数料	120,343	92,625
引受・売出等の手数料	24,492	24,126
募集・売出等の勧誘手数料	22,362	21,869
その他の受入手数料	128,477	118,230
トレーディング損益	183,449	214,742
株券等トレーディング損益	4,686	4,294
債券・為替等トレーディング損益	21,579	21,330
営業投資有価証券関連損益	7,091	3,743
金融収益	154,195	147,754
売上高	2,374	3,285
その他の営業収益	44,495	42,116
営業収益計	732,500	703,149
金融費用	105,405	103,510
売上原価	1,844	2,586
その他の営業費用	9,873	9,004
純営業収益	615,377	588,047
販売費・一般管理費		
取引関係費	62,587	53,517
人件費	229,420	207,567
不動産関係費	39,796	37,020
事務費	93,401	84,357
減価償却費	18,165	19,194
租税公課	5,289	5,276
貸倒引当金繰入れ	48	−7
その他	55,947	51,109
販売費・一般管理費計	504,655	458,236
営業利益	110,722	129,811
営業外収益		
受取利息	830	870
受取配当金	1,357	1,248
負ののれん償却額	0	0

	5社平均	
	2016年3月	2017年3月
持分法による投資利益	5,814	7,996
為替差益	137	129
その他	1,571	1,317
営業外収益計	10,564	12,774
営業外費用		
支払利息	111	39
デリバティブ評価損	39	0
投資有価証券評価損	0	0
為替差損	0	0
社債発行費	137	129
その他	291	547
営業外費用計	1,302	1,350
経常利益	119,984	141,234
特別利益		
特別利益計	5,972	25,228
特別損失		
特別損失計	7,035	6,838
税引前当期利益	118,921	159,624
法人税等合計	30,504	27,744
当期純利益	88,416	131,880

（注）　野村ホールディングスが米国会計基準であることから、一部調整を行っている。

純にみていくことが前提となります。証券会社の個別部門収益を考えるうえで、たとえば引受部門がありますが、株式であろうと債券であろうと、投資家ニーズに基づいて順次売却を行っていくということなので、証券会社の立場で考えれば発行日が購入日というだけであり、後は何日間ポジションとして残るのかという点が、財務部門と引受部門での資金コストに関係してくるということになります。引受部門は別途手数料を顧客から受領するので、部門収益としては手数料勘案後の損益をみていくということになります。証券会社の業務も多岐にわたっているので、これまで説明してきたトランザクションに付随するオファー・ビッドだけではなく、さまざまな手数料も収益

源となっています（表46参照）。このため財務分析においては、銀行の役務収益割合のような位置づけに近いかもしれませんが、各種手数料獲得というのは重要になってきます。これが発展していくと「いかにして資金や資本を使わないで収益を獲得するか」という発想が広まり、自社のバランスシートを使わないビジネスでの収益獲得という発想につながっていきます。

　トレーディング収益に関しては、その根幹がトランザクションでのオファー・ビッドであるので、実質ポジションからどれだけの収益を生み出しているかという考え方をするとよいでしょう。たとえば1つの例ですが、債券・為替等トレーディング収益に着目すると、2017年3月期では213億3,000万円となっています。内部データを用いて仮に平均取引元本50億円、平均デュレーション10年、1回当りのオファー・ビッドは1bp相当額であったとしましょう。その場合の1回当りの収益は以下のように計算できます。

　　50億円 × 1 bp × 10年 ≒ 500万円（注）

　（注）　厳密には現在価値化した数値。

　213億3,000万円を500万円で割れば、何回取引が行われたのかという計算になりますし、ネット後のトレーディング資産の債券部分を計算すれば、資産が何回転したのかという把握もできます。証券会社が収益目標設定や資本配賦等を考えるうえで回転率という概念は重要であり、そのため投資家動向を気にする側面もあれば、取扱商品のボラティリティを気にする側面も出てくるということになります。リスク管理上の観点も含めて回転率はKPI化され、リスク管理や計画策定等におけるモニタリング項目という位置づけになります。

　資金コストという観点で、1点補足をしましょう。ネッティング後の貸借対照表において長期負債への依存度がどれくらいかが重要であると説明しましたが、資金効率という観点では別の問題があります。資金調達構造において有担保調達と無担保調達があるということに関し、従前より証券会社は可能な限り有担保調達を実施するというのが基本コンセプトでした。しかし、

268　第2部　各業務運営に関する数値検証

営業ツールという側面を考慮し、仮に無担保調達で多く資金をとり過ぎると何が起こるのかを考える必要があります。

　仮に、実態面でのポジションに合致する資金調達量を3兆円としましょう。有担保調達を普通に実施すれば2兆5,000億円程度は調達可能かもしれませんが、すでに財務部門が1兆円調達ずみであるとすると、2兆円の有担保調達を実施することになります。日々の資金繰りのなかでは、最終資金調整を行ったつもりが、なんらかの要因で無担保資金調達を行ってしまったり、顧客との取引関係上レポ取引やリバースレポ取引を求められたりすると、資金の追加的過不足が発生し、レポ市場やコール市場で調整することになります。資金効率としては1往復増えるようなイメージになり、財務会計ベースでは金融収益と金融費用に計上されていくことになります。結果的に利鞘を確保しているとしても、レバレッジ比率上は悪化するような動きとなり、オペレーションも煩雑になるので、金融収益と金融費用の数値に関しては資金効率性を測るうえでの指標となりうるものであり、平均値と比べてどうかという判断材料になると考えられます。

第 7 章

その他指標の比較と総合評価

開示されている財務データを用いて各業務運営の整合性や業界内の相対地位を評価できるよう分析を行ってきましたが、一般的に使われている指標も含め、まだ説明していない指標もあります。せっかく集計・分析してきた指標をあらためて総合的にみて評価する必要もあるため、まずは追加的にみる指標の説明をしたうえで、各指標をすべて並べてみるとどのようにみえるのかを確認していき、次に経営戦略策定の前段階として、戦略策定に至るまでの基本となる考え方やアプローチ方法を整理するうえで、RAF態勢構築上の問題を整理しつつ、収益重視型経営戦略策定への道筋をつけていきます。

第1節　各業務における分析結果の集計

(1)　これまでの集計結果

　前章までにさまざまな項目に関して分析をしてきました。投資家目線でどのようにみえるのか、重要指標やベンチマークは何を設定しているのか、貸出・預金・有価証券といった中核的な業務の状況はどうか、資本の有効活用状況はどうなっているか、といった項目に関し、業界内での地位による相対的な競争力や戦略上の整合性を意識してきましたが、これまでは部分均衡的にみてきただけで、全体的な比較による得意分野と不得意分野の特定につながるような分析は行ってきていません。

　内部データも使える状況であれば、これまでよりもさらに複雑な分析や検証も可能かもしれませんが、現実的には経営戦略策定の準備期間が十分ということでもなく、分析作業を行えるマンパワーも不足気味ということになると、限られた資源・限られた情報に基づく分析とせざるをえません。しかし、特定業務に絞るのではなく、網羅的にとらえることによって新たにみえてくるものがある可能性もあります。そこで本節では、まだ紹介していない集計結果や分析結果も加えつつ、みえにくい点までみえるような工夫をして

272　第2部　各業務運営に関する数値検証

表47　前章までに行ってきた集計内容と分析内容

項　　目	集計内容	比較指標
経営戦略・ガバナンス関連	中期経営計画内容	中期経営計画で掲げる重要な経営指標
	金融仲介機能におけるベンチマークで選択した項目	ベンチマーク選択状況
収益性	投資家目線での収益性等	ROE、簡易 EVA、ROA
営業統制	預金・貸出業務	預金増加率、貸出増加率、預貸率変化、実質貸出利益増加率等
ALM 統制	有価証券運用	有価証券実質運用利回り、ALM 上の整合性評価
資本効率性	自己資本とリスクアセット状況	自己資本稼働率

みましょう。

　まずは、これまでに説明した集計結果や分析結果の内容を列挙してみます（表47参照）。

　比較・分析を行うにあたり、必ずしもこれまで取り上げた分析指標が的確とは限りません。これまで紹介した各項目の集計や比較においても、「規模の大小の影響を受けにくくする」という考え方を重視しているので、増加率による比較を多用していますが、たとえば、週刊誌的な生き残り可能性ランキングのようなものを想定する場合には、増加率でみてもよくわからない可能性があります。このため分析目的を明確化する必要があり、それに即した指標で比較をすることが重要になります。本書では経営計画策定という1つの軸を設け、最終的には計画値と実績値の乖離を小さくするためのガバナンス構築を目指すために行う分析という観点なので、規模の影響を回避しつつ、より網羅的な視点で比較する方法を模索して紹介していますが、まったく異なる軸での比較・分析や、相対比較ではなく絶対評価的アプローチによる評価を目指すのであれば、説明してきた指標のなかでも意味がないような

第7章　その他指標の比較と総合評価　273

ものが出てきます。

　集計・分析結果をより有効にするには、ある業務に対してボリューム面で比較するのと収益面で比較するといったような、異なる方法で整合性をみるという観点も重要であると説明してきました。具体的な集計結果に関しては説明しませんでしたが、預り資産残高の増加率と役務収益の増加率を比較するような分析です。また波及効果を意識するという点では、預金が多く集まると市場運用部門に収益プレッシャーがかかりやすいという認識から、預金増加率と実質有価証券運用利回りの整合性をみるということも、実際に預金業務に関する戦略として、意図的に増加／縮小させるのか、あるいは自然体で臨むのかといった判断材料になります。

　では、これまで行ってきた比較・分析においてまだ不足している部分を考えてみましょう。もちろん列挙すればきりはないですが、業務効率性も不良債権も最終利益項目もみていません。そこで業務効率性として OHR を手始めに、まだ不足していると考えられる項目のいくつかを順次紹介していきましょう。

(2)　OHR

　OHR とは Over Head Ratio の略で、一般的に経費率と訳されています。地域銀行においては重要指標化してモニタリングしてきた先がほとんどであり、公的資金投入先では必ずチェックされる項目です。今回の集計・比較においてはコア業務粗利益をベースとした経費率として算出しています。単体ベースで計算しているため、持株会社に関しては、傘下銀行の単体ベースの合計コア業務粗利益と経費合計というかたちで OHR を計算しています。

　　OHR＝経費／コア業務粗利益

　　経費に関しては、臨時処理分を除いたもの

コア業務粗利益＝資金利益＋役務取引等利益＋特定取引利益＋その他業務利益（国債等債券損益を除く）

OHR をみるうえで、近年の傾向としてはコア業務粗利益の減少と経費の減少という両面があるため、コア業務粗利益の減少率が大きいと結果的に悪化してしまうという問題点があります。今回の比較・分析においては、OHR 以外の効率性という観点で1人当り利益（コア業務粗利益ベース）と1人当り純資産を比較することにより、従業員1名当りの効率性や潜在能力面を把握することも考慮しています。計算式は、以下のとおりです。

1人当り利益＝コア業務粗利益／従業員数（役員を含む）
1人当り純資産＝純資産／従業員数（役員を含む）

① 持株会社

持株会社グループとしては、おおむね規模の大きさに比例して OHR が低いという傾向こそみられますが、そのなかで第二地銀でグループ化しているAグループに関しては健闘しているといえるでしょう。規模の経済性という

表48 持株会社における業務効率性

	OHR（経費率）	1人当り利益 （百万円）	1人当り純資産 （百万円）
Aグループ	69.39% （6位）	21.11 （11位）	89.57 （11位）
Bグループ	67.13% （5位）	26.28 （5位）	114.96 （7位）
Cグループ	74.32% （9位）	23.27 （9位）	137.81 （4位）
持株会社平均	72.49%（単純） 67.63%（加重）	24.53（単純） 26.75（加重）	110.61（単純） 118.39（加重）

第7章 その他指標の比較と総合評価 275

概念でとらえると、Cグループに関してはその機能が十分に発揮できていないようにみえ、全体的な傾向としては、Bグループのように3つの指標に関して業界順位が大きく変化しない印象であることからも、OHRの低下は意識するべき指標であると考えられます。2017年3月期に関してはコア業務粗利益増加率がマイナスなので、収益低下の影響が色濃く出る結果となっており、コア業務粗利益増加率のマイナス幅を小幅に抑えたAグループが上位に顔を出すかたちとなっています。

② 第一地銀

第一地銀に関しても、平均値でみれば規模が大きいほうが効率的と考えられるものの、個別では持株会社グループよりも散らばりが感じられます。G銀行のように1人当り純資産が小さくてもOHRや1人当り利益が平均を上回るようなケースがあり、2017年3月期のOHRのようにコア業務粗利益が

表49　第一地銀における業務効率性

	OHR（経費率）	1人当り利益 （百万円）	1人当り純資産 （百万円）
D銀行	72.18% （22位）	26.37 （14位）	165.78 （13位）
E銀行	72.57% （24位）	19.69 （48位）	74.27 （54位）
F銀行	79.07% （43位）	21.50 （38位）	218.94 （2位）
G銀行	63.97% （11位）	23.94 （26位）	76.81 （53位）
H銀行	82.93% （54位）	18.67 （53位）	96.38 （38位）
第一地銀平均	73.94%（単純） 68.59%（加重）	24.11（単純） 25.54（加重）	121.38（単純） 133.83（加重）

276　第2部　各業務運営に関する数値検証

前年度比マイナスということになると、そのマイナス幅によって順位が決まってしまう傾向がみられるので、収益的には役務収益割合とコア業務粗利益の両面から、経費に関しては純粋に前年度対比という分解が必要かもしれません。

③　第二地銀

第二地銀に関しては、総じて３つの指標のそれぞれの業界順位の散らばりが小さいものの、表50においては比較的各指標の業界順位にばらつきがあるものを抽出しています。第二地銀においても規模の経済性があるように思えますが、１人当り収益が単純平均で2,000万円を割り込んできているので、コストカットよりも収益拡大を意識することも重要でしょう。その意味では、平均賃金に対して何倍の収益を計上できるのかという指標も生産性をみるうえではよいかもしれません。

表50　第二地銀における業務効率性

	OHR（経費率）	１人当り利益 （百万円）	１人当り純資産 （百万円）
Ｉ銀行	80.63% （21位）	26.52 （２位）	113.04 （４位）
Ｊ銀行	81.88% （24位）	18.61 （20位）	110.80 （５位）
Ｋ銀行	86.90% （36位）	18.40 （22位）	76.18 （18位）
Ｌ銀行	73.57% （10位）	15.84 （33位）	69.27 （25位）
第二地銀平均	79.96%（単純） 77.33%（加重）	18.76（単純） 20.18（加重）	77.23（単純） 85.14（加重）

第７章　その他指標の比較と総合評価　277

④　効率性を検討するうえでの留意点等

　効率性指標をみる場合、従業員を対象にして算出する指標を重要指標化すると、目標達成のための人員削減ということを実施するトリガーとなってしまう可能性があります。コストカットそのものは比較的実施しやすい経営戦略であると考えられますが、収益獲得するテーマが見当たりにくい昨今の環境では、固定費的な部分も相対的に大きくなってくる可能性があるため、最低所要収益という概念を把握しておく必要があるでしょう。

　つまり、1つの指標だけで判断することは誤った判断になってしまう場合があり、仮に余剰人員がいる計算になったとしても、その余剰人員が新たな収益を獲得するという発想に転換させるような指標の検討も必要であるということです。

　また、地域貢献を前面に出していれば、地域経済への影響という観点も必要になるので、効率性だけでは語れないものが出てきます。部分均衡を意識するよりも、全体面を意識したうえで方向性を決定する必要があるでしょう。

(3)　BPR関連指標

　業務効率の代表的指標としては前述のOHRが使われていますが、別の観点で業務効率改善度合いをみたいというニーズもあると思います。マイナス金利政策に伴う収益力低下に加えて、特に今後は人口減少が意識されていることもあり、労働力が減っていくことを前提とすると、なんらかの業務改善もしくは業務の取捨選択が必要となります。

　そこで、本書では実際の比較・検証は行いませんが、業務改善の進捗をみていくうえで以下のような指標を考え、OHRと同様、業務効率性変化をみる指標を考えてみましょう。

［内部データを使って絶対評価する：例］
・生産性改善指数……システム導入に伴う収益性変化をみる指標

生産性改善指数＝（当年度 1 人当り利益－前年度 1 人当り利益）（注）
／（当年度 IT 投資額－前年度 IT 投資額）

（注）　1 人当り利益は、市場金利変動による収益変化を差し引いたものとし、市場金利変動に伴う部分はデュレーション×平均残高×金利変化／平均従業員数によって調整。

・経費改善指数……システム導入に伴う経費変化をみる指標

経費改善指数＝（当年度営業経費－前年度営業経費）
／（当年度 IT 投資額－前年度 IT 投資額）

［財務データより相対比較する：例］
・役務収益内訳割合……役務取引等収益と役務取引等費用の割合をみる指標

役務収益内訳割合＝役務取引等収益／役務取引等費用

・役務取引対経費収益率……役務取引等利益と経費の関係をみる指標

役務取引対経費収益率＝（役務取引等収益－役務取引等費用）／経費

　生産性改善指数や経費改善指数については内部データを使わないと算出できず、自行の絶対評価として毎年みていくようなイメージになります。内部データにならざるをえないのは、無形固定資産に関する詳細内容（減価償却内容等）まで正確に把握することは困難であること、無形固定資産全体ではのれん等も含まれてくることといった理由であり、純粋なマンパワー代替としてのシステム投入費用を算出することは不可能であると考えた結果です。財務データを使う場合には、疑似的に IT 投資額をソフトウエアという会計科目で代替することが考えられますが、分母がマイナスになるケースがあり、比較するには無理があるという印象です。そのかわりに、役務収益内訳割合や役務取引対経費収益率のようなかたちで追加的収益とコストの関係をみる指標は考えられますが、今回は、具体的な検証は省略します。

第 7 章　その他指標の比較と総合評価　279

今回の分析は開示データに依存しているためできませんが、たとえば、来店客数や営業店舗のトランザクション件数等の内部データを使えば独自の経費改善指数の設定は可能であり、店舗生産性に関しても同じことがいえます。内部データで正確に算出できる独自指標でモニタリングをしていけば、業務効率化が実現した経済効果に対して、コストカットのみの影響なのか、資源の再配分による収益力改善につながっているのかをみるようにすれば、意味のある業務改善の進捗や波及的効果の把握が可能になるので、経営戦略としての選択肢に広がりが出てくることも期待できます。

(4) 当期純利益

当期純利益に関して特に説明する必要もないとは思いますが、重要指標の集計や実際の財務データの集計結果をみていくと、考えなくてはならない点も出てきます。2017年度の中期経営計画の重要指標として最終利益項目を掲げている金融機関数は70行となっており、重要指標のなかで最多となっていますが、ミクロの世界では単体ベースの当期純利益である場合や親会社株主に帰属する当期純利益に変更した場合もありました。一方では役務収益拡大という方針を掲げていることもあるので、当期純利益の補完的にみていきたい項目としては、コア業務粗利益やコア業務純益といった売上項目的なものや中間利益（営業利益）項目的なものになります。

相対比較をするうえでは、実額のみの場合は規模が大きいほうが有利ということになってしまうので、いずれの指標も前年度対比の増加率で比較をしています。

① 持株会社

利益項目の重要指標化としては最終利益重視が増えつつあるなか、2017年3月期に関しては基本的には前年度からマイナスとなっている状況です。当期純利益増加率の単体平均においてプラスとなっているのは、持株会社発足やグループへの追加参入等によって非連続的なかたちになっている影響があ

280　第2部　各業務運営に関する数値検証

表51　持株会社における収益比較

	当期純利益 （増加率）	コア業務粗利益 （増加率）	コア業務純益 （増加率）
Ａグループ	−2.57% （6位）	−6.43% （11位）	−15.56% （9位）
Ｂグループ	−48.28% （14位）	−10.35% （13位）	−43.01% （15位）
Ｃグループ	−86.15% （15位）	−3.23% （8位）	−6.25% （5位）
持株会社平均	8.73%（単純） −10.15%（加重）	−5.38%（単純） −4.67%（加重）	−17.98%（単純） −13.27%（加重）

表52　第一地銀における収益比較

	当期純利益 （増加率）	コア業務粗利益 （増加率）	コア業務純益 （増加率）
Ｄ銀行	−20.67% （42位）	−7.14% （52位）	−31.23% （55位）
Ｅ銀行	−8.52% （23位）	−2.92% （23位）	−13.35% （33位）
Ｆ銀行	3.50% （10位）	−1.10% （11位）	22.21% （2位）
Ｇ銀行	−48.93% （62位）	0.17% （7位）	−9.06% （23位）
Ｈ銀行	−6.11% （20位）	−3.64% （28位）	−5.05% （17位）
第一地銀平均	−15.49%（単純） −15.41%（加重）	−4.19%（単純） −4.56%（加重）	−14.76%（単純） −12.98%（加重）

るためであり、プラスとなっているグループにおける単体合算ベースでのコ
ア業務粗利益やコア業務純益の合計で比較するとやはり前年度マイナスと
なっています。

第7章　その他指標の比較と総合評価　281

相対比較においては、こうした非連続性が発生することはやむをえないところではありますが、それ以上に、実際の数値結果をみると2017年3月期はいかに厳しい収益環境であったのかが理解できます。

②　第一地銀

　第一地銀において例示した金融機関は、3つの指標において各業界順位的に大きな違いがある先ときわめて整合的な先を抽出しています。ただ増加率で比較する場合の問題点でもありますが、前年度実績がきわめてよすぎる場合や悪すぎる場合には極端な増加率になりやすいという問題が生じます。原因の特定に関しては前年度と前々年度での比較をみるのが正解なので、自行の分析として比較したい銀行を特定している場合はきちんと調べるのでしょうが、今回のように全体を比較しているような場合では、個々の動きをすべて追いかけることは相当困難です。業績予想との乖離率という尺度を比べることにより、ある程度原因を推定することも可能ですが、その場合は業績予想と前年度実績で比較しないと、業績予想そのものに前年度実績からその要

表53　第二地銀における収益比較

	当期純利益 （増加率）	コア業務粗利益 （増加率）	コア業務純益 （増加率）
Ｉ銀行	3.58% （11位）	−7.38% （35位）	−32.75% （33位）
Ｊ銀行	−44.58% （38位）	−3.03% （16位）	−48.65% （38位）
Ｋ銀行	5.93% （8位）	0.23% （6位）	5.86% （7位）
Ｌ銀行	47.06% （2位）	−12.09% （39位）	−116.64% （41位）
第二地銀平均	−8.78%（単純） −11.56%（加重）	−3.81%（単純） −3.42%（加重）	−15.83%（単純） −13.22%（加重）

282　第2部　各業務運営に関する数値検証

因分を排除している可能性があるため注意が必要です。

③ 第二地銀

第二地銀に関しても第一地銀と同じようなイメージで抽出しましたが、Ｊ銀行やＬ銀行をみると、どの段階でどのようなＰ/Ｌ調整が行われているかという推定が可能です。完全に特定するには、前述同様、前年度と前々年度をみることに変わりはないですが、コア業務粗利益からコア業務純益、そして最終的に当期純利益となってくるなかでの控除項目を推定すればよいということなので、重要指標としての統制はさておき、オペレーションの内容を推定することで相対比較上無視できるかどうかは判断がつきやすいと考えられます。

④ 当期純利益に関する留意事項等

当期純利益に関しては、さまざまな指標算出における分子項目や分母項目になる場合があり、自己評価を行う場合には、変動要因となった部分を勘案するか除外するかの判断が必要になります。自行に関する話なので、どちらかといえば、絶対評価的な目標に対してどうかという観点になると考えられますが、たとえば、「自行の絶対評価としてのROEの目標水準があり、そのROEの収益部分は当期純利益である」ということであれば、特殊な事項によって当期純利益が大きく変化した場合には除外するというような判断を必要とするということです。

中期経営計画における重要指標の動きとして最終利益項目を重視する動きがあることから、特殊要因が発生しない運営が理想ではありますが、現実的には統制としての限界もあるので、開示や対外説明も含めてどのように考えるべきかの自行としての判断は必要です。

(5) 不良債権割合

不良債権割合に関しては、不良債権の定義として一般的に「金融再生法上

の開示債権」と「リスク管理債権」という2つがあります。決算発表時には決算説明資料で両方とも開示されており、近年の環境において両者に劇的な違いがあるかどうかといった心配はないと考えられますが、今回の分析に関してはいったんリスク管理債権を対象として集計を行っています。

不良債権比率をみるという手法がごく一般的であり、それを補完するものとして保全率をみていくということも当たり前という考え方であろうと思いますが、今回の不良債権割合の比較に関しては一般貸倒引当金増加率と個別貸倒引当金増加率を選択し、保全率に関しては対象から外しています。保全率に関して比較をする場合、保全しているとして認める定義の共通化が必要であると考えており、担保条件の詳細がわからないと判断を見誤る可能性があると考えられるためです。

たとえば、不動産担保の貸出があった場合、当該不動産を対象に抵当権を設定し登記ずみとなっていれば保全面で議論の余地なしかもしれませんが、仮登記のみの場合、登記に必要な書類はすべて徴収しているものの登記を留保している場合、必要書類を受領せずに念書だけ受領している場合、等々の違いによって、開示上の保全率はどうしているかの違いが出てくる可能性があるということです。ノンバンク向け融資でリース債権譲渡担保や貸付金債権譲渡担保にしている場合も同じようなことが考えられますし、総財産担保のような貸出であれば担保価値があるかどうかもわからないという言い方もできます。

保全率比較においてはもう1つ問題があります。不良債権問題がクローズアップされていた時代に議論になりましたが、直接償却と間接償却では税効果が変化するため、税効果まで勘案した保全率なのか、あるいは勘案しない保全率なのかという点まで精査して比較しなければなりません。この点を各行の開示資料から、一つひとつ確認しつつ十分な保全率かどうかを判断していくのは至難の業です。

現実的な保全としては、本来換金性も勘案する必要があり、一般的に不動産担保であれば換金性に関しては担保の掛け目で調整してきたと思います

が、仮に、現金化するのに1年、2年という時間が必要ということであれば実質的に価値はないかもしれません。こうしたことから、担保を勘案した保全率よりも引当金に着目し、しかも戦略的に引当金を多くするような動きも把握できることをふまえ、不良債権割合の補完的指標としています。経営戦略という観点では与信費用変化にも関係してくるので、貸出関連指標と与信費用とあわせてみていくということもよいと思われます。一方、保全率ではなく貸倒引当金の変動をみるということであれば、不良債権割合に関しても変動をみるべきという考え方もあるでしょう。その場合は不良債権額の変動を使う方がより適切であるとも考えられますが、経営戦略としては不良債権割合をみたうえでの戦略的な引当金積み増しのようなことをみたいと考えたため、今回は不良債権割合と引当金増加率というかたちにしています。

① 持株会社

貸出注力中という前提でとらえると、貸倒引当金は増加するほうが健全という考え方もありますが、既往先の経営改善による引当金減少ということもあるため、今回は減少しているほうが望ましいという考え方にしています。ここでも、本来は与信費用と当期純利益の関係性もあわせてみるのが理想で

表54 持株会社における不良債権状況

	不良債権割合 （リスク管理債権）	一般貸倒引当金 （増加率）	個別貸倒引当金 （増加率）
Aグループ	2.59% （16位）	−0.66% （12位）	−17.54% （4位）
Bグループ	1.86% （7位）	18.70% （15位）	10.30% （14位）
Cグループ	2.00% （11位）	−20.17% （4位）	6.34% （12位）
持株会社平均	1.92%（単純） 1.79%（加重）	−5.91%（単純） −8.23%（加重）	−5.83%（単純） −6.77%（加重）

す。

　持株会社グループの貸倒引当金増加率平均はマイナスとなっており、平均値だけでみれば規模が大きいグループがよりマイナス幅が大きいということになるのですが、A〜Cの各グループでの数値を比較すると、以下のようなことが推測されます。

・Aグループ……不良債権割合が相対的に高いものの、特に対策は意識せず、自然体での自己査定に基づいて集計
・Bグループ……不良債権割合が低いものの、貸出姿勢として低格付先へのアプローチ等を勘案し、引当金も相応に積み増し
・Cグループ……不良債権割合は現状危惧する水準にはなく、既往先のメンテナンスも相応にできているものの、将来の不安材料にはいち早く対応するため個別引当金を積み増し

　ここではあえて仮説が正解である前提で話を進めますが、既往ポートフォリオの動向や経済見通し等をふまえて不良債権対応まで検討することは理想です。通常は自己査定や内部格付見直しによって所要対応額が変化するため、具体的な引当金変動は見直し作業後に確定するということになります。リスク管理面でフォワードルッキングの概念を重視するという考え方を踏襲すれば、自行で考えるシナリオに基づいて格付遷移モデルを動かして影響度を調べておくことが求められます。シミュレーション結果を活かして経営戦略におけるフォワードルッキングの概念として組み込むことを考えれば、シミュレーション結果を引当金に反映させる前提として収益計画を策定するということでしょう。その意味ではBグループのような動きが出てくると、Aグループは何も悪いことをしていなくても相対的には検討課題がたくさんあるように思えてきます。不良債権問題はどうしても敗戦処理的なイメージもあって、現実としてなかなかフォワードルッキングの考え方にシフトはしにくいと思いますが、日本銀行金融システムレポートの内容等を参考に、戦略的な引当金対応も状況に応じて必要となると思われます。

② **第一地銀**

不良債権割合が低いほうが貸倒引当金増加率も低くなりそうな気はするものの、抽出した銀行を対象としてみると、むしろ不良債権割合が高い銀行において貸倒引当金が減少している印象です。もちろん、この項目だけで判断するのはリスクがありますが、Ｅ銀行やＨ銀行をみた場合、不良債権が解消されて引当金が減少しているのであればよいものの、仮に、昨今の環境をふまえた格付遷移の結果に基づくものということであれば、中長期的視点では懸念材料になりそうです。

収益性を意識した要注意先への貸出スタンス次第で、不良債権割合や貸倒引当金の状況が変化しますが、特に目が届きにくい他県への案件において不良債権となる懸念が高まると、対応も後手になりやすいと考えられるので、その分だけ貸倒引当金積み増しを早期に検討するかどうかといったことも想定可能でしょう。上記Ｆ銀行の場合、不良債権割合は中期経営計画上の重要

表55　第一地銀における不良債権状況

	不良債権割合	一般貸倒引当金 （増加率）	個別貸倒引当金 （増加率）
Ｄ銀行	1.08% （3位）	−13.49% （20位）	33.89% （62位）
Ｅ銀行	2.23% （45位）	−10.11% （24位）	−31.41% （5位）
Ｆ銀行	2.72% （57位）	9.46% （55位）	−5.32% （38位）
Ｇ銀行	1.53% （15位）	−22.38% （15位）	5.86% （51位）
Ｈ銀行	2.49% （51位）	−17.67% （16位）	−30.90% （6位）
第一地銀平均	1.98%（単純） 1.85%（加重）	−8.30%（単純） −8.86%（加重）	−6.00%（単純） −5.61%（加重）

第7章　その他指標の比較と総合評価　287

指標として掲げており、2017年3月期において第一地銀のなかでは不良債権割合も高い状況ですが、一般貸倒引当金の増加率を勘案すると、貸出スタンス的には要注意先にも積極姿勢となっている可能性があります。

③ 第二地銀

第二地銀は第一地銀と比べると不良債権割合が高めであり、その分一般貸倒引当金増加率も若干マイナス幅が小さくなっているという結果ですが、個別貸倒引当金増加率は第一地銀よりも低いので、不良債権の長期化等による積み増しは発生していないのではないかと推測されます。

貸倒引当金は財務会計と税務の間でミスマッチが起こりやすく、戦略的に早期の処理を図ろうとしても税務上はそのとおりには行かないという部分があるので、1990年代の不良債権処理問題のような銀行破綻回避を目的とした早期償却を目指すほどの危機意識はないであろうという想像のもと、ニュートラルスタンスで臨んだ結果が上記内容だったということだと推測されます。

表56　第二地銀における不良債権状況

	不良債権割合	一般貸倒引当金 （増加率）	個別貸倒引当金 （増加率）
Ｉ銀行	1.47% （5位）	11.90% （36位）	23.67% （41位）
Ｊ銀行	3.02% （30位）	−1.44% （27位）	−24.62% （9位）
Ｋ銀行	4.16% （37位）	−52.13% （1位）	−12.00% （14位）
Ｌ銀行	1.94% （14位）	−5.73% （23位）	−55.12% （1位）
第二地銀平均	2.60%（単純） 2.18%（加重）	−7.46%（単純） −7.42%（加重）	−8.13%（単純） −9.47%（加重）

288　第2部　各業務運営に関する数値検証

④　不良債権割合に関する留意事項等

　金融庁が公表したベンチマークのなかに破綻懸念先の平均滞留年数という
ものがありましたが、これを選択して開示した金融機関はほとんどありませ
ん。開示に適さない、算出がむずかしい、といった考え方もあると思います
が、環境認識的に注目されにくいという点もあると推測されます。

　今回は集計・分析結果としては特に深く説明はしませんが、当然与信費用
との関連性の問題があり、2017年3月期において与信費用そのものは、持株
会社と第二地銀が前年度よりも減少、第一地銀では増加している状況となっ
ています。

　与信費用を相対比較する場合には、償却債権取立益を含める／含めないと
いったような算出定義の違いがみられたため、前提条件をそろえる必要があ
ります（ここでは含めるかたちとしています）。また、持株会社に関しては、
持株会社発足後初の通年決算である場合や、グループに追加された銀行があ
る場合もあることから、比較対象としては前年度の単体ベースを合算する方
法と連結ベースでの比較となっているため、上記結果の精度という点では難
点があると考えられます。

　不良債権処理額は、第一地銀において増加している一方で、第二地銀は減
少しているという事実をどのように評価するべきかがむずかしいところです
が、貸倒引当金の戻入効果が大きいことによって与信費用が抑えられてきた
傾向が変わりうるという示唆であると推測すると、税務面での影響を勘案す

表57　与信費用比較

	持株会社（平均）	第一地銀（平均）	第二地銀（平均）
与信費用	12億2,700万円 （25億4,600万円）	7億6,500万円 （5億9,000万円）	2億3,300万円 （3億400万円）
うち不良債権処理額	32億800万円 （48億700万円）	15億1,200万円 （13億600万円）	6億9,700万円 （10億2,500万円）

（注1）　上段は2017年3月期、下段のカッコ内は2016年3月期。
（注2）　上記平均値は単純平均によるもの。

る必要はあるものの、貸倒引当金を戦略的に多めにするということは意識しておくべきかもしれません。

⑹ 預り資産関連（補足）

預り資産関連に関しては、第4章第3節でも簡単に触れましたが、預り資産関連で留意するべき事項としては、おおむね以下のようなことが考えられます。

【預り資産関連で留意するべき事項】

・預金からの振替想定なのか、預り資産の単純増加想定なのかの経営方針をどうするか。

・預り資産残高というかたちで意識するか、役務収益として P/L 面を重視するか。

・預り資産項目のなかで何を意識するか（特定商品、グループ証券戦略等）。

今回の分析においては、まず預り資産のボリューム面と P/L 面に焦点を当てていますが、上記のとおり、預金からの振替えをどのように考えるかの問題もあるため、預り資産残高を対預金割合で算出し、P/L 面では役務収益割合（対コア業務粗利益）というかたちを想定しています。役務収益の割合に関しては、売上ベースで考えるか費用勘案後の営業利益ベースで考えるかという問題もありますが、今回は売上ベースの前提で考えています。

・預り資産割合＝預り資産残高／預金残高

預り資産残高は、投資信託、公共債、保険を対象（外貨預金は含まず）開示データとしては、個人に特定している場合と特定していない場合があるため、個人と特定している残高のみ開示している場合、1.05倍で補正

　　　　預金残高に関しては、期末時点の残高（譲渡性預金を含む）

・役務収益割合＝役務取引等収益／コア業務粗利益

・役務利益増加率＝（当年度役務取引等利益－前年度役務取引等利益）
　　　　　　　　　／前年度役務取引等利益

　　　役務取引等利益＝役務取引等収益－役務取引等費用

　預り資産残高の前年対比増加率も使えると考えられますが、ここでは預金対比ということで期末残高を使って割合を算出しています。外貨預金に関しては開示している先が少ないこともあり、対象外としています。個人預り資産というかたちで個人向けと特定しているものと特定していないものという開示の違いもあるため、2016年3月期の集計作業時に両方開示している銀行での平均値を算出したところ、ほぼ1.05であったことから、2017年3月期においても個人と特定している場合のみ開示している場合には、1.05倍するかたちで補正をしています。役務利益増加率については、費用を勘案したネット収益での前年度対比増加率を使って比較しています。

①　持株会社

　預り資産・役務収益関連で、持株会社グループのなかでは表58のように業界内順位が項目によって散らばり具合が激しいケースが多く、役務収益拡大に向けて積極的に動き出したタイミングの影響が出ていると考えられます。2017年3月期に関しては総じて役務収益は苦戦しているなか、早期から預り資産強化に積極的であった先は役務利益増加率で順位づけをすると下位になりがちです。持株会社の加重平均をみると、役務収益割合が高い先が役務利益増加率としては悪いというかたちになっていますが、第一地銀や第二地銀に比べて役務利益増加率の悪化度合いは小さくなっているので、グループシナジーの分が影響していると考えられます。

第7章　その他指標の比較と総合評価　291

表58　持株会社における預り資産・役務収益状況

	預り資産割合 （対預金）	役務収益割合 （コア業務粗利益）	役務利益 （増加率）
Aグループ	5.16% （16位）	28.56% （4位）	−6.63% （10位）
Bグループ	15.07% （2位）	34.04% （2位）	−13.94% （15位）
Cグループ	8.93% （15位）	26.69% （8位）	3.55% （5位）
持株会社平均	11.59%（単純） 11.33%（加重）	25.79%（単純） 29.01%（加重）	0.32%（単純） −0.42%（加重）

② **第一地銀**

　第一地銀の加重平均をみると、役務収益割合が高いほうが役務利益のマイナス幅も小さいという結果となっています。2017年3月期では役務利益が増加した先は10行となっており、いかに苦戦しているかがうかがえます。

　第一地銀での課題として、2016年3月期と2017年3月期の役務取引等収益と役務取引等費用の単純平均をみていくと、役務取引等収益は120億6,800万円から117億4,200万円に減少していることに対し、役務取引等費用は51億4,900万円から54億1,300万円へと増加しており、役務収益獲得の内容面で課題があると考えられます。一時的なコスト増加によるものであれば問題ないですが、コスト負担に関する認識においても配慮するべき結果といえるでしょう。

③ **第二地銀**

　第二地銀において問題と考えられるのは、2017年3月期において役務取引等収益から役務取引等費用を差し引いたネット収益において7行が赤字となっていることです。このうち2行が前年度黒字から赤字に転落、5行が前年度よりも赤字幅拡大という状況であり、一般的に役務収益拡大が銀行生き

表59　第一地銀における預り資産・役務収益状況

	預り資産割合 （対預金）	役務収益割合 （コア業務粗利益）	役務利益 （増加率）
D銀行	5.83% （54位）	28.49% （3位）	−6.15% （28位）
E銀行	11.60% （28位）	25.21% （12位）	−5.89% （25位）
F銀行	18.52% （3位）	20.49% （41位）	2.07% （7位）
G銀行	3.77% （60位）	20.44% （42位）	−8.29% （32位）
H銀行	11.88% （26位）	17.07% （60位）	−4.15% （21位）
第一地銀平均	10.52%（単純） 10.27%（加重）	21.90%（単純） 22.31%（加重）	−9.12%（単純） −8.52%（加重）

残り策の1つといわれるなかでそれが機能していない状況です。

　資金利鞘縮小といわれるなかで獲得している預金を預り資産へとシフトさせ、手数料を獲得することでP/Lを確保するというスキームを想定した比較になっていますが、所要コスト勘案後資金利益がどの程度なのかにもよるものの、BPR等によるコスト改善効果が収益面で機能していないと役務利益も拡大していかないことになり、改善させるための策としては「管理会計高度化による内部コストや収益の精緻化と把握」ということになります。

④　預り資産・役務収益関連での留意事項

　地域金融機関においてはそれほど意識する必要はありませんが、大手金融機関の場合はデリバティブを組み合わせた収益前倒し分がどれだけあるのかを調査し、その分を差し引いた実力分の向上を目指す必要があります。国内メガバンクグループであれば、グループ内に銀行と証券会社が存在するの

第7章　その他指標の比較と総合評価　293

表60　第二地銀における預り資産・役務収益状況

	預り資産割合 （対預金）	役務収益割合 （コア業務粗利益）	役務利益 （増加率）
I 銀行	8.38% （28位）	19.13% （15位）	−0.24% （18位）
J 銀行	7.25% （31位）	20.09% （11位）	−11.38% （23位）
K 銀行	13.88% （8位）	22.07% （8位）	6.45% （13位）
L 銀行	14.48% （7位）	23.81% （5位）	−42.58% （35位）
第二地銀平均	9.84%（単純） 10.07%（加重）	17.37%（単純） 19.53%（加重）	−14.12%（単純） −10.95%（加重）

で、預り資産そのものや付随する収益獲得はグループシナジー効果として考えるべき話でもあり、銀行単体ベースで比較してもそれほど意味があるとは思えません。

　地域金融機関に関しては、銀行傘下に証券会社がある先とない先があるので、傘下に証券会社がある場合は証券会社とのタイアップということもありますが、ない場合にはなるべく自行で収益化できるかたちにしないと、P/L効果としては小さくなってしまう可能性があります。フィデューシャリー・デューティーの概念としては収益化できなくても許されますが、共生という概念では自行メリットがないことを継続的に行っていくのは困難です。

　役務取引等収益と費用の関係においては、費用増加の原因特定が必要ですが、あらかじめ業務別や商品別である程度のコストを把握できていれば取捨選択が可能になります。地域人口も労働力人口も減少していくなかで、同じだけの業務をこなす場合には業務改善効果が裏付けとして必要になります。フルラインナップの銀行業務を行い続ける必要があるのかどうかも含め、業務改善効果との比較をみていく必要がありますが、業務撤退（部分的事業譲

294　第2部　各業務運営に関する数値検証

渡）のようなことを判断するにしても、パフォーマンスが把握できないと意思決定できないので、役務収益獲得業務であるとしても、継続するべき業務かどうかは判断するべきでしょう。

(7) ガバナンス関連項目（追加分）

　これまでは各業務に付随して発生する計数を中心に説明してきましたが、さまざまな部門の努力の結集ともいうべき全体的なガバナンスという観点で、2つの指標をみてみましょう。1つは全体的な統制能力をみるうえで、業績予想に対して実績がどれだけ乖離しているかの業績予想乖離率、もう1つは、時価会計ベースで考えた場合の収益変化がどうなるかということを考慮し、当期純利益と包括利益の比較でみる包括利益割合です。

① 業績予想乖離率

　業績予想乖離率は、精緻な業務計画が策定されていて、高度な統制能力があれば、業績予想と実績には大きな乖離は生じにくいという発想に基づき、毎年5月から6月にかけて決算短信や会社説明会資料で新年度業績予想を開示するケースが多いですが、翌年の春にはどのような結果になっていたかを数値で確認しました。

　対外的に公表する業績予想については、前年度実績において特殊要因があった場合、その効果を排除してそのまま横並びをベースとする考え方が多いように見受けられ、マイナス金利政策による収益減少効果に関しても示していない先もあり、ほぼ毎年変わらないかたちにしていることから推測すると、業績予想の精緻化というものをあまり意識していないという印象です。

　実務レベルではリスク管理高度化等も相応に進み、業務改善や注力業務の目標設定等、より多くのことを統制しようという姿勢は感じられますが、少なくとも投資家目線で最も重要な利益見通しの精度向上にはつながっていかないというところでしょう。日経平均株価の年末見通しすら当たらないのに、全体収益の把握など無理という考え方はあるかもしれませんが、リスク

管理高度化によって一定の市場変動等への耐久力や対応力を備えているというのであれば、一定の収益力も備えているというのが当然の論理だと考えます。

今回の業績予想乖離率に関しては以下のように定義しています。

業績予想乖離率＝（新年度期末実績値－新年度業績予想値）／新年度業績予想値

> （注） 新年度業績予想値は、前年度決算発表（決算短信や会社説明会資料等）で開示された予想値。複数項目（経常利益、当期純利益等）開示されている場合は、それぞれの乖離率の単純平均。

業績予想の的中率という考え方をしているので、プラス乖離もマイナス乖離も絶対値的にとらえ、予想値に近い実績を残せるかどうかの統制能力として評価しています。プラス乖離は努力の結果という考え方もできますが、もともとの業績予想が保守的なものであると当然の結果という場合もあります。経営方針としてどちらを重視するかは自行の判断になりますが、業績予想が低過ぎるということもステークホルダー的にはネガティブでしょうし、業績予想が高過ぎるというのも、結果が出るまでの間はよいですが、その分達成が困難になります。

業績予想の詳細については会社説明会で触れられることもあるでしょうが、実績についてはおおむね前年度対比で要因を示すことが一般的なので、業績予想との乖離を説明することはあまりありません。ただ、株式市場では業績予想で右往左往しているという事実もあることから、業績予想との乖離というものをモニタリングして株価への影響等をチェックすることも、レピュテーショナルリスク管理としてとらえることができるでしょう。

② 包括利益割合

国内財務会計においては、その他有価証券に関する評価損益等は資本勘定に影響を及ぼし、P/L 項目には出てこないかたちになっており、連結決算に

関しては当期純利益の後に包括利益を開示しています。単年度の実績をみるという観点では、実現損益（≒P/L項目）と評価損益変化額（≒包括利益変化）の両方をみてはじめて当該年度の全体パフォーマンスとなるので、評価損益変化額を勘案して当期純利益に対してどのような状況かを把握しようとしているものです。

　仮に、評価損益変化をみていなければ、前年度期末時点で保有していた国債の評価益1億円について、期初に同じ価格で売却すれば1億円の実現益となり、P/L項目で表面化します。時価会計的に考えれば、「実現損益0億円＋評価損益1億円」が「実現損益1億円＋評価損益0億円」となるだけで、実質的に何の変化も起こっていないのですが、無視されがちな評価損益（包括利益）のところからP/Lに出てきたことで儲かったように錯覚しているということです。そのような誤解を解くためには、包括利益と当期純利益の関係性をみて、潜在的なP/L余力も把握するというのがこの指標になります。

　評価損益を勘案する方法としては、単年度ベースでの評価損益変化と最終利益をみて実質の単年度実績を算出する方法もありますが、今回の定義については期末時点での評価損益がどれくらいの当期純利益をカバーしているのかという概念にしており、たとえば、100％であれば、評価損益を実現させるだけで1年分の当期純利益が計上できるということになりますし、－50％の場合は、評価損益を実現させると当期純利益の半分が吹き飛んでしまうということになります。

（持株会社の場合）

　　包括利益割合＝その他の包括利益／当期純利益

（銀行単体の場合）

　　包括利益割合＝評価差額金合計／当期純利益

　今回は分析していませんが、以下のような計算式にすれば、当該年度における時価評価勘案の実質最終利益のような概念になります。同様に前年度実

質最終利益も算出して比較すると、実質最終利益の増加率等も比較可能となります。

（持株会社の場合）

実質最終利益＝（当年度その他の包括利益－前年度その他の包括利益）
＋当期純利益

（銀行単体の場合）

実質最終利益＝（当年度評価差額金合計－前年度評価差額金合計）＋当期
純利益

③ 集計結果

個別金融機関の数値も算出していますが、今回は業界平均として紹介します。2017年3月期の段階では単体ベースでまだ実現ベースでの最終利益をカバーしている状況にありますが、時価がわからない資産もありますし、包括利益割合の変化を追いかけていくと、決して安心できる水準ではない可能性があります。内部データも含めて自行がどうなっているのかを確認する必要があり、包括利益割合がマイナスとなっている先もありますので、想定外の損失をカバーできなくなるリスクがあります。

業績予想乖離率に関しては、実現損益ベースでの調整がある程度可能であるため、本来であれば時価評価ベースも勘案した乖離率を算出すると統制能力度合いがよりクリアになります。戦略的になんらかの措置を講じれば業績予想と実績の乖離が生じるので、数値が小さいのが必ずよいというものではありませんが、戦略的に何かを講じるかどうかは自行の判断なので、講じなかった場合の結果による自己評価は可能であると考えられます。また、継続的にみていった場合、安定的な結果となっていれば、それもまたステークホルダーをはじめとする第三者目線として経営の安定性につながる話になります。差異が大きくなった場合になんらかの説明を加えるかたちにすれば、開

表61　ガバナンス項目状況

	業績予想乖離率	包括利益割合
持株会社平均	32.38%	56%
第一地銀平均	16.18%	470%
第二地銀平均	30.65%	364%

示姿勢が認められるというメリットもあるので、業績予想乖離率という指標
も意識すればガバナンス高度化の一役を担うものになりうるでしょう。

第2節　総合評価

(1)　総合評価から何を読み取るか

　ここまでさまざまな観点での指標をみてきましたが、全体を通してどう
なっているのかを考える必要があります。国内金融機関は同じ経済地域での
競争をしている側面もありますので、自行としての絶対評価として自信があ
る分野とない分野、相対比較的に比較優位がある分野とない分野があると考
えられるので、経営戦略策定の段階においては何を武器として戦うのかを意
識しておくことは重要です。

　たとえば、営業力を考えた場合、自行としては弱い部分があるという理解
であるとしても、隣県のライバル行がそれ以上に弱点を抱えていると、隣県
で貸出強化を図るような場合には期待以上の結果が出る可能性があるという
ことです。逆に自信がある分野でも、それ以上にライバル行が得意としてい
る分野であれば、結局は苦戦してしまうことにもなりかねません。自行とし
ての自己評価は重要ですが、相対的地位も理解したうえで経営戦略を策定し
ていく姿勢が求められることになります。

　自行の能力は、タイムラグがある可能性はあるものの、基本的にはなんら

第7章　その他指標の比較と総合評価　299

表62　持株会社における総合評価

	Aグループ	Bグループ	Cグループ
自己資本比率	15	9	3
（補完）リスクアセット増加率	9	15	5
（補完）自己資本増加率	8	16	10
当期純利益（増加率）	2	15	1
（補完）コア業務粗利益増加率	9	16	14
（補完）コア業務純益増加率	12	14	11
貸出（増加率）	14	15	13
（補完）実質貸出利益増加率	16	9	10
（補完）中小企業等向け貸出増加率	16	5	10
預金（増加率）	15	12	13
（補完）有価証券実質運用利回り	1	5	3
OHR	8	5	15
（補完）1人当りコア業務粗利益	8	7	13
（補完）1人当り純資産	13	5	9
ROE	2	12	1
（補完）簡易EVA	2	11	1
（補完）ROA	2	13	1
預り資産・投資信託	13	6	7
（補完）役務収益割合	4	5	12
（補完）役務利益増加率	14	10	6
不良債権割合	3	2	6
（補完）一般貸倒引当金増加率	4	16	13
（補完）個別貸倒引当金増加率	2	4	5
業績予想乖離率	13	14	1
自己資本稼働率	1	5	11

包括利益割合	9	4	6
開示項目評価	7	3	14
預貸率	7	10	15
重要指標平均	9.00	9.50	7.38
設定指標平均	10.33	14.00	8.67
その他平均	8.20	6.80	3.50
補完指標平均	8.00	10.07	8.36
設定指標関連平均	7.40	9.80	9.70
その他平均	8.30	10.22	5.00
ガバナンス指標平均	7.40	7.20	9.40

かのかたちで財務諸表のような外から確認できるものに影響が出てきます。貸借対照表なのか損益計算書なのか、あるいは連結ベースでの包括利益項目や格付なのかはわかりませんが、バランスシート構造に影響を及ぼすことになるので、定期的に相対比較も行っていく必要はあるでしょう。

　紹介してきた分析を一通り網羅して総合評価を実施した結果をこれから説明していくわけですが、今回のねらいとして開示対応を含めたガバナンス高度化まで意識しているので、中期経営計画において掲げている重要な経営指標のなかから代表的な指標を核とし、紹介してきた補完指標もあわせて相対順位によってつけた点数を基に、自行として掲げる重要な経営指標は得意分野で設定しているのか、あるいは不得意分野で設定しているのかを把握できるようにしています。重要指標そのものと補完指標をそれぞれ点数化しているので、別の視点でも影響が出ているかどうかの確認や、自行としては気づいていない得意分野／不得意分野の発掘も可能になりますので、経営戦略策定の参考材料になることでしょう。

(2) 集計結果

　こうして、さまざまな項目を抽出して比較すると、特色の違いがよくわかると思います。見方としては、各重要指標8項目（自己資本比率、当期純利益（増加率）等）に関して、持株会社16グループにおける順位を1位から順に16点という方法で点数化し、平均点を算出したのが重要指標平均の点数になります（Aグループの場合であれば9.00）。各グループの各項目の点数のところでマーキングされている部分は、当該グループが重要指標として設定しているもので、その平均点を算出したのが設定指標平均（同、10.33）となり、重要指標として設定していないものの平均点がその他平均（同、8.20）となります。同様に、補完指標に関しても平均点を算出していますが（同、8.00）、当該グループが重要指標として設定している指標の補完指標に関しての平均が設定指標関連平均（同、7.40）、重要指標としていないものの平均がその他平均（同、8.30）となります。ガバナンス指標は、業績予想乖離率以降の5指標に関する平均となります（同、7.40）（ガバナンス5指標のうち、開示項目評価に関しては第9章参照）。

　つまり、代表的な指標全般に関する比較ということでは、重要指標平均をみて比較することになるのですが、重要指標設定しているものとしていないもので分けて比較すると、比較優位がある点が重要指標となっているのか、隠れたものに比較優位があるのか、といった分析が可能になります。こうした分析を数年続けていくと、中期経営計画期間中の結果に関する相対地位も把握可能となり、重要指標化したものの効果についての理解度も深まると考えられます。

　たとえば、Aグループに関して個別分析を行うと、代表的な指標においてまずまずの業界地位となっており、重要指標として設定しているものも相応なのですが、重要指標化している指標の補完指標をみると、整合性がとれていない部分があることになります。たとえば、預金をみると、重要指標化して相応の順位となっているものの、獲得した預金が有価証券運用に充当され

てしまうと厳しい展開となります。貸出が順調な間はよくても、低迷すると相当な苦戦を強いられることになります。このため重要指標設定としても預金を指標化するべきかどうかを検討するべきであり、預り資産の収益化も同時に進める必要があるということになります。

　今回は持株会社グループのみ紹介していますが、第一地銀グループや第二地銀グループでも同様の集計は行っています。紹介した持株会社グループ同様、規模等の影響をほとんど受けない相対比較で自行の姿を確認することが可能になっています。

第3節 経営戦略とリスクアペタイト選定方法の検討

(1) RAF 態勢構築へのアプローチ

① RAF 態勢への 2 つのアプローチ

　RAF 態勢構築に関しては、大手金融機関については平成27事務年度の金融行政方針で RAF に関する事項が盛り込まれていたため、レベル感や内容に違いはあるにせよ態勢整備が進んできました。G-SIFIs に選定された国内メガバンクに関しては、RAF 原則の内容を基に忠実に態勢構築を目指してきましたが、規制対応の延長線上的な側面もあったため、RAF 導入に関する経済効果等を十分検証して導入できたかたちではありません。地域金融機関に関しては、平成28事務年度も平成29事務年度も RAF という直接的な言葉は金融行政方針に盛り込まれていませんが、金融環境面から収益とリスクの融合を意識せざるをえない状況となり、RAF 態勢構築というよりも自行のペースでガバナンス高度化ができていればよいという発想に近いと考えられます。

　RAF という言葉にこだわって、RAF 原則に即した RAF 態勢を構築する

第7章　その他指標の比較と総合評価　303

ことでガバナンス態勢を高度化させるという教科書的なアプローチについては、具体的に出てくる課題はもちろん自行で解決していくことになりますが、ゴールの概念は原則のなかにあるので、目指す方向性を打ち出すことは、RAF原則を読んで理解すれば、進めていけるはずです。これがいわばRAF態勢構築の1つ目のアプローチ方法です。

経済効果をより大きくしようと考えた場合、収益とリスクを融合させて考えるガバナンス態勢が必要です。リスクアペタイトを「進んでとろうとするリスク」と定義した場合、本来はその裏腹として期待収益があるはずなので、収益とリスクの融合をより意識しても、あるいはRAF原則に忠実に従う方法であっても、最終目標は同じところにたどり着くのが本来あるべき高度化になるはずです。しかし残念ながらRAFを意識して態勢整備を進めている金融機関であっても、まだ期待するような経済効果はほとんど出ていない先が多いと推測されます。その理由はいろいろあると思いますが、1つの理由として「進んでとろうとするリスク→資本配賦」にとどまっており、「進んでとろうとするリスク→資本配賦→収益目標との整合性維持」に到達していないことが考えられます。

では、リスクアペタイトをもう少し平易な感覚でとらえ直してみましょう。「進んでとろうとするリスク」ではなく「何で勝負するか」に置き換えてみます。もちろん本来の意味合いは変わらないはずなのですが、感覚的には収益獲得という意識が少し強まる印象が出てくるはずです。何が違うといえば、収益というものが前面にあるような感覚なのか、裏腹として隠れているものなのか、ということでしょう。RAF原則に即して進めていこうとすると、「進んでとろう」ということに強い意識があるはずなのですが、「リスク」という言葉が付随することで、「所詮はリスク量コントロール≒リスク管理高度化」と考えてしまう可能性が強まるということでしょう。「何で勝負するか」といってしまうと、儲けるために何かをするということが前面に出てくる印象になり、これがRAF態勢構築へのアプローチ方法の2つ目につながっていきます。

304　第2部　各業務運営に関する数値検証

表63は、RAF態勢構築へのアプローチ方法を大きく2つに分けて整理したものです。簡単にいってしまえば、RAF原則からスタートする1つ目の方法は、リスク量をベースとした考え方をして、資本配賦へと落とし込んでいくのですが、ガバナンス態勢の大幅変更によって収益部門も変革を意識し、リスクカルチャーを高めていくことで、ガバナンス高度化につながっていくというものです。態勢構築に向けたRAF原則という教科書があるので、考えるべき課題は原則を読んでいけば把握できるということになりますが、収益獲得が前面には出にくいことや、リスクカルチャーに関して何をすればよりガバナンス高度化に効果を発揮するのかがわかりにくいという問題が出やすいと考えられます。

2つ目のアプローチは、RAFという言葉やRAF原則をあまり意識せず、

表63　RAF態勢構築に関する2つのアプローチ方法

①　RAF原則の内容に準じて態勢整備面から対応	②　業務計画達成を目指した統制強化からの対応
［主なポイント］ ・取締役会でのRA選定決議、RASの策定 ・RA選定範囲や選定水準の決定 ・PDCAサイクルを含めたRAF運営	［主なポイント］ ・業務計画達成のためのKPI検討 ・資本配賦と収益目標設定の関連性強化 ・重要な経営指標に即した業務運営
［基本的な考え方と留意点等］ ・組織運営方法を変更することで、ガバナンス高度化を認識させる ・許容できるリスクの範囲を特定し、獲得収益やリスク事象を振り返り、問題があったかどうかを確認するプロセスを導入する ・リスク≒資本配賦対象と考え、資本配賦イメージからRA選定を実施する必要あり	［基本的な考え方と留意点等］ ・経営上の重要指標に準じ、目標達成に必要な背景となる項目をKPI化 ・収益目標≒資本配賦対象と考え、収益目標を設定する業務や商品をRAと疑似的に置く ・部分均衡的になりやすいため、全体バランスを維持できるような工夫が必要

（注）　RAはリスクアペタイト。

業務計画の達成に重点を置いて、何をすれば業務計画達成が可能になるのかという考え方になります。業務計画において最も重要なことは収益目標を達成するということなので、収益目標をどうすれば達成できるのかと考えてもよいかもしれません。銀行の従業員からすれば特に何が変わるのかわかりにくいので、大差ないと理解して受け入れてしまう従業員も多いことでしょう。しかし現実は目標達成のためにできることは何でもするということなので、情報共有の内容や頻度が大きく実績に影響するアプローチ方法だと考えられます。

② 2つのアプローチ方法の相違点

2つのアプローチ方法の違いをよりクリアに理解するため、さらに図19をみていきましょう。

貸出関連業務を意識して、まず1つ目のアプローチ方法を考えていくと、教科書的には経営者がステークホルダーの意見や収益環境等を勘案し、新年度計画のポジション量を決定していきます。既往ポジションからの変化も意識して、リスク管理部門が自己資本比率等の維持が可能かどうかの検証をあらかじめ行っておき、そのうえで配賦可能資本額を算出し、新年度計画のポジション量想定に問題がないかどうかを確認して最終的な資本配賦額を決定

図19 貸出関連業務で具体的なアプローチ方法の違いを理解する

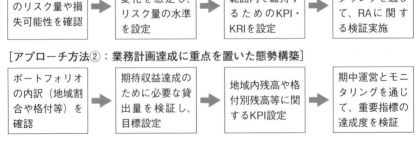

することになります。

　資本配賦額と整合的な収益目標設定を行うため、既往ポジションから期待できる収益と、新年度ポジションによる収益変化を勘案して新年度収益目標となるのですが、現実的には思うとおりの環境が続くかどうかもわかりません。貸出業務が相対取引であることを考えれば、リスク量が想定どおりに近いピンポイントでの着地にならないことから、一定のレンジを想定することになります。貸出業務は収益期待が伴う業務なので、具体的な RAF 態勢上におけるレンジ設定は、たとえば、「ROE ○％から○％の間」のようなイメージになり、これによって収益とリスクが融合するようなかたちになります。ROE ○％を達成するためには、「新規貸出金利が○％以上」というようなことを意識しないといけないので、貸出部門は「A格であればデュレーション○年、BBB格であればデュレーション○年」というイメージをもち、資本配賦等の制約条件を勘案して最終的なオペレーションが決定されていくことになっていきます。RAF 態勢を前提とした業務運営がこうした方法でうまく機能するのかどうかを事後的に検証し、どこに問題があったのかを確認して次回の PDCA サイクルに活かすことになります。

　これに対し、2つ目のアプローチ方法では、従来の業務計画策定方法に準じたかたちで業務運営は進んでいきます。しかし、業務計画確定までの前段階で劇的な違いがあります。1つ目の方法ではわかりにくいリスクカルチャーという考え方を情報共有に置き換え、収益環境を考慮したメインシナリオやリスクシナリオの策定段階から積極的に意見交換を行っていくことになります。

　最初の段階で必要なことは、業務運営上必要な所要利回りはどれくらいなのか、収益部門が感じている達成可能なポジション量や統制可能な商品は何か、といったことを共有することです。既往ポジションとの違いを常に意識し、期末時点の想定ポートフォリオに近づけつつ収益を計上し続けることを目指すので、完成イメージが共有されていないと目標設定もできないということになります。収益目標達成を強く意識づけるので、計画内容が収益部門

第 7 章　その他指標の比較と総合評価　307

のオペレーションにも大きく関係してくることになります。こうしたことから、1つ目の方法のようにリスク量→資本配賦という考え方ではなく、収益期待→資本配賦という考え方となり、収益を稼げるポートフォリオイメージが共有されていくことになります。

　では、この2つの方法について、実質的に何か違うのでしょうか。目指すべき姿に違いがあるわけではありません。しかし実務として落とし込もうとすると、どうしても最終形に至るまでのステップがあるので、1つ目の方法としては「リスク管理を高度化させて、その意識を収益管理に活かしていく」というかたちになり、収益部門にリスク管理の勉強を促すような感覚に陥りやすくなります。一方、2つ目の方法は収益管理を高度化させて、すでに収益管理よりは高い位置にあるリスク管理に近づけるという感覚になります。財務分析における、「ボリュームでみるのか、増加率でみるのか」に似たような話であり、「リスク主導でRAFをとらえるのか、収益主導でRAFをとらえるのか」ということになります。

(2)　RAF原則に即した態勢構築

　2つのアプローチ方法でRAF態勢構築に関する一連の流れを、いったん整理しましょう。前述内容の再確認のようなかたちではありますが、順を追ってみていきます。まずは、RAF原則に即した態勢構築方法を確認していきましょう。

①　RAFのカバー範囲の検討

　RAF原則に忠実に従うと、経営者がリスクアペタイト（RA）を取締役会で決定することや、それを文書化（RAS：リスクアペタイト・ステートメント）するというルール化が必要ですが、これから態勢構築を行う場合、最初から100％のRASなどつくりあげられません。そこで経営課題的に「システムコストを圧縮したい」「預り資産残高を○億円増やしたい」というようなものがスタートとなり、抽出された経営課題がどのような性質のものかを整理

図20 RAF原則に即したRAF態勢構築

[構築ステップ]	[検討内容]	[補足・留意点等]
1．計画のイメージ化	許容できるリスク量や損失額をイメージし、箇条書き等にしてRASイメージの近いかたちにする	経営上の課題の列挙や改善ポイント的な文書でもよく、同時に制約条件も整理
2．許容するリスクの特定	制約条件をふまえ、具体的な許容するリスクと許容するリスクの許容幅を特定する	個々の選定後、全体的な資本配賦案や収益目標案等との整合性を確認
3．目標・KPIの検討	許容するリスク量統制のために必要なリミット設定や資本配賦、KPIを検討し、計画案に盛り込む	目指すべきROEや損失限度、所要バッファー等を勘案し、順次文書化
4．期中運営	KPIに関するモニタリングを行い、計画内容と進捗状況を経営者等に報告、必要に応じて見直しを行う	報告対象内容や報告頻度等を含め、RA選定やRAS策定からの一連の動きをルール化

計画と実績のギャップを検証し、ステップ1からの見直しから同じサイクルで業務を運営するPDCAサイクルを構築

していきます。その場合、漠然と経営課題を思いついた順に列挙しても、現状の経営管理能力では手に負えないような事項もあるかもしれません。財務リスクに関しては対処方法について比較的判断しやすいと思いますが、非財務リスクであれば対処に困るようなことがあるでしょう。このためRAF態勢構築に関しては、リスクアペタイトとして選定するべき項目をあらかじめ整理する必要があります。最初から高度なRAF態勢は不可能なので、対象とするリスクカテゴリーを限定的にするような工夫が必要です。

リスクアペタイトを「進んでとろうとするリスク」という前提で、話を続けます。非財務リスク（たとえば、フィデューシャリー・デューティー関連で金融当局から指摘を受け、業務改善命令を受けるような事象）に関して、収益のダウンサイドリスク（≒損失や逸失利益）を盛り込むべきかどうかというよう

な悩みが生じるはずです。オペレーショナルリスク管理でカバーできるところはカバーするかたちもありますが、カバーしていない部分は新たにリスク管理の枠組みから考えないといけなくなるので、RAF態勢に組み込もうとしても膨大な準備時間が必要になります。現状のガバナンス水準に問題がなければ時間をかけてもよいでしょうが、問題があるということであれば、いったんRAF態勢構築を前に進めるうえで「非財務リスクは（スタート段階としては）対象外とする」という方法も検討する必要があるでしょう。

② KPIやKRIの検討

次に管理・モニタリングするべきKPIやKRIの設定の検討です。リスク管理高度化という色彩が強くなるか収益管理も高度化されるかの1つの分かれ目になりうる重要なステップになります。前述では貸出業務を対象に「ROE○％」というイメージで説明しましたが、ROEであるがゆえに収益管理の概念が加わってくるということであり、これを単純なリスク量だけでレンジ設定してしまうと、収益との関連性を維持することがむずかしくなるかもしれません。

一般的なKPI設定フローとしては、経営上の重要指標に焦点を当て、その重要指標が一定水準以上に維持されるように直接的・間接的に影響を及ぼす事項を選定し、その水準設定を行うことになります。貸出業務を例にすれば、まずは収益部門としての大きな意味合いがあるKPIがあり、貸出業務は複数部門で実施されるために各部門別KPIというかたちが同じように設定されるプロセスとなります。リスク量的なイメージでいえば、「貸出全体の総与信限度は○億円（KPI）であれば、営業第一部の与信限度は○億円（KPI）」となっていくのですが、期待収益の概念が加わってくると、「貸出全体としてのROEは○％（KPI）、営業第一部のROEは○％（KPI）」となり、ROEの分母と分子の定義に基づいて「配賦資本額は○億円、収益目標は○○億円」のような分解が行われ、さらに収益目標達成のために「A格の貸出残高は全体で○億円、営業第一部は○億円」というようなKPIが検討

310　第2部　各業務運営に関する数値検証

されていくことになります。ここで規制要件として、自己資本比率を一定水準以上に維持するという制約条件があるので、配賦資本額やリスクアセット量も決められ、ポートフォリオ像ができあがっていくことになります。

(3) 業務計画達成に重点を置いた態勢構築

業務計画達成に重点を置いた態勢構築は、一見すると RAF 態勢構築とは受け止め方に違いが出てくるかもしれません。RAF 原則という RAF 態勢構築に関する教科書をある意味では完全無視しているようなかたちなので、単なるコーポレートガバナンスの高度化という概念で整理されるべきものという意見もあるでしょう。そうした議論はどうであれ、重要なことは現状よりも企業統制能力を向上させることにあるので、一定水準まで高度化できてから RAF 原則を照らし合わせてみるというスタンスがポイントになります。

① RAF のカバー範囲の検討

RAF 原則を特に意識しないため、RAS の策定方法等を検討する必要はありませんが、業務計画策定段階において当然経営課題は意識されるはずなので、1つ目の方法とその点は変わりありません。業務計画（≒収益計画）達成に主眼を置くので、収益部門がいかに理解しやすく、いかにオペレーション能力を高めるかという点が重要で、理解しやすさを考えるとガバナンスに劇的な変化を感じさせないという点がクローズアップされます。しかし、それはプロセス上の変化がないということではなく、やるべきことを当たり前のこととして理解しようということなので、業務運営の基準となる業務計画の策定には十分な意見交換を行い、共通認識のもとで業務運営を行っていくという理念が必要になります。

たとえば、共通認識をもつということについて、この2つ目のアプローチではコミュニケーション能力が求められることになります。資本配賦額を決定するプロセスにおいて、従来の方法では「既往ポジションの劇的変化を想定せず、追加的なポジション変化を想定する」ことを暗黙の了解的にイメー

ジし、そのうえでリスク管理部門が「資本配賦に関して特に要望があれば教えてください」という質問をしてしまいがちです。このような質問に対して、収益部門も同様に暗黙の了解に基づいて、追加的なポジション変化分しか要望しないかたちになりがちです。つまり、収益部門も収益目標に関して前年度±αという、微調整的な目標設定を想定してしまっていることになり、これでは全体収益の向上という大きな目標は達成しにくくなります。

この問題の原因として考えられるのは、コストを勘案した所要運用利回りや、収益極大化のための理想的ポートフォリオが議論されていないためであり、収益部門に対しての部門間での意見交換で「何か儲かる商品はないか」といったところで、収益部門は余計なプレッシャーがかかることを回避したいと考えれば、努力すればもてるポジションであっても努力はしないということになります。つまり、収益部門の自助努力の要素が強過ぎ、その裏腹としてオペレーションにも自由度を与えているということになるので、単純に1つ目の方法でKPIを設定しても制約条件が増えるだけになってしまう可能性があります。

こうした問題を解決するためには、1つ目のアプローチ方法であれば「管理会計制度の高度化と報酬制度の構築」によって解決することになるのですが、現実問題として管理会計整備や報酬制度確立をすぐにできるとは限りません。特に、収益環境が厳しい昨今の状況で、新たに「管理会計システム構築で〇億円必要」といっても、そのような予算は収益を出さないと捻出できない状況です。つまり、業務計画の事前準備段階から十分なコミュニケートによって自行の状況を共有化し、自行の資産を収益化するエネルギーを生み出すことが重要になるのです。

業務をより単純かつよりスムーズに運営しようと思えば、よりクリアなゴールを示し、それを共有することが必要です。それは、いわば全員でポートフォリオ像を考えるということや、メインシナリオを考えるということにつながります。こうしたことが業務計画策定の前段階において共有され、はじめて図21のようなフローになっていきます。しかし、図21のフローはいま

図21　業務計画達成に重点を置いた態勢構築

[構築ステップ]	[検討内容]	[補足・留意点等]
1．計画のイメージ化	全体統制のための目標の統一化・共有化を目標達成という軸で整理し、業務計画を精緻化させる	計画策定前に自己評価・分析を行い、目標達成のための共有化を図る
2．資本配賦対象選定	収益目標設定の対象を原則として資本配賦対象とし、意見交換を通じた最適資源配分を検討する	想定シナリオや想定ポートフォリオを共有化し、収益目標達成のための戦略策定イメージを共有
3．目標KPIの検討	全体収益目標達成のために必要な損失限度設定やポジションリミット設定を検討する	全体目標や個別目標の達成のための直接的・間接的要因をKPI化してモニタリング
4．期中運営	収益目標変更可能性要因に関する意見交換を実施し、想定シナリオ変更や目標変更の必要性を議論する	シナリオ変更要因をあらかじめ設定・共有化し、オペレーション変更可能性を収益部門に意識させる

計画策定の事前準備と情報共有化に重点を置き、全社的目標を見据えて役割分担をするイメージで構築

までの業務運営と大きな差はありません。強いていえば、想定するタイミングで想定するオペレーションが実施されているかを確認することによって、多少収益部門の自由度が奪われるようなかたちになるのですが、期末想定ポートフォリオが共有されていれば、収益部門は現状との差異を埋めるオペレーションをすることで目標達成がみえてくるので、実際に運営を実施してみれば自由度を奪われた感覚にはならないでしょう。論点としては、期中運営のなかで共有されているシナリオに差異が生じ始めた場合、どのような対策を講じるかによって統制能力の違いや実績の違いが出てくるということでしょう。しかしその点に関しては、資金繰り逼迫度区分の応用（※10）をすることで対応策はみえてくると考えられます。

（※10）　資金繰り逼迫度区分の応用に関しては、「リスクアペタイト・フレーム

ワーク―銀行の業務計画精緻化アプローチ」の第3章第2節参照。

② KPI や KRI の検討

　KPI や KRI に関しては、高度化が進めばどちらのアプローチ方法でも大きな違いはありません。ただ、特に初期段階においては、アプローチ方法の違いがそのまま KPI の内容相違となる場合が起こりえます。その理由としては「リスク量をベースとしているか、収益をベースとしているか」の違いであり、2つ目のアプローチ方法ではより収益達成のためにみていく指標が KPI 化されやすいということです。

　貸出業務を前提として考えると、リスク量をベースにした考え方は、「格付別・年限別といった貸出のポートフォリオがあって、それぞれのリスク量が○億円」ということがベースとなります。想定どおり対象となる格付や貸出期間の案件を見つけて貸出を実行するとしても、貸出部門の顧客に提示する金利や担保条件は、一定の範囲で審査部門や決裁権限というチェック機能があるにしても、想定どおりに着地するかどうかはわかりません。先ほど ROE のような収益関連指標を意識することで RAF 態勢の機能を高めるという説明をしたのは、そのような背景があるためです。しかし、2つ目のアプローチ方法であれば、収益目標達成という必須要件に対し、いままでも設定されてきた与信限度や資本配賦というリスク管理関連の制約条件という位置づけになるので、リスク管理と収益の融合という概念よりは、徹底的に収益管理強化という印象をもたせていくことが可能になります。こうした点が1つ目のアプローチでの新たに ROE をモニタリングするという方法よりも理解しやすいということになります。

　収益目標達成に比重を置くため、従来以上にロスカットルールは重視するべきかもしれませんが、現実問題としてはバンキング勘定の各商品においてロスカットルールを適用させることは困難かもしれません。また、収益目標達成に向けて、間接的に必要なボリューム面での KPI や、収益性に関する KPI は必要ですが、前述のような「フィデューシャリー・デューティー対応

314　第2部　各業務運営に関する数値検証

を発端とする業務改善命令」による逸失利益といったケースは、収益のダウンサイド要因としてモニタリングも1つ目の方法よりはやりやすいと考えられます。あらかじめ想定コストとして業務計画に盛り込むようなかたちでの管理となり、全体計画への影響度を考えてKPI化していくようなかたちになるでしょう。

⑷ アプローチ方法の違いについて

① ツリーによるアプローチ方法の比較

文章だけでは、RAF原則に従ったアプローチ方法と業務計画達成に重点を置いたアプローチ方法の違いが理解しにくいかもしれないので、重要な経営指標をROEと考えて各部門へのKPI化検討でどのようなかたちになるのかを、フローチャート的にみてみましょう。

図22はコーポレートガバナンス全般としてのツリーのイメージであり、組織全体としてのROEの目標値を達成するため、まずは分母項目（資本）と分子項目（収益）に分けて整理します。計画策定として考えれば、それぞれ部門に対して収益目標や資本配賦、リスクリミット等が設定されるのは従来

図22　ツリーを使ったKPI検討のイメージ

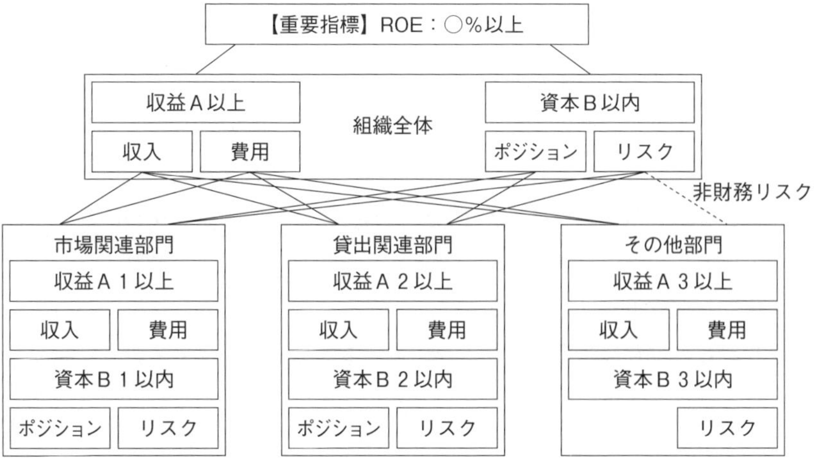

第7章　その他指標の比較と総合評価　315

から行われていることなので目新しい部分はありません。仮に収益部門を市場関連部門と貸出関連部門という2つの柱と、それ以外の各種手数料等を獲得できる部門をその他部門として置いています。ガバナンス高度化という点で確実にROE目標を達成しようとする場合、収益（収入と費用）と資本（ポジションとリスク）という4つの構成要素を考慮する必要があり、ここでいう資本（ポジションとリスク）に関しては期待収益と期待損失というかたちで考えることも可能です。現実的には目標設定だけでは想定するポジショニングを行うとは限らないので、オペレーション統制能力も含まれると考えられます。また、ここでは概念整理なので、その他部門に関しては、銀行の資産や負債を使わない場合も想定されるので、ポジションという概念はいったん除外し、（実際には異なるものの）一義的には非財務リスクもその他部門と結びつけています。

　仮にRAF原則に従ったかたちで統制を図ることを考えてみましょう（図23参照）。収益とリスクを融合させようというのがガバナンス高度化に資するはずなのですが、現実的にはリスク管理高度化的色彩が強くなる可能性があります。どうしてこうしたことを危惧するのかといえば、欧米とは異なる文化があり、近年の規制強化でリスク管理は高度化していても収益管理は高度化していないという現実があります。管理会計の高度化が進まないために、特に費用が結びつきにくく、本支店レートのオファー・ビッド等でまかなわれている部分とまかなわれていない部分が不明確なので、収益管理高度化につながるかどうかが大きな課題となってきます。収益目標設定は従来どおりのかたちで行われてしまうと、収益部門からみれば事実上ポジション量のレンジ設定をされただけで、場合によってはオペレーションの制約を受けて損失拡大リスクが大きくなったととらえる担当部門もあるでしょう。

　業務計画達成重視型のアプローチ（図24参照）では、ROE達成のために必要な収益と想定費用が検討されるかたちとなることと、従来の資本配賦やリスクリミット等が設定されることになるので、予算制約的な概念が各収益部門に自然と加わるかたちになり、どうしてそれだけのポジション量が必要に

316　第2部　各業務運営に関する数値検証

図23 RAF原則に従ったアプローチ方法でのツリー

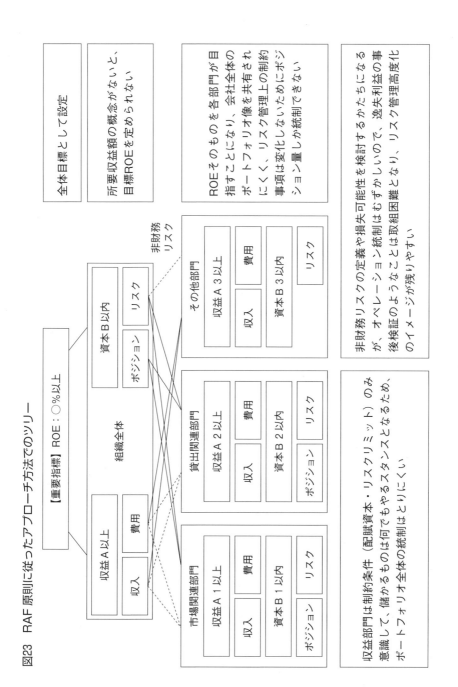

第7章 その他指標の比較と総合評価　317

図24 業務計画達成に重点を置いた場合のツリー

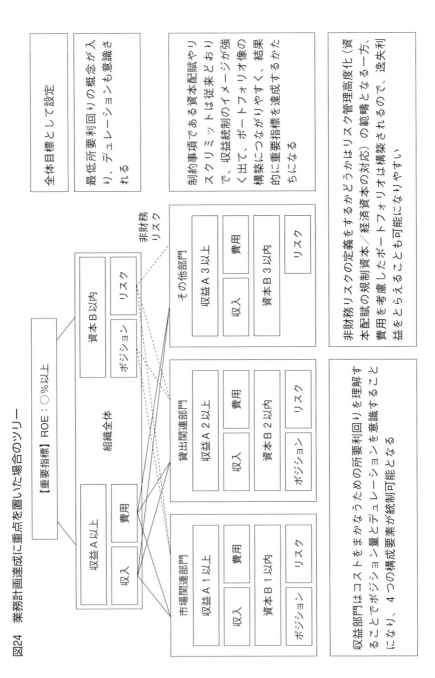

318 第2部 各業務運営に関する数値検証

なるのかが理解できることになります。これが結果的にはオペレーション統制になるわけですが、収益目標達成のためのポジショニングということが理解されているので、リスクカルチャーの醸成によって何とかポジショニングしてもらおうというような話ではなく、むしろ自然にリスクカルチャーが醸成される力が働きやすくなると考えられます。

　欧米の場合は、儲かればその分賞与が増えるかたちで、管理会計も報酬制度も整っているので、収益部門は黙っていても暴走できるエネルギーがありますが、国内銀行では規制対応によってリスク管理が進化しただけのかたちなので、収益部門の暴走を止めるためのリスク管理高度化とは異なります。その意味で収益獲得エネルギーは欧米よりも弱いため、グローバルルール的に公表されたRAF原則をそのまま受け入れようとしても、収益面が弱いままという課題が残るかたちになります。これを機能させるために考え出したのが2つ目のアプローチ方法ということであり、どちらのアプローチ方法であっても最終目的水準として違いがあるものではないのですが、収入・費用・ポジション・リスクの4つの観点でKPI設定を検討するほうがあるべき姿に近いと思われ、後者のアプローチ方法のほうがより早く収益関連強化につながると考えられます。ただし、後者のアプローチ方法は計画策定段階で膨大な事前準備が必要になるので、どちらの方法がよいのかは総合判断するしかありません。

②　RAF態勢構築上の留意点

　態勢構築に関しては、落とし穴に入らないのが理想であり、特にRAFに関しては経営者も主たる関係者として関与するので、企画部門やリスク管理部門としては、初期導入時において気苦労も多いことでしょう。どちらのアプローチ方法にするか、あるいはさらに独自でのアプローチ方法を考えるかは自行判断であり、一長一短があります。突き詰めて考えていくと経営理念に近い話も多々出てきてしまうので、やりやすさと期待効果のような軸を考えてメリットとデメリットを比較して決定するようなイメージになります。

第7章　その他指標の比較と総合評価　319

これまで触れてはきませんでしたが、経営者の立ち位置としてはRAF原則に従う方法のほうが明確になると考えられます。しかし現実論として、新たにRAF態勢を構築しようというときに、率先して態勢整備を推進するとは限らず、リスクアペタイトの選定に関する原案にしても、企画部門やリスク管理部門が策定するようなかたちになることが想定されるので、経営者の立ち位置という観点において2つの方法にはやはり大きな違いはないという結論になりがちです。

　2つ目のアプローチ方法を考えるうえでは、収益力低下の環境下において、いかにしてコストをかけずに統制能力を高めるかという考えに基づき、リスクカルチャーというよりも情報共有というコミュニケーション能力によって管理会計や報酬制度の不足分をカバーするという考え方になります。「2つ目のアプローチ方法であれば大きく現状の方法を変えずにすむからよかった」と安心するのではなく、カバーできないからこそ計画策定準備が膨大な作業になるということを認識する必要があります。逆に1つ目のアプローチ方法では、こうしたコミュニケートの重要性が理解しにくいので、RAF態勢の啓蒙勉強会を開催するだけで事前準備完了としてしまうと、実効的なRAF態勢からは遠のきそうです。

　いずれの方法を採用するにせよ、実験期間を含めて数年かけて構築させていくものであって、1年程度の準備期間でいきなり本番ということはやめておくべきでしょう。カバー範囲を特定して順次拡大させていく方法や、実験期間2年間というようなことを考えて適宜修正しながら行っていく姿勢が重要です。G-SIFIs級を別とすれば、RAFという言葉にも振り回される必要はなく、いまよりも望ましいコーポレートガバナンスとしてとらえて組織内に変化を与えていけばよいでしょう。

第 3 部

仮想銀行による
シミュレーション結果と
具体的な経営戦略

第 **8** 章

仮想銀行における経営戦略の策定

これまで行ってきた集計・分析に基づき、具体的な経営戦略策定を考えていきます。経営戦略策定においては本来経営理念が必要ですが、行ってきた自己評価を参考に、どのような会社像を描いてどのような経営戦略を策定するかについて、アプローチ方法としては前章での2つ目のアプローチを軸として、第一地銀のデータに基づいた仮想銀行のデータを使ってポートフォリオ像構築も含めて展開していきましょう。

第1節　経営戦略策定準備

(1)　経営理念と従業員の意識づけ

　経営戦略策定に関しては、前章で説明したどちらのアプローチを考えるのかにもよりますが、一般的には周辺環境認識を行い、経営上の課題や制約条件等を抽出し、目指すべき姿を策定して業務運営を図っていくことになります。経営戦略策定においてはなんらかのキーワードがクローズアップされ、一時期のメガバンクは「アジア進出」でしたし、最近の地域金融機関の場合は「地域共生」というものがあります。かつては、「不良債権処理」「リスク管理高度化」といったものがあげられます。

　銀行としては「アジア進出」「不良債権処理」というようなテーマに関しては、おおむね何をやるべきか、そして優先順位はどうか、といったイメージをもつことは比較的容易ですが、マイナス金利政策導入以降の収益獲得機会の喪失に対しては打つ手がないという印象です。伝統的な長短ギャップ運営による利鞘確保というビジネスモデルが使えず、他人資産を使ったフィー拡大のようなことには、なかなかアイデアが出にくいだけでなく、多少アイデアが出てきても銀行の業務制約の壁に妨げられることもあるので、体力の消耗戦から脱却できない状況に陥りがちです。普段から革新的なアイデアが出にくい業態なのかもしれませんが、これでは低ROE業態といわれても仕

324　第3部　仮想銀行によるシミュレーション結果と具体的な経営戦略

方ないところでしょう。

　そこで、革新的なビジネスアイデアはさておき、それでも銀行が収益を計上できるガバナンス態勢を構築しようと考える場合、経営戦略面で何をするべきかといえば、会社のあらゆる資産の有効活用ということになります。経営者や従業員が持っている知識やアイデア、会社資産としてもっているシステムやさまざまなデータ、取引先ルートを使った他人資産を含めた有効活用、といったものであり、要は情報や知識をいかにして収益化するかといっても過言ではありません。

　想定ポートフォリオから生み出される収益は会社資産を使った代表例ですが、顧客のALMの観点によるヘッジのスワップ取引を約定することは、何もしなければ何も生まれない性質のものであり、顧客の問題を認識したからこそできる取引です。これはM&A業務でも類似しているといえます。計画策定上のテーマとなる事項は、現状の姿から理想像へシフトするための触媒的なものであり、地域共生はそれが銀行のポートフォリオではなく、地域経済全体に向かったものであるということです。したがって、仮に地域経済に絶望していて、業務範囲を地域から国内全体あるいは海外に目を向けているのであれば、地域共生はテーマになりえません。

　では、現実的に経営戦略を策定する場合、まずは経営理念がしっかりしている前提が必要です。経営理念として「地域とともに」という概念があるのに国際統一基準行化させるには無理があります。最後の拠り所が経営理念なので、当然目指したい姿との間で矛盾がないことが前提条件です。これをクリアしている前提で話を進めていきます。

　収益環境が厳しい状況においては、まず事前準備として必要なことは、現状の自行の体力としてどれだけ経営余力があるのかを知ることです。そのためには資産の最低所要利回り（負債や資本の所要コスト）を把握しておく必要があります。追加投入や移動可能な資産（人的資産を含む）を見据え、収益を拡大させるかコストを抑えることを考えなければなりません。つまり、人員やコスト配分も含めた最適ポートフォリオを考えるということであり、そ

第8章　仮想銀行における経営戦略の策定　325

れは時間軸も意識したかたちでつくりあげていくことになります。前章で比較したRAF態勢構築の2つのアプローチ方法において、1つ目のアプローチでは把握しにくい部分になりますが、既存のポジションを発射台にするのではなく、理想像を発射台にすれば当然考えるべき事項でしょう。既存のポジションはもちろん無視できませんが、変化後の姿を前面に出して考えないとタイムロスが大きくなると考えられます。テーマを掲げることは組織内での共通認識をさせやすくするというメリットがあるので、最も重要な課題をテーマ化して共有することは組織結束において効果があると考えられます。

(2) 中期経営計画の理念と重要性

　国内金融機関は、おおむね3〜5年程度の中期経営計画を策定しています。地域金融機関の中期経営計画では、計画内容のなかに重要な経営指標もあわせて開示し、計画終了時のターゲット水準を示すことが一般的です。文字どおり中期なので、単年度計画では表現できない、あるいは実現できない企業の理想像に時間をかけながら近づけるということですが、逆にいえば、中期的に経営の軸がずれていかないようにするということも、重要指標を設定する理由の1つです。中期経営計画策定段階での見通しに関しては3〜5年程度を見通すことになるので、精度が低い内容であれば途中の見直しが必要となり、追加的な作業負荷が生じる可能性があります。収益目標等が順調で、早期実現による見直しであればステークホルダーに対しても説明がつきやすいですが、目標設定が高過ぎて足元にも及ばないとなると、計画策定段階での見通しが悪過ぎるということになります。見通しが甘い銀行ということになると、顧客という立場で考えれば、いろいろなビジネスアイデアを求めてもピントがずれているという考え方にもつながってくるので、一定の精度は必要であると考えます。

　中期経営計画が中長期的視野での最も先を見通した開示資料という前提とすると、計画内容はさまざまな開示資料のなかでは最も経営理念に近いものが示されているはずです。もし、中期経営計画資料のなかで地域密着という

言葉があるとすれば、それは「地域から逃げない、離れない」ということを表明しているようなものです。もちろん地域全体の状況も含めてその時次第ということになりますが、仮に「地域だけでは生きていけないので、海外進出します」と表明したとすると、地域企業からの信頼は薄れ、資本協力をお願いしても非協力的になってしまうかもしれません。ということは、地域共生というものを深読みすれば、自行の業績不振時には助けてくれる企業が地域内にあるということであり、そこまでの関係性を構築する必要があるということになります。

　第3章第4節において、地域金融機関の重要な経営指標を集計した結果をまとめていますが、基本的には財務指標が中心となっており、集計結果によって財務上のどのような観点を重視するのかを把握することはできます。しかし、たとえば重要指標が当期純利益といわれた場合、中間的な利益よりも最終利益を重視するという姿勢は理解できても、何によって当期純利益を維持・増加していくのかは把握できません。つまり重要な経営指標を示すことは、期中の業務運営の判断材料になりうるので無視できないのですが、重要指標だけでは経営方針をうまく示せないという事態が起こりえます。これはベンチマークの開示でもいえることで、取引企業の販路拡大に頑張る姿勢として選択ベンチマークを設定したとしても、それがどのように自行にメリットをもたらすのかまで、ステークホルダーや従業員に把握してもらわないといけないということであり、単純な集計結果の開示だけではあまり意味がありません。

　経営判断における軸を動かさないようにするということは、ストックビジネスを行ってきた銀行としてはとても重要な概念になります。貸出業務において、取引先のメンテナンスを十分行い、取引先の業績が向上するということは、結果的には銀行資産の高品質化につながります。高品質化させることに自信がもてれば、現状は要注意先であるとしても、与信の幅が拡大する可能性が出てきます。究極的には取引先の状況がよくなって無借金経営になってしまうとしても、今度は銀行の資産・負債を使わない手数料ビジネスに変

第8章　仮想銀行における経営戦略の策定　327

貌していれば、相応の収益は獲得できるかもしれません。与信費用の変化ほどの収益性ではないかもしれませんが、（全体的なコスト配分ができている前提では）手数料収入そのものにはマイナスはないので、所要コストに見合っていれば動いてみる価値があるということになります。

(3) 期待収益と先行投資

　新しい収益獲得手法を収益化するには、なんらかのコストが必要になります。人件費的な時間コストなのか、システムコストやそれ以外のコストなのかはその手法次第ですが、計画策定においては正しくコスト認識し、時間軸を設定しておく必要があります。

　たとえば、預り資産の収益化をイメージすると、最初はマンパワーやシステム改善が必要となってコストが手数料を上回る可能性があります。その場合は当然どの程度の残高になれば黒字化するのか、黒字化する時期はいつ頃になるのか、という分析が必要で、その分析結果を基に実施するかどうかの経営判断を行うことになります。時間軸を明確化する理由は、中期経営計画をはじめとする業務計画の対象期間内においてコストとして先行投資するのであれば当然コストとして、黒字化するのであれば収益として計画に盛り込むという話になるからです。証券会社の場合は新規ビジネスにおいて新商品検討委員会のような機能が社内で確立しているので、当然の論理として期待収益はどれくらいなのかという概念は含まれます。一方、銀行の場合は何となくの期待値として処理されてしまうことが多々あるので、役務収益拡大政策であるとしてもコスト分析は重要になります。

　もう1つ重要な点としては、新規ビジネスや経営戦略を検討する場合、リスク管理や収益管理、経営方針等において整合性がとれないことや、モニタリング面で問題がある場合です。収益期待があるのにリスク計測ができないということは論外でしょうが、それはリスク管理部門だけではなく収益部門にもいえる話です。適正スプレッドの算出や理論価格を収益部門が算出できない商品は対象外、というようなリスク管理面での整合性を維持することは

328　第3部　仮想銀行によるシミュレーション結果と具体的な経営戦略

もちろん、これも態勢整備として対処するのであれば先行投資の一環となるので、対応できるまでのコストを認識しないといけません。ただコストをどこに転嫁するべきかの話については、対応部門が確定している場合はその部門に転嫁する方法はありますが、経営課題として重要なものであれば、（担当部門が明確であるとしても）全社的なコストとして認識し、企画部門等が進捗状況をチェックするような牽制機能は必要です。

(4) シナリオの共有

どのようなポートフォリオを確立して期待収益の極大化を図るのかについては、当然想定するシナリオによって変化します。計画策定においては、単純にどのポートフォリオを強化すればよいということではなく、完成させるべきポートフォリオの確立に付随するオペレーションのタイミングまで統制できれば、さらにパフォーマンスが向上する場合もありえます。収益部門のオペレーションの自由度に関しても、これまで説明してきたとおり、実際に自由度が奪われるということは少ないと考えます。

それ以上に問題となるのは、経営者や企画部門、リスク管理部門等と収益部門がそれぞれ別のシナリオを考えていて、そのままの状態でオペレーションの自由度をもった場合、計画策定での想定ポートフォリオと実際のポートフォリオの乖離が生じ、計画内容とは大幅に異なる結果を招きかねないということです。結果的によい方向での乖離であればまだ許されても、悪い方向で乖離が大きくなった場合、その後の格下げリスクや株価下落リスク、レピュテーショナルリスク等が悪化した場合の責任がとれるのかという問題があるのです。リスクカルチャー醸成という観点も含め、そのような一部門の話ではなく、全体を見通して物事を判断する素養が必要です。そしてそのような文化を持ち合わせるようになるには、一生懸命社内研修をやることよりも、シナリオ共有を実施して実践のなかで備えていくほうが効果的かもしれません。

たとえば、リスク管理部門が考えるリスクシナリオを共有しているとしま

第8章 仮想銀行における経営戦略の策定 329

しょう。なんらかのリスク事象発生可能性が高まった場合、モニタリングしている指標が反応し、オペレーションを継続するべきかどうかの判断が必要になります。もし、リスクシナリオが共有されていれば、モニタリングする指標は収益部門側も随時確認し、指標が反応する前にALM委員会やリスク管理委員会等で提言できるかもしれません。ポジションをどうするべきかの判断も早いでしょう。しかし、シナリオが共有されずに認識のミスマッチがあれば、情報共有も実施されるかどうかわかりません。

さらに、シナリオの実現性が高まることはオペレーションの実現性も高まるということなので、どのポジションが増加し、どのポジションが減少していくかが事前に把握できます。これは資本の有効活用においても重要で、資本効率向上にもつながります。配賦可能資本が増える可能性が出てくることで、より積極的にポジショニングすることにつながり、収益獲得機会が増える方向になります。こうしてシナリオの精度を高めていけば内部統制能力が高まり、業務計画達成可能性も向上すると考えられます。

(5) 周辺環境とIR戦略

金融市場を取り巻く環境はめまぐるしく変化しており、コーポレートガバナンス・コードやスチュワードシップ・コード、フィデューシャリー・デューティーといったカタカナの要対応事項も増えてきています。また、AIやIoT、ESGといったアルファベット用語も増えてきていて、複雑な世の中になったものだと感心しますが、むずかしくてわからないではすまされない時代に変化していることは認識するべきです。少なくとも企業あるいは経営者や従業員としてどのような対応をしないといけないのかを考えるべきであり、重要な項目は対外的に説明していく必要があります。

ネット社会においては、デマも含めていったん話が広がってしまうとその固定観念ができあがってしまう可能性があります。このためIR部門やリスク管理部門等では自行のニュースを抽出してモニタリングするのが一般的になりましたが、世の中に出回っていることに対処することには慣れていて

も、自行が考える理想的な IR 戦略を考えるのはそれほどではないということがあると思います。IR 戦略も CSR 戦略も現在では重複する部分が多く、ESG の発行体側対応は CSR の一環としてとらえている企業もあるようです。

　金融機関の現実的な対応として、こうしたカタカナの要対応事項やアルファベット用語を一気に片づけようとしても、どこに落とし穴があるのかがわからないので、それぞれ担当を決めて対応策を考えるというのが一般的対応でしょう。しかし、私的意見ではありますが、リスクカルチャーの醸成が進むと一定レベルのリスクヘッジは自然とできるようになると考えられます。

　拡大解釈になってしまいますが、シナリオの共有や経営戦略に関する前提条件の共有を行うことは、どの部門にいる従業員であっても企画部門や経営者の視点が把握しやすいということであり、常に企業が目指す方向にズレをもたらす要因が発生するかどうかを意識するようなかたちになってくれば、カタカナ用語やアルファベット用語の意味も徐々に理解するかもしれません。なぜ BPR が必要なのか、BPR によって改善された余剰資源はどちらに向かうのかを意識しないと、従業員自身の人生にも影響を及ぼしかねないからです。

　どのような企業像を目指すのか、そしてそれをどのようにアピールするかは自行内で考えるしかありませんが、アグレッシブなマーケティング戦略とまではいわなくても、レピュテーションのダウンサイドリスクを意識し過ぎて開示が進まないということを回避することは必要でしょう。程度問題ではありますが、方針と戦略と実績にギャップがあると IR 戦略はうまくいかないことは確実なので、中期経営計画のような軸を定めて方針と戦略と実績の乖離が生じないようにすることは重要な IR 戦略にもなりうると考えられます。

第 8 章　仮想銀行における経営戦略の策定　331

| 第2節 | 仮想銀行による経営戦略策定 |

　これまで進めてきた財務分析結果を用いて、筆者が銀行経営者であればどのような経営戦略を策定するかを実際に考えてみましょう。どのような銀行を想定するかで戦略はまったく異なるのですが、今回は国内基準行で第一地銀というかたちを想定して考えてみることにします。具体的な地域は特定せず、地域性に関しては、随時各項目での説明において必要に応じて触れることにします。想定する銀行像は、以下のとおりです。

【仮想銀行による経営戦略策定（前提条件）】
・仮想銀行の直近ポートフォリオは、2017年3月末時点における開示データに基づく地銀協会員行64行の平均とする（単体ベースによる各会計科目の合計を64で割ったもの）。
・ポートフォリオ詳細に関しては、開示内容状況によって誤差がある場合があるので、端数等は随時調整、有価証券内訳や貸出内訳、デュレーションについても同様に第一地銀全体の平均を算出。
・周辺環境に関しては、2017年11〜12月（執筆段階）において確認できている内容を想定（市場実勢も含め、2018年度計画策定段階に置換え）。
・開示の不完全性（その他証券の内訳等）については、必要に応じて補足説明。
・東証一部上場

---

(1)　仮想銀行における B/S、P/L 状況

　2016年3月期と2017年3月期の貸借対照表は、表64のとおりです。一部の科目を除外しているため各勘定科目の値を合計しても総合計には合致しませんが、各科目における値は64行の合計から平均値を算出しています。

332　第3部　仮想銀行によるシミュレーション結果と具体的な経営戦略

表64　仮想銀行の貸借対照表

(単位：百万円)

	2016年3月期	2017年3月期		2016年3月期	2017年3月期
現金預け金	377,671	523,768	預金	3,889,210	3,983,502
コールローン	29,305	31,678	譲渡性預金	149,344	154,445
買入金銭債権	9,017	8,608	コールマネー	32,232	59,630
特定取引資産	4,218	3,177	売現先勘定	6,060	8,348
金銭の信託	7,095	9,026	債券貸借取引受入担保金	106,171	158,293
有価証券	1,236,308	1,186,046	特定取引負債	1,041	816
国債	470,460	396,977	借用金	105,309	146,540
地方債	147,275	154,416	外国為替	230	254
社債	240,369	230,985	社債	7,135	4,910
株式	91,880	104,709	新株予約権付社債	2,750	2,213
その他の証券	286,323	301,471	その他負債	31,793	28,649
貸出金	2,903,112	3,017,329	支払承諾	16,713	16,603
外国為替	4,587	5,285	負債合計	4,371,658	4,587,900
その他資産	22,016	28,583	資本金	40,221	40,548
有形固定資産	40,828	40,929	資本剰余金	24,341	24,582
無形固定資産	4,235	4,506	利益剰余金	152,307	159,186
支払承諾見返	16,713	16,603	株主資本合計	213,006	221,319
貸倒引当金	−21,222	−19,874	その他有価証券評価差額金	52,033	48,794
			評価・換算差額等合計	56,197	54,334
			純資産合計	269,338	275,786
資産合計	4,640,997	4,863,687	負債・純資産合計	4,640,997	4,863,687

　今回の経営計画策定にあたっては、ポートフォリオの変更等はこうした2016年3月期と2017年3月期の変動を勘案し、現実的なポートフォリオ変更を想定して行うこととします。たとえば、有価証券が502億7,800万円減少（△4.07％）していますが、20％変動というような変動を想定せず、全体としては単年度最大5％程度までという概念にします。ただ、内訳科目においては、たとえば国債の変動は734億8,300万円の減少（△15.6％）ということなので、17〜18％程度までの変動を最大として考えます。確定的な数値としてルール化できないのは、自己資本比率等の影響を勘案するためであり、会社として使える資産やオペレーション能力等を常識的に勘案して決めていくということです。

　P/L面での計画策定に関しても、現実的な感覚を目指すうえで、2017年3

表65 仮想銀行の損益計算書

(単位:百万円)

	2016年3月期	2017年3月期		2016年3月期	2017年3月期
経常収益	73,763	72,768	業務粗利益	58,797	51,955
資金運用収益	51,215	49,521	コア業務粗利益	55,136	52,623
貸出金利息	36,845	35,344	資金収益	47,167	45,503
有価証券利息配当金	13,544	13,357	役務取引等利益	6,924	6,337
コールローン利息	189	207	特定取引利益	95	65
役務取引等収益	12,068	11,742	その他業務利益	1,724	42
特定取引収益	99	68	国債等債券損益	1,724	−711
その他業務収益	4,945	5,615	経費	36,095	36,028
その他経常収益	5,425	5,811	うち人件費	18,319	18,185
経常費用	52,057	55,085	うち物件費	15,620	15,503
資金調達費用	4,052	4,021	コア業務純益	19,071	16,595
預金利息	2,058	1,599	業務純益(一般貸倒引当金繰入前)	19,862	15,927
譲渡性預金利息	180	93	一般貸倒引当金繰入	4	−243
コールマネー利息	171	201	業務純益	19,837	16,169
債券貸借取引支払利息	280	617	臨時損益	1,872	1,515
借用金利息	258	234	うち不良債権処理額	1,306	1,512
社債利息	134	98	うち株式等損益	1,933	2,774
役務取引等費用	5,149	5,413	うち貸倒引当金戻入益	773	471
特定取引費用	0	3	経常利益	21,706	17,683
その他業務費用	3,221	5,567	特別損益	645	−467
営業経費	36,354	37,030	税引前当期純利益	21,485	17,215
その他経常費用	3279	3,049	法人税等合計	6,791	4,779
経常利益	21,706	17,683	当期純利益	14,693	12,429
特別利益	212	144			
特別損失	433	612	与信費用	590	765
税引前当期純利益	21,485	17,215	債券5勘定	625	−711
法人税等合計	6,791	4,786	株式3勘定	1,933	2,774
当期純利益	14,693	12,429			

月期の当期純利益の維持という観点で考えることとし、基本的に業態維持を行ううえでの所要コストは、2017年3月期と同額として考えます。期待収益の算出に関しては、2017年12月23日時点の市場環境を前提とします。

(2) 仮想銀行に関する基本データの補足

これまでご紹介してきたさまざまな指標に関し、加重平均値を前提としていったん整理します。

表66　仮想銀行の状況

重要指標		補完指標	
自己資本比率	11.12%	リスクアセット増加率	3.25%
		自己資本増加率	0.80%
当期純利益（増加率）	−15.41%	コア業務粗利益増加率	−4.56%
		コア業務純益増加率	−12.98%
貸出（増加率）	3.93%	実質貸出利益増加率	−4.62%
		中小企業等向け貸出増加率	4.73%
預金（増加率）	2.46%	預貸率	72.92%
		有価証券実質運用利回り	0.84%
OHR	68.59%	1人当りコア業務粗利益	25億5,400万円
		1人当り純資産	133億8,300万円
ROE	5.72%	簡易EVA	6億6,550万円
		ROA	0.26%
預り資産（対預金割合）	10.27%	役務収益割合	22.31%
		役務利益増加率	−8.52%
不良債権割合 （リスク管理債権）	1.85%	一般貸倒引当金増加率	−8.86%
		個別貸倒引当金増加率	−5.61%
業績予想乖離率	16.18%		

　こうした指標が仮想銀行の潜在能力となっているという考え方をしますが、当然改善したい点については積極的に変更していくことになります。ただ一定期間で少しずつという考え方をし、2016年3月期から2017年3月期における変化を1つのメド水準として考えていきます。

(3)　経営方針ならびに重要な経営指標の検討

　地域金融機関という想定を行う前提で考えれば、地域貢献を外して考えることは不可能です。今回の分析において特定の地域を想定してはいませんが、どこかの地方ということで考え、地域貢献を重要指標として盛り込みた

第8章　仮想銀行における経営戦略の策定　335

いというのが前提条件であるとしましょう。基本的な経営上の留意事項としては「経営方針がわかりやすい、地域貢献をする、開示に積極的」という3点に重点を置き、まずは中期経営計画に掲げる重要な経営指標を考えます。

この3点に重点を置く理由として、複雑な姿勢や説明を行うことはステークホルダーや従業員に対して理解が進まず、場合によっては誤解を与えてしまうリスクがあること、地域金融機関としては地域共生を考えないでビジネスモデルは成立しないこと、日進月歩が激しい周辺環境において、常に目指す姿を明確に示すこと、といった点を考慮したものです。

こうした意識を考慮したうえで、具体的に重要指標としてどのようなものを設定するかの検討になります。わかりやすさ重視という観点より、対外的に開示する重要な経営指標は第三者が検証可能なかたちでなじみがある指標を候補とします。特に、上場会社である想定なので、ROEのような投資家が興味を示す指標はなんらかのかたちで開示することが必要です。一部で検討されているESG関連指標のようにCSRまで考慮できればより網羅的ですが、現段階では確立したものがなく、わかりにくいという問題が出てくるので、現段階での導入検討は見送りとし、必要に応じて単年度計画のなかで意識していくかたちにします。

地域貢献という点においても、その姿勢を示すためには重要指標として設定するということが必要でしょう。地域経済活性化策として考えられるものを列挙し、そのなかでもわかりやすいものを指標化できることが理想です。人的支援や各種セミナー回数のようなものもありうると思いますが、目新しさもほしいところであり、1つ考えたい指標としてはすでに紹介した地域内預貸率です。地域から預かった資金のどれだけを地域への与信として放出しているかをみるのが目的で、内訳としては受信側も与信側も必要ですが、預金増加というなかで0.7%台の運用が必要であるという状況においては、ニューマネーベースでの預金は地域内に抑えたいというのが心情です。金融機関としての公平性も求められるので謝絶的な運営にはしませんが、他県の預金は預り資産へのシフト強化、貸出においては県内割合をモニタリングす

336　第3部　仮想銀行によるシミュレーション結果と具体的な経営戦略

るかたちを想定します。

　経営戦略という点で、ステークホルダーの観点としては株価上昇や配当増加が期待できることであり、収益拡大策とコスト削減策を両輪で検討することが必要です。しかしながら、対外的には収益拡大策を前面に出し、コスト削減策は控えめに内部管理的な位置づけを想定します。コスト削減策は企業としては当然目指すべきものであって、それを前面に出すのはもはや時代遅れと考え、「内部管理は当然行うが、収益拡大を意識することで、地域経済の停滞ムードを払拭することを目指す」という印象をもたせる戦略を考えます。そこで重要指標は何が候補になるのかですが、あえて当期純利益（グループの場合は親会社に帰属する当期純利益）を軸にしつつ、実現損益だけでなく評価損益も KPI として意識した収益獲得の指標として開示していくことを目指します。コア業務粗利益やコア業務純益等は内部管理としてモニタリングしますが、コストを差し引いた実質収益が重要であること、評価損益等も勘案すると特別損益で計上される勘定科目があること（減損部分）を考慮し、当期純利益を選択するということです。

　一般的に重要指標として使われている貸出残高や預り資産、自己資本比率等に関しては、今回は特に重要指標候補からは外してみます。具体的な目標値は内部で定めることはあっても、顧客ニーズがあって成立する貸出や預金、預り資産を直接的に統制して開示していくことはフィデューシャリー・デューティーの観点としても矛盾が生じる可能性があるからです。地域内預貸率で地域内スタンスを明確化し、必要以上に指標に縛られない自由度を確保する一方、多くの指標を使って複雑化させないことを想定しました。以上より、中期経営計画において対外的に開示する指標は、以下のとおりです。

【仮想銀行における中期経営計画の重要指標（対外開示）】

・ROE

・地域内預貸率

第 8 章　仮想銀行における経営戦略の策定　337

> ・当期純利益

(4)　全社コストと運用利回り想定

　計画策定の詳細に入る前に、大まかな数値把握をしておかないと根本を見誤る可能性があります。より正確に置かれている状況を把握するうえで、簡単な分析をしておきましょう。内部データを持ち合わせていないことから、今回は開示資料から把握できる部分で前提条件を置いて算出していくこととします。ここでの目標としては「どれだけの利回りで運用すれば業態維持が可能となるか」と置き、コストをまかなうには収益部門による収益とそれ以外の部門による収益（たとえば、バックオフィス部門における残高発行手数料等）の合計であると考えます。赤字回避が最低限必要な収益レベルであり、2017年3月期の収益額が常識的に目指す収益レベルとして定義して、2017年3月期の収益額（常識的に目指すレベル）を稼ぐことができれば会社の業態維持上の問題はないということとします。

　2017年3月期の当期純利益は124億2,900万円となっており、経常費用550億8,500万円、特別損失4億6,800万円、実効税率が同じという前提での税負担として47億8,600万円の総合計603億3,900万円が税勘案後の最低所要収益とし、2017年3月期の当期純利益を含めた所要収益は727億7,000万円（＝経常収益）となります。配当負担は収益が計上されてはじめてかかる費用なので、当期純利益をキープできれば問題ないと考えます。

　ここで最低所要収益や所要収益を利回りベースで置き換えます。総資産ベースで考える方法もありますが、現実的には貸出や有価証券が収益期待の大部分を占めることになり、追加的な収益をどのように考えて目標設定するかを考えなければいけません。ここでいう追加的な収益とは、預り資産関連手数料をはじめとする、自行のバランスシートを使わないすべての収益ということであり、目標設定としては2017年3月期における役務収益相当額以上で考えるということになります。逆に貸出や有価証券に関しては、既存のポ

338　第3部　仮想銀行によるシミュレーション結果と具体的な経営戦略

ジションが生み出す期待収益（利回りベース）と前述のコストをまかなう所要運用利回りを比べてポートフォリオ変更を検討するかたちになります。

　2017年3月期では有価証券残高が1兆1,860億3,000万円、貸出残高が3兆173億2,900万円なので、4兆2,033億5,900万円をベースとした残高ですが、自己資本比率に余裕があることや市場性資金調達（譲渡性預金や有担保調達を含む）に余力があると考えられることから、必要に応じて市場性調達と運用をセットにしてポートフォリオ再構築を検討することになります。

　以上の前提条件を想定し、まずは有価証券と貸出の合計での最低所要利回りを考えてみましょう（表67参照）。参考として総資産4兆8,636億8,700万円での利回りも算出しています。

　コストはすべて勘案されているため、最低所要利回りや所要利回りは表面金利でもかまわないということになるのですが、ここで考えないといけないのは、これまで触れてこなかった評価損益に関する部分であり、金利のロールダウン効果をどのように勘案するのかという問題です。新年度期末まで保有する前提で金利のロールダウン効果を含めて考えるということなのですが、たとえば、米国債10年を例にして考えた場合、表面的には2.36％で買えたとしても、市場金利が0.3％以上上昇すれば所有期間利回り（時価会計ベー

表67　役務収益と最低所要利回り

（単位：百万円、％）

	役務収益 0	役務収益 5,000	役務収益 10,000	役務収益 15,000	役務収益 20,000
最低所要収益	60,339	55,339	50,339	45,339	40,339
最低所要利回り	1.436	1.317	1.198	1.079	0.96
（総資産ベース）	1.241	1.138	1.035	0.933	0.83
所要収益	72,770	67,770	62,770	57,770	52,770
所要利回り	1.732	1.613	1.494	1.375	1.256
（総資産ベース）	1.497	1.394	1.291	1.188	1.085

（注）　利回りベースに関しては、小数点以下第4位を切り上げ。

第8章　仮想銀行における経営戦略の策定　339

ス）は0以下になってしまいます。つまり、2.36％という水準においてまったく利上げを織り込んでいないという話であるとすれば、事実上1回の利上げで所有期間利回りはゼロになり、2回利上げがあればマイナスに突入すると考えられるということです。計画上の想定シナリオの内容にもよりますが、評価損が出る可能性が高い状況判断とすれば、新年度期末まで保有することはむずかしいと考えられます。この話は有価証券に限った話ではなく、適正クレジットスプレッド水準の変化に関してもいえる話なので、過去の分析では格付遷移と適正スプレッドの相関性があまりみられないという話を耳にするものの、概念的には適正スプレッドの拡大は与信費用変化に結びつく可能性があります。

　所要利回りの算出結果に基づいて戦略を考えるとすれば、既往の運用のうち一部はより利回りが高いものへシフトさせるだけでは目標達成は困難であり、ディーリング的な追加収益、コストカット、役務収益の拡大の3つの柱で立て直す以外はむずかしそうです。表面利回りを前提とすれば米国債等の表面利回りが高い債券で満期保有扱いにするという方法が考えられますが、中長期的視点では、満期保有債券としての保有は運用能力の低下につながるおそれがあります。満期保有債券残高は開示項目であることから、筆者の意見としてはネガティブスタンスですが、現実としては個々のポートフォリオや自己評価内容をみながら結論づけていくことになるでしょう。

(5)　シナリオの検討

　実際のシナリオ検討に関しては、企画部門、リスク管理部門、調査部門等が協力して考えていくやり方で検討されていると推測されますが、事細かく分析するには限界があることや、今回の分析では地域を指定していないので、日本銀行の金融システムレポートや金融庁の金融レポート等を参考に、直近の市場環境を中心として戦略策定に直結しそうな点に絞って話を進めていきます。

① 　国内マクロ経済状況について

340　第3部　仮想銀行によるシミュレーション結果と具体的な経営戦略

・人口減少や企業数の減少傾向が続いており、従来の適正スプレッド水準での貸出を継続的に増加させていくには困難な環境。

・不動産関連では拡大期のピークから徐々に縮小期へとシフトすると考えられ、アパートローン向け姿勢も慎重姿勢に変化するも、全体の経済状況としては依然として借り手優位であり、取引の維持・拡大に関する選択と集中を検討するべき時期にある。

・……

② 海外情勢・海外経済状況について

・米国は低インフレ下での高い株価水準により、金融機関のリスク許容度はプラス傾向にあるが、CCAR見直しをはじめとする規制やトランプ政権による財政再建等では最終確定までの変動幅が相応にあると考えられる。2018年の年内利上げに関する市場コンセンサスは現状3回、2020年12月末には政策金利2.5％到達であるものの、自行としては2020年12月末に2.75％到達のシナリオとする。

・ドイツのメルケル政権の不安定さにより、EU域内での政治混乱が起こりやすくなるため、テロ行為を含めた地政学リスクが高まるリスクがある。北朝鮮に関してもトランプ政権による「テロ支援国家」再認定によってミサイル実験が多発する可能性がある。

・……

③ 金融市場関連について

・国内のマイナス金利政策については2018年度も継続、10年債利回りに関しては0.10％誘導を前提としつつも、国内株価が堅調に推移し、雇用面でも逼迫がみられれば0.10％を突破し常態化する可能性がある。

・VIX指数が低水準で推移してきた2017年度に比べ、米国株式が高値更新を続けてきたことから、高値警戒感を含めたボラティリティ上昇の可能性がある一方、HFT取引やAIを使ったディーリングスタイルの市場占有率の低下が見込みにくいことは、ボラティリティ上昇時において危険度が高まる可能性がある。

第8章 仮想銀行における経営戦略の策定 341

・……

④ IT・BPR・FinTech 等の見通しについて

・他業態からの銀行業務参入の流れは継続され、主に住宅ローン顧客獲得可能性を意識すると考え、既往の他県での住宅ローン残高に関しては条件次第で譲渡することも検討可能。

・銀行の店舗統廃合やサービス見直しが進み、リテール業務の収益性改善可能性が考えられるものの、ホールセール等他の収益獲得業務へのシフトが難航し、銀行全体の生産性は横ばいとなる見通し。

・……

このようにさまざまなアプローチからシナリオを決めていくわけですが、シナリオ案ができあがるまでに各収益部門との意見交換を実施するべきだと考えます。上記のような全体感で話をしていても、収益部門の肌感覚は入り込んでこないため、シナリオに説得力が欠ける可能性があります。資本配賦やリスクリミットと収益目標を設定する前段階としてシナリオ検討のステップがあるので、この段階で一度意見交換をすると、その後の資源配分検討に関しても整理しやすいと考えられます。

なお、シナリオ検討に関しては、今回は経営戦略を最初から考えているので順を追って説明していますが、重要指標設定の後に行うというものではなく、常時考えつつ見直していくという性質のものなので、重要指標設定前であってもおかしくはありません。今回は、経営理念に近いイメージから構築しているので、重要指標設定を先行させています。

(6) シナリオの確定

収益部門側との意見交換も行ったうえで、最終的なシナリオを策定していきます。収益部門との意見交換においては特に収益環境認識に重点を置いた内容でヒアリングすることになりますが、その際に変化が起こるキーポイントもあわせて聞いておくことで KPI 化が進む可能性があります。ガバナンス高度化という観点では、業務計画内容を達成するための KPI 設定をして

342　第 3 部　仮想銀行によるシミュレーション結果と具体的な経営戦略

おくことが理想であり、「収益環境認識を変えるような事態は計画変更につながる」ということが態勢整備としてできれば、収益獲得KPIを各部門がみていることで自動的にオペレーションも一時停止できる統制もみえてきます。

　これは、国内銀行が何度も経験してきたテーマで理解ができます。長年の貸出低迷を背景に、貸出が伸び悩むと市場部門への収益プレッシャーがかかってきたという歴史です。たとえば、貸出伸び悩みを数値化してKPI化することで、抵触時に収益目標の見直しが講じられ、シナリオも同時に見直していくというような社内ルールにしてしまえばガバナンス高度化につながっていくということです。シナリオ見直しが先か計画見直しが先かという点については、どのような社内ルールでどのようなKPI設定をするか次第であり、どちらが優先されてもおかしくはないでしょう。環境認識に関するガバナンスは流動性リスク管理態勢における資金繰り逼迫度区分のルールを応用すればよいので、KPIの抵触によってオペレーションの一時停止につなげ、委員会機能での議論を経て対応方針決定するスタイルであれば問題ないと思われます。

　こうした点をふまえ、業務計画の策定基準となるシナリオは以下のような内容とし、このシナリオに基づいたポートフォリオ変更や収益目標設定、リスクリミット等を決定していきます。ここではいったん第5章第4節でも触れた米国金利見通しに関するシナリオと想定レンジと、各部門と共有するリスクマップ（イメージ図）を紹介します。実際の市場金利は2017年12月23日時点のものですが、2018年度の計画策定段階とみなして行っていきます。

① 米国金利見通しについて

　米国の政策金利見通しにおける政策金利変更に関する市場の織込みとしては、2018年は年3回ペースであり、1回当り0.25％の上昇幅となっています。米国株式市場が高値更新をしてきた2017年度に比べ、米国株価水準は頭打ち的な局面が出てくる可能性をふまえ、メインシナリオとしては、2018年は年3回の利上げ（2018年は3月、6月、12月の3回、各0.25％）を想定する

ものの、2023年3月末時点での政策金利（下限）は2.50〜3.75％によって構成されるイールドカーブおよび想定レンジを採用します。リスクシナリオとしては利上げ回数予測（もしくは1回当りの引上げ幅）に変化が出るケースとし、金利上昇側について補足をすると、たとえば、2018年の利上げ4回分を織り込むようなオーバーシュートはメインシナリオでの想定レンジ内の動きとして想定するものの、実際に4回利上げはリスクシナリオとしてとらえるということです（※11）。

（※11）　メインシナリオとしては、第5章第4節図13に基づく(A)と(H)の中間的なものを想定しています。リスクシナリオは(A)や(H)で織り込む利上げ回数について±1回ずれたときにリスク事象としてとらえることになります。

　表68において重要な点は、期末着地見通しが記載されていることです。期末着地見通しは、メインシナリオが予想どおり的中した場合のフォワードレートです。期末着地イメージがあるということは、そのシナリオに従う場合、その水準を基準として評価損益が発生するということです。もちろん市場が理論価格どおりに動くものではありませんが、シナリオのズレがないということであれば、どこかのタイミングでは必ずその点に近づくことを意味します。つまりトレーディングの観点でいえば、シナリオの変更がない前提において、期末着地見通しよりも高い利回り水準のときに債券を購入しておけば、期末時点において評価損となる可能性が低いということになり、これが評価損益統制の一環になります。この例においては、シナリオの正確性＝市場予測の正確性となっていますので、収益部門とシナリオに関して意見交

表68　計画策定根拠となる米国金利のメインシナリオと想定レンジ

	1年	2年	3年	4年	5年
金利見通し（メインシナリオ）	1.75	1.90	2.00	2.25	2.50
上限金利見通し	2.25	2.50	2.75	3.00	3.25
下限金利見通し	1.31	1.53	1.77	2.01	2.26
期末着地見通し	2.05	2.25	2.50	2.75	3.00

換をする意義もこうしたオペレーション統制まで意識しているからということです。

② トップリスクとリスクマップ（図25参照）

　この項目はリスク管理部門が主体となって考える事項ですが、計画策定というよりも業務運営において想定されるリスクを抽出・列挙し、リスクカテゴリー間の相互関係も把握することが第一の目的です。一部のメガバンクではトップリスクをHP上で開示するようになっており、リスク管理運営態勢が理解しやすくなっています。

　理想としては、リスク管理部門による案の作成と経営者や企画部門等との意見交換だけではなく、リスクに関しても収益部門との共有を図ることであり、リスク事象の発生あるいは発生可能性の高まりによってオペレーション遂行にどのような制約が出てくるのかを理解してもらうことだけでなく、そうした制約事項発生の可能性をリスク管理部門や他の関係者が理解することで、またガバナンス高度化が進むことになります。

⑺　有価証券ポートフォリオ

　2017年3月期における有価証券ポートフォリオならびにデュレーションの状況は、表69および表70のとおりです。

　個別銀行の開示資料では貸借対照表上の有価証券残高と単体での有価証券の状況では差異が生じており、約定ベースと受渡しベースといった部分の違いや、ディスクロージャーでの自行のルール上の相違（売買目的有価証券を含まない等）が生じているのではないかと考えられますが、その影響から仮想銀行の貸借対照表とポートフォリオ内訳の合計値は一致していません。

　仮想銀行における2017年3月期の貸借対照表ベースでは、有価証券全体に対するその他の証券の割合が高く、内訳としては外国債券や外国株式、国内外の投資信託等が含まれています。仮想銀行における中長期的なビジョンとして、有価証券運用に関しては強化していくことを基本とし、原則として自己運用の範囲内でポートフォリオ構築を検討します。株価インデックス等に

第8章　仮想銀行における経営戦略の策定　345

図25 トップリスクとリスクマップ

[トップリスク]

リスク事象	リスクシナリオ
資金利鞘の縮小	・マイナス金利政策継続に伴う資金利鞘の縮小 ・オーバーバンキングに伴う借り手有利環境の継続に伴う貸出金利の伸び悩み
貸出資産の悪化	・人口減少によるアパート経営者の業績悪化に伴う与信費用増加 ・不動産市場のピークアウトに伴う資金需要の低下と担保物件価格の下落

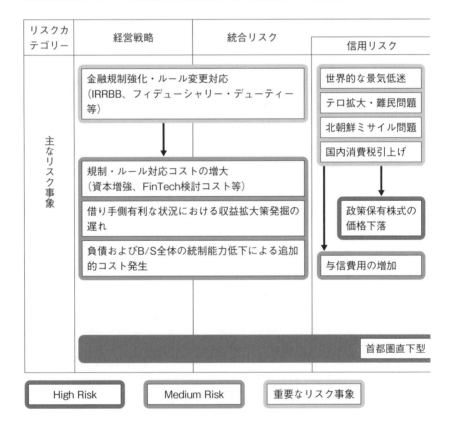

リスク事象	リスクシナリオ
業務効率改善遅延	・需要減少に伴う店舗網改革の相対的遅延によるコストカットの遅れ ・FinTechやRPA等の検討遅延によるコストカットの遅れや遺失利益の増大
外貨流動性リスク	・外貨建て資産増加ペースと調達基盤拡充ペースのギャップに伴う外貨コスト増大可能性

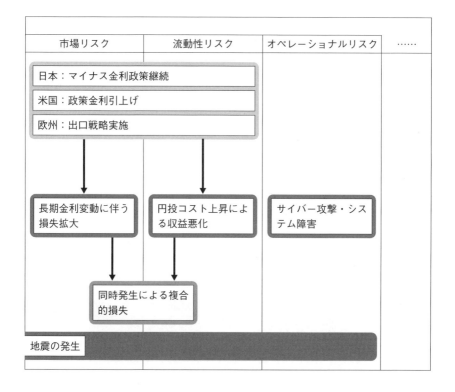

第8章 仮想銀行における経営戦略の策定

表69　有価証券ポートフォリオの状況

（単位：百万円）

		2016年3月期	2017年3月期
国内部門	国債	470,606	397,683
	地方債	147,605	154,224
	社債	240,447	230,319
	株式	91,834	102,633
	その他の証券	98,918	121,144
	小　計	1,049,410	1,006,003
国際部門	外国債券	173,117	166,559
	外国株式	1,199	998
	その他の証券	13,082	12,781
	小　計	187,398	180,338
合　計		1,236,808	1,186,341

表70　有価証券のデュレーションの状況

（単位：百万円）

		2016年3月期	2017年3月期
国内債券	1年以下	106,339	120,378
	1年超3年以下	248,667	240,400
	3年超5年以下	224,857	166,797
	5年超7年以下	104,433	78,136
	7年超10年以下	92,639	89,960
	10年超	80,317	85,227
	期限の定めなし	291	556
	小　計	857,544	781,453
外国債券	1年以下	23,810	15,162
	1年超3年以下	35,278	32,807
	3年超5年以下	40,480	31,267

348　第3部　仮想銀行によるシミュレーション結果と具体的な経営戦略

	5年超7年以下	19,485	24,489
	7年超10年以下	43,801	53,262
	10年超	17,564	16,360
	期限の定めなし	1,945	1,463
	小　計	182,363	174,811
その他	1年以下	2,277	3,029
	1年超3年以下	9,373	10,065
	3年超5年以下	13,307	13,493
	5年超7年以下	2,420	3,926
	7年超10年以下	17,272	30,035
	10年超	9,012	12,598
	期限の定めなし	141,947	156,097
	小　計	195,608	229,242
合　計	1年以下	132,427	138,569
	1年超3年以下	293,319	283,272
	3年超5年以下	278,644	211,557
	5年超7年以下	126,338	106,551
	7年超10年以下	153,712	173,257
	10年超	106,892	114,184
	期限の定めなし	144,183	158,116
	合　計	1,235,514	1,185,506

連動するETFに関しては事実上自己運用という考え方もできますが、それ以外の投資信託やヘッジファンドへの委託等は他人運用の範疇と考え、縮小・撤退を目指すかたちです。過去のパフォーマンス結果より有価証券部門に期待できないという背景から業務を縮小する場合や、他人運用に依存する場合はやむをえませんが、一般的には他人運用に対して過剰な収益期待をか

けることはむずかしく、デュレーションコントロールも困難さが増します。全体ポートフォリオの最適化を目指すことを考慮すれば、自己運用を強化し、他人運用は減らすべきであると判断します。特に、金融危機と呼ばれる事態が発生する場合にはなんらかの市場性商品がおかしな状況に陥ることが多いので、危機察知という観点も含め、有価証券業務の縮小や撤退はありえません。市場部門の能力を向上させるには相応のポジショニングは必要なので、他人に任せるかたちではなく自分たちで行うというのが基本理念です。したがって、必要に応じて人員増強もやむをえないという経営戦略となります。

　1つ論点として考えるべきは、特定取引勘定や商品有価証券での地方債の取扱いです。特定取引勘定で業者業務を行っている前提とするか、関係会社として証券会社があるかどうかといった前提条件を決める必要があり、すでにどちらかがある前提のほうが経営戦略の幅が広くなってしまうので、ここではどちらも存在しない前提とします。商品有価証券として地元の地方債を積極的に取り扱っていきたいというのが理想ですが、県内販売だけではなく県外販売にも注力したいところです。地元の地方債に関しては、その他有価証券としても引受けと保有を一定額続けていくことも市場部門の制約条件として掲げますが、満期までの持切りを前提としてしまうと評価損益を含む収益面では厳しいため、一定の期間のみ保有することを目指すかたちとします。

　ポートフォリオの基本方針としては、外貨建て資産もしくは日本株資産（ETFを含む）積み増しです。株式資産に関しては、リスク量を定めて円貨と外貨の随時入替えを想定し、先物等によるヘッジ取引を可能にしておく態勢整備を行います。流動性規制対応のため、国内債券は前述の地方債だけでなく国債も最低限保有しますが、収益目的としては米国債を中心としたプラス利回り水準となっている主要国債券とし、原則としてソブリンとします。利回り追求として国内外の社債をねらう戦略はありうると思いますが、市場部門に（ソブリン以外の）クレジットリスクをなるべく負わせないこと、債

350　第3部　仮想銀行によるシミュレーション結果と具体的な経営戦略

券運用に関しては、流動性リスク管理の観点も含めて換金性重視という基本に忠実なその他有価証券運用であること、を重視します。社債購入の可能性に関しては、専門チームの発足が可能であれば検討することとし、その場合は国内社債だけではなく、海外企業も含めた投資対象として検討するかたちにします。地域内企業における貸出代替としての私募債は保有可能としますが、公募債保有はせず、あくまで限定的位置づけとします。国債のデュレーションは円貨の場合は最長20年ですが、原則10年以内、米国債については最長10年をメドとします。そのかわりに、先物や先物オプション等によるポジショニングやヘッジ取引は可とします。具体的なターゲットゾーン等に関してはシナリオのところで決定します。部門に対する収益目標設定は、時価会計ベースで実施します。

(8) 貸出ポートフォリオ

　2017年3月期時点における集計結果に基づく貸出の業種バランスとデュレーションは、それぞれ表71と表72のとおりです。

　業種別に関しては、地域企業の業種バランスの影響もあるため一概にどの業種を増減させるということはいえないものの、2016年3月期〜2017年3月期の変化をみる限り、その他を除けば不動産関連と地方公共団体関連が大きく増加しており、銀行の収益が厳しいなかで貸出案件を一生懸命探した印象です。決して理想的なかたちで増加しているとは言いがたいところから、不動産関連は抑制気味の運営を検討せざるをえません。日本銀行金融システムレポートでいう慢性ストレスという観点で考えると、地方の人口減少が都心部よりも顕著であり、地価の下落（担保価値の減少）が発生しても対処できない可能性があるので、与信費用面で苦戦する可能性が想定されるためです。

　デュレーションに関しては少なくとも銀行の理想像を描くことは可能であり、取引先企業との交渉でどこまで反映できるのかということになります。日本銀行が公表した直近の金融システムレポート（2017年10月公表分）にお

表71　貸出の業種バランス　　　　　　　　　　　　　　　（単位：百万円）

	2016年3月期	2017年3月期
製造業	330,858	324,750
農業・林業	6,350	6,849
漁業	2,324	2,381
鉱業・採石業・砂利採取業	4,687	4,761
建設業	93,288	93,699
電気・ガス・熱供給・水道業	43,954	49,570
情報通信業	20,200	20,447
運輸業・郵便業	100,788	106,097
卸売業・小売業	281,751	281,222
金融業・保険業	129,492	131,565
不動産業・物品賃貸業	453,120	487,860
各種サービス業	238,536	248,309
地方公共団体等	319,644	331,438
その他	874,807	923,836
合　計	2,899,799	3,012,783

いて、オーバーバンキングによる金利競争を発端とする貸出金利低下可能性の指摘にもあるように、想定する地域や相手企業の取引金融機関数にもよるものの、借り手有利な条件になりやすいと考えられることから、デュレーション調整についても理想論で終わってしまう可能性は否定できません。

　一方、シナリオにおいてはクレジットスプレッドの適正水準が今後どのようになるのかという点が重要であり、今後は適正クレジットスプレッドが拡大するということであれば、スプレッド拡大途上の段階では当然より短期間での貸出を目指すことになり、その場合に現状の収益環境を考えれば、最低所要利回りを意識した期間設定が必要になります。クレジットスプレッドに関しては、マクロ経済環境としてはタイトニングすることはないと考えます

352　第3部　仮想銀行によるシミュレーション結果と具体的な経営戦略

表72　貸出のデュレーション状況

（単位：百万円）

		2016年3月期	2017年3月期
変動金利	1年以下	18,643	17,519
	1年超3年以下	213,359	209,408
	3年超5年以下	175,869	172,697
	5年超7年以下	110,083	110,058
	7年超	643,033	683,633
	期限の定めなし	128,648	130,038
	小　計	1,289,635	1,323,354
固定金利	1年以下	506,705	516,121
	1年超3年以下	229,789	238,816
	3年超5年以下	205,124	213,539
	5年超7年以下	128,181	139,793
	7年超	479,967	521,985
	期限の定めなし	63,629	63,642
	小　計	1,613,395	1,693,896
合計	1年以下	525,348	533,656
	1年超3年以下	443,152	448,231
	3年超5年以下	381,016	386,246
	5年超7年以下	238,272	249,859
	7年超	1,123,006	1,205,619
	期限の定めなし	192,283	193,682
	小　計	2,903,077	3,017,293

（注1）　1年以下に関して変動と固定を区別していない場合は固定金利として集計。
（注2）　端数調整等の関係より、変動と固定の合計値は不一致が生じているが、ここでは
　　　　未調整としている。

が、金融機関の店舗数や債務者側の取引金融機関数を考慮すると、貸出競争
的観点でタイトニングが進行する場合も想定できます。このため、基本スタ

ンスとしては、地域内外で明確に分ける戦略とします。地域外に関しては、所要運用利回りを下回る案件にはネガティブ、上回る案件を対象としつつも、自ら引下げ競争は仕掛けないスタンスとし、現状残高を上限とします。地域内については積極姿勢ですが、債務者の状況をふまえた貸出条件の提示を検討します。これらにより、全体としては仮に貸出残高が減少したとしてもやむなしとし、市場関連業務による外貨建てでのポジショニングに振り向けるかたちとします。

　従来からの国内貸出における最大の問題点としては、回収不能額と貸出条件は必ずしもリンクしていないということです。これを原因として適正クレジットスプレッド変化と格付遷移による収益変化の相関性が薄れることではないかと考えると、単年度計画においては特筆こそしないものの、回収不能額と貸出条件に関する社員教育は行うべき事項です。人事関連の計画においても少し触れたいと思いますが、時間をかけながら営業部門教育には再教育制度を導入したいところです。

(9)　その他関連施策

　詳細に関しては内部データを使った分析を行わないと何ともいえない部分がありますが、筆者が経営者という前提では、さまざまな施策に関する影響度調査は進めていきたいと考えます。BPR の効果と最適人員配置、福利厚生制度と従業員のモチベーション、会社資産・負債を使わない収益獲得のための社員教育の必要性、適正クレジットスプレッドの研究等、言い出せばきりがないのですが、ほしい人材をいつもキープでき、ねらいたい収益獲得に向かわせる人材確保ができ、本来のリスク量に見合った適切な収益を確保することができる、といった観点で考えることがある意味では非財務リスクのヘッジ行為ということにもなってきます。

　頭の体操的かもしれませんが、いくつか検討できる範囲内でどのような事前準備を必要とするのかを考えてみましょう。

354　第3部　仮想銀行によるシミュレーション結果と具体的な経営戦略

① 人事関連

大前提として、自行の業務運営において現状が適正人員なのかどうかを調べる必要もありますし、報酬自体も問題がない水準なのかどうかも検討しないといけません。たとえば、FP 資格者を KPI 化して開示している銀行がありますが、FP 資格をどのようにとらえるのかから整理する必要があります。正解があるわけではありませんが、銀行の考え方を明確化することも意義があるはずです。

【FP 資格の奨励と資格取得者への対応（例）】

［従業員に対して］

・FP 資格取得者は取得していない従業員よりも提供できるサービスが増えるので、報酬的には高いと考える。

・FP 資格取得のための経済的補助はするが、銀行の業務運営上で必須アイテムなので、むしろ無資格者への報酬のダウンサイドリスク的にとらえる。

［経営戦略として］

・FP 資格を取得して提供サービスの幅を広げても、役務収益等の計数は改善してこないので、報酬増加ではなく無資格者へのダウンサイド要件とする。

・FP 資格取得効果によって、取得までのコスト以上に役務収益が増加しているので、継続的に資格取得を奨励し、一定の報酬ないしは資格取得補助も検討する。

こうした内容を拡張させていくと、営業部門の再教育という話になるのですが、その前段階として、一定の人事異動に関する選択肢を与えていることが必要になります。

第 8 章　仮想銀行における経営戦略の策定　355

> **【収益部門に対する報酬制度の検討（例）】**
>
> ・市場関連部門は、期待収益達成が現状の報酬維持を基本線とし、超過収益に対して２割の報酬（各種コスト勘案後、時価評価ベース）。
>
> ・貸出関連部門は、与信費用を含めた実質貸出収益に関する期待収益達成が現状の報酬維持とし、超過収益部分は１割の報酬（各種コスト勘案後、実質貸出収益ベース）。
>
> ・会社の資産・負債を使わないかたちで獲得する手数料に関しては、費用勘案後のネット収益目標をベースとし、超過収益部分の３割の報酬。

　人員配置をするにしても、社員教育を実施するにしても、上記のような業務内容のむずかしさ等を勘案して報酬制度に活かすことを検討する必要があり、それぞれの過去の実績データや制度導入による期待効果も検証してみる必要があります。一定の効果が期待できるということであれば初めて社員教育の実施に移行するかたちとなり、少なくとも従業員側の選択の自由度も与える必要が出てくるでしょう。仮に、どの収益部門にも希望者が不足するような事態があるとすれば、経営者として考える会社の方向性として不一致が生じてくる可能性があるので、報酬のダウンサイドリスク的なとらえ方になってしまいます。経営においては一定程度やむをえない話なのかもしれませんが、報酬制度はできれば前向きなエネルギーにつなげたいテーマということを考えると、BPRによる効果で創出されたマンパワーの最適配分は期待収益が高い部門へとシフトし、シフトした人員を含めたパフォーマンス向上策を検討することが理想です。

　近年ダイバーシティに関する社員教育も増え、地域金融機関のなかでも女性管理職増加目標を開示しているケースが見受けられます。男女雇用機会均等法発足以降、ずっと女性の地位向上が叫ばれてきましたが、社内対応として前面に出すべきかといわれると、筆者個人の意見としてではありますが、

356　第３部　仮想銀行によるシミュレーション結果と具体的な経営戦略

私が経営者であれば前面には出さない、を選択します。理由は「当たり前として とらえるべきことを前面に出す必要はない」ということであり、自分の 会社であればガバナンス水準を高く保ちたいので、会社組織としての常識と いう範疇で対応すると考えます。つまり「常識でしょ?」というレベルを上 げるということですが、これについてはフィデューシャリー・デューティー 対応においてもほぼ同じスタンスです。

　しかし、現実として、従業員全員が常識としてとらえられるのかといわれ ればむずかしいかもしれません。感覚的には「女性を持ち上げよう」という ところですでに格差を意識している気がするので、もし本当に格差があると すれば、男性を下げてしまえばよいということがいえます。男性一般職をつ くるのがよいのか、全員総合職的なかたちで違いを出さないのがよいのかは 検討の余地がありますが、多様化を考えると男女関係なくさまざまな職種を つくるのが社内的な戦略となるでしょう。これからの社会では日本人男女だ けではなく、外国人も含めて、宗教や慣習の違いも意識しないといけなくな る時代なので、お互いを認め合う企業文化がないと生き残りはむずかしいは ずです。もちろんこうしたことは、前面に出さないからといっても社員教育 は当然必要です。

　一方、中長期的視点では人口減少によって自行も人員確保がむずかしくな る可能性があります。そうした場合には当然いかにして人員を残すようにす るのかという問題もあり、福利厚生制度も重要な意味合いが出てきます。そ こで1つの例として紹介するのは、総合福祉団体定期保険の保険料見積りを 使って、従業員の雇用コストの変化をみる方法です。

【総合福祉団体定期保険の概要】

　[契約の骨子:主契約]

　・保険契約者(自行)と保険会社との間で契約し、保険料は銀行側が負 担する生命保険。

　・弔慰金規程に基づき、企業の人員構成表を基に保険料を算出し、保険

第8章　仮想銀行における経営戦略の策定　357

料が決定される。

・弔慰金規程に基づいているので、死亡保険金は遺族へ支払われる。

［新たな検討］

・主契約部分に関して弔慰金規程を見直し増額することで、行員の自己
　負担による保険契約のリストラを進め、実質年収を増加させることが
　可能かどうか調査。

・行員が退職した場合の再雇用コスト相当額を見積もるうえで、ヒュー
　マンバリュー特約の保険料も調査。

　総合福祉団体定期保険は、生命保険としてはＡグループ保険（保険契約者
が企業となり、企業が保険料を支払う）の代表的なもので、弔慰金規程に基づ
いて保険契約をし、社員が死亡した際に会社側が弔慰金規程にのっとって保
険金を支払う原資となる死亡保険です。銀行の場合は特に身の危険を感じる
ような業務内容ではないので、病気や事故での死亡がない限りは支払った保
険料の大半（おおむね80％程度と推測されます）が戻ってくるのが一般的な契
約内容です。

　ヒューマンバリュー特約は、本来想定している事象が社員の死亡退職であ
り、自発的退職を想定しているものではありません。基本的な考え方は、死
亡によって突然抜けた人員の再雇用にかかる諸費用をまかなうというもので
すが、おそらく国内銀行のどこも契約していないと考えられます。その理由
は総合福祉団体定期保険が発売開始になった時代は、公的資金投入問題に関
連して銀行員の給与が高過ぎるという社会的批判があった時期であったた
め、余計な批判を受けないよう、弔慰金規程を整備して主契約のみとした銀
行がほとんどであると考えられます。このため特約部分の詳細な保険料はわ
かりませんが、実質的な負担を考慮すればおそらく割高という結果になるこ
とが推測されます。ただ、人員の再雇用に関する諸費用についての１つの第
三者評価価格という考え方もできるので、人員コストの把握として調査して
おいてもよいと考えられます。

また、実際に定年延長を決定する前には、保険会社に対して想定人員構成表を基に保険料見積り（概算）を出してもらうことで、福利厚生費上昇の一部について予測ができます。現状の年金制度を考慮すると、仮に定年まで働いたとしてもすぐに年金生活はできないので、60〜70歳くらいまでの間をどのように生計を立てていくのかがポイントとなります。福利厚生制度が充実していると、少なくとも個人で契約する定期付終身保険での60代での見直しや契約そのものが軽減されることが期待できます。団体保険や団体扱い契約の積極的導入によって個人の保険料が減ることになれば、その分実質的な報酬は増加する効果になるので、さまざまな保険契約でも検討する価値はあるでしょう。従業員向けアンケートを実施し、どれくらいの効果があるのか調べるだけでも意味はあると考えられます。重要な点は、従業員が個人的に支払う保険料を銀行が払えば安くなるのかということと、従業員の生活をどこまで会社として守ろうとするのかの姿勢面の問題でもあるので、従業員預金や住宅ローン金利優遇以外にも検討する余地はあると思われます。

②　役務収益獲得

　役務収益獲得ということ自体は随分と昔からいわれていることですが、10年、20年という時間をかけても課題認識されるということは、それだけ思うように獲得できてこなかった裏腹とも考えられます。日本ではもともと情報やサービスに対する対価を支払う文化がないので、貸出金利に上乗せすることが精一杯の抵抗だったのかもしれません。そのような文化のなかでも手数料収益を増やそうということは、これだけの低金利状態が続いている環境では、やはり重点施策にならざるをえません。

　まず、考えるべきポイントは「会社の資産や負債を使わないで得られる手数料収益がどれくらいあるのか」です。フィー収益拡大がクローズアップされた1990年代前半では、デリバティブ取引を拡大させてアップフロント収益を計上することがもてはやされました。しかし、顧客の ALM ヘッジ等に基づくデリバティブ取引であればよいのですが、自行の貸出に付随させた単な

る収益の先取り一括計上のための利用であれば、逆に銀行の基礎体力を奪ってしまったという考え方もできます。つまり、本当の意味で稼ぐ役務収益やその他収益が必要であって、その手段の1つは、従業員がもつ知恵と行動力を収益化するということであり、これまで使っていなかった会社資産の有効活用策や、会社資産・負債を使わない収益の獲得ということです。

　具体的なアイデアを簡単に出せるものではありませんが、企業としての各種貢献ということも念頭に置く必要があり、たとえば、過去に以下のような実績を計上できたケースがありました。

【American Express の Cause Related Marketing】

［概要］

・企業 CSR とマーケティング戦略を組み合わせた Cause Related Marketing という概念に基づき、1983年に実施したプロジェクト。

・自由の女神の補修費用を捻出するうえで、カード利用1回に対して1セントの寄付をすることを公表し、以下の実績を残すことに成功。

　✓ 3カ月間で170万ドルの寄付金

　✓ 新規カード申込みが前年度比45％アップ

　✓ カード利用が前年度比28％アップ

　こうしたスキームに関して、日本的な発想をすれば、たとえば、富士山清掃費用の寄付のようなことは可能ですが、静岡県や山梨県が本店所在地であればともかく、せっかくなので地元地域への貢献と結びつけたいところです。そこで、次に考えるとすれば地元の景勝地の保護や、文化財・伝統工芸的なものへの寄付や貢献というようなものになりますが、経営戦略的に整理するとすれば、たとえば、以下のようなかたちが考えられます。

【地域金融機関における Cause Related Marketing（例）】

・預り資産として受け入れる顧客資産に関し、得られる手数料（保険手

数料等）の一定割合を地域の文化財保護目的として寄付。
・預り資産に関しては、既往預金からの振替分も含め、手数料が獲得できたものを対象。

　自行としては運用難における預金の増大の回避策として預り資産増加政策を考える一方、地域貢献としての戦略にもなりうるということになるのですが、悪いアイデアとまではいわないものの、できればもう一工夫はほしいところです。地域金融機関を想定すると、預金者の大半が地域から獲得しているものなので、地域内でぐるぐる資金を動かしているだけであり、外部から寄付金が入ってくるものではありません。理想をいえば、海外も含めた外部からの資金流入をさせる方法を加えたいということがあります。さらにいえば、そうした寄付等を行ったものをみにくるという人の流れが伴うものがよく、その意味では熊本城の補修工事費を集める工夫事例などは参考になるでしょう。地域のお祭り参加権のようなものを販売することも候補になりうるでしょう。

　このように、役務収益拡大に関して、直接的であれ間接的であれ、なんらかの可能性があるものを検討する必要があります。特に、会社の知的財産を手数料化できるようなスキームの1つがオープンAPI（※12）につながる話かもしれません。BPRでの業務効率改善に伴う効果がコストカットだけでは不十分で、さらに収益化できてこそ企業としての付加価値が向上するということですから、ありとあらゆる知恵を集積させ向上させる研修制度は不可欠です。何年かかる話なのかはわかりませんが、企業としてのCSRの一環としても取り組むべき事項であり、継続的に実施していくものという位置づけになります。

（※12）　API（Application Programming Interface）とは、一般に「あるアプリケーションの機能や管理するデータ等を他のアプリケーションから呼び出して利用するための接続仕様等」を指し、このうち、サードパーティ（他の企業等）からアクセス可能なAPIが「オープンAPI」と呼ばれる（2017年3月16日付「オープンAPIのあり方に関する検討会報告書—オープン・

第8章　仮想銀行における経営戦略の策定　361

イノベーションの活性化に向けて─【中間的な整理（案）】」オープン API
のあり方に関する検討会（事務局：一般社団法人全国銀行協会）より抜粋）。

③　クレジットスプレッドの適正化

　クレジットスプレッドの適正化も果てしなく時間を要するものだと思いま
すが、リスク管理高度化も含めて継続的に変えていくべきものと考えます。
貸出案件の実施判定そのものは高度化してきていると考えますが、大原則で
ある回収不能額に対する適正スプレッドなのかどうかを整理しない限り、本
来は貸出金利競争の影響を正しく理解することはできません。正しい案件審
査を行うには、正しい理論価格の把握なしには語れないということです。

　理解するうえで、たとえば期間5年の貸出で、均等分割償還を条件にした
場合と最終期限に一括償還を条件にした場合、実態として金利条件が異なっ
ているのかということです。かつての長期信用銀行では、たとえば、長期プ
ライムレートをベースとした5年貸出金利が設定され、最終期限が5年だか
ら5年金利を適用するということが行われてきました。担保条件でも同様で
す。換金性の違いや対抗要件の具備に関する有無といったものが金利条件に
影響を与えたのかといわれても、下手をすれば考えもしなかったレベルの話
ということが続いてきました。回収不能額をカバーする貸出条件というの
は、頭では理解していても、現実の交渉の世界では気にもかけないことがい
までも残っていると思われます。適正スプレッドとしては、分割償還の枝ご
とにキャッシュフローを計算して合計値で考えることになりますが、常識的
に考えて、たとえば平均残存期間が3年になれば、最終期限に一括償還の金
利条件よりも回収不能額も小さくなることで適正スプレッドは小さくなるは
ずです。本支店レート構造の問題もクリアできている銀行とできていない銀
行があると推測されますが、各融資担当者がこの問題意識をもって条件交渉
しているかといわれると、かなり疑問があります。

　現実問題としては、精緻に適正スプレッドを常時計算できて、しかも管理
会計にもそのとおり反映できるということはむずかしいと思いますが、債務

者の再調達リスクを債務者に転嫁することによって貸出金利を（本来の適正スプレッドまで）引き下げられるということであれば、レート競争とは違う次元の話になります。逆に考えれば、自行が適正スプレッドを前提とした金利条件で、ライバル行がそうでなければ、最終期限に一括償還の場合の競争力が弱まる可能性がありますが、リスクとリターンという観点では、割に合わない案件だからやめるべきという、リスク管理高度化が本当の意味で役立つということでもあるので、適正スプレッドとは何かを正しく理解させる社員教育は重要になります。

　これについては当然担保条件も含まれてきます。仮にデフォルトが発生したとなると、担保の換金性も考慮するという必要があるので、高度化させようと思えばきりがないということになってしまいますが、融資担当者にこうしたセンスを備えていかないと、それ以上にセンスが求められる役務収益拡大などはむずかしいでしょう。システム対応として正しく評価できないからやめるのではなく、何が正しいのかをまず認識してどう解決するかにしないと、フィデューシャリー・デューティー対応を含めたガバナンス高度化はむずかしく、企業全体としての常識レベルは向上しません。唯一難点があるのは、リスク管理におけるこれまでの連続性が維持できなくなる可能性があるということなのですが、間違っているかたちで継続されるよりは正すべきというのが正論ですので、地道な努力で正していく姿勢が大切だと考えます。

第3節　リスクアペタイトの選定とオペレーション戦略

　RAF態勢構築に関して前述の2つのアプローチ方法のうちのどちらを選択するかという問題がありますが、ここでは、2つ目の方法である業務計画達成に重点を置いた戦略策定を前提として話を進めていきます。

(1) 制約条件

　業務運営上、規制値のような絶対条件と、自行として掲げる目標値的な条件が存在します。今回すべてを列挙するのはむずかしいので、中核的なものを抽出しておきます。

【業務運営上の制約条件】

・自己資本比率……6％以上

・LCR……105％以上

・NSFR……100％以上

・当期純利益……124億2,900万円以上

・評価・差額金合計……543億3,400万円以上をメド（注1）

・アウトライヤー比率……20％以内（対自己資本）（注2）

（注1）　実現損益＋評価損益の合計として2017年3月期と同額以上。
（注2）　国内基準行に関するIRRBB詳細が未定であるため、ここでは暫定的に置いている。

　上記については、規制値そのものとそうではないものが混在しています。自己資本比率は国内基準行の場合は4％以上であれば問題ないですが、急激な悪化はレピュテーショナルリスクに直結する可能性があることや、追加的施策を打ちにくくするという配慮から6％としています。流動性規制関連については、流動性リスク管理上で想定するストレス事象と国際統一基準行向け規制要件としてのストレス事象に乖離がないと考え、規制要件以上の流動性バッファーは不要という考え方にしています。外貨建て資産積み増しを想定するなかで、通貨別LCRも意識する必要があるため、国際統一基準行向け算出基準に従う前提です。また今回の計画策定は前年度実績をベースとしていることから、当期純利益や評価・差額金合計を横ばいとすることで業態維持に問題がないという判断になります。アウトライヤー比率に関しては

364　第3部　仮想銀行によるシミュレーション結果と具体的な経営戦略

IRRBBを意識して制約条件としています。

　現状のポートフォリオを考慮すると、外貨国債と外貨預金による外貨長短ギャップのかたちにはなっていないため、アウトライヤーの問題が収益獲得のための障害になると考えられます。仮に、外債購入を増やそうとしても、20％の壁に阻まれ、一定のデルタヘッジをするか現物ポジションを小さくするかの問題が生じます。自己資本比率としては6％想定で考えると約1兆8,000億円相当のリスクアセットの増加が可能なので（計算根拠は下記参照）、その他証券等のシフトをそれほど意識する必要もありませんが、IRRBB対応まで意識すると、現状のポートフォリオは制約事項が大き過ぎると考えられます。本質的には日本国債や貸出、その他証券等から米国債へのシフトが本当に悪いのかといえば疑問の余地はおおいにありますが、収益力の欠如に伴う自己資本不足といってしまえばやむをえません。一定のデルタヘッジ（現物＋コールオプション売り等）を組み合わせることで当面乗り切るしかないでしょう。

　仮想銀行におけるリスクアセット増加可能額については、2017年3月期において、

・自己資本比率：11.13％→分子：2,399億5,300万円、分母：2兆1,556億1,900万円

・自己資本比率6.00％とする場合→2,399億5,300万円／6.00％＝3兆9,992億1,600万円

　以上より、3兆9,992億1,600万円－2兆1,556億1,900万円＝1兆8,435億9,700万円の余力あり。

　制約条件のすべてに関して詳細を説明しきれないので、リスク管理という観点で流動性のリスクリミットに関して補足すると、O/Nギャップや1Wギャップ等のLCRでカバーされない資金ギャップに関しては、資金繰り逼迫度区分に応じて設定することとします。現時点では平常時想定における

ギャップリミットでの運営を前提とし、通常の流動性リスク管理運営を継続することを想定します。アウトライヤーに関しては米国債シフトを想定するため、200bpの変動幅（フラットニングに関しては300bp）による影響度を勘案する必要があり、耐えきれるだけの資本バッファーが必要になります。期中運営としては必ずしも持ち切るわけではないため、局面次第ではデルタヘッジが必要になる場合も想定されますが、一定のバッファーをキープする運営とします。前述のとおり、外債購入には一定の外貨調達手段が必要となり、外貨預金のコア預金モデルを早期に構築する必要があるので、預金増加分以上の外貨預金獲得はきわめて重要になりますが、フィデューシャリー・デューティーの問題も考慮し、努力目標的に考えるしかないでしょう。

(2) 有価証券関連

前項での制約条件をふまえ、まず、最低所要利回りは役務収益が100億円の場合は1.494%となっているので、まずは、1.50%をターゲット水準として設定することが必要です。日本国債の場合であれば、超長期ゾーンでも現実的にはむずかしいため、債券関連は基本的に米国債5〜10年ゾーンをターゲットとします。実額ベースとして考えた場合、コストはすでに勘案ずみなので630億5,100万円相当額の収益ということになり、これを有価証券と貸出でまかなうことになります。

債券運用に関しては、これまでお伝えしてきたとおり、換金性重視スタンスで臨むため、地方貢献を意識した地方債投資を除き、クレジットリスクを可能な限り削減し、米国債へのシフトを想定します。米国債へのシフトに関しては、期初の為替と金利水準によりますが、シナリオに基づいたターゲットゾーンに入っている場合はそのまま現物債購入でかまいません。ターゲットゾーンに入っていなければ、先物オプション市場でのプットオプション売りからスタートします。おおむね先物の1ポイント相当が10年債利回り10bp相当に近いので、ターゲット水準が0.1%高いのであれば、1ポイント分ストライクプライスを外したプットオプションを売ることになります。

366　第3部　仮想銀行によるシミュレーション結果と具体的な経営戦略

2017年11月末現在で、おおむね１ポイント分アウトオブザマネーとなっている１カ月物のプットは、7tick（1tick当り15.625ドル、元本は10万ドル）となるので、たとえば、１カ月のオプションを1,000億円相当売却すると仮定して逃げ切れた場合は、以下のような収益になります（１ドル＝105円で計算）。

中期国債先物（米国債）オプションのプット売り（１ポイントのアウトオブザマネー）
→1,000億円／105円× 7 ×15.625／100,000＝1,041,666ドル／月
⇒年間では約13億万円（1.3％利回りに相当）

オプションプレミアムに関しては、２カ月２ポイントのアウトでも、３カ月３ポイントのアウトでもほぼ同じ価格なので、戦略的にどれをねらう（あるいは組合せ）のかを考える方法もあります。たとえば、当面3,000億円相当額を上限として、１カ月物から３カ月物まで各1,000億円相当という方法もできるということです。もともとターゲットに到達すれば現物を購入する前提の戦略なので、一時的に権利行使によって実現損を計上することになっても、現物をもてば、次にコールオプションを売ることで収益のかさ上げが可能になり、ディーリング収益として稼ぐということも可能になってきます。したがって、リスクアペタイトとしては円債から米国債3,000億円相当額のシフトを前提としたかたちとし、現物を購入できれば2.5％以上の利回りが得られる一方、コールオプション利回りが得られるので、スタートとしては1.3％の期待利回りでも問題ないという考え方です。先物オプションでスタートするのは、先物でのヘッジが容易であるためであり、インザマネーとなった局面で先物と先物オプションで相殺することも可能となります。参考までにですが、期間10年で10bpのディーリング収益を獲得できれば、以下のようになります。

3,000億円／105円×10bp×10年＝2,857万1,428ドル
⇒約300億円の収益

表73 有価証券ポートフォリオに関する運営方針 (注1)

	現　状	方　針	補足等
日本国債	約4,000億円	自然体での圧縮	所要担保国債分は維持
地方債	約1,500億円	微増可	
社債	約2,300億円	圧縮	
国内株式	約1,000億円	最大＋3,000億円＋α	ETFを含む (注2)
米国債	約1,600億円	最大＋3,000億円相当＋α	(注2)
その他証券	約1,300億円	圧縮	ETFを含まず

(注1)　原則としてポジション量に関しては一方方向の変動となるので、現状もしくは方
針実施後が最小／最大ポジションとなることから、リスク量に置き換えればRAF
原則に近いリスクアペタイトとなる（今後記述するポートフォリオに関しても同
様）。
(注2)　社債やその他証券の圧縮分を原則米国債へシフトするが、3,000億円の上限に到
達後においても貸出を含めた残高減少があれば、国内株式や米国債追加投資を検討。

　リスクとしてボラティリティが急上昇（金利が急上昇）する場合がありま
すが、短期間のオプションを想定することによって一時的影響しか受けにく
いこと、政策金利変更シナリオがベースとなっているので、シナリオの正確
性に依存しており、組織判断としてのゾーン設定に基づく売買であることか
ら、短期間の影響にはうろたえない方針です。

　このアペタイト選定に関しては、前提条件として時価会計ベースでも勝て
る有価証券運用能力ということになりますが、シナリオに基づいたオペレー
ションを前提とすることや、前年度実績1.7％台ということをふまえ、実現
は十分可能と考えられます。また資本に関しては最大ポジションで配賦する
必要はありますが、期中売却（コールの被権利行使）もありうるので、米国
債3,000億円相当がポジションとして残るとは限りません。

　その他証券に関する部分については、原則として換金性が低い資産は売却
方針とし、適宜水準次第で株式や米国債へシフトさせるかたちです。厳密に
は株式と債券の相関性を考慮し、共通利用的な資本配賦（株式や債券の入替
え時に資本配賦も入替えするイメージ）とします。ただし株式現物に関して

368　第3部　仮想銀行によるシミュレーション結果と具体的な経営戦略

は、政策保有株式の売却方針と矛盾する部分があるため、先物ないしはインデックスと相関性が高いETF等を軸とし、有価証券運用全体に関するボリューム面としては横ばい、貸出が減少する場合に減少分をカバーする前提とします。

(3) 貸出関連

市場関連部門のクレジットリスクを回避し、原則としてクレジットリスクは貸出業務を軸とします。クレジットスプレッド推移を考慮すると、運用

表74 クレジットスプレッド・ヒストリカルデータ（対国債）

（日本円）	1年	3年	5年
AA	5.3 − 25.8 16.3	9.4 − 27.2 21.5	9.6 − 30.0 23.5
A	10.6 − 35.3 23.0	18.6 − 38.5 29.0	20.7 − 56.7 35.3
BBB	35.7 − 105.9 35.7	29.3 − 79.2 53.8	31.0 − 68.7 68.7
BB	20.5 − 903.3 20.5	168.4 − 399.5 168.4	− 40.7 − 540.9 −
（米ドル）	1年	3年	5年
AA	18.9 − 58.1 18.9	26.7 − 69.1 26.7	34.9 − 89.7 34.9
A	33.3 − 103.9 33.3	47.5 − 146.99 47.5	58.3 − 188.2 58.3
BBB	57.9 − 143.0 57.9	78.5 − 192.3 78.5	101.8 − 225.1 101.8
BB	107.0 − 295.2 107.0	131.0 − 418.9 131.0	192.5 − 438.1 192.5

（注1） 過去5年間（年末時点）の市場データを基に作成。
（注2） 上段はレンジ、下段は2017年11月末時点。
（注3） 単位はすべてベーシスポイント。

ターゲットは1.50％であるため、これを実現できる業種・格付・貸出期間が対象となります。ただし日本銀行金融システムレポートでも記載されていたとおり、不動産関連に関してはピークアウトしているリスクがあり、貸出ポートフォリオ的には現状残高を上限とします。

　案件の選定に関し、詳細は案件ごとでの個別審査も含めた判断で実施するものの、地域内向けに関しては要注意先も候補として選定する想定とします。ただし、要注意先に関しては、5年以内の分割償還付き（長期貸出の場合、平均残存期間は3年程度）を軸とし、回収不能額（推定）に見合ったかたちでの貸出条件かどうかを重視した運営とします。要注意先で平均残存期間3年の根拠としては、国内のクレジットスプレッド推移を参考にすると、運用ターゲット1.50％を実現できる水準としてはBB格の期間5年（平均残存

表75　貸出ポートフォリオに関する運営方針

	現　状	方　針	補足等
貸出総額	約3兆円	微増（ただし貸出金利競争は基本的に行わない）	新規貸出は適正スプレッド確保をメド
うち国内	約3兆円	同上	短期貸出はロールオーバー前提
うち海外	—	原則として実施しない	
新規ターゲット（長期）	—	長期貸出の償還予定額見合い	BB格相当で期間5年（平均残存3年）を基準
業種別リミット	不動産約3,000億円その他約9,200億円	横ばいを上限とする	その他に関しては住宅ローンやアパートローンを含む
デュレーション	期限なし（注）約1,200億円	横ばいを上限とする	回収可能な場合は回収

（注）　期限の定めのない貸出資産に関する上限設定をするもの。

370　第3部　仮想銀行によるシミュレーション結果と具体的な経営戦略

３年）がメドとなるためです（表74参照）。変動金利／固定金利に関しては顧客要望に従うかたちとし、必要に応じてALMの観点によるスワップを実施することで固定金利／変動金利に関するポートフォリオ全体でのリスクを判断し、取組みの有無に関する方針決定をしていきます。

運転資金等を対象にした６カ月以内の短期貸出に関しては、ロールオーバーに全力をかける必要があり、そのなかでも案件次第では長期貸出へのシフトも検討しますが、国際統一基準行であれば海外貸出も検討したいところです。国内基準行としては海外与信リスクのノウハウが不十分と考えるのが妥当なので、収益的にはきつい状況であっても、海外貸出には手を出さないことで統制困難なリスクをとらないかたちとします。こうした内容をふまえ、貸出関連における運営方針は表75のとおりです。

⑷　想定ポートフォリオ

これまでの内容をふまえ、最終期限2020年３月末までの中期経営計画および2018年３月末までの単年度計画で想定する、有価証券ならびに貸出に関するポートフォリオは、表76および表77のとおりとなります。なお、集計作業における端数調整等の問題から、合計値は完全には一致していません。

これらの想定ポートフォリオに関しては理想形を想定しており、これに向けて自助努力をすることが前提ですが、毎月のALM委員会やリスク管理委員会等にて、周辺環境認識をふまえて微調整を行いつつ対応していくことになります。有価証券と貸出の両方が増加していますが、現預金が2017年３月期で約5,200億円あることから、現預金から有価証券や貸出にシフトする分が一部存在することになります。

国内のマイナス金利政策の影響を受けにくくする米国債シフトに関しては、社債の減少分と米国債増加分で3,000億円以上のポートフォリオ変化をもたらすことになりますが、有価証券の全体のデュレーションはむしろ短縮化されているかたちであり、感覚としてはその他証券のリスクを米国金利に置き換えているイメージになります。

第８章　仮想銀行における経営戦略の策定　371

表76　有価証券ポートフォリオ

		2017年3月期	2018年3月期	2020年3月期
国内部門	国債	397,683	397,683	397,683
	地方債	154,224	154,224	154,224
	社債	230,319	109,942	0
	株式	102,633	107,765	118,810
	その他の証券	121,144	80,763	0
	小　計	1,006,003	850,376	670,717
国際部門	外国債券	166,559	366,559	566,559
	外国株式	998	0	0
	その他の証券	12,781	8,521	0
	小　計	180,338	375,079	566,559
合　計		1,186,341	1,225,455	1,237,276

		2017年3月期	2018年3月期	2020年3月期
国内債券	1年以下	120,378	120,200	66,516
	1年超3年以下	240,400	183,598	94,396
	3年超5年以下	166,797	122,466	119,874
	5年超7年以下	78,136	69,055	96,303
	7年超10年以下	89,960	88,382	106,756
	10年超	85,227	76,818	67,475
	期限の定めなし	556	556	556
	小　計	781,453	661,075	551,876
外国債券	1年以下	15,162	16,403	16,829
	1年超3年以下	32,807	32,037	88,598
	3年超5年以下	31,267	35,278	170,262
	5年超7年以下	24,489	129,999	218,530

372　第3部　仮想銀行によるシミュレーション結果と具体的な経営戦略

	7年超10年以下	53,262	140,962	67,497
	10年超	16,360	10,907	4,847
	期限の定めなし	1,463	976	0
	小　計	174,811	366,561	566,563
その他	1年以下	3,029	11,033	0
	1年超3年以下	10,065	16,779	0
	3年超5年以下	13,493	8,710	0
	5年超7年以下	3,926	11,974	0
	7年超10年以下	30,035	24,222	0
	10年超	12,598	8,398	0
	期限の定めなし	156,097	116,285	118,810
	小　計	229,242	197,402	118,810
合計	1年以下	138,569	147,636	83,345
	1年超3年以下	283,272	232,414	182,994
	3年超5年以下	211,557	166,454	290,137
	5年超7年以下	106,551	211,028	314,833
	7年超10年以下	173,257	253,566	174,252
	10年超	114,184	96,123	72,322
	期限の定めなし	158,116	117,817	119,367
	合　計	1,185,506	1,225,038	1,237,250

　業務運営上のポリシーとして、債券運用に関しては原則として固定金利運用としますが、貸出に関しては債務者の要望にそのまま応じることを前提とします。前述のとおり、貸出に関しては必要に応じてスワップによる固定金利と変動金利の交換を行いますが、債券運用に関しては唯一ともいえるデフレ対応資産でもあるので、変動金利で運用するとデフレ対応資産をポートフォリオ上構築する必要性が出るためです。

表77　貸出ポートフォリオ

	2017年3月期	2018年3月期	2020年3月期
製造業	324,750	357,225	432,242
農業・林業	6,849	7,533	9,115
漁業	2,381	2,619	3,169
鉱業・採石業・砂利採取業	4,761	5,237	6,337
建設業	93,699	103,069	124,714
電気・ガス・熱供給・水道業	49,570	54,527	65,977
情報通信業	20,447	22,491	27,215
運輸業・郵便業	106,097	116,707	141,215
卸売業・小売業	281,222	309,344	374,307
金融業・保険業	131,565	124,118	106,411
不動産業・物品賃貸業	487,860	460,245	394,586
各種サービス業	248,309	273,139	330,499
地方公共団体等	331,438	312,678	268,071
その他	923,836	871,543	747,208
合　計	3,012,783	3,020,477	3,031,066

		2017年3月期	2018年3月期	2020年3月期
変動金利	1年以下	17,519	116,968	261,090
	1年超3年以下	209,408	194,053	279,929
	3年超5年以下	172,697	161,378	324,981
	5年超7年以下	110,058	282,907	274,454
	7年超	683,633	499,101	260,352
	期限の定めなし	130,038	86,692	38,530
	小　計	1,323,354	1,341,098	1,439,337
固定金利	1年以下	516,121	500,693	530,212

	1年超3年以下	238,816	286,177	330,850
	3年超5年以下	213,539	236,666	312,646
	5年超7年以下	139,793	243,891	216,166
	7年超	521,985	369,204	182,948
	期限の定めなし	63,642	42,428	18,857
	小　計	1,693,896	1,679,060	1,591,680
合　計	1年以下	533,656	617,660	791,303
	1年超3年以下	448,231	480,230	610,779
	3年超5年以下	386,246	398,044	637,628
	5年超7年以下	249,859	526,798	490,621
	7年超	1,205,619	868,305	443,300
	期限の定めなし	193,682	129,120	57,387
	小　計	3,017,293	3,020,158	3,031,017

　貸出に関しては地元優先スタンスを堅持し、優先する結果がもたらす想定ポートフォリオ変更に関してはやむをえないと考えます。また株式を除く期限の定めのないものは、自行コントロールが利きにくいものであると考えられるので圧縮方針とし、収益部門だけでなく社内全体に対してのリスク統制能力と収益獲得能力の向上を強く意識させることが目指す姿となります。

(5)　その他財務・非財務リスク関連

　その他財務リスクや非財務リスクに関しても、本来リスクアペタイトの設定は必要といえるかもしれません。非財務リスクに関しては、オペレーショナルリスクの範疇でどこまでカバーされているのかを最初に整理する必要があり、コーポレートガバナンスとしてどのような取扱いにするかの方針を明確化しなければなりません。統合リスク管理における経済資本の配賦の整理に通じるものでもあり、リスク管理高度化の過程でも一度議論はされている

と考えられます。リスクアペタイトの選定においても同じことがいえ、RAF態勢構築をこれから目指す場合には、資本配賦対象範囲と収益目標設定範囲、内部統制用KPI・KRIの設定対象範囲を整理して、その結果に即した内容で必要に応じて統制方法を決定していくことになります。

　具体的な設定対象範囲の検討に関しては個別性が高いため、ここでは省略しますが、本書においては、後述する第10章第3節のレピュテーショナルリスクの説明を参考にしていただければと思います。リスクカテゴリーとして分類がむずかしいような事象を列挙し、チェックリストのかたちで示しているので、具体的な事象と担当部門や損失可能性等を考慮して決定するヒントになるのではと考えています。非財務リスクの場合は、リスク事象発生による損失がある程度予測できるものと予測できないものがあり、事前に対処できるものと対処できないものがあると考えられるので、場合によってはリスクアペタイトの設定というよりも、業務運営上の制約条件としておくという対処方法も考えられます。自己資本比率統制のための、資本バッファーを考慮した資本配賦の実施をイメージすると理解しやすいかもしれませんが、損失見込額がある程度明確であれば、それをコスト的に把握して組み込んでしまい、新たな所要運用利回りでポートフォリオを構築するようなかたちです。マイナス金利環境下においてコスト的に見積もってしまうとさらに首を絞めてしまうようにみえるかもしれませんが、非財務リスクの考慮前と考慮後の所要運用利回り差が大きければ、非財務リスクの統制に注力するという経営判断もあると考えられるので、RAFの概念かどうかは別としてガバナンス高度化には寄与するのではないかと考えられます。

376　第3部　仮想銀行によるシミュレーション結果と具体的な経営戦略

第4節　リスクカルチャーの重要性

(1)　リスクカルチャーを何と定義するのか

RAF原則のなかで出てきた「リスクカルチャーの醸成」という点で、何をすればリスクカルチャーがより浸透し、ガバナンスに好影響を与えるようになるのかを示すというのはむずかしい話です。企業文化もリスク管理の水準もみな異なっているなかで、こうすればよいという鉄則はおそらくないでしょう。他行事例を研究しても（もちろん研究は悪いことではありませんが）自行に好影響を及ぼすとは限りません。そのようなものに「時間をかけて社内研修をしましょう」と持ち掛けたところで、「どのような期待効果があるかわかりません」というなかでは進めにくいことも事実だと思われます。特にRAFに関連するものは、金融行政方針からRAFという言葉が消え去っているため、社内啓蒙をするうえで無関心な人に対する説得材料に乏しいという考え方もあります。

「リスクカルチャーとは何か」ということをインターネット上で検索しても、「リスクカルチャーとは○○である」と明快に説明しているものはほとんどありません。さまざまな企業やさまざまな立場の人がリスクカルチャー関連でいろいろ議論を展開していることはわかるのですが、いちばん知りたい「リスクカルチャーとは何か」を知ろうとしても意外と出てこないのは、やはり感覚的なものであって、言葉として明快に示すことができるようなものではないと理解するほうがよいのでしょう。「いい人とは何か」を定義して説明するよりも、「悪い人とは何か」のほうが一般的には定義しやすいので、リスクカルチャーの定義づけとは「いい人とは何か」を決めるようなことであって、実務的に前に進めようとしたら「悪い人を定義してそれを回避する」というような考え方になるのかもしれません。

もし、この推測が当たっているのだとすれば、本書においては「RAFと

第8章　仮想銀行における経営戦略の策定　377

いう言葉をとりあえずいったん忘れて、ガバナンス高度化に寄与する方法を考えよう」ということと同様、「リスクカルチャーという言葉をいったん忘れて、ガバナンス高度化に寄与すること」を考えていくべきともいえます。企業にとってよいこととは「きちんと儲かって企業の存続をすること」と考えれば、先ほどのいい人／悪い人の論理では、「企業収益をあげる方法」ではなく「損失回避の方法」を考えることになりがちです。損失の発生事由を定義することは、少なくとも新たに収益源を模索するよりもはるかに定義しやすいと考えられるので、国内銀行においてリスクカルチャーというものを独自でいろいろ考えて整理していこうとすると、損失の事前察知的な行動と情報共有のようなものになりやすいのではないかという疑問が生じます。インターネット上で検索して、筆者がこれまでみてきたものに関しては、リスクカルチャーが醸成されているとどうなのかを直接的に説明するよりも、「醸成されていない場合はどのようなリスクがあり、それを回避するには○○が必要であり、だからリスクカルチャーを醸成しましょう」という説明が多いように感じられます。さまざまなところでリスクカルチャーの説明をするうえで、説明者としては聞き手や読み手に理解しやすいように工夫している部分があるため、説明者の本意として損失回避的な思考によるものということを示唆しているわけではありませんが、筆者が聞き手や読み手の立場でみると、そうした印象になるものがあるということです。

(2) リスクカルチャーの実務的な定義

　前項の例における企業にとってよいことをコーポレートガバナンス高度化と置き、業務計画が達成できる（可能性が高い）内部統制能力の構築ということを目的として考えると、どうなるのでしょうか。業務計画達成という点が1つのポイントで、収益的要素が深くかかわることになります。収益的要素が色濃くなるということであれば、コーポレートガバナンスでよく耳にする3つの防衛線（3 Lines of defense）における第1のライン（収益部門）もクローズアップされるということです。飛躍し過ぎと思われるかもしれません

が、目的を業務計画達成可能な内部統制能力の構築としていると、業務計画達成においては第1のラインが計画策定段階から重要な意味合いをもつことになります。もともと部門としての最大任務は収益の極大化ですから、極大化を実現させようとするオペレーションイメージやポートフォリオイメージを創造することは当然の義務となります。第2のライン（審査部門やリスク管理部門等）の牽制機能を保持することを考えれば、計画策定段階では第1のラインメンバーがもつイメージを共有化する一方で、制約条件（規制値達成等）を正しく示すのが第2のラインの役割になります。

　従来の収益計画では、企業が存続するための最低所要利回りや最低所要収益は企画部門が考え、収益目標という具体的な数値だけ示されるのが一般的でした。オペレーションイメージやポートフォリオイメージが共有化されないため、リスクカルチャーという言葉が出てきたときに「リスクカルチャーとは何か」、ガバナンスという言葉が出てきたときに「第1の防衛線強化とは何か」、を考えるようなかたちでした。こうした結果、「目指すべき姿がよくわからないし、どうしてそのような話が出てきたのかもわからない」という事態に陥るのではないかと考えられます。業務計画を達成させる内部統制能力といってしまえば、計画達成のために計画策定段階から意見交換しておくのは当然だということになり、第1のラインのメンバーは制約条件を正しく理解しようとし、自分たちが考えるポートフォリオイメージも伝えていくことになります。計画策定根拠となるシナリオも同様で、事前共有が必要なのです。

　こうして考えていくと、もし「リスクカルチャーとは何か」を定義しなければならないとすれば、究極的には企業存続のためにコミュニケートして相互理解することですが、もう少し実務的にいえば、業務計画達成可能な内部統制能力構築のための手段の1つということでしょう。

(3)　リスクカルチャーの重要性

　RAF態勢構築でもいえる話ですが、リスクという言葉がついているため

第8章　仮想銀行における経営戦略の策定　379

なのか、リスクカルチャーという言葉に対してリスク管理高度化的な意味合いを感じる人はとても多いと推察されます。もし醸成方法がうまくいかず、損失回避的な態勢の話になってしまうとなおさら強く感じることでしょう。リスクカルチャーの明確な定義も確立していませんので、言った者勝ち的要素はあるかもしれません。

では社内情報系統がうまくいかず、なんらかのかたちで収益獲得機会を逸してしまった場合を想定すると、機会損失ということで片づけるのがよいのか、業務計画達成可能性を引き下げたリスク事象発生と考えるのがよいのかと考えれば、やはり収益機会を失ってしまうことは、企業存続のうえではリスクであるといえるでしょう。自行として考えるリスクカルチャーというものにおいて、こうした逸失利益的な概念が加わったものであるのかどうかは、ガバナンス水準を決定づけるうえでも大きな差であると考えられます。特にマイナス金利政策によって収益力低下が危惧されている国内銀行においては、いままで以上に収益機会を逸したということがあると、もはや致命的な状況に陥る可能性すらあります。

収益機会に関しては、基本的には第1のラインメンバーによって常に意識されるべきものと考えられてきました。リスクカルチャーの醸成という観点で考えた場合、もしリスクカルチャーを醸成するために、第1のラインメンバーにリスク管理的センスを磨けという考え方をするのであれば、第1のラインメンバーからすると、「そうであれば他部門の人たちも収益機会を得るためのセンスを磨いてくれ」といいたくなる気持ちも出てくるでしょう。従来の収益計画は結局そうしたコミュニケーションなしに収益目標額だけが降ってきたので、いまとなってはオペレーションの自由度確保という最後の砦的な意識が強く残ったのかもしれません。実際に収益部門の業務に対して口を挟めといわれても、第三者にはわからない世界があるのも事実なので、任せるしかないということを前面に出し、一緒になって経済情勢を考えて儲かる手段を探すということには慣れていない状況です。

ただ、直近の国内情勢としては、中長期的には人口減少という市場規模そ

のものの縮小懸念があり、短期的にもマイナス金利政策による収益力低下ということで、もはや何もしなければ企業存続のための収益が確保できないという状況になってきました。もちろんそれぞれの部門における主たる任務を忘れてはいけませんが、業務効率化の新たな支出すら困難な状況で、効率よくリスクを回避し業務運営を行っていくにはコミュニケーション強化以外は考えられません。

(4) リスクカルチャーの醸成がもたらすもの

リスクカルチャーとは何かの定義づけに始まり、やり方を間違えると結局よくわからないような状況に陥る可能性があることを理解したうえで、軸がずれていかないように業務計画達成可能性を高める内部統制能力のためのコミュニケーションであると定義した場合、リスクカルチャーの醸成がもたらすものは内部統制能力の進化ということになります。しかし内部統制能力というものは数値的に評価することはむずかしいため、効果を理解することはなかなか大変です。そこで、内部統制能力とは何かをまず分解することから考えます。

議論を単純化させるため、市場運用業務を例にしてみましょう。よくある話が「あの時買えば／売ればよかったのに」ということを、その時点においてきちんとオペレーションできていれば、こうした後悔はしないということになります。企業運営レベルとしては、現状よりも有利な収益獲得／損失回避のオペレーションが実現していたということであり、それは期末時点等、ある事後的なタイミングで評価した場合の結果を示していることになります。

ここでガバナンス面に着目して、判断するべきタイミングで判断し、オペレーションができるようにすることを目指す前提とした場合、収益部門の一判断に基づくオペレーションということであれば当該部門の問題になりますが、これがポートフォリオ構築上の重要なオペレーションであるとすれば、収益部門の失態は業務計画達成に多大な影響を及ぼすことになります。ガバ

第8章　仮想銀行における経営戦略の策定　381

ナンス高度化はこうした失態を起こさないように工夫をすることが重要になり、考えられる対処法としては、想定レンジに基づくターゲットゾーンやオペレーション内容の共有であり、ALM委員会やリスク管理委員会等で状況をお互い理解しておくということになるでしょう。

　では、あらかじめ共有していた内容に基づいてオペレーションを実施することは、収益獲得や業務計画達成という大命題のなかで、収益部門の自由度を奪うことでしょうか。自由度を奪うということよりも、何をすれば目標達成できるという情報共有によって、より進んだガバナンスという考え方ができると思われます。つまり、リスクカルチャーの醸成ということが、もしガバナンスに活かせるということであれば、組織全体が目指す方向性を共有し、業務計画達成のような明快な目標を達成させるためのそれぞれの役割を正しく認識することになってくるので、こうして文章として記述していくと「当然のことを当然として行う」行為になってきます。

　リスクカルチャーの醸成がもたらすものを考えるうえで、市場運用を例に説明してきましたが、本来目指すべきレベルは行き着いた「当然の行為」水準をより高いレベルにしていくことで、ガバナンスとしておかしいと思う点があれば是正する内部パワーを生み出すことや、企業レベルの目標達成への推進力を高めるということではないでしょうか。これは、業務運営のなかでのさまざまな場面でありうることであり、従業員に深く浸透すればするほど、フィデューシャリー・デューティー対応のようなところにもつながってくるはずです。

382　第3部　仮想銀行によるシミュレーション結果と具体的な経営戦略

第 **9** 章

開示に関する課題認識と
今後の対応

コーポレートガバナンス高度化の観点に限らず、企業が存続していくうえでは情報開示が重要な位置づけに変化してきています。特にネガティブな情報に関しては、第三者から暴露されるよりも自ら発信するほうが影響度としては小さいということが考えられ、決算発表のような定期的な情報開示だけではなく、戦略的なマーケティングも積極的に考えていく時代が到来したといえそうです。

第1節 決算開示状況に関する集計結果

(1) 集計内容

銀行に限らず、国内上場会社は四半期ごとで決算発表を行うことが一般的になりました。情報開示における重みとしては通年ベースが相変わらず重いですが、近年では半期においてもかなりの情報を開示するようになってきています。

高度なコーポレートガバナンス水準を目指すうえで、もちろんマーケティング戦略も重要になりますが、定期的に行う決算発表は重要な位置づけであり、特に通年ベースの決算に関しては、単なる決算内容の開示だけではなく、経営戦略に関する記述も多く盛り込まれています。会社説明会も大半の銀行が行うようになり、ステークホルダー向けに企業が目指す姿を伝える工夫をしているといえるでしょう。

そこで、今回はおおむね3〜5年程度で設定される中期経営計画で掲げる重要な経営指標に着目し、どれだけその重要指標に従った業務運営を行っているかについて、どれだけ第三者にわかりやすい経営方針を伝えているかを比較してみましょう。2017年3月期決算の開示における開示姿勢チェック項目を設け、対応度合いを点数として把握できるようにしてみました。チェック項目は計50項目、1項目当り2点の100点満点で点数化し、相対比較を行

384 第3部 仮想銀行によるシミュレーション結果と具体的な経営戦略

表78 2017年3月期決算開示に関する評価項目

	確認資料
基本項目合計	
1．経営上の重要指標が開示されている	中期経営計画資料、決算説明会資料等
2．経営計画の前回振り返りがある	中期経営計画資料、決算説明会資料等
3．前回振り返りの最終着地が数値で示されている	中期経営計画資料、決算説明会資料等
4．重要指標の変更理由が明快に示されている	中期経営計画資料、決算説明会資料等
5．新経営計画で直近の水準が示されている	中期経営計画資料、決算説明会資料等
6．決算説明会が開催されている	IRカレンダー、IR資料
7．重要指標に関する実績を決算説明資料で記載	（決算短信に付随する）決算補足資料等
8．重要指標に関する実績を決算説明会資料で記載	決算説明会資料
9．重要指標に関する実績をディスクロージャーで記載	ディスクロージャー資料
連結／単体項目合計（持株会社化している先のみ対象）	
10．持株会社がグループ全体の重要指標を開示	中期経営計画資料、決算説明会資料等
11．持株会社が傘下の重要指標も同時に開示	持株会社による中期経営計画資料、決算説明会資料等
12．グループ戦略と重要指標が整合的	持株会社による中期経営計画資料、決算説明会資料等
13．グループシナジー目標（文章）を記載	持株会社による中期経営計画資料、決算説明会資料等

14. グループシナジー目標（数値）を記載	持株会社による中期経営計画資料、決算説明会資料等
15. グループシナジー実績（文章）を記載	持株会社による中期経営計画資料、決算説明会資料等
16. グループシナジー実績（数値）を記載	持株会社による中期経営計画資料、決算説明会資料等
17. グループ戦略における傘下の役割・目標を記載	持株会社による中期経営計画資料、決算説明会資料等
正確性・整合性項目合計	
18. 計画の前提条件を記載	中期経営計画資料、決算説明会資料等
19. 業務純益（コア・実質）等の定義が適切	決算補足資料、決算説明会資料等
20. ROE・OHR 等の定義を記載	決算補足資料、決算説明会資料等
21. 開示数値に関する単位が適切	決算補足資料、決算説明会資料等
22. 当期純利益（親会社株主に帰属）の定義が適切	決算補足資料、決算説明会資料等
23. 前回・前年度からの定義変更がない／説明がある	中期経営計画資料、決算説明会資料等
24. 連結／単体の区分が適切	決算補足資料、決算説明会資料等
25. 計画値・目標値の理由説明あり	中期経営計画資料、決算説明会資料等
26. 開示データで確認できる指標のみを重要指標設定	決算短信、決算補足資料等
27. 指標の実績値がすべて開示資料で記載	決算補足資料、決算説明会資料
環境認識・適時性項目合計	
28. 地域経済に関する事項説明あり	中期経営計画資料、決算説明会資料等
29. 金融市場動向等に関する事項説明あり	中期経営計画資料、決算説明会資料等

30. 資産・負債に係る円貨／外貨の区分を記載	中期経営計画資料、決算説明会資料等
31. 有価証券ポートフォリオ内訳に関する事項を記載	中期経営計画資料、決算説明会資料等
32. 貸出ポートフォリオ内訳に関する事項を記載	中期経営計画資料、決算説明会資料等
33. 有価証券デュレーションに関する事項を記載	中期経営計画資料、決算説明会資料等
34. 貸出デュレーションに関する事項を記載	中期経営計画資料、決算説明会資料等
35. 負債に関する内訳を記載	中期経営計画資料、決算説明会資料等
36. 負債に関するデュレーションを記載	中期経営計画資料、決算説明会資料等
37. 資本・負債性資本に関する内容を記載	中期経営計画資料、決算説明会資料等
業績予想・配当政策項目合計	
38. 中期計画の最終業績予想を記載	中期経営計画資料、決算説明会資料等
39. 業績予想に関して内訳を記載	決算補足資料、決算説明会資料等
40. エンティティ／部門別収益（予想）を記載	中期経営計画資料、決算説明会資料等
41. エンティティ／部門別収益（実績）を記載	中期経営計画資料、決算説明会資料等
42. 配当政策を記載	中期経営計画資料、決算説明会資料等
43. 配当政策において包括利益を考慮	中期経営計画資料、決算説明会資料等
先進性合計	
44. 重要指標だけでなく内訳項目・KPIを記載	中期経営計画資料、決算説明会資料等

45. 資本配賦案を記載（カテゴリー別）	中期経営計画資料、決算説明会資料等	
46. 資本配賦案を記載（部門・エンティティ別）	中期経営計画資料、決算説明会資料等	
47. 資本配賦案の前回との変化を記載	中期経営計画資料、決算説明会資料等	
48. 人員配置政策を記載	中期経営計画資料、決算説明会資料等	
49. 部門別 ROE 等の実績を記載	中期経営計画資料、決算説明会資料等	
50. 経営者実績・報酬説明を記載	中期経営計画資料、決算説明会資料等	
総合計		

表79 開示評価における点数化基準

	2点	1点	0点
基本項目合計			
1	開示されている（数値目標あり）		開示されていない（数値目標なし）
2	数値を含め記載されている	一部もしくは文章のみ	記載されていない（新規を含む）
3	記載されている	重要指標ではなく、決算説明項目として記載	記載されていない
4	周辺環境と戦略と重要指標および計画値の整合性がある	記載はあるが不明瞭（文章のみ等）	記載されていない
5	記載されている	一部記載されている	記載されていない（新規を含む）
6	開催されている	未開催ながら補足説明資料を開示	開催されていない
7	記載されている（持株会社のみの記載の場合は単体1点）	一部記載されている（半数以上）	記載されていない

8	記載されている（持株会社のみの記載の場合は単体1点）	一部記載されている	記載されていない
9	記載されている（持株会社のみの記載の場合は単体1点）	一部記載されている	記載されていない
連結／単体項目合計（持株会社化している先のみ対象）			
10	開示している		開示していない
11	開示している	グループ統一かどうか不明瞭	開示していない
12	説明される戦略と重要指標に関連性あり（KPI 化も含む）	説明される戦略と重要指標に一部関連性あり	説明される戦略と重要指標に関連性なし
13	記載あり	記載はあるが、不明瞭な部分あり	記載なし
14	記載あり	記載はあるが、不明瞭な部分あり	記載なし
15	記載あり	記載はあるが、不明瞭な部分あり	記載なし
16	記載あり	記載はあるが、不明瞭な部分あり	記載なし
17	傘下銀行や子会社の内訳目標（文書説明＋計画値）記載あり	記載はあるが、一部不明瞭（傘下銀行の記載なしは1点）	持株会社もしくは銀行単体のみの説明
正確性・整合性項目合計			
18	内外での前提となる指標や計画値を記載	内部／外部一方のみ、もしくは実績のみ記載	記載なし
19	資料での混同がない	一部不明瞭な部分あり	説明されていない
20	計算式が記載されている（分母・分子）	分母のみ／分子のみの記載あり	記載なし
21	資料での百万円／億円の統一化が行われている	説明項目によって使い分けられている	混同されている
22	明確に使い分けられている（原則2点）	一部不明瞭な部分あり	説明されていない

23	定義変更なし／説明あり（違和感がなければ原則2点）	一部不明瞭な部分あり	説明されていない（矛盾点等がある）
24	各説明資料で明記（連結・単体の混同がない、原則2点）	混同されにくいが明記されていない	誤解を招く表記あり
25	重要指標に関する計画値での説明あり	実績値に基づく説明もしくは限定的に説明あり	説明されていない
26	検証不可能なかたちの指標設定がない	検証できないものの、十分な説明あり（決算説明会資料で判定）	検証不可能なものが存在
27	重要指標の実績を開示資料で明記（中計説明あり）	一部明記されていない／重要指標との記載がない（中計説明なし）	明記されていない
環境認識・適時性項目合計			
28	地域経済状況に関する記載あり（当初＋期中）	限定的記載／数値なし等（いずれか一方）	記載なし
29	計画策定に関係する金融市場環境に関する記載あり（当初＋期中）	直近水準のみもしくは限定的な記載あり（いずれか一方）	記載なし
30	外貨建て資産・負債の区分が記載	資産側／負債側の一方のみ	記載なし（円貨のみ）
31	国内債券・国内株式・外国債券等の区分あり	一部のみ記載	区分なし
32	中小企業・個人・業種・格付・地域区分あり	一部区分のみ	区分なし
33	ポートフォリオ別のデュレーションあり	全体のデュレーションあり	記載なし
34	格付別等のデュレーションあり	全体のデュレーションあり	記載なし
35	個人／法人、円貨／外貨別の内訳記述あり	一部のみ記載	記載なし
36	項目別デュレーションあり	全体のデュレーションあり	記載なし
37	負債性資本の内容に関する記述あり	実績のみもしくは限定的に記載	記載なし

業績予想・配当政策項目合計		
38	計画公表時資料に記載あり（当初＋期間中）	一部指標に関して記載あり（いずれか一方）	記載なし
39	重要指標＋αの記載あり（根拠が把握可能）	主要項目の予想もしくは実績値に基づく記載（根拠不明瞭）	短信レベルでの予想のみ
40	部門別／商品別等の記載あり	持株会社の傘下銀行別の記載のみ	記載なし
41	部門別／商品別等の記載あり	持株会社の傘下銀行別の記載のみ	記載なし
42	配当政策（ルール）の記載あり	当該年度の配当予定の記載あり	記載なし
43	包括利益（評価損益）の記載あり		記載なし
先進性合計		
44	重要指標以外の数値記載あり	類似指標での数値記載あり	記載なし
45	リスクカテゴリー別の記載あり	規制資本のリスク別記載あり	記載なし
46	部門・エンティティ別の記載あり		記載なし
47	カテゴリー／部門別の変化の把握が可能	カテゴリー別のみ	記載なし
48	人員配置に関する記載あり	コストカット効果等の限定記載	記載なし
49	部門別目標収益の記載あり	持株会社の傘下銀行別ROEのみ	記載なし
50	経営者実績・報酬制度の記載あり	一部記載あり	記載なし
総合計		

うことで重要な経営指標を軸にした経営とその開示を把握しようとしています。具体的なチェック項目ならびに点数化基準については、表78および表79をご覧ください。

　これまでも何度かお伝えしていますが、集計作業を行っている過程では、

単体ではわかりにくい落とし穴が多々あります。どうしても資料をみる際には思い込みでみてしまう部分があるので、かなり注意深くチェックしても見落としのようなことが生じます。

　たとえば、今回はチェック項目に含めていませんが、会社説明会資料のなかで和暦と西暦が混在するものがとても多く、「さまざまな部門で分担して作成していて、最後の調整で見落としたかな」というような裏事情を推察してしまうことがあります。やむをえないことは理解していても、みる側への配慮が足りないという考え方もできます。厳しいかもしれませんが、開示資料はせっかくつくっている以上、自行が考えるような読み手側の受取り（理解）が理想なので、余計な詮索をさせないということが重要です。その意味で、中期経営計画で掲げる重要な経営指標という１つの基準をつくって、どれだけ整合的な業務運営を行っているか、どれだけ整合的な開示を行っているかということを評価してみることは、今回の評価結果の水準そのものよりも、今後どれだけ改善できるのかという観点で調査すると効果的と考えられます。

(2)　集計結果

①　開示に関する集計結果

　今回の集計内容に関して、前項での評価基準でどれくらいのスコアになる

表80　開示内容に関する集計結果

	業界平均（連結／単体項目含む）	業界平均（連結／単体項目含まず）	最高点	最低点
持株会社	45.20点	38.05点	70.00点	29.00点
第一地銀	38.78点	35.75点	58.00点	7.00点
第二地銀	25.63点	23.34点	50.00点	5.00点

（注１）　最高点・最低点に関しては、持株会社の場合は連結／単体項目を含む、第一地銀と第二地銀の場合は含まずのなかで抽出。
（注２）　具体的な点数を個別行で比較する意味があまりないため、平均・最高・最低のみ記載。

392　第３部　仮想銀行によるシミュレーション結果と具体的な経営戦略

のかを把握するべく、業界別の全体平均ならびに最高点と最低点についてお伝えしましょう。

　今回の集計作業の過程で、筆者としては当初平均50点前後のイメージで作成したつもりだったのですが、60点を超えることすら珍しいという結果になってしまいました。連結／単体項目を含めて行っても、60点以上は持株会社で2グループ、第一地銀4行、第二地銀1行と2桁にもならない状況でした。

　筆者自身が1人で行っている評価であるため、個人的な主観が入っている可能性を100％排除することはできませんが、実際の作業としては、評価基準だけでなくどうしてこの点なのかを記述しながら実施しています。各評価項目に関しては、実際に作業してみると少し細か過ぎた印象もある一方、経営方針の整合性のような項目を持ち出すと定性評価的になってしまうので、点数化しやすいかたちで置いた結果です。自行としてチェックシート的に使うのであれば、他行との比較は別の問題になるので、定性評価的な項目も入れてしまってかまわないでしょう。

②　集計結果の主なポイント

　今回の集計方法に関しては、重要指標の設定内容を開示していないと評価対象外に近いような結果になり、同様に会社説明会を開催していない場合も点が伸びない要因となります。そうした明らかな開示姿勢上の問題がある場合は仕方ないのですが、筆者予想に到達しなかった要因の1つが、重要指標を設定しても算出定義を示していない場合や不明確な場合がかなり多いことでした。

　たとえば、ROEを重要指標化するケースが増えてきていますが、ROEのような指標では、分母も分子も算出定義を記載しないと正直よくわかりません。計算式を明記していれば問題はないのですが、分母だけ記載しているようなこともあれば、分子だけ記載しているような場合もありました。なかには連結ROEを重要指標設定しておきながら、単体ROEは開示していても、

連結 ROE はどこにも出てこないということもあり、何のために開示しているのかわからない先もありました。

点が伸び悩んだ理由はいろいろとあるとは思いますが、決算短信や会社説明会資料の作成がある意味ルーティン作業化してしまい、どのようなメッ

表81 開示評価に関する主なポイント

	ポジティブ的印象	ネガティブ的印象
基本項目関連	・進捗が一覧可能なかたちで提示 ・新指標がすべて決算短信開示項目	・決算説明会なし ・計画変更の詳細説明なし ・新指標が独自指標（水準・定義未掲載）
連結／単体項目関連	・関係会社収益実績を開示 ・グループソリューション提供の記載	・連結に関する記載事項なし ・傘下銀行の中期経営計画詳細は個別行で開示
正確性・整合性評価項目関連	・短信補足説明のなかで連結 ROE 定義も記載 ・ベンチマークと中期経営計画の関連性を記載	・OHR と ROE で一部不明瞭 ・決算説明資料と会社説明会資料の ROE 定義相違 ・重要指標の連単定義が不明瞭
環境認識・適時性評価項目関連	・実績ベースでのポートフォリオ説明が充実 ・クロスボーダー融資の通貨別内訳あり ・外貨の流動性ギャップの記載あり	・円貨／外貨別ポートフォリオの記載ならびに想定ポートフォリオの記載なし ・金融市場の環境認識詳細なし ・市場関連業務の数値と文章がミスマッチ
業績予想・配当政策項目関連	・地域別 RAROA を記載 ・配当に関するルールを記載 ・投資家向け指標（ROE・EPS）の記載あり	・業績予想に関する記載なし ・P/L 関連の予想のみ記載 ・当該年度配当見込みのみ
先見性項目関連	・BPR 実績の詳細を記載 ・クレジットポリシーを記載 ・商品別投資方針を記載 ・次世代育成に関する目標値あり	・アウトライヤーの説明なし ・資本配賦案なし ・内訳や KPI の記載なし

セージ性を出すのかというような点はあまり意識されていない印象です。中期経営計画に関しても、これからの３年間はこの指標を使いますというメッセージはあっても、どうしてそれを選んだのかがわかるものは記載されていないことが多く、重要指標の集計作業に関してもそうでしたが、貸出の平残から末残に変更というような変更の必要性すら理解できないものも多かった印象です。

　ガバナンス高度化やリスクカルチャーの醸成という観点においては、小手先の変更は意味がなく、第三者がみて理解できるものを開示できなければ、残念ながら行員全員に浸透させることなど不可能と考えるべきです。オペレーション統制の次元にまでガバナンスを高度化させるのであればなおさらでしょう。経営方針のわかりやすさはガバナンス高度化にもつながる話であり、前年度の開示内容や開示方法との整合性は無視できませんが、首尾一貫性を保ちながらも伝えたいことを伝えるというメッセージ性を強く出さないと、結局は決算開示も単なる作業ということになってしまい、マーケティング戦略とは程遠いものになってしまうでしょう。

③　重要指標設定と開示に関する留意事項

　前述のとおり、重要指標として掲げている数値を示さないだけでなく、算出定義も示していないケースがあり、第三者的に検証できないようなものがとても多かった印象です。ベンチマークの影響なのか独自指標を導入するケースも散見されましたが、独自姿勢を示すという観点で評価するものの、内容的には、対外的に示すべきものというよりも内部 KPI とするべきではないかと思われるものもありました。経営方針次第でもありますし、正解のない世界ではありますが、比較・集計というなかでは、わかりやすい指標を掲げて、どのような業務運営を目指すのか、ベンチマークと重要指標の関係性はどうなっているのか、といった点に工夫している事例をみていると好感がもてます。第三者が検証できない指標を掲げられると、目標数値が適正なのかどうかもわかりませんし、波及効果も想像できないので、開示資料のな

第９章　開示に関する課題認識と今後の対応　395

かから検証できるほうがステークホルダーとの会話はしやすいと考えられます。

　また、決算発表に関し、決算短信と決算説明資料、会社説明会資料、ディスクロージャーという一連の開示作業において、現時点では中期経営計画と関連づけて説明しているのは会社説明会資料です。決算短信ではほぼ触れることはなく、ディスクロージャーでは、計画内容は記載していても重要な指標と実績について触れないのがほとんどのケースです。フォーマットに縛られている部分があることは認めますが、たとえば決算短信と決算説明資料のなかで、追加情報的に重要指標の状況を真っ先に開示するという姿勢になっていないのは疑問です。B/SやP/Lはまさに成績を数値で表現していますが、何を目指した成績表なのかが欠如している印象です。

　開示評価を点数化してみて、現段階では結局会社説明会資料の充実度が勝負を分けるようなかたちになっています。ディスクロージャー誌は最も詳細な情報が掲載されているという印象はありますが、ポートフォリオ内訳のような数値はたしかにそうであっても、経営方針や中期経営計画との関連性という点では圧倒的に会社説明会資料で強く意識されている状況です。ベンチマークの開示を開始した金融機関はディスクロージャー誌でその内容を掲載しているため、地域密着型金融の一環というかたちで開示されているケースが多くなっています。作業負荷の問題やフォーマットの問題はありますが、比較したい情報が分散されてしまっているので、改善を図る必要も今後出てくると考えられます。

396　第3部　仮想銀行によるシミュレーション結果と具体的な経営戦略

第2節　重要な経営指標に関する開示上の整合性

(1) 中期経営計画の開示姿勢

　前節において、中期経営計画で掲げる重要な経営指標に着眼点を置いた理由としては、経営戦略内容と方向性、社内外への経営方針に関する啓蒙といった点に鑑み、最も軸として成立しやすいのではないかと筆者なりに考えた結果です。中期経営計画策定作業が3年に1度くらいのペースでやってくるわけですが、おおむね第一地銀等では1年前くらいからどのような内容にするべきかを考え始め、期初前後にプレスリリースをし、会社説明会資料で再度投資家向けに説明することが一般的です。

　新たな対象期間で中期経営計画が発表されると、会社説明会資料では前中期経営計画の振り返りをし、新計画の根拠となる周辺環境認識の分析と方針決定内容ならびに決定理由を説明していくのが一連の流れです。しかし残念なことに、前中期経営計画の振り返りをしないでいきなり新計画の内容説明をしているケースや、振り返りはしているものの、実質的には何も変わらない重要指標設定等を行っているケースが散見されます。第三者的にこうしたものをみてしまうと、ステークホルダーに経営内容をきちんと理解してほしいというよりも、作業を早くやってしまおうという印象が見え隠れし、本質論がどこかに飛んでしまっているかたちにみえてしまいます。これではせっかく1年間かけて準備しても、第三者評価的には無意味に近いかたちです。

　経営方針の根幹を示しているともいえる中期経営計画においては、目指すべき姿を示そうとする以上、さまざまな角度での着眼点による準備が必要です。想定するバランスシート構造に矛盾はないのか、周辺環境認識に現実離れした点はないか、方針や資料のわかりやすさやみやすさはどうか、等々です。筆者自身としてもこれまで重要指標を集計したものをみたことはないの

で、まさかそんな集計をする人が出てくるとは思わなかったという意識もあるかもしれませんが、こうして実際に作業してみて思ったことは、逆に筆者自身が思いついたということは、どこかのだれかが思いついていて、同様の分析をやっていてもおかしくはないということです。ましてや人工知能が台頭してくる世の中では、もっと思いもつかない分析が行われて比較されてしまう可能性があるということです。

そのようにとらえて考え直せば、レピュテーショナルリスクまで含めて考えると、首尾一貫性がある方針決定や方針説明をするほうがはるかに負荷は少なく、自信をもって公表できる内容になってくるということです。隠したいとか表に出したくないというような事項があって、それを開示しないようなことをしてしまうと、嘘の上塗りとまではいいませんが、対外説明内容と社内説明内容が異なるような事態を引き起こし、結局開示することをやめるようなことになると考えられます。

(2)　開示姿勢に関する事前チェック

前述のチェックシートに基づくチェックももちろんある程度機能するとは思いますが、当該チェックシートだけではメッセージ性等の部分が弱いと考えられます。作業的に方針策定から開示までつながっているかどうかをチェックしているため、メッセージの強さのようなものは評価していません。落とし穴に陥らないという点ではよいのですが、伝えたいことを明確に伝えるという工夫が必要です。

時間的に余裕があるかどうかの問題もありますが、一義的にはなるべく第三者に近いような人物にみせて説明してみるということは有効かもしれません。社外取締役という立場の人も考えられますが、事務方としてはなかなか頼みにくいところでしょうから、社会人3年目以内の若手行員を何人か集めて、自由に意見させてみるということは試してみる価値はありそうです。銀行とはこんなものという知識が十分ではないので、経営方針や企業の方向性、決算状況、周辺環境といった説明から、どうしてそのような資料を添付

398　第3部　仮想銀行によるシミュレーション結果と具体的な経営戦略

しているのかといったところまで説明を行い、その理解度を試してみればある程度の完成度は把握可能だと思われます。

　もし、新入行員の研修などが決算発表時期などに重なっていれば、新入行員全員に聞かせることもできるので、社内コミュニケーション向上にも役立つ可能性があります。自分の会社の姿を早く理解できるということは、その後の問題意識をもたせることにもつながりやすいでしょう。経営に近いことを早くから体感できることは、新入行員のその後の生活においてマイナスになるよりもプラスになる要素が大きいと思います。

第3節　重要な経営指標と内部管理指標の整合性

(1)　財務面における統制要素

　なんらかの指標を掲げて業務運営を行っていけば、直接的か間接的かはともかく、大半のケースにおいていずれ財務面でも影響が出ると考えられます。中期経営計画における重要指標は一般的に財務面に関する指標を選択しているので、直接的な影響が出るものと考えられます。

　内部管理としては、重要指標に関する目標を達成させるべく、間接的に影響を及ぼすものが内部KPIとして選定されることになります。KPIが重要指標とあわせてモニタリングされるようになると、状況把握も早くなり、芳しくないような状況でも早期に対処方法を模索することが可能になります。しかし、実際に金融機関の方々からよく聞こえてくる話として、「KPIの設定範囲や設定方法がよくわからない」ということがあります。

　こうした疑問については、RAF態勢構築の過程で聞こえてくることが多く、収益目標達成のためのKPIとは一線を画していることが多く感じられます。このため、どちらかといえばリスク管理高度化の色彩が強い印象があ

第9章　開示に関する課題認識と今後の対応　399

り、リスクアペタイトの範囲設定が決められない事態に悩むことが多いのではないでしょうか。

　アプローチ方法と目指す姿を考えると、RAF態勢構築というものにこだわるのか、ガバナンス高度化というものにこだわるのかは重要です。第7章第3節で概念をフローチャート的に示しましたが（図22～図24参照）、RAFという言葉にこだわり過ぎた場合には特に費用面での統制が弱くなる懸念があります。収益目標達成のほうが重要な意味があるということであれば、RAFという言葉に惑わされないため、最低所要利回りや最適資源配分のような考え方が使いやすくなると考えられます。

　計画策定における整合性ということでは、本来は着地イメージがつくられていないと収益見通しの精度は上がらないはずです。説明資料ではグラフ等の数値は直近残高がスタート台になっていることが多く、ポジション量の変化を示すことでP/L変化を理解させようとする場合が多いのですが、残念ながら想定する着地イメージと想定するシナリオを掛け合わせるような示し方をしていないので、何となく理解できるという領域から脱却できません。ポジション量が想定どおりにいく保証もないので、最後は±○％の収益変化にしてしまっているのかもしれませんが、それであればポジション変化目標に関しても信頼性が置けないということになります。

　財務的な観点でのKPI設定を考えた場合、まず基本的な構成要素としてはポジション量とリスク量というリスク管理的な要素と、収入と費用という収益管理的な要素があります。自己資本比率の算出を考えれば理解できますが、基本的にポジションが大きければリスク量も大きいという考え方はあっても、デュレーションの概念が含まれるとポジション量とリスク量に差異が生じます。資金量という発想でもポジション量とリスク量は異なるので、ポジション量とリスク量は別物として考えることになるのですが、別の観点でとらえればポジション量は収益部門的な概念、リスク量はリスク管理部門的概念という言い方もできるかもしれません。一般的にはリスク量に関しては資本賦賦額と関連性をもたせ、ポジション量はリミット設定という概念で統制

400　第3部　仮想銀行によるシミュレーション結果と具体的な経営戦略

する方法が多いといえるでしょう。

　収入と費用という点に関しては、バンキング勘定の場合は利回り的な発想でとらえることが多いかもしれませんが、特定取引勘定では収益実額のほうがわかりやすいという部分もあるので、内部管理上実額ベースで共通軸にするか使い分けするかは自行判断でかまいません。収益部門が収益獲得を目指すにあたっての予算制約を示すということなので、収益という考え方よりも収入と費用で分解するほうが統制としては正しい方法と考えられます。

　特定取引勘定では、商品有価証券等の回転率（オファー・ビッドの獲得における幅と回数）という概念が入ってくることがポイントでした。予算制約（所要費用と最低所要収益）をふまえたうえでポジション量と1回当り収益を推定し、回転率として把握するということなので、計画策定時におけるKPIとしての構成要素として変化するものではありません。つまり、4つの構成要素の組合せ方が重要なのであって、それを統制目的にあわせてKPIとして指標化していくということになります。これまで紹介してきた自己評価のための集計・分析作業において、主たる指標に付随する補完的な指標をみてきましたが、重要な経営指標を達成するための4つの構成要素からの影響度を考えて内部KPI設定をしていくと、最終的な重要指標の直接的／間接的なモニタリングが完成していくことになります。

(2)　内部KPIの具体例

　内部KPI設定に関しては、組織全体として統制するレベルと各部門として統制するレベルによって内容が異なる場合があります。ある債務者グループに関する与信において営業部門が複数あれば、各営業部門は担当先分の1先当り与信上限をみればよいですが、集計して全体管理する場合にはグループ総与信をみなければいけないというような違いがあります。グループ総与信の実額であればあらかじめ関係部署間でグループ総与信も共有するケースは多いと思いますが、全体を集計する場合には自己資本に対しての割合が加わるような場合があり、どこまで各部門に細かく反映させるかについても個

第9章　開示に関する課題認識と今後の対応　401

別行としてのスタンスの違いが出ると思われます。組織全体のところでは各部門からの数値を合計することしかしないようなスタンスに近い場合、社内コミュニケーションが十分できている場合はよいかもしれませんが、それでも組織としての内部統制能力が弱まる可能性はあると考えられます。本部部門が行うべき作業まで各部門が行っていることになってしまうので、牽制機能も低下し、説明における説得材料も失うようなイメージになるからです。

　また、内部 KPI の 4 つの構成要素という言い方をしていますが、現実的には構成要素の組合せを検討するということは、同じ構成要素や異なる構成要素での変化率等も加わってくることになります。実際にいくつかの指標を例として考えてみましょう。

①　自己資本比率

　自己資本比率統制に関しては、分子項目の自己資本部分と分母項目のリスクアセット部分をそれぞれ分解するようなかたちで統制をするのが一般的でしょう。計画策定段階では自己資本そのものの変動（自己資本の追加調達等）は自ら決定するので、スタート段階では事実上固定値に近いかたちであり、それを維持するべく損失額を統制するために損失リミットを設定するのが分子項目の基本的統制です。国際統一基準行であれば評価損益部分も自己資本比率に影響を与えるので、実額ベースでの損失リミットに加えて評価損益も加味したリミット設定とする必要があります。

　これに対し分母項目に関しては、自ら設定する最低自己資本比率を維持するための資本バッファーをまず特定し、配賦可能資本額を算出します。リスク管理手法やその水準によって所要バッファー額は変化すると考えられ、規制値としての自己資本比率の統制であっても、資本配賦を経済資本ベースとして統合リスク管理水準を高めている場合には、想定するリスクシナリオに基づいた損失可能性を盛り込んで全体のバッファー量に加えることになり、その分だけ規制資本管理と比べて自己資本稼働率は悪化します。規制資本と経済資本の差異となる端的な例とすればバンキング勘定の金利リスクがあげ

402　第 3 部　仮想銀行によるシミュレーション結果と具体的な経営戦略

表82　自己資本比率統制（例）

	全体統制	部門統制
自己資本	・資本調達案の検討 ・自己資本比率維持のための最低所要資本額の維持 ・自己資本額維持のための最低所要収益の維持 ・その他有価証券評価損益	・収益目標額の設定 ・資本配賦額（上限設定） ・損失限度額の設定
リスクアセット	・ストレステスト等による所要資本バッファーの維持 ・各リスクカテゴリー別内訳（資本配賦やリスクリミット等）	・ポジションリミットの設定 ・各種リミット設定　.
設定KPI	・最低所要収益額 ・ROE、RORA、RAROC等	・部門別（商品別）損失限度額 ・BPV、VaR等
補足等	・全体の資源配分等においては、基本的にリスクカテゴリー別で資本配賦やリミット設定を実施 　（例）統合リスク：配賦可能資本額、リスクカテゴリー別資本配賦 　　　　市場リスク：センシティビティーやVaR等によるポジション限度、損失限度 　　　　信用リスク：大口／業種別／規模別／地域別／格付別等の与信限度 　　　　流動性リスク：換金可能額（HQLA）、期落ち限度設定 ・収益目標額は、一般的にコスト勘案後収益（管理会計上の部門収益）で設定	

られますが、本来であればオペレーションの成功によって評価益が出ていれば自己資本を増加させるような効果になるので、リスク管理上の金利上昇リスク分を多少なりとも相殺する部分があります。一方、規制値算出やリスク管理の概念では、現実的に発生する可能性がどうであっても100bpや200bpの金利上昇での損失額を見積もるようになってしまうため、自己資本稼働率を向上させるようなモニタリングを目指そうとするのであれば、1つの部門に対して1つの配賦資本額ではなく、共通資本枠的な概念を使わないと資本

第9章　開示に関する課題認識と今後の対応　403

効率性は向上させることがむずかしいと考えられます。

バーゼルⅢをはじめとする規制強化によって、国際統一基準行としては、本来各規制にそれぞれ対応するというよりも、複合規制に対して業務効率性向上のための均衡点を模索するようなかたちで、規制間の共通事項等を勘案して整理しつつ全体統制を図ることが重要です。たとえば、自己資本比率とレバレッジ比率を勘案すると、自己資本全体よりも普通株等 Tier Ⅰ を重視して分子項目をモニタリングし、負債性資本等は流動性規制 NSFR や TLAC のようなものと関連性を意識して落としどころを探るというようなイメージになります。

部門別への統制としては、レポとリバースレポのような短期金融取引でうまく1対1のマッチングをさせたかたちではなく、2往復、3往復というようなことになってしまうとレバレッジ比率を悪化させることになりますし、換金性が高くない資産へ大きくシフトしすぎると、自己資本比率だけでなく LCR まで悪化するようなことになりかねません。部門 KPI 設定においては、こうした点も含めて統制することは理想ではあるものの、複雑過ぎる KPI はオペレーションの自由度を自己抑制させてしまう可能性があります。

つまり、全体統制上において配分可能なもの（目標収益や資本配賦等）を単純に収益部門に配分するだけでは問題があり、リスクカテゴリー間の影響度等を整理したうえで配分しないといけません。収益部門としては適切なオペレーションは困難になり、ポジション運営もポートフォリオ内容も前年度と大きく変わることがなく体力だけ消耗していくことになりかねないということです。こうしたことからも、表82では従来からの計画策定ステップをイメージして記載していますが、理想的ポートフォリオ像があらかじめ共有されていると、部門 KPI がすべて目標額（目標ポジション量や目標収益額等）となって単純化され、オペレーションに特化しやすいというメリットが出てくるといえるでしょう。

404　第3部　仮想銀行によるシミュレーション結果と具体的な経営戦略

【参考：バーゼルⅢの自己資本比率、レバレッジ比率、流動性規制（NSFR）の関係性を考える】

バーゼルⅢの3つの規制に関し、流動性規制 LCR に関しては若干異質な部分がありますが、それ以外の部分については図解すると共通点が見出しやすくなると考えられます。規制要件とバランスシート構造を図式的にみてみましょう。

規制値算出を求められる規制内容は、基本的に資本勘定に着眼点が置かれ、基本的には分子項目として計上されることが多いといえます。これに対し資産項目に関しては、リスクアセットベースでみると自己資本比率、レバレッジでみるとレバレッジ比率、換金性でみると流動性規制（NSFR）という言い方ができると思います。

極端なことをいえば、普通株等 Tier Ⅰが統制できていれば3つの規制はクリアが容易ということになり、バンキング勘定の金利リスク（アウトライヤー問題）もみえやすいので、期末着地時点の想定ポートフォ

図26　規制要件とバランスシート

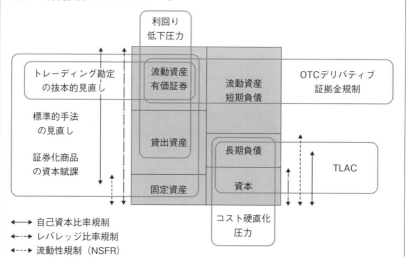

リオ内訳が明確化していると、想定するリスクアセット量や換金性も特定されることになり、収益側のモニタリングに注力しやすくなると考えられます。

②　本支店レート制度におけるポートフォリオ構築の統制

　ここで説明する本支店レートに関する事項は、部門統制ではなく全体統制に関する事項です。本支店レート制度を継続していく場合において、重要な課題といえば大きく2つ考えられます。1つ目は想定ポートフォリオに本当に近づけることができるのか（本支店レートにおけるポジション生成の万能度）、2つ目は本支店レートのオファー・ビッドでカバーされるコストの特定です。

　1つ目の問題は、直近の環境では預金残高統制をイメージするとわかりやすいかもしれません。自行としてのポジション量を本支店レートだけで統制しきれるのかどうかであり、統制しきれない場合はなんらかの追加施策が必要になります。期末想定ポートフォリオを共有化せずに収益目標設定だけで部門統制を行う場合、デュレーションを含めた統制能力があるとすれば本支店レート制度ということになる（と信じてきた）のですが、実際には理想に近づくとは限らない状況に陥ります。このため、ガバナンス高度化という概念のもとでは、本支店レート制度を継続した場合における期中のポジション変化がどれだけ計画と乖離があるかをみていく必要性が出てきます。

　貸出業務を例にすれば、規模別／業種別／地域別／格付別といった分類方法でどこまで細かくモニタリングするかの問題はありますが、ポジション生成のために（他の環境が変化しないなかで）本支店レートを意図的に操作するということは、逆に考えると自行の計画策定の予測精度が低い、もしくは、営業能力が足りないということになります。こうした問題が発生するかどうかをみていくうえで、ポートフォリオ構築のペースをモニタリングすることが必要になりますが、業務運営上の進捗管理としてとらえればそれほどむず

406　第3部　仮想銀行によるシミュレーション結果と具体的な経営戦略

かしくはないでしょう。本支店レート制度は全体のデュレーション統制にも影響を及ぼしうるので、本支店レート制度とポジション量に関する影響度調査においてデュレーションという要素も重要になります。

　2つ目は、収益目標達成や配賦資源の有効活用という観点で重要な問題です。同様に貸出業務を例にして考えれば、たとえば、期間3年の適正金利で貸出をする際のプライシングにおいて、提示している本支店レートやクレジットスプレッドは重要です。しかし、個別案件の収益性という観点では適正スプレッドが確保されている優良案件となっていても、組織全体のコストがまかなわれるという保証はどこにもないという点が問題です。簡単にいえば、期間1～5年の各年限で各100億円の貸出増加によって組織全体のコストがまかなわれるような本支店レート構造（オファー・ビッド設定）であったとするなら、期間1年や期間5年といった貸出案件でも適正スプレッドを確保した案件が必要です。これをモニタリングしていかないと、個々の案件は問題ないと思っていても、全体統制としては完全な失敗ということになりかねません。

　こうしたことから、収益管理の概念で本支店レート制度をとらえると、まず抜け落ちてしまうのはポジション量（もしくはリスク量）というボリューム面での管理であり、業務計画のなかで各部門に配分することになります。まず貸出残高のようなものは現状管理している項目なので問題ないでしょう。次に、デュレーションとコスト構造の問題となり、コスト配分の仕方が重要なポイントとなるだけでなく、本支店レートのオファー・ビッドでまかなわれているコストの特定が必要になるということです。もしまかなわれていないコストがあるとすれば、なんらかのかたちで収益部門にそのコストを転嫁しないと、コストがまかなえない財務体質に陥ることになります。

　内部KPIとしては、前述の目標ポジション量の進捗度に加え、コストのカバーに関する進捗としてモニタリングするか、コスト全般を先に振り分けてしまうかのどちらかです。コスト全般を先に振り分けている場合は表面的な収益をみていけば問題ないですが、コストのカバーに関するモニタリング

第9章　開示に関する課題認識と今後の対応　407

表83　地域内預貸率の内部 KPI とその後のプロセス（例）

	全体統制	部門統制
地域内預貸率	・地域内貸出残高 ・地域外貸出残高 ・地域内預金残高 ・地域外預金残高 （・地方債残高）（注）	・部門別貸出残高 ・部門別預金残高 （・地方債残高）
地域内貸出残高（分子）	・規模別／業種別／格付別残高 ・大口与信先残高 ・信用リスクに対する資本配賦額 ・貸出デュレーション	・部門別貸出残高 ・部門別収益
地域内預金（分母）	・預金保険料 ・預金種目別残高 ・預り資産残高（シフト額）	・部門別預金残高 ・部門別預り資産残高 ・部門別収益
補　足	（ケース１） ・地域外貸出が地域内貸出よりも伸び、地域内預貸率が悪化 　→地域外貸出をストップする？ （ケース２） ・地域内預金が増加し、貸出増加を上回っていることで預貸率が悪化 　→地域内預金受入をストップする？	

（注）　地域内資金循環という意味で地域内調達と地域内与信をみる場合は、地方債残高も対象。

ということであれば、残存期間別や業種別のような想定ポートフォリオ像とのギャップを把握しやすいかたちでモニタリングすることになるでしょう。

③　地域内預貸率

ボリューム面として目標設定されているものは、モニタリング手法として特に問題にはなりにくいと考えますが、比率的なものになると、一概に管理していればよいというものではなく、結果に対して方針を決めるというプロセスが必要になる場合があります。そこで地域内預貸率というものを例に出

408　第３部　仮想銀行によるシミュレーション結果と具体的な経営戦略

し、結果に基づく統制方法まで意識して考えてみましょう。

　地域内預貸率を重要指標化する場合、意識していることは地域貢献性ということなので、究極的には収益性と地域貢献性のどちらを優先するのかという選択になると考えられます。表83におけるケース１とケース２において、厳密には、地域内貸出増加額＜地域外貸出増加額となっている状況において、預貸率という指標の前に、当該結果をどのようにとらえるか（ケース１の場合）、地域貢献を意識して地域内預金を受け入れ続けることにより、貸出が伸び悩む事態をどのようにとらえるか（ケース２の場合）、ということであり、地域内預貸率維持という観点だけで方針決定ができるかという問題が生じます。

　内部 KPI としては、なんらかの指標がターゲット水準よりも悪化しないように設定していると考えれば、当該指標に限らず、なんらかのアクションにつながっていくことになるのですが、分母も分子も大きく変動しうる指標に関しては、分母分子の片方だけ統制できてもうまくいかないので、分母と分子それぞれにターゲット水準を決めてしまうか、定期的にモニタリングして方針決定するかのどちらかが必要になります。

　つまり逆に考えていくと、掲げる指標が悪化する要因をあらかじめ特定しておき、その要因もモニタリング対象としておくことが重要で、意思決定の判断材料も示すことで明確な方針が決定できることになります。地域内預貸率においては、貸出／預金それぞれにおいて地域内割合を開示する場合と開示しない場合が考えられ、開示していく前提であれば、いずれの数値も相対的に地域外が強いと問題としてとらえることになります。しかし、収益性を考慮して「地域内であってもこれ以上預金は受け入れない」ということにするのであれば、地域内預貸率を掲げた意味までもが揺らぐことになります。こうした事態を回避するということであれば、地域内というキーワードを外すのか、当初から経営戦略的に地域外の貸出や預金全般の受入れに対して制限をかけることになるでしょう。表83では記載していませんが、部門統制としては、預金残高に対する預り資産割合のようなボリューム面での KPI 化

第９章　開示に関する課題認識と今後の対応　409

でも、資金利鞘と役務収益の割合のようなP/L面でのKPI化でもよいと考えられます。期中の状況分析としても使えるものになるので、計画策定時の段階から設定しておく方法でもよいでしょう。

④ 内部データに基づく各種KPI

本項の最後として、内部データを使ったKPIに関してもいくつか簡単に触れておきましょう。まず、支店業務を対象とした業務効率性等をみていくうえでのKPI例としては、1顧客当りの対応時間（窓口業務）、1クレーム対応にかかる所要時間や年間等の一定期間中のクレーム件数、平均労働時間、顧客訪問回数、等々が考えられます。

貸出関連業務としては、ライフステージ別の収益額や各種提案回数といったベンチマークでも意識されているものを、内部KPIとしてさらに細分化したもの（規模別／業態別の役務取引提案件数のようなもの）や、新規貸出における融資割合（与信額と担保受領額の関係性を示した割合）や新規貸出平均デュレーションのようなものをみることも考えられます。

全体統制としては、規制値算出の関連項目は基本的にすべて対象と考えてよいでしょう。加えて、自己資本稼働率（規制資本や経済資本対比）や最低所要利回り（赤字回避、前年度収益確保）のような項目をみておくと、芳しくない状況における対応方針決定に役立つことが期待されます。現状の国内金融機関のガバナンスにおいては、収益管理、特に費用統制が弱いと考えられるため、リスク管理と有機的につながるようなKPI設定ができることが理想です。

開示という観点では、総論として内部KPIを示すということは考えにくく、一般的な財務指標を重要指標として選択し開示していくことになると思われますが、開示している重要指標に影響を及ぼす場合は、その影響度が大きいほど開示することも検討するべきです。ガバナンス高度化を目指すうえでは、前年度までの方法の踏襲はあまり意味がなく、統制するべきものを統制し、自行を理解してもらうために開示するべきものは開示することが重要

410　第3部　仮想銀行によるシミュレーション結果と具体的な経営戦略

です。首尾一貫性や継続性においては注意が必要であり、劇的に変化し過ぎると自行内部すら統制できない事態に陥る可能性も出てきますが、第三者からみてわかりやすいものは自行内でもわかりやすいと考えられるので、やたらとKPIを多用するよりも中核的なものに絞っていくことによって、シンプルな統制、わかりやすい開示というものが確立されていくのではないかと思われます。

(3)　重要指標と内部KPIとの整合性

　重要な経営指標と内部KPIの整合性維持に関しては、一義的には重要指標Aに関する達成率を遵守するため、Aの分母項目や分子項目に関する上限や下限、割合等を内部KPIとして設定するという手順を踏めば、重要指標と内部KPIの整合性は維持されることになります。場合によっては重要指標Aに対して内部KPIのBやCが考え出されたとしても、さらにBを統制するにはDやEが必要ということもありうるので、重要指標Aの統制のためには1つのKPIではなく複数のKPIとなる可能性があります。

　重要な経営指標を達成させるべく内部KPIを設定することは重要ですが、これまで説明してきたとおり、基本的な構成要素である収入・費用・ポジション・リスクを、すべて網羅するだけでも大変です。預り資産1つ頑張ろうとしても、残高で頑張るのかP/Lで頑張るのかの違いがあり、残高で頑張ると必ずしもP/Lには強く反応しない可能性が出てきますし、P/Lで頑張ると顧客ニーズよりも銀行都合が強く出るリスクが高まります。内部KPIの統制能力において問題がなければ両方みるのが理想ですが、あまりに多くのKPIがあると混乱をきたして疲弊するだけです。

　計画策定の事前準備という段階においては、可能な限り時間をかけて可能な限り幅広い視点で数値検証することは必要です。しかし、実際のKPI設定に関して、特に収益部門に対するKPI設定に関しては可能な限り数を減らすほうが期待効果は高いと考えられます。感覚的には「営業管理をきちんとやろうとして、毎日活動記録をつけていたら、顧客訪問の時間が減った」

第9章　開示に関する課題認識と今後の対応　411

というような話であり、やり過ぎには気をつけようというものです。

　リスク管理の観点においては、リスク事象そのものではなくても、間接的な影響を及ぼすものも特定できてモニタリングしていることは大きな意味があります。損失発生可能性が小さくなって、業務継続の可能性が広がると考えられるからです。しかし、それはリスク管理上モニタリングをしていればよいものであって、各収益部門にまでモニタリングすることを求めるのは酷な話であり、収益部門が収益を確保することが第一の目標でなければ、収益確保に関するエネルギーが大きくはなりません。重要指標設定されているものの補完的KPIであっても、一律という考え方よりも部門に応じて設定するほうがよさそうです。

　これまでの銀行運営においては、1つのリスクカテゴリー、もしくは1つの部門に対して1つの資本額設定という考え方でした。銀行規制強化が図られてきた近年においても、こうした資本配賦に関する方法は大きく変化していません。資本配賦において余裕がある場合にはそれでもよいですが、資本配賦に余裕があるということは収益獲得に全力をあげているともいえません。現状をどのように評価するかは個別行の判断ですが、ガバナンス高度化という観点においては、資本の有効活用ということで資本配賦の共通枠（たとえば、貸出と市場運用の間での使用可能資本の共有）のようなものが発生してもよいと思います。こうした話を切り出すのは、重要指標達成という目標に対して、おそらく単純なKPI設定だけではどうしようもない社内エネルギーの生成や評価のようなものが必要で、そのようなエネルギーをもたらすものがあるとすれば「前回とは違う方法の検討」ということだと思われます。規制が複雑化し、全方位的なリスク管理手法が検討されているなかで、従来のかたちにとらわれない高度化手法があるかどうかを探してみるきっかけとして、従来のプロセスを見直してみる価値があるのではないでしょうか。

412　第3部　仮想銀行によるシミュレーション結果と具体的な経営戦略

第4節	経営者に関する開示

(1) 経営者責任とは何か

　前書においては、ある米系金融機関の経営者実績の例を説明しました。RAF 原則に忠実に従うとすれば、CEO がリスクアペタイトを選定し、ステートメント化することで経営方針を明確にすることが求められますが、これまでの国内銀行において、具体的な RAS 内容も経営者自身のコミットメントも資料として開示したものを筆者はみたことがありません。もちろんRAF 態勢をスタートしている国内金融機関がきわめて少ないですし、開示義務がないといえばそうですが、会社として目指すことはいろいろ示しても、経営者として強い意志をみせることや、これだけの報酬をもらって当然というような実績を開示していないので、私的意見としてはぜひ積極的な開示をしてほしいものです。

　経営者責任というカバー範囲の特定を視覚的に示すのはむずかしく、たとえば、リスク管理上なんらかの落ち度があり、大幅な損失を計上した場合、意識的に CEO が CRO よりもより責任があると理解はできても、現実の世界では CRO が最も重要です。業務運営に支障をきたす損失レベルであれば首が飛ぶということもありうるでしょうが、CEO は残って CRO だけが退社するケースも起こりえます。目標収益が未達成という場合も評価はむずかしく、CEO なのか CFO なのか、資本力が弱いという点で別の役員なのか、といろいろ考えても、最後は環境のせいで終わるケースもあります。筆者個人としては、金融機関経営者は未経験なので想像しかできませんが、「私はこれだけのことをやろうとしているのだから、報酬はいくらであってもおかしくはない」という考え方よりも、「経営者なのだから、○○万円以上年俸をもらわないと割に合わない」という経営者個人の考え方だけが成立していて、そこには第三者の目が入ってくることをあまり意識してこなかった印象

第9章　開示に関する課題認識と今後の対応　413

です。

　銀行経営においてよく出てくる話として「取締役の善管注意義務」というものがありますが、この言葉がいわば殺し文句となっていて、経営者は経営に係るほぼすべての事項に対して責任を負うようなイメージになっています。もしそうであれば、会社の方向性や自分の役割を示さない経営者というのはどうなのかと疑問をもつ部分もありますが、経営陣のなかでの業務分掌もあるため、業務分掌としてかかってこない部分は責任がない（が、不正防止等のような経営全般に関する役割は存在）ということで理解されているのかもしれません。

(2)　経営者としての開示項目と開示姿勢

　経営者全員ではないにしても、特に重要なポストである経営者が仮に期初段階において自己KPIを開示し、その達成度合いに応じて報酬が決まるとしましょう。「（部門）収益を前年度比＋３％とする」とか「システムコスト10％削減」といったような経営者ならではのKPIです。もちろんどのような指標をKPI化するかについては、組織の運営方針に照らした内容であることが必要で、会社方針と各重要ポスト経営者の示すKPIに整合性が認められなければ、コーポレートガバナンスとしては大問題という企業評価もできるようになります。しかしそうした企業評価方法よりも、どれだけのことをやろうとして、どれだけ頑張ったのかにあわせて報酬が決まるということは、より高い報酬を得るためにはより高度な実績が必要であるということにつながり、従業員に対しても正当に評価して報酬を支払うという姿勢を示していくことになります。

　具体的な開示例としては、CEOにいったんすべてを集約し、業務分掌として各担当役員が担う部分と共通事項とする方法もあります。表84の例としてはCEOとCFOの関係において、CEOの補完的指標を設定していますが、年度ごとの当期純利益はCEOとCFOの共通目標とするという考え方です。国内金融機関においてはまだ具体的に経営者独自目標を示すというこ

414　第３部　仮想銀行によるシミュレーション結果と具体的な経営戦略

とをしていないため、どのようなかたちであっても示してみるという姿勢は検討するべき事項でしょう。

　重要な経営指標のところでも説明しましたが、第三者が検証できないことを目標化しても、達成できたのかできなかったのかもわからないので、検証できる指標で明確な方針を伝えることが重要です。これが結局は経営方針への理解を得ることや、内部エネルギーを同じ方向に集約化できることにつながっていくと考えられます。経営者の方々の立場からすればとんでもないという意識があるかもしれませんが、モノ言う株主が増えている世の中において、明確に経営方針がいえる経営者でなければ太刀打ちできるわけもありません。コミットメントという行為によって経営者報酬にもプレミアムがつくのがこれからの世の中という理解のほうが、結果的にはステークホルダーか

表84　経営者における業務運営上のコミットメント（例）

	コミットメント内容	補足説明等
CEO	・当期純利益を3年間で+10%（2019年3月期：1,280億円、2020年3月期：1,325億円、2021年3月期：1,375億円） ・地域内預貸率を75%以上（2021年3月期） ・2021年3月末時点の時価総額を+5%以上（2018年3月末対比）	・CEOはステークホルダー全体に対する経営全般のコミットメント内容を記載 ・重要な経営指標に基づいて内容を開示
CFO	・資金利益を3年間で+15%（2019年3月期：4,750億円、2020年3月期：4,972億円、2021年3月期：5,210億円）	・CEOの収益的指標に関する補完的な指標を例として掲載
CRO	・発行体格付維持（A－格）	・CEOのリスクガバナンス的側面での補完的指標として掲載
CTO	・OHRの60%台達成および維持（2021年3月期）	・CEOの業務運営面や諸計数に関する補完的数値目標として掲載

第9章　開示に関する課題認識と今後の対応　415

らの経営の自由度も獲得できるのではないかと考えます。

第 **10** 章

ガバナンス高度化に向けた
応用と可能性

業務計画達成という目標を掲げて、必要な対応をこれまで説明してきましたが、ガバナンス全般に関してはコントロールタワーが機能するという大前提が必要であり、基本方針において何か欠落した項目があると、期中運営等で思わぬ落とし穴に陥る可能性はあります。

　これからの銀行経営を考えるうえでは、業務達成に向けた推進力をどのように生み出すのか、これまで意識してこなかったリスクをどのように統制するのか、生き残りをかけた経営戦略としてどのようなことを考えておくべきかといったようなことを考える必要があり、これで100点というものではありませんが、意識しておきたい項目について説明をしていきましょう。

第1節　ガバナンス能力に関する補足

(1)　ガバナンス能力評価に関する再考

　これまでも何度か出てきた ESG に関しては、まだ国内で確立されたものはないものの、ESG 指標としてニュースソース等からの情報を抽出・集計し、ポジティブな反応やネガティブな反応を数値的に把握するようなものが出てくるようになってきています。ESG 自体はガバナンスだけでなく、環境への配慮や社会貢献等の項目が入ってきますが、ガバナンスに絞って財務データ等から統制能力を把握することは至難の業です。

　これまでに貸出・預金関連業務のなかで、ALM の安定性を示すうえで貸出増加率＞預金増加率をモニタリングすることは触れましたが、これは営業力評価としての1つの方法であり、ガバナンス全体をカバーするものではありません。また第7章第1節においては、ガバナンス項目として業績予想乖離率と包括利益割合を説明しました。収益力や経営の安定性をみていくうえでどれだけ時価会計ベースを意識しているのか、業績予想の精度に関する意識や、目標達成に向けた実践がどう結果に結びついているのかをモニタリン

418　第3部　仮想銀行によるシミュレーション結果と具体的な経営戦略

グしようという観点で集計・分析をしました。業績予想乖離率はガバナンスに関する総合評価的な位置づけになるかもしれませんが、現時点においては出てきた結果に対して100％の信頼を置けるとは考えていません。

　現時点で信頼性に欠けると考える理由として、現実の世界では、収益予測の精度というものにあまりこだわってきていないと考えられるためです。前年度実績よりも集計環境が厳しければ横ばいから若干のマイナス、収益環境が悪くない状況であれば横ばいから若干のプラスを新年度計画値として示すのが一般的です。なかには努力目標として高く掲げる場合や、達成を強調するために保守的に設定するようなやり方で進めてきた先もあることでしょう。しかし、これからの時代は地球上のすべての人がステークホルダー化していくといっても過言ではなく、まったくいわれのない噂でネット攻撃を受ける可能性もあります。もしかしたら人工知能も将来ステークホルダーになってしまうかもしれません。気にしてこなかったポイントがクローズアップされて攻撃対象になる可能性は、意識しておいて損はないでしょう。

　予測精度を向上させるには、想定ポートフォリオ（特に着地見通し）や期中における市場変動想定は不可欠であり、収益見通しの精度は当該ポートフォリオが生み出す期待キャッシュフローが源泉となります。これにキャピタルゲイン的なオペレーションや貸倒引当金の積み増し等による損益変化を加味していくようなイメージなので、オペレーションを行う想定レンジやボリューム面での予測をどのように置くかによって数値は大きく変化するはずです。収益予測に関して想定ポートフォリオからの期待キャッシュフローをベースとするということになると、従来の計画策定プロセスにおいても、計画策定前の意見交換の内容がかなり変化することが想定されます。前節のリスクカルチャーに関する意識レベルが高いほど、想定ポートフォリオや想定シナリオそのものから意見交換するようなかたちになっていくことが期待できると思われます。

　仮想銀行での経営戦略策定に関しては、目指すべき達成水準を2017年3月期での収益額の確保とし、BPR等によるコストカット効果は計画には織り

第10章　ガバナンス高度化に向けた応用と可能性　419

込まず、改善できれば改善項目となるという位置づけとしたうえで、役務収益1,000億円までのかさ上げと、有価証券と貸出における1.5％利回り追求でした。有価証券に関するオペレーションの基本的方向性はあらかじめ設定し、貸出に関しても県外と県内に分け、地域内預貸率を重要指標として県内要注意先向け与信も対応するスタンスとしました。詳細についてはきりがないので省いている部分もありますが、目標達成を実現させるための研修内容等もイメージし、オペレーション統制の次元に踏み込んだ内容を加えてみました。収益部門の評価に関しては、疑似的時価会計ベースなので、包括利益統制にもつながっていく考え方にしています。

　仮想銀行での想定は筆者自身がすべて考えるために、頭の中で結びついている事項を確認しながら記述したかたちですが、現実の業務運営では役割分担もあれば、経営者間での意見の相違も出てくる可能性があります。各部門としては、担当役員が目指す姿と経営トップが目指す姿に違いがあれば、どちらに従うべきなのかという混乱も生じます。シミュレーションの世界では、こうした要素を盛り込むことはむずかしいので、リスクカルチャーという魔法の言葉で片づけるようなイメージになりがちです。もちろんリスクカルチャーの醸成によって解決できればよいですが、十分成熟していないとむずかしいことが多いことでしょう。その意味では、ガバナンス高度化という言葉は簡単にいえても、満足できる水準などあってないようなものだと思われます。本書でもいろいろと評価方法を紹介していますが、最後は自行なりの方法を見出して、セルフチェックしていくという姿勢が重要です。

(2)　目指すべき水準設定の必要性

　経営者という立場で語るとすれば、目指すべきは「企業運営において心配して眠れなくなるような事象がないと言い切れるガバナンス水準」ということかもしれませんが、それが正しい目標水準とは限りません。2つの例を比較してみましょう。

420　第3部　仮想銀行によるシミュレーション結果と具体的な経営戦略

【目指すべきガバナンス水準】

① 想定できるリスク事象に関してすべてフォワードルッキング的視点が加味され、十分な予防ができる態勢であり、カバーしきれないリスク事象を可能な限り減らす事前予防重視型。

② リスク事象に関し、すべてにおいて十分な予防は不可能と考え、発生後対応に関する態勢整備を強化する発生時迅速対応型。

　理想と現実の世界かもしれませんが、①だけでは予測不能な事態に対する対応力が備わるかどうかは不明です。非常時対応力というものもガバナンス能力として考えれば、常に最小化できる自信があるということであれば、②で十分という考え方もあるでしょう。発生事象と自行のリスク分類として事後対応にならざるをえないものは存在するでしょうし、想定できない不確実性が世の中にはあることも事実なので、抽象的な要素が多い目標水準設定はそれほど効果を発揮しない可能性があります。理想はもちろん①と②がバランスよく機能することですが、数値では表現しにくい項目なので、達成基準を明確に定めることが困難です。つまり①であれ、②であれ、アプローチ方法に関する基本的な考えは整理できても、目標設定自体は経営理念に近いような位置づけになってしまうということかもしれません。

　こうした数値的な目標設定がむずかしい場合、やはりなんらかの指標を考案してモニタリングすることで、数値の改善をもって目標設定をするということは考えられます。当然のことながら、独自指標の考案からスタートするので、試行錯誤がずっと続いていくことでしょう。ルーティン化するまでにはかなりの時間を要しそうです。そのように考えると、少なくとも検討段階においては、社内普及に向けた研修回数のようなものが目標化されて、コンプライアンスプログラムのような形態になっていく場合もありそうです。ガバナンス能力は何かをすればすぐに備わるという性質ではなく、基本的には継続的に向上を目指すことしか考えられないのが現実でしょうから、コンプ

第10章　ガバナンス高度化に向けた応用と可能性　421

ライアンスプログラム的な形態として普及を目指すのであれば、単年度ベースでは重点テーマを掲げて注力していく方法が考えられます。

　ガバナンス向上という点で意識するべき点としては、自己評価という観点ももちろんありますが、第三者目線による評価というものが欠かせません。ESG指標はまさに第三者目線で発行体の評価をするような指標として外部ニュースソースからの情報を抽出するような考え方なので、ESG指標のなかのガバナンス項目を研究して導入する方法も可能です。情報の分類や担当するべき部署、リスクカテゴリーとしてどこに入るかといった点で整理しにくい事項は多々あると思いますが、数値的な目標設定を目指すのであれば、どのような判断項目があってどうすれば改善するのかを検討できるようにすることで、継続的な見直しや改善を可能にするべきでしょう。

第2節　包括利益統制と管理会計制度見直し

(1)　包括利益統制

　包括利益というと、評価損益が勘案されているという知識はあっても、それほど意識して決算短信等をみている人は少ないかもしれません。連結ベースでは当期純利益の後に連結包括利益計算書として包括利益項目が開示されていますが、単体ベースではそうしたP/Lの延長線上として記述されているわけではないので、資本勘定に注目する人かその他有価証券運用に注目する人くらいしか強く意識しないと思います。

　連結包括利益計算書として出てくる項目としては、その他有価証券評価差額金が代表的ですが、土地の再評価差額金や繰延ヘッジ損益、退職給付に係る調整額といったものが含まれています。こうした項目をみていくと、福利厚生見直し（雇用を含む）や本店移転や売却のようなことを想定しない限りは、包括利益項目を統制しようとする場合、その他有価証券評価差額金と繰

422　第3部　仮想銀行によるシミュレーション結果と具体的な経営戦略

延ヘッジ損益が現実的な統制対象になると考えられます。単体ベースの場合は、資本勘定のなかに評価・換算差額等合計があり、そのなかにその他有価証券評価差額金が計上されています。連結ベースでももちろん同じように資本勘定に計上されているのですが、別途包括利益計算書がつくられているのでわかりやすいということです。

　その他有価証券評価差額金を統制しようとする場合、当然のこととしてその他有価証券の運用部門に対して収益目標設定をする場合に、時価会計ベースでとらえるということになります。国内財務会計上では実現損益を完全に無視することはむずかしいと考えられるので、目標設定としては実現損益部分と評価損益部分を分けて考え、合計値として目標設定するようなかたちになるでしょう。目標設定をすることが包括利益統制の第一ステップになると考えられます。

　次に、オペレーション統制までを想定した高度なガバナンス態勢下においては、その他有価証券の評価損益部分が必ず運用部門の責任になるとはいえません。収益環境認識やポートフォリオ運営面から売買を決断しているというかたちでとらえることが可能であるため、仮にターゲットゾーンで買ってはみても、期末時点では評価損となるというケースが起こりうるからです。これは意思決定のタイミングとオペレーションのタイミングの問題もあり、ターゲットゾーンに到達したときに偶然の一致でALM委員会やリスク管理委員会のような意思決定の場があり、最終意思確認をしてオペレーションを行ったのであれば組織全体のポジションという考え方もできます。運用部門からすれば、ターゲットゾーン到達時にオペレーションせず、結果的に何もできなかったということが最大の失態ということになるので、オペレーションは必ずやりたいということになり、最終意思確認をどうするかという点に論点が絞られることになります。社内ルールを勘案すれば、最終意思確認を行う前にオペレーションを行った場合、シナリオ変更要件が抵触しているかどうかが重要で、シナリオ変更要件に至っていない状況であれば、オペレーションを実施してしまうことは当然の論理となり、シナリオ変更要件に抵触

第10章　ガバナンス高度化に向けた応用と可能性　423

していればオペレーションの失態です。会社全体としての話なので、仮に失態があったとしてもやむをえない部分はありますが、シナリオ変更要件の周知徹底とオペレーションミス回避策の検討が必要になります。

しかし、高度なガバナンス態勢において業務運営をスムーズに行うには、失態を攻撃するような犯人捜しが重要ではありません。シナリオ変更要件を決めていなかったケースも想定されますし、決めていても共有化していないケースもありえます。最新の意思決定機関においてシナリオ変更がないことが確認されていれば、ターゲットゾーンは自動的に継続されることになるでしょうから、だれも悪くないということになります。強いていえば、直近の意思決定機関で兆候を把握できなかった、ないしは、意図的に兆候についてコメントしなかった、という点でどうなのかということです。ガバナンス高度化において部門の役割は十分認識する必要がありますが、それを超越したところでの全体目標達成のための行動ということであれば、必要に応じて是正することも念頭に置くべきかもしれません。

(2) 管理会計制度見直し

管理会計制度見直しといってもカバー範囲がとても広く、現行の管理会計制度上の問題はもちろん個別行によって違いがありますが、1ついえることは、国内銀行においていまからIT対応を目指そうとしても、効果が出るまでの時間的猶予においても費用負担の捻出においても、もはや余裕がなくなってきているということです。全面的刷新がむずかしいという前提で何を高度化させるのかという優先順位づけをするほうが現実的な対応かもしれません。

仮想銀行でのシミュレーションを行う際、まず業態維持のための総費用を想定しました。基本的には費用をまかなえるのは収益部門だけなので、管理会計という観点を一度外して、所要運用利回りと所要役務収益という関係を考慮して、ポートフォリオを入れ替えるという方法です。管理会計が進んでいない前提なので、部門収益の詳細情報を基にした資源配分を考えるより

424　第3部　仮想銀行によるシミュレーション結果と具体的な経営戦略

も、総コストを決めてしまい、各部門は総コストの配分を上回らないように努力するという考え方です。

　部門別収益の把握として落とし込むうえで管理会計制度が関係することになりますが、従来の本支店レート（ベースレート）との利鞘というような発想というよりは、総コストや収益の実額が目標として配分され、計画策定における基準レートとの差による金利差を基にコストや収益の実額を算出するということが、追加的に必要となる管理会計制度という言い方ができます。本支店レート制度に基づく方法に寄せようとする場合、どうしても総コストをまかなうという概念が成立しにくいので、収益統制重視ということであれば各部門に転嫁できていないコストをどうやって転嫁するかを検討する必要があります。また、実額ベースのコストや収益の配分に関する基準ルールを決めないといけないことになり、部門ごとの人員や労働量等を勘案するような方法が一般的であると考えられます。

　銀行における管理会計高度化という点では、いくつかの観点があると考えられます。①部門収益をより短いタイムスパンで把握すること、②本支店レート制度においてカバーしきれていない、もしくは定義されていないコストの転嫁方法を決定すること、③システム化されていない部分についてシステム化を進めること（損益付替等も含む）、といったようなものです。①に関しては、FTP日次化となり、主目的としては競争力があるレート提示に寄与させることでしょう。②に関しては、たとえば資本コストの反映のような話であり、プライシング面での改善を図ることでストックベースでの資産劣化を防ぐ役割を果たすかたちになります。③に関しては、業務効率化の一環ということですが、こうして整理していくと、収益管理の高度化と管理会計制度高度化は密接に結びついているということが理解できます。

　国内銀行において、①がなかなか進まなかったのは、業務運営を劇的に変化させることやシステムを全面的に入れ替えるというような、根本から変化させるということに積極的になりきれなかったということだと推測されますが、変更するメリットを正当に評価できなかったという面もあるかもしれま

第10章　ガバナンス高度化に向けた応用と可能性　425

せん。収益部門のインセンティブが働きやすい報酬制度もないので、声高に必要性を訴えることも少なかったと考えられますし、人事評価上においてマイナス評価の可能性が高まるものは回避したいと考える従業員も多かったと推察されるため、競争力があるレート提示というものの意味合いが薄かったのでしょう。しかし、いまとなっては管理会計制度の遅れは収益管理能力の遅れとほぼ同義でしょうから、収益とリスクの融合も必然的に遅れることにつながります。

　一方、前項の評価損益という着眼点で管理会計制度をみていきましょう。現状では、バンキング勘定に関する時価評価も含めて、正しい管理会計制度が確立しているとはいえません。マイナス金利政策下において、預金獲得による部門収益をどのようにするべきかというテーマ１つですらむずかしい問題です。部門評価をマイナスにするようなことをすれば、営業部門収益のかなりの部分が失われ、モチベーション維持すらむずかしくなるでしょう。特に、地域金融機関では地域密着を掲げているなかで、万一地域住民の預金を受け入れようとしないという噂が広がると、地域からの信頼も失墜する可能性すらあります。

　さらに、仮想銀行におけるシミュレーションでは、外貨 ALM の構築ということがテーマであると考えました。国際統一基準行であれば通貨別 LCR 対応が意識されてきたので、外貨負債や外貨 ALM の構築の重要性が理解されやすいですが、国内基準行であれば外貨負債は皆無に近い状況であり、外貨 ALM というレベルではないのが一般的です。もし、こうした外貨建て取引の評価方法やその他有価証券の評価損益の取扱い等が早々に確立していれば、もしかしたら現状とは異なるポートフォリオが確立されていたかもしれません。想像で話をしていても仕方ないですが、報酬制度とつながらない管理会計制度高度化にはどれだけの意味があるのか疑問の余地ありであり、ガバナンス高度化においても、収益力確保の観点でこれ以上遅れることはかなり厳しいものの、現状では改善のためのコストを十分捻出できないので、八方ふさがりに近い状況に陥りそうな印象です。

426　第 3 部　仮想銀行によるシミュレーション結果と具体的な経営戦略

第3節 **レピュテーショナルリスク管理への応用**

(1) 開示対応からレピュテーショナルリスク対応へ

　前章では、重要な経営指標を軸にした経営の方向性とその実績の開示を通じて、自行としての開示対応能力を相対比較できるようにスコアリングしました。自行としての開示対応を進めるということは企業 IR の一環であり、ステークホルダーとの距離を縮めるツールにもなりえます。説明してきた内容そのものは対外的な面を中心としつつも、社内啓蒙にも通じるものであると考えられますが、ここでは決算発表時対応に限定しない、全方位的レピュテーショナルリスク対応について検討します。レピュテーショナルリスク管理という言い方をすると、リスク管理としての高度化手法のイメージになりやすいですが、今回紹介するのはレピュテーショナルリスク管理がどの程度できているのかについて自己評価するための1つの方法であり、コーポレートガバナンスの一環として自己評価をするためのツールとなりうるものになります。

　今回の基本コンセプトとしては、オペレーショナルリスクなのかコンダクトリスクなのかといった、リスクカテゴリーの切り分けがむずかしい事象を列挙し、まずは切り分けができている、モニタリングもできている、といったような自行の判定基準を設定して自己評価を実施するのですが、半年や1年のスパンで外部ニュースソース等より当該項目に関する情報を集計し、自己評価のイメージと実際の評価のギャップを認識し改善させていくということを想定しています。ギャップが大きいものは統制方法が悪いとか、開示の仕方が適切ではないといった原因が想像できるようになることを目指しており、各項目に関する具体的なニュースからのピックアップ要件となるキーワードの特定を実施すれば ESG 対応にも応用できるのではないかと考えられます。

第10章　ガバナンス高度化に向けた応用と可能性　427

こうしたレピュテーショナルリスク対応に関しては、当然さまざまなアプローチ方法が考えられますので、独自指標設定のようなものも検討可能でしょう。自行としてのレピュテーショナルリスク管理水準を参考に項目を修正すれば、高度化にも寄与していくことが期待できます。

(2) レピュテーショナルリスク対応チェックシート

① 総論ならびに基本方針、経営戦略関連

チェックシートを考案するにあたり、コンセプトとしては前述のとおり、自己評価と第三者評価のギャップを認識できることを考えています。しかし企業の評判というものは、たとえば、開示戦略によってある方向に変化させようとした場合の結果も追いかけたいというニーズもありますし、思わぬところで出てきたニュースによってリスクが高まるということも意識したいところです。一般的にはニュース等から自行に関する内容を集計・チェックする態勢を整えている銀行は多いと思われますが、自己評価を行ったうえでギャップがどこにあるかを分析している先はまだ少ないと考えられます。

自己評価の基準設定に関しては、基本的に独自で考えて3〜5段階程度で実施すればよいと考えますが、全項目一律というよりも項目によって評価方法を変えるという選択肢もあります。もともとリスクカテゴリー的にも担当部門的にも切り分けにくい内容なので、評価方法に関しても絶対的なものを決めるのはむずかしいため、自行なりの基準を臨機応変に見直ししながらつくりあげていけばよいでしょう。

【自己評価方法（例）】

・自己評価は原則毎年期初に1回実施することとし、レピュテーション上重要な事項が発生した場合には、期中においても追加的に実施する。

・自己評価方法は5段階評価とし、基準としては以下のとおりとする。

　A：自行内でフォワードルッキング的統制・モニタリング手法が確

表85　チェックシート（その1）

組織・業務分掌別		事例案	自己評価		今回実績（内外データの件数）					前回実績（内外データの件数）				
			今回	前回	好評	やや好評	中立	やや不評	不評	好評	やや好評	中立	やや不評	不評
基本方針関連（方針の開示姿勢を含む）	1	フィデューシャリー・デューティーへの積極姿勢												
	2	フェア・ディスクロージャーの遵守												
	3	リサイクル・CO_2排出量への取組み												
	4	コンプライアンス・リスク管理高度化への取組み												
	5	経営戦略・経営方針の開示と説明												
	6	BPR・業務効率化・コストカットへの取組み												
	7	FinTechへの取組みスタンスの開示												
	8	ダイバーシティ・人権・働き方改革等への取組み												
	9	サービス改善に向けた取組み												
	10	新商品・新規ビジネスに向けた取組み												
	11	各種社会貢献に関する取組み												
	12	新卒・中途・障害者・外国人採用に関する姿勢												
	13	人員配置・店舗統廃合・組織改革に関する姿勢												
経営戦略・経営状況関連	14	経営者や重要ポストの退職・外部採用の姿勢												
	15	グループ内ビジネス連携・分離に関する姿勢												
	16	業務提携・買取・部門売却への姿勢												
	17	合併・経営統合等に関する姿勢												
	18	従業員向け福利厚生・社員教育に関する姿勢												
	19	自社株式購入・配当政策に関する姿勢												
	20	明確な重要政策の開示												
	21	想定するリスク事象の開示												
	22	会社説明会開催頻度												
	23	会計基準変更に関する姿勢												

立、報告方法や対処ルール等も稼働

B：自行内でフォワードルッキング的モニタリング手法が確立、報告
　　方法や対処ルールは未整備

C：バックワードルッキング的統制・モニタリング手法が確立、報
　　告・対処ルールあり

D：問題事象発生時の報告ルールあり

E：現状モニタリング・統制対象外

　例としては態勢整備的発想ではあるものの、管理手法の水準に着目したかたちにしています。担当部門の明確化という観点での切り口も考えられ、1つの部門もしくは複数の部門や委員会機能等で問題事象発生時に対処するべき担当が決定しているかどうかという方法も考えられます。担当部門が明確になっているということは相応の内部統制が進んでいる状況であり、リスク管理的にはコンダクトリスク統制が完全に視野に入っているということなので、問題事象発生時において醜い部門間の押し付け合いのようなことは発生しにくいと考えられます。

　基本方針関連に関する事例案に関しては、近年重要度が増しているフィデューシャリー・デューティーに関する話や、フェア・ディスクロージャー、ESGといった今後注目されるような観点も含めています。ESG独自指標を検討するような場合には、ニュースソース等から集計する情報について、具体的な用語の選定をイメージすると自己評価用の詳細なスコアリングシートの作成も可能になると思います。肯定的な記述で出てくる用語、否定的な記述で出てくる用語を列挙しておき、ヒットすれば自動的に集計するようなイメージです。

　経営戦略関連に関しては、経営資源の最適配分をイメージしつつも、従業員からの前向きなエネルギーが出やすい態勢かどうか、ステークホルダーからみて納得できる経営方針なのか、といった観点で事例案として掲げています。経営計画や経営方針のわかりやすさと実践力を評価できるのが理想であ

430　第3部　仮想銀行によるシミュレーション結果と具体的な経営戦略

り、将来の姿が想像できるかどうかということを意識するべきだと考えます。

② コンプライアンス、リーガル関連

コンプライアンスやリーガル面の態勢整備の必要性を筆者なりにとらえると、この分野で起こりうる問題事象はいわば企業にとっての地雷や時限爆弾のようなもので、長い時間のなかで知らず知らずのうちに埋まってしまった地雷が爆発して大けがをするようなことを、何とか回避できればよいのではないでしょうか。数ある通常業務という戦争のなかで、本来目的は違っていても自国に地雷を埋めてしまえば、結果的に自国内のリスクとして残ります。コンプライアンスプログラム等での社員教育はいわば地雷の撤去作業であり、安全に暮らしたければ地雷を撤去するしかありません。

コンプライアンス関連では、従来は自行内でのチェック対象項目が中心でしたが、最近はサプライチェーンも含めて、というのが一般化してきています。なんらかの契約が発生する相手がいれば、すべてチェック対象となるのかもしれません。特に、銀行の場合はマネーローンダリングといった問題も関係する業態なので、反社会的団体と知らずに取引があったということも大きな失態になりますから、地雷調査の範囲もどんどん広がっていくことはやむをえないでしょう。

③ 営業業務・市場業務関連

営業関連や市場関連に関しては、銀行業務のなかでは基本的に成熟してきたものなので、新規ビジネスの開始がない限りは、毎年見直す項目も少ないと考えられます。他の部門も共通していえることですが、今回は代表事例的に掲載しているので、もちろんこうした内容で万全というものではありませんし、メガバンクグループのようにグループ傘下に銀行以外の業態がある場合には、独自に追加していく必要があります。たとえば、証券会社の場合であれば、インサイダー情報管理はもちろん、プライマリーとセカンダリーで

表86　チェックシート（その2）

コンプライアンス関連	24	顧客適合性における不適切な商品販売活動														
	25	マネーローンダリングや脱税等への加担														
	26	従業員の過剰労働に関する内部告発														
	27	優先的地位を使った営業														
	28	一方的な株式持ち合い解消														
	29	高齢者向け過剰与信														
	30	顧客資産の不正利用														
	31	インサイダー情報を使った従業員の不正売買														
	32	インサイダー情報の第三者への提供														
	33	ベンダーによる顧客情報流出														
	34	過剰接待による案件獲得														
	35	経営者の対外コメントでの不適切発言														
	36	反社会的勢力への加担														
	37	各種信義則違反（罰則規定がない事項）														
リーガル・訴訟関連	38	顧客側影響度が大きい時効の中断事項の管理														
	39	組織的談合・入札案件等による悪質な価格調整等														
	40	訴訟・調停事項の発生（訴える側）														
	41	訴訟・調停事項の発生（訴えられる側）														
	42	判決・和解による裁判の終了														
	43	CMモデルの変更必要性による損失														
	44	商標登録・特許・著作権等に関する侵害														

表87 チェックシート（その3）

分類	No.	項目
営業関連	45	ATM・窓口待ち時間等の店舗サービス
	46	取引内容等のメール・FAX 誤送信
	47	カスタマーセンター等でのクレーム受付件数
	48	不誠実な苦情処理対応による顧客満足度低下
	49	商品提案・販売時の不適切な開示
	50	非常識な営業頻度や訪問時間等
	51	顧客満足度調査の調査結果発表
	52	適切な顧客訪問頻度
	53	顧客向け新提案回数
	54	特定顧客向けの優先的営業・損失補てん
	55	提供するサービスに関する手数料の非開示等
	56	サイバー攻撃による営業機能の停止
	57	サイバー攻撃による顧客資産の移動
市場関連	58	各種ヘッジ手法の提案回数
	59	アナリストやカスタマーディーラーランキングの低下
	60	フェール発生頻度の上昇
	61	入札案件の談合や不自然な価格調整
	62	不自然な取引による噂の発生
	63	過剰なオファー・ビッドの要求
	64	オペレーションミスによる顧客への損害
	65	特定商品・市場における占有率の上昇
	66	発注に関する履行スピードの低下
	67	業者選定の選出・除外（債券引受け等）
	68	取引ラインカット状況（される側）
	69	取引ラインカット状況（する側）

の情報共有はありえないといったウォール問題も銀行以上に意識されます
し、顧客資産に関する時価提供のような業務もあるので、ビジネスモデルの
違いからくる見直しは不可欠です。

④　広報関連、人事関連、当局対応等

　広報や人事、当局対応等でも自行の信頼を失墜させる地雷は多々ありま
す。当局検査妨害などは、第三者的にみれば「下手に隠さないでみせてし
まったほうがいい」と思いますが、一昔前までは検査員が入り込まないであ
ろう女子ロッカーに資料をしまうといったような話もよく耳にしました。現
在は悪意に基づくネット上での誹謗中傷も可能な時代なので、聖人君子的な
態勢で日々臨むほうが基本的には正解であり、仮に地雷が見つかった場合に
も、見つけた事実を隠さないほうが後から見つかるよりもダウンサイドリス
クは小さいように思われます。

　日本文化としては、しゃしゃり出るよりも慎ましいほうが美徳とされてき
たところがあるせいか、IR 活動のようなものも得意分野ではなく不得意分
野に入るのかもしれません。レピュテーションに対する意識もどちらかとい
えばダウンサイドリスクを意識したものが多いと思われますが、本来の概念
はアップサイドも意識し、マーケティング戦略に活かすのが理想です。プラ
ス効果を見出すのは大変ですが、国際統一基準行のように海外で戦う場合に
は、プラス効果も意識した内容にしていくことが重要です。

⑤　そ の 他

　レピュテーションに関しては、残念ながら自行の原因ではなく、他行によ
るものが原因となって自行にも影響する可能性があります。1990年代の不良
債権問題の頃は、仮に、当時の規制 3 業種（不動産、建設、ノンバンク）向け
与信額が小さかったとしても、「あなたの銀行は大丈夫なのか」と当然のよ
うに聞かれる日々でした。マスコミ情報も「次に破綻する銀行はここだ」的
なものも多かったので、銀行全体への信頼が失墜した時代といえるでしょ

434　第 3 部　仮想銀行によるシミュレーション結果と具体的な経営戦略

表88 チェックシート（その4）

分類	No.	項目										
広報関連	70	憶測に基づく攻撃的な書き込み										
	71	CM・マスコミ露出回数										
	72	一部事実に基づく過大記事										
	73	会計操作による損失過少化（自社分）										
	74	検証ミスによる報告数値の相違										
	75	開示情報発信の遅延										
	76	重要戦略に関する状況開示										
	77	インタビューに対する不明瞭な回答										
	78	自社格付取得・変更										
	79	決算発表・修正決算・決算訂正										
	80	業務提携・提携解消・その他プレスリリース										
人事関連	81	人事採用面談による学生からの書き込み										
	82	福利厚生制度の見直し										
	83	雇用条件に関する訴訟・調停										
	84	賃金カットやリストラの実施										
	85	賃金アップ実施への批判										
	86	長時間労働に関する書き込み										
	87	従業員の健康被害・自殺等に関する書き込み										
当局対応等	88	業務改善命令・業務停止命令の発動										
	89	決算・報告時期の遅延										
	90	検査への非協力的な姿勢										
	91	検査指摘事項への改善姿勢の欠如										

表89　チェックシート（その5）

社会貢献・地域貢献等	92	地域行事に関する参加姿勢					
	93	地域行政とのタイアップ					
	94	各種寄付・贈呈					
	95	各種スポンサー契約・スポーツ支援等					
調査・研究等	96	地域経済・業界動向等に関するレポート公表					
	97	大学等との共同研究					
	98	金融知識習得に関する啓蒙・セミナー開催等					
業界全体に関する事項	99	雑誌等によるランキングにおける地位の変動					
	100	同業他社の不正に基づく業界の信用度低下					

う。ただ、業界全体の信頼度が落ちていくなかで不良債権問題が大きくなかった銀行は、相対的比較として高評価を得るという点もあったので、アップサイドに関しても意識しておくことはやはり重要です。

現在では、地域金融機関における地域貢献は標語のようになっており、地域密着型金融に関する状況の開示を行っています。新しい地域貢献のビジネスモデルはそう簡単に出てくるものではないので、取組内容で少し変わったものがあれば、すぐに新聞に掲載されるような動きもあります。その意味では地域金融機関は知名度を上げる絶好のチャンスなのかもしれませんし、ほとんど宣伝広告費がかからないよい宣伝になることが期待できます。

(3) レピュテーショナルリスク管理の方向性

大手金融機関をはじめとして、自行に関するニュース等を抽出してチェックをする管理はすでに導入されてきています。しかし、まだ部分均衡的なところが多く、広報部門のような部門単独でのチェック態勢となっている状況であり、コーポレートガバナンス全般に関するようなチェック態勢とはいえない先がほとんどでしょう。

さまざまな事象を想定して可能な限り担当部門を切り分ける方法もありますが、最初から割り切って波及効果も見据えて複数部門で共有化する対処方法も考えられます。今回は業務別のイメージで切り分けていますが、発生源やリスクカテゴリーとして切り分ける方法もあり、自行にとってやりやすいアプローチ方法を選択していくことになるでしょう。

金融機関の場合は、たとえばESG指標を独自で考えた場合、発行体としての自行・自社の評価と、顧客向けの評価という両面で使うことができます。顧客向けであれば、自行が第三者側代表のようなかたちで取引先の内部統制高度化に寄与するという考え方です。なんらかのかたちで海外進出（海外との貿易を含む）をしている企業であれば、海外企業側がすでにESG対応している可能性があるので、自社としてESGを無視することは徐々にむずかしくなるでしょう。欧州では特に一般化しているといっても過言ではな

く、欧州の大手金融機関では環境破壊になるような企業活動を行っている先には与信を控えるという取組みも当然のように行われています。国内メガバンクでもそうした取組みを開始し始めているようですが、末端にまで意識が浸透している印象ではありません。

　株式市場においても人工知能が入り込み、投資対象銘柄選定等に使われ始めています。コンピュータが好意的だと判断して集計する、開示内容というようなテクニックも今後必要になるかもしれません。企業価値を評価するうえでは、レピュテーショナルリスク対応の水準も求められることが当然の世界が訪れ、ダウンサイドだけでなくアップサイドも強く意識することが必要な時代がやってくるのではないでしょうか。

第4節　海外業務展開時に必要な対応

(1)　言葉の壁とルールの壁

　国際統一基準行と国内基準行という区分において、取引可能範囲が大きく異なるために、海外業務に関する課題整理をやろうとしてもその内容に大きな違いが生じます。すでに、国際統一基準行になっている場合は当然国際ルールに基づいて対応してきているので、従来から行っている業務運営の内容を高度化させるような話になりますが、国内基準行が海外関連業務を拡大させようとする場合、場合によっては途方もない対応準備が必要になる可能性があります。

　最も端的な例としては、国際統一基準行化する場合、自己資本比率をはじめとする規制内容が劇的に変化し、求められる資本の水準にも違いが出てきます。業務内容によっては高格付を求められる場合もあり、資金調達用のクレジットライン確保といった受信業務、なんらかのアドバイザリー業務における信用度の裏付け等で必要になる可能性があります。国内基準行で業務を

438　第3部　仮想銀行によるシミュレーション結果と具体的な経営戦略

行っている限りでは、海外での資金調達は行いませんし、支店ではなく駐在員事務所のかたちで情報収集に励む形式です。海外資産（あるいは外貨建て資産）については増加傾向にあるといえ、リスク管理態勢面でも収益拡大策の観点でも海外の情報がより多く必要な状況に向かっています。

2017年3月期決算発表以降の開示資料において、いまでは英文ディスクロージャーを作成することも一般化してきました。ただ、会社説明会資料というレベルまでみていくと、まだまだ英語での資料開示というレベルではなく、英語併記という地域金融機関がごく一部ありますが、それでも財務データ関連のみでした。経営方針や経営戦略に関しては日本語のみというのが現状です。国内金融機関において、大株主のなかに海外投資家が増えてきましたが、意図的に増やすよう努力をしたというよりも、投資家側が研究して大株主になってしまったという意識が強いのか、情報開示という点では鎖国に近い状況といえます。ビジネス上の各種提案資料で英語バージョンも用意されていることもまだまだ少ないでしょう。

海外とのビジネス連携は今後どのようなかたちで生まれてくるかはわかりません。地域の文化財や伝統芸能等でも、日本人ではなく海外の方が興味を示して日本に修業に来る話も時々耳にしますが、そうした仲介役という役割も出てくるかもしれません。地域に旅行者を呼び込むため、銀行としては民泊対応として、リフォーム費用の貸出だけではなく、地域観光の外国語パンフレットをつくることや、料理の外国語メニューをつくるといった間接的な営業協力も必要になる可能性があります。

海外業務というかたちで表現すると、どうしても国際統一基準行／国内基準行という切り分けによる遵守ルールに目がいきますが、もしかしたら地域金融機関は国内基準行という名のもとで、国内基準行ルールでも可能なビジネスの範囲を自ら知らず知らずのうちに狭くしているかもしれません。日本全体の国際化の問題であって政治レベルの話ととらえることもできるのかもしれませんが、地域活性化のようなテーマでも、海外から訪れる旅行者や留学生等を増やす工夫のなかで国際感覚が備わっていることは理想でしょう

第10章　ガバナンス高度化に向けた応用と可能性　439

し、いまのままでは地域から海外進出していく企業についていくことすらままならず、国際化についていけないかたちになってしまうかもしれません。

(2) 国際統一基準行を目指すべきか

　国内基準行が国際統一基準行になるべきかどうかという質問に対しては、実のところ正解のない世界だと思います。国際化が進んでいる一方で日本人は減少していくので、海外に向かっていくのは当然という論理で国際統一基準行化に向かうという話はよくわかる話です。しかし、海外に出て行って成功してきた事例がどれだけあるのかと考えれば、外部環境だけで結論を下すのは無謀かもしれません。

　具体的な免許は取得できるという前提で考えると、まずハードルとなるのはリスク管理水準と格付です。どのようなビジネスモデルでどのような業務を目指すのかによりますが、前項のとおり、国際統一基準行ルールと国内基準行ルールでは規制値算出ルールだけでも劇的に内容が異なるので、統制水準は段違いになります。日次管理が当たり前という範囲も広がり、文化が異なる地域へ出ていくので、国内では想定外のリスク事象が発生する可能性もあるでしょう。取扱商品も増える方向性となるので、IT投資も大きな負担になります。マネーローンダリング対応も、日本とは比べものにならない大変さを覚悟する必要もあります。

　デリバティブ業務が華やかな時代には、当時の都市銀行のなかでもAAA格のスワップハウスを立ち上げて業務拡大を目指す動きがありました。AAA格を保持すると受信枠（信用枠）が広くなり、取引ボリュームも拡大可能となる一方、それによってもたらされるレート競争力が維持できるからでした。もし、外貨調達を必要とする業務を拡大するのであれば、格付が低いことは致命的になりかねません。利鞘確保もむずかしくなり、レート競争力がない状況になりうるので、せっかく海外に出て行ってもポジション量も増やせないというジレンマに陥ります。海外店舗が赤字となるのであれば、結局は自らの首を絞める行為になってしまうので、外部環境だけで判断する

440　第3部　仮想銀行によるシミュレーション結果と具体的な経営戦略

のは危険だということになります。

　現時点においてできることといえば、可能性を排除しない努力をするということではないでしょうか。国際統一基準行化を目指す可能性があるのであれば、リスク管理能力も自己資本の充実も時間をかけて行っていくしかなく、逆に考えれば今後国内銀行同士の統廃合が進む場合にも、高いリスク管理能力や高い資本余力は武器になります。収益力の問題があるので、直近では必要以上に自己資本比率を高く維持する必要はないかもしれませんが、企業価値を高く維持することは必要です。

　また、国際統一基準行化を目指すかどうかはさておき、収益につながるビジネスアイデアを生み出せる努力をすることも必要です。リスク管理能力向上もビジネスアイデアの収益化も時間がかかる話であり、人口減少との時間の勝負かもしれません。時間軸をどのように考え、どれだけの勝ち目があるかを考えれば、必ずしも国際統一基準行化というゴール設定をする必要性はないと思われます。

第5節　経営統合・経営分離

　銀行の経営統合に関する国内のケースにおいては、1990年代以降の再編として国内メガバンクが誕生したことや、近年の地域金融機関によるグループ化が進んできたことがあげられます。地域金融機関のグループ化に関しては、県内同士、第一地銀同士、第一地銀と第二地銀、とさまざまなケースがありますが、地域性が影響しているせいなのか、大阪を中心とする関西地方は激戦化する一方であり、中部地方はまだ進んでいない印象です。

　一方、経営の部分譲渡という点では、1990年代後半の銀行破綻のスキームのなかで、たとえば、首都圏の貸出債権を東京の銀行に譲渡するといったようなものはありましたが、国内銀行における統廃合においてはあまり部門売却のようなことは行われてきませんでした。都市銀行も地方銀行もフルライ

図6 地域金融機関のグループ化（2017年11月末現在）（再掲）

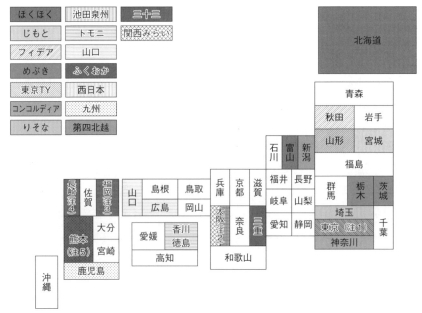

- （注1） 東京都：東京TY（東京都民、八千代）、コンコルディア（東日本）
- （注2） 大阪府：りそな（近畿大阪）、関西みらい（近畿大阪、関西アーバン、みなと）、池田泉州（池田泉州）、トモニ（大正）
- （注3） 福岡県：山口（北九州）、ふくおか（福岡）、西日本（西日本）
- （注4） 長崎県：ふくおか（親和）、西日本（長崎）
- （注5） 熊本県：九州（肥後）、ふくおか（熊本）

ンナップに近い状態で同じような業務を展開してきたので、部門売却というものにあまり意味がなかったのかもしれません。しかし、海外では制度上の違いもあって部門売却や部門メンバーの移籍はよくある話であり、現在国際展開している大手金融機関は今後部門売買の実施が増えるかもしれません。

　前節の国際統一基準行化に付随して、経営統合や経営分離が今後想定されると考える場合、何を決め手とするのか、どのように主導権を確保するのか、といったことは意識しておくべきでしょう。本書では、これまで経営戦略策定という観点での自己分析方法を説明してきましたが、こうした自己分

析ノウハウは、地域金融機関同士の統廃合という観点でも有効活用できると考えられます。どのような目的で統廃合するのかによって着眼点は違ってきますが、強みと弱みが統合相手と逆の状況であれば統合の期待効果も大きくなります。隣接する地域の銀行を仮想敵国として考えて、統合後の銀行がどの部分で比較優位があるのかも把握しやすくなることでしょう。統合後の経営戦略策定において、注力するべきポイントが絞られていることは議論もまとまりやすく、準備期間の短縮化にもつながる可能性があります。

　海外金融機関との経営統合や経営分離（部門売却）においては、特に自行の部門売却の場合には管理会計面での精度が重要です。当該部門がどれだけ収益力があるか（あるいは損失計上しているのか）、武器は何かといったことが正しく把握できていないと、逸失利益の発生や損失拡大の可能性が出てきます。デューデリジェンスの段階で思わぬ時間がかかるようなことも起こるでしょう。それは、部門購入においてもいえることで、一定の管理会計水準を保っていないと、相手側の企業価値を見誤り、期待する収益を計上することができなくなるかもしれません。

　企業価値向上を目指すうえでは、今後の経営統合や経営分離というものも十分考えられる戦略であり、その戦略の遂行においては、すぐには思いつかないとても基本的なことが重要な鍵となる可能性があると思います。企業価値向上は、「当たり前のことを当たり前として行う」ことが真髄なのかもしれません。経営統合や経営分離となると、経営者やごく一部の企画部門による秘密事項ととらえる人は多いと思いますが、経営統合や経営分離を可能にし、しかも有利なかたちで話を進められるようにできるものがあるとすれば、結局は従業員一人ひとりに至るまでのモチベーション維持や統制向上意識なのでしょう。それが備わっているようであれば、経営統合や経営分離、合併する側でも合併される側でも、不幸なかたちには向かって行かないといえると思います。

第10章　ガバナンス高度化に向けた応用と可能性　443

【巻末資料】今回使用した指標一覧

① 投資家目線（第三者目線）として使った指標

	算出定義	補足等
ROE	当期純利益／（前年度株主資本と当年度株主資本の平均）	
簡易 EVA	当期純利益－資本コスト×純資産 資本コスト＝リスクフリーレート＋β×（市場予想利回り－リスクフリーレート）	今回は市場予想利回りを1.5%、リスクフリーレートを0.1%とした β値算出に係る対象期間は当該年度（1年間）とし、インデックスは TOPIX を使用
ROA	当期純利益／（（支払承諾見返りを除く）前年度期末純資産と当年度期末純資産の平均）	

② 預金・貸出・営業統制能力として使った指標

	算出定義	補足等
預金増加率	（当該年度期末預金残高－前年度期末預金残高）／前年度期末預金残高	譲渡性預金残高を含む
貸出増加率	（当該年度期末貸出残高－前年度期末貸出残高）／前年度期末貸出残高	
預貸率変化	当該年度期末預貸率－前年度期末預貸率	預金残高および貸出残高は期末時点残高を使用
営業統制能力評価	貸出増加率と預金増加率の比較	貸出増加率＞預金増加率の状態を理想として評価

③ P/L の観点による預金・貸出評価

	算出定義	補足等
預金獲得に伴う所要運用利回り	預金増加額に対する所要コスト（預金保険料やLCR規制対応コスト、人件費等）より算出	詳細は第4章第3節参照
中小企業等向け貸出増加率	（当該年度中小企業等向け貸出残高－前年度中小企業等向け貸出残高）／前年度中小企業等向け貸出残高	
実質貸出利益増加率	実質貸出利益／（前年度期末貸出残高と当該年度期末貸出残高の平均） 実質貸出利益＝貸付金利息－与信費用 与信費用＝一般貸倒引当金繰入＋不良債権処理額－貸倒引当金戻入益等	貸倒引当金戻入益等に関しては、貸倒引当金戻入益、償却債権取立益等を含む

④ 運用能力評価の観点で使用した指標

	算出定義	補足等
有価証券実質運用利回り	有価証券実質運用利回り＝有価証券実質収益／有価証券残高平均 有価証券実質運用収益＝有価証券利息・配当金＋債券5勘定＋株式3勘定＋当該年度有価証券評価損益－前年度有価証券評価損益 有価証券残高平均＝（前年度有価証券残高＋当該年度有価証券残高）／2	有価証券評価損益については、有価証券の時価情報より取得
ALMの整合性評価	預金増加率と有価証券実質運用利回りの関係で評価	預金増加率＜貸出増加率もしくは預金増加率＞貸出増加率の状態でも有価証券実質運用利回りが1.0％以上を基準とした

【巻末資料】今回使用した指標一覧　445

⑤　自己資本に関する評価で使用した指標

	算出定義	補足等
自己資本稼働率	所要自己資本額／自己資本額	バーゼル規制ルールに基づく資本ないしは所要資本
自己資本比率	自己資本／リスクアセット	バーゼル規制に準じる
リスクアセット増加率	（当該年度期末リスクアセット総額 − 前年度期末リスクアセット総額）／前年度リスクアセット総額	バーゼル規制に準じる
自己資本増加率	（当該年度期末自己資本 − 前年度期末自己資本）／前年度期末自己資本	バーゼル規制に準じる

⑥　業務効率性関連で使用した指標

	算出定義	補足等
OHR	経費／コア業務粗利益 持株会社については、傘下銀行の単体ベースを単純合算して算出	経費は臨時処理分を除いたもの
1人当り利益	コア業務粗利益／従業員数	役員を含む
1人当り純資産	純資産／従業員数	役員を含む

⑦　BPR 関連で使用した指標（注）

	算出定義	補足等
生産性改善指数	（当該年度1人当り利益 − 前年度1人当り利益）／当該年度IT コスト	算出対象外（疑似的にソフトウエアで検証する方法は考えられる）
経費改善指数	（当該年度営業経費 − 前年度営業経費）／当該年度IT コスト	算出対象外（疑似的にソフトウエアで検証する方法は考えられる）

446　【巻末資料】今回使用した指標一覧

役務収益内訳割合	役務取引等収益／役務取引等費用	
役務収益対経費収益率	（役務取引等収益－役務取引等費用）／経費	経費は臨時処理分を除いたもの

（注）　本書では参考として掲載。

⑧　利益関連項目で使用した指標

	算出定義	補足等
当期純利益（増加率）	（当該年度当期純利益－前年度当期純利益）／前年度当期純利益	単体ベースであるため、親会社株主に帰属する当期純利益ではない
コア業務粗利益（増加率）	（当該年度コア業務粗利益－前年度コア業務粗利益）／前年度コア業務粗利益	債券5勘定は含まず
コア業務純益（増加率）	（当該年度コア業務純益－前年度コア業務純益）／前年度コア業務純益	一般貸倒引当金繰入後の数値（債券5勘定は含まず）

⑨　不良債権関連で使用した指標

	算出定義	補足等
不良債権割合	リスク管理債権額／期末貸出残高	金融再生法上の開示債権を使うことでも可
一般貸倒引当金（増加率）	（当該年度期末一般貸倒引当金－前年度期末一般貸倒引当金）／前年度期末一般貸倒引当金	
個別貸倒引当金（増加率）	（当該年度期末個別貸倒引当金－前年度期末個別貸倒引当金）／前年度期末個別貸倒引当金	

【巻末資料】今回使用した指標一覧　447

⑩　預り資産関連で使用した指標

	算出定義	補足等
預り資産割合（対預金）	預り資産残高／預金残高（譲渡性預金を含む） 預り資産に関しては、投資信託、公共債、保険を対象（円貨・外貨預金は含まず）	集計にあたり、個人預り資産と特定して開示している場合、1.05倍をして補正を実施
役務収益割合（コア業務粗利益）	役務取引等収益／コア業務粗利益	費用勘案前で比較
役務利益（増加率）	（当該年度役務取引等利益－前年度役務取引等利益）／前年度役務取引等利益	費用勘案前、費用勘案後のいずれのケースでも可（今回は費用をネットした後のかたちで比較）

⑪　その他の指標

	算出定義	補足等
業績予想乖離率	（当該年度期末実績値－当該年度業績予想値）／当該年度業績予想値 当該年度の期初に策定された予想値に対して、期末時点の実績との乖離を算出	乖離率に関しては絶対値ベースで評価 複数項目で予想値が開示されている場合は乖離率平均を算出して比較
包括利益割合	（持株会社） その他の包括利益／当期純利益 （銀行単体） 評価差額金合計／当期純利益	
実質最終利益（注）	（持株会社） （当該年度その他の包括利益－前年度その他の包括利益）＋当期純利益 （銀行単体） （当該年度評価差額金合計－前年度評価差額金合計）＋当期純利益	概念説明のみ

地域内預貸率（注）	本店所在地都道府県貸出残高／本店所在地都道府県預金残高（譲渡性預金含む）	概念説明のみ

（注）　概念整理のみ行い、実際の集計・比較は実施せず。

おわりに

　平成の時代も終わりを迎えることになりました。1989年（平成元年）に社会人となった私自身にとって、社会人何年目というものが平成の年号と合致していたことで、もう30年目なのかという感慨がある一方、大手銀行では役職定年を迎えるような年齢になりました。前書を執筆していた2016年春頃はバーゼルⅢの段階適用が最終段階である2019年を見据え、規制対応に四苦八苦するのはそろそろ飽きてきて、収益側の視点が重視されてくるはずと考え、いち早く前書において銀行経営における収益側統制を含めたリスクと収益の融合を目指しました。しかし実際の世の中はその後もバーゼルⅣともいわれる見直し作業が進む一方で、海外も含めて厳し過ぎる規制ということを意識した意見も出るようになり、規制対応が終わるのか終わらないのかもよくわからない状況に陥っています。そうしたなかで、本当はいいたいことも多々あるのでしょうが、それでも反乱を起こそうともせず、むしろ秩序を守ろうとする国内銀行の皆様には尊敬の念も抱きます。

　伝統的銀行業務というのは、どれだけ世の中が変化しても完全になくなることも劇的に変化することもなく一定程度の割合を保ちつつ継続されてきました。追加的収益拡大を目指す場合においては新商品のほうが注目され、既往業務に関する精度向上やIT投資等は無視されがちでした。「追加収益が期待できるとは限らない」ということが最大の理由なのでしょうが、最近ではBPRという名のもとで、収益拡大よりもコストカットの圧力がかかるようになりがちです。地域金融機関等では、もちろん役務収益拡大も目指していますが、貸出を増やして何とか収益確保を目指そうということが根幹となっており、結局は、対象とする地域や格付水準等が異なることはあっても、伝統的銀行業務へ回帰している印象です。

　もしその考え方が正しいとするのであれば、根底から伝統的銀行業務の問題点を洗い出し、伝統的銀行業務で十分業務継続が可能になるかたちにしな

いといけないということになります。しかも世の中は確実に変化しているので、古くて新しい姿を模索しないといけないということになります。本書では古くて新しい伝統的銀行業務を意識して、第三者とのギャップ認識を含めた自己評価と、それをふまえた経営戦略策定を目指しました。執筆を終えて、はたしてどこまで参考になる書籍になるのかはわかりませんが、筆者なりの問題意識と課題解決のヒントは示したつもりです。「金融機関に属していない第三者のなかには、このように分析する物好きがいるのか」という理解をしていただくだけでも、執筆した意味はあると考えていますが、どのようなかたちであれ、今後の金融機関経営において何か影響を与えられれば幸いです。

　今回使用したデータにつきましては、各金融機関の決算短信、会社説明会資料、ディスクロージャー資料等、すべて開示されている情報より収集いたしました。一つひとつのデータを手入力で打ち込んでいった作業からスタートしているため、検証等を行いながら作業を進めましたが、100％ミスがないとは言い切れない点についてはご容赦いただければと考えております。

　今回の執筆にあたってもとてもたくさんの方々にご協力いただきました。財務データやESG関連情報等で積極的にご協力いただいたトムソン・ロイター・ジャパン株式会社鈴木慎之様、クレジットスプレッドや会計面での観点で貴重なご意見をいただいた茂木哲也様、RAFの導入検討やセミナー等で意見交換をさせていただいた数多くの金融機関の方々やセミナーを受講していただいた皆様、集計結果に関して意見交換をさせていただいた行政面から関与されている多くの皆様、そして書籍出版にご尽力いただいたきんざい出版部の堀内駿様にはこの場を借りて厚く御礼申し上げます。また、私の健康面に気遣いつつ応援してくれた妻にも心より感謝いたします。

　2018年1月

浜田　陽二

事項索引

【英字・記号】

BPR ……………………………………………………………… 278
Cause Related Marketing ………………………………………… 360
CDS（クレジット・デフォルト・スワップ）……………………… 216
D-SIBs ……………………………………………………………… 29
ESG ……………………………………………………………… 25, 330
FTP ………………………………………………………………… 38
G-SIBs ……………………………………………………………… 29
HQLA ……………………………………………………………… 150
IRRBB（Interest Rate Risk in the Banking Book：銀行勘定における金利リスク）……………………………………………………………… 78
KPI ………………………………………………………………… 26
KRI ………………………………………………………………… 26
LCR（Liquidity Coverage Ratio：流動性カバレッジ比率）………… 78
LGD ………………………………………………………………… 167
NSFR（Net Stable Funding Ratio：安定調達比率）……………… 78
OHR（経費率）…………………………………………………… 66, 275
OIS カーブ ………………………………………………………… 167
PATRAC（Profit After Tax less Risk Asset Cost）……………… 54
PD ………………………………………………………………… 167
PDCA サイクル …………………………………………………… 107
Principles for An Effective Risk Appetite Framework …………… 37
Principles for effective risk data aggregation and risk reporting …… 32
RAF（リスクアペタイト・フレームワーク）……………………… 37
RAS（リスクアペタイト・ステートメント）…………………… 107
ROA ………………………………………………………………… 45
ROE ……………………………………………………………… 8, 45
TLAC ……………………………………………………………… 234
WACC ……………………………………………………………… 52
β 値 ……………………………………………………………… 59

【あ】

預り資産割合（対預金）………………………………………… 292

一般貸倒引当金（増加率）…………………………… 285
インカムゲイン ………………………………………… 186
運用能力評価 …………………………………………… 177
営業統制能力 …………………………………………… 140
営業統制評価 …………………………………………… 140
営業能力評価 …………………………………………… 135
役務収益内訳割合 ……………………………………… 279
役務収益割合（コア業務粗利益）…………………… 292
役務取引対経費収益率 ………………………………… 279
役務利益（増加率）…………………………………… 292
役務利益増加率 ………………………………………… 291
エクイティ・スプレッド ………………………………… 52
オープン API …………………………………………… 361

【か】

外貨建て ALM …………………………………………… 161
外貨流動性リスク管理 ………………………………… 161
開示項目評価 …………………………………………… 301
外部損失データ ………………………………………… 32
外部データ ……………………………………………… 32
貸出増加率 ……………………………………… 157, 181
貸出の時価評価 ………………………………………… 155
簡易 EVA（Economic Value Added）………………… 58
規制資本 ………………………………………………… 245
キャピタルゲイン ……………………………………… 186
業績予想乖離率 ………………………………………… 295
共通ベンチマーク ……………………………………… 120
金融仲介機能のベンチマーク ……………………………… 7
クレジットスプレッド ………………………………… 124
経営情報システム（MIS）……………………………… 36
経済資本 ………………………………………………… 245
経費改善指数 …………………………………………… 279
コア業務粗利益（増加率）…………………………… 281
コア業務純益（増加率）……………………………… 281
顧客適合性 ……………………………………………… 154
顧客本位の業務運営に関する原則 …………………… 79
個別貸倒引当金（増加率）…………………………… 285

事項索引　453

コーポレートガバナンス・コード ……………………………………… 330

【さ】

債務者業績改善率 ……………………………………………………… 121

資金繰り逼迫度区分 …………………………………………………… 218

自己資本稼働率 ………………………………………………………… 248

自己資本増加率 ………………………………………………………… 248

自己資本比率 …………………………………………………………… 248

実効的なリスクアペタイト枠組みに係る原則 …………………………… 37

実効的なリスクデータ集計とリスク報告に関する諸原則 ……………… 29

実質貸出利益 …………………………………………………………… 156

実質貸出利益増加率 …………………………………………………… 157

実質貸出利回り ………………………………………………………… 156

実質最終利益 …………………………………………………………… 298

資本コスト ……………………………………………………………… 62

収益重視型管理会計 …………………………………………………… 243

上場会社表彰制度 ……………………………………………………… 51

スチュワードシップ・コード …………………………………………… 330

整合性評価 ……………………………………………………………… 181

生産性改善指数 ………………………………………………………… 278

絶対評価 ………………………………………………………………… 6

全社コスト ……………………………………………………………… 212

全体統制重視型管理会計 ……………………………………………… 243

選択ベンチマーク ……………………………………………………… 122

相対評価 ………………………………………………………………… 6

想定ポートフォリオ …………………………………………………… 112

【た】

地域内預貸率 …………………………………………………………… 123

中小企業等向け貸出増加率 …………………………………………… 157

通貨別 LCR …………………………………………………………… 113

デュレーション長期化 ………………………………………………… 230

当期純利益（増加率） ………………………………………………… 281

トップリスク …………………………………………………………… 345

【な】

内部損失データ ………………………………………………………… 32

454　事項索引

【は】

配賦資本 ··· 245
１人当り純資産 ··· 275
１人当り利益 ·· 275
フィデューシャリー・デューティー ········· 17, 330
フェア・ディスクロージャー ····················· 430
不良債権処理額 ··· 289
不良債権割合（リスク管理債権） ··············· 285
包括利益統制 ·· 422
包括利益割合 ·· 296

【ま】

メインシナリオ ··· 108
メインバンク先格付維持率 ························ 121
メインバンク先与信余力 ··························· 123

【や】

有価証券実質運用収益 ······························· 179
有価証券実質運用利回り ····························· 179
融資比率 ·· 121
預金増加率 ·· 181
与信費用 ·· 289

【ら】

ライフステージ別融資比率 ························ 121
リスクアセット増加率 ······························· 248
リスクアペタイト ······································ 107
リスクカルチャー ·· 88
リスクシナリオ ··· 108
リスクフリーレート ····································· 58
リスクマップ ·· 345
レピュテーショナルリスク ···························· 5

事項索引　455

【著者紹介】

浜田　陽二（はまだ　ようじ）

アビームコンサルティング株式会社、金融・社会インフラビジ
ネスユニット、シニアエキスパート

1989年4月株式会社日本債券信用銀行（現あおぞら銀行）入
行、融資部門、市場部門、金融法人部門等を歴任し、銀行勘定
と特定取引勘定での運用や、資本調達交渉を含めた資産・負
債・資本すべてに関する業務を経験。銀行設立プロジェクトに
参画後、2006年11月にみずほ証券株式会社に入社、財務企画部
門にて調達業務や規制対策等を経験し、2014年2月アビームコ
ンサルティング株式会社入社。

著書に『バーゼルⅢ流動性規制が変えるリスク管理』『リスク
アペタイト・フレームワーク─銀行の業務計画精緻化アプロー
チ』（ともに金融財政事情研究会）、そのほか、流動性規制対応
やリスクアペタイト・フレームワーク等に関する各種セミナー
講師の実績多数。

1989年3月慶應義塾大学商学部卒業、計量経済学専攻。

銀行経営変革
──経営計画達成に導く「数値検証による統制能力評価」

2018年5月16日　　第1刷発行

著　者	浜田　陽二
発行者	小田　徹
印刷所	株式会社日本制作センター

〒160-8520　東京都新宿区南元町19

発 行 所	一般社団法人 金融財政事情研究会
企画・制作・販売	株式会社 きんざい

出 版 部　TEL 03(3355)2251　FAX 03(3357)7416
販売受付　TEL 03(3358)2891　FAX 03(3358)0037
URL http://www.kinzai.jp/

・本書の内容の一部あるいは全部を無断で複写・複製・転訳載すること、および
磁気または光記録媒体、コンピュータネットワーク上等へ入力することは、法
律で認められた場合を除き、著作者および出版社の権利の侵害となります。
・落丁・乱丁本はお取替えいたします。定価はカバーに表示してあります。

ISBN978-4-322-13259-5